Siri Hustvedt wurde 1955 in Northfield, Minnesota, geboren. Sie studierte Literatur an der Columbia University und promovierte mit einer Arbeit über Charles Dickens. Bislang hat sie sieben Romane publiziert. Mit «Was ich liebte» hatte sie ihren internationalen Durchbruch. Zuletzt erschienen «Die gleißende Welt» und «Damals». Zugleich ist sie eine profilierte Essayistin. Bei Rowohlt liegen von ihr die Essaybände «Leben, Denken, Schauen», «Nicht hier, nicht dort», «Being a Man» und «Eine Frau schaut auf Männer, die auf Frauen schauen» vor.

Siri Hustvedt

DIE ILLUSION DER GEWISSHEIT

Aus dem Englischen von Bettina Seifried

ROWOHLT
TASCHENBUCH
VERLAG

Die amerikanische Originalausgabe erschien 2016 unter dem Titel «The Delusion of Certainty» in dem Essayband «A Woman Looking at Men Looking at Women» bei Simon & Schuster, New York.

2. Auflage April 2026

Veröffentlicht im Rowohlt Taschenbuch Verlag, Rowohlt Verlag GmbH, Kirchenallee 19, 20099 Hamburg, März 2020

Covergestaltung zero-media.net, München, nach der Originalausgabe von Simon & Schuster; Gestaltung Christopher Lin
Satz aus der Karmina OTF, InDesign, bei Dörlemann Satz, Lemförde
Druck und Bindung CPI books GmbH, Leck
ISBN 978-3-499-63391-1

Kontaktadresse nach EU-Produktsicherheitsverordnung:
produktsicherheit@rowohlt.de

FSC www.fsc.org MIX Papier | Fördert gute Waldnutzung FSC® C083411

INHALT

HINEIN UND HINAUS

Allen euphorischen Prognosen zum Trotz, der technologische Fortschritt werde bald zu künstlichen Gebärmüttern und zur Unsterblichkeit führen, gilt nach wie vor, dass jeder Mensch aus dem Körper seiner Mutter geboren wird und jeder Mensch einmal stirbt. Niemand trifft die Wahl, geboren zu werden, und auch wenn sich manche Menschen fürs Sterben entscheiden, wollten es viele von uns lieber nicht. Anfang und Ende, Leben und Tod sind keine einfachen Konzepte. Wann «das Leben» beginnt, ist seit jeher eine philosophische Frage und Schauplatz erbitterter politischer Auseinandersetzungen. Was den «Tod» ausmacht, ist ebenfalls ungewiss, auch wenn jeder Zweifel schwindet, sobald ein Leichnam zu verwesen beginnt. Gleichwohl nimmt jedes Säugetier seinen Anfang im mütterlichen Raum. Und dennoch spielt der offenkundige Umstand, dass der Fötus, der jeder von uns einmal war, körperlich mit seiner Mutter verbunden ist und ohne sie nicht überleben kann, kaum eine Rolle im Mainstream der philosophischen und naturwissenschaftlichen Debatten, die sich mit der Frage beschäftigen, was der Mensch ist.

Unzählige Bücher wurden darüber geschrieben, weshalb und wie sich die Vorstellung vom selbstbestimmten Menschen, der, seinem freien Willen folgend, sein Schicksal in die Hand nimmt, in der Geschichte des Abendlands entwickelte. Viele dieser Bücher befassen sich mit der Frage, wie historische Ideen das kollektive Bewusstsein ganzer Nationen formten und bis heute beeinflussen, und damit, ob das humanistische Ideal – dessen Herausbildung gemeinhin mit der Renaissance (die ihren Namen natürlich nachträglich erhielt) einsetzte und das seinen Höhepunkt in der Aufklärung fand – gut oder schlecht oder ein bisschen von beidem ist. Mit der Biologie haben diese Arbeiten in der Regel wenig oder gar nichts am Hut. Biologische Realitäten werden zwar unterstellt – wie könnte man sich auch von einer Idee beeinflussen lassen, ohne einen Körper und Geist, der sie aufnimmt? –, aber die materiellen Feinheiten des lebendigen Organismus werden zumeist ausgespart.

Doch auch die Biologie stützt sich auf Konzepte, auf bestimmte Vorstellungen von Leben und Tod, von Anfang und Ende und von den Grenzen eines Lebewesens. Beim Menschen, der aus Milliarden von Zellen besteht, stellt die ihn umgebende Haut eine solche Grenze dar. Ein Bakterium ist hingegen ein mikroskopisch kleiner Einzeller, der, Nährstoffe aufnehmend, sich zu einer Kolonie mit einer eigenen Morphologie (Form und Struktur) und Bewegungsart zusammenschließt. In der Wissenschaft geht es darum, zuverlässige Modelle zu bilden und Grenzen zu ziehen, um die Natur in verständliche Teilstücke zu gliedern, die klassifiziert, benannt und erforscht werden können. Manchmal verlieren Klassifikationen und Benennungen an Relevanz, dann werden neue Modelle und andere Bezeichnungen übernommen, die zweckdienlicher sind. Unterscheidungen einzuführen, ist unerlässlich, aber manchmal ist es schwierig, die Einheiten voneinander zu trennen. Manchmal sind die Grenzen nicht eindeutig. In diesem Zusammenhang ist es zum Beispiel erstaunlich, wie wenig erforscht die Plazenta ist, die in den vergangenen Jahren abwechselnd als kaum verstandenes, wenig beachtetes oder sogar als «übersehenes neuroendokrines Organ» bezeichnet wurde.[1] Wenn eine Person, ein Umstand oder auch ein Körperorgan den Status «zu Unrecht übergangen» erhält, weist das in der Regel darauf hin, dass sich die Wahrnehmung verändert hat. Die Plazenta ist ein Organ an der Grenze zwischen Mutter und Fötus. Als Mischstruktur, die sich aus dem Gewebe der Mutter und dem des Embryos entwickelt, wird sie bisweilen auch «fetomaternales» Organ genannt. Innerhalb des mütterlichen Raums nimmt sie eine Zwischenposition ein.

Die Plazenta liefert dem Fötus Sauerstoff und Nährstoffe, beseitigt seine Ausscheidungen, sorgt für seinen Immunschutz, produziert das Hormon Progesteron und enthält zwei Blutkreisläufe – den der Mutter und den des Fötus. Aufgrund dieser Funktionsvielfalt wurde sie von einem Embryologen auch als das «dritte Gehirn» in der Schwangerschaft bezeichnet.[2] Für den menschlichen Magen-Darm-Trakt, das enterische Nervensystem aus Magen, Speiseröhre, Dünndarm und Dickdarm, hat sich der Ausdruck «zweites Gehirn» etabliert – Gehirne, die an der einen oder anderen Stelle des Körpers auftauchen, sind zurzeit wohl en vogue. Die Plazenta, die sich nur bei Frauen, und nur bei schwangeren Frauen entwickelt, ist ein Übergangsorgan. Wenn sie nach der Geburt des

Kindes ihre Funktion erfüllt hat, wird sie aus dem Körper der Frau ausgestoßen – daher der Begriff «Nachgeburt».

Seit der Revolution durch die Naturwissenschaft ist «teile und herrsche» der Weg zur Erkenntnis, entscheidend dabei ist jedoch, wie diese Aufteilungen aussehen. In einer medizinischen Vorlesung über «Die Physiologie normal verlaufender Geburtswehen und Entbindungen» stieß ich auf folgenden interessanten Hinweis: «Die Aufteilung der mechanischen Schritte, die ein Baby bei der Geburt durchläuft, ist beliebig; im klinischen Alltag werden sie zum Zwecke der besseren Verständigung auf sechs, höchstens acht Schritte reduziert. Aber man sollte sich im Klaren sein, dass dies willkürliche Unterteilungen eines natürlichen Kontinuums sind.»[3] Der Mediziner formuliert also zunächst, etwas unsauber, die Vorgänge während der Wehen und Geburt als *mechanische Schritte*, doch dann unterläuft er seine eigene Aussage mit dem Hinweis, dass genau diese Schritte eine beliebige Unterteilung sind. Wenn die Unterteilung aber beliebig ist und das natürliche Kontinuum nicht wirklichkeitsgetreu abbildet, das sich als solches ohnehin der Vorstellung von «Schritten», ganz gleich, welcher Art, entzieht, dann ist auch die Formulierung «mechanische Schritte» am Anfang des Satzes nicht angebracht. Bei diesen «Schritten» geht es um Zweckmäßigkeit, sie dienen dazu, einen unteilbaren Prozess zu zergliedern, um sich leichter darüber zu verständigen. In unsauberen Formulierungen hat man sich schnell verheddert, doch mir scheint, die Sprache des Verfassers verweist hier nicht nur auf seinen Zwiespalt, wo die Grenzen zwischen einem Ding, oder einem «Schritt», und dem nächsten zu ziehen sind, sondern sie verrät auch sein Bedürfnis, den Studierenden klarzumachen, dass es einen Unterschied gibt zwischen den in der Medizin gebräuchlichen Kategorisierungen und den dynamischen Prozessen, auf die sie sich beziehen – in dem Fall den Geburtsvorgang.

Auf die Sprache kommt es an, und die Sprache erzeugt fortwährend Bilder. Zum Beispiel: Inwiefern gleicht die Plazenta einem dritten Gehirn? Samuel Yen, von dem der Vergleich stammt, beschreibt sie als komplexe Mittlerinstanz zwischen dem mütterlichen Gehirn und dem noch nicht ausgereiften des Fötus, ein kurzlebiges Zwischenhirn also mit erstaunlich differenzierten Fähigkeiten zur Regulierung der fetalen Umwelt. Die Sprache, mit der beschrieben wird, was eine Plazenta *leistet*, umfasst Begriffe, die auch für Funktionen des «ersten Gehirns» und anderer Körperorgane verwendet werden: *Botschaften, Signale, Information* und *Kommunikation.* Die Frage, an welchem Punkt «der Geist» in diesem Signalwerk des Körpers ins Spiel kommt, ist keineswegs absurd. Es wäre abwegig, ein Organ wie die Plazenta mit dem menschlichen Geist zu vergleichen – viel weniger abwegig ist jedoch, sie als etwas dem Gehirn Ähnlichen zu veranschaulichen, als ein ebenso ausgefeiltes, hochkomplexes, noch weitgehend unerforschtes Organ des Körpers. Wenn mein Gehirn seine Funktion nicht mehr erfüllt, selbst wenn das Herz noch schlägt und die Lungen arbeiten, geht dann nicht auch mein Geist dahin? Bin ich dann tot? Oder muss erst alle «Kommunikation», müssen alle biologischen Abläufe beendet sein und die Verwesung einsetzen, bevor ein Mensch wirklich tot ist?

Wie wichtig ist denn die Tatsache, dass Säugetiere in einem anderen Körper heranwachsen, für den Geist? Welche

Auswirkung hat diese biologische Realität auf die Entwicklung der Säuger? Wir werden aus einem anderen Menschen geboren, aber wir sterben nicht zu zweit. Wir sterben allein, obwohl Ehegatten, Partner oder enge Freunde einem geliebten Menschen manchmal schnell ins Grab folgen. Früher sagte man dann «vor Gram sterben». Wir Menschen kommen aus dem Körper unserer Mutter auf die Welt, und wir verlassen diese Welt, wenn unser eigener Körper auf die eine oder andere Weise aufgibt. Nehmen der Geist und ein damit einhergehendes Bewusstsein bei der Geburt ihren Anfang und enden mit dem Tod? Wo genau ist der Geist im Körper verortet? Kann allein das Gehirn denken, oder können andere Organe das in gewisser Weise auch? Was ist Denken? Warum glauben manche Wissenschaftler heute, man könne den Tod durch einen künstlichen Geist überwinden, und zwar nicht in einem paradiesischen Jenseits, sondern hier auf Erden? Das sind sehr alte Fragen, auf die es keine einfachen Antworten gibt, und sie führen mich zurück ins 17. Jahrhundert, zu einigen berühmten und ein paar weniger berühmten Philosophen und Philosophinnen jener Zeit, die sich intensiv mit der Frage befassten, was der Geist ist und in welcher Beziehung er zu unserem Körper steht.

VON SCHLAFRÖCKEN, DREIECKEN, AUTOMATEN, VOM GEIST IN DER MATERIE UND VON RIESEN

Seit ich vor vierzig Jahren René Descartes' *Meditationen* zum ersten Mal gelesen habe, sehe ich ihn vor mir im Schlafrock aus Brokatsamt mit Nachthaube, zurückgelehnt im Sessel, Pantoffeln an den Füßen und eine Brille auf der Nase – die er getragen haben mag oder auch nicht, immerhin gehen einige Entdeckungen in der Optik auf ihn zurück, was vielleicht erklärt, warum sie Teil meines geistigen Bildes ist. Ich stelle ihn mir aber nicht als eine Figur aus Fleisch und Blut vor, sondern als eine Zeichnung in der Art, wie sie zwei Jahrhunderte später «Phiz», Dickens' Illustrator, gemalt hat. Mein Bild von Descartes ist eine Karikatur, die mir immer dann in den Sinn kommt, wenn ich über den radikalen Zweifel nachdenke. In der Ersten Meditation stellt er die Frage, ob es möglich ist, Gewissheit über irgendetwas zu erlangen. Es sei doch, schreibt er, wohl kein Zweifel möglich darüber, «dass ich jetzt hier bin, beim Feuer sitze, mit einem Winterschlafrock bekleidet bin, dieses Papier mit meinen Händen berühre».[4] Doch der Philosoph ist sich keineswegs gewiss, dass er dort beim Feuer sitzt. Hatte er nicht schon solche Träume gehabt, fragt er, in denen er im Schlafrock beim Feuer saß, und war ihm das nicht als Wirklichkeit erschienen? Wie Platon vor ihm, misstraute Descartes jeder Erkenntnis, die aus den Sinnen hervorgeht.

Indem er eine Haltung des absoluten Zweifels an seiner Existenz und all den Dingen um sich herum einnimmt, begleitet er seine Leser durch eine Argumentationsfolge, die ihn schließlich zur Gewissheit führt, zu Wahrheiten, die sich ihm durch einen Prozess rein rationalen Denkens erschlossen haben. Auch für diese kartesianische Gewissheit habe ich ein geistiges Bild im Kopf, eines, das der Philosoph selbst liefert: ein Dreieck, jene geometrische Form, die Platon als Beispiel für seine Formenlehre diente. Mein Dreieck ist schwerelos, reglos und schwebt in der Luft. Zweifelsohne habe ich das so vor meinem geistigen Auge gesehen, als ich zum ersten Mal auf das Dreieck des Philosophen stieß, das für seine ontologische Beweisführung der Existenz Gottes eine Rolle spielt: «Wenn ich mir zum Beispiel ein Dreieck vorstelle, so ist seine Natur, sein Wesen oder auch seine Form sicherlich eine ganz bestimmte, unveränderliche, ewige, die weder von mir selbst ausgebildet ist, noch von meinem Geist abhängt, auch wenn vielleicht eine solche Figur nirgendwo außerhalb meines Denkens existiert, und auch niemals existiert hat.»[5] Für Descartes sind Mathematik, Logik und Metaphysik universell, unveränderlich und also körperlos. Der Geist oder die Seele besitzen a priori gegebene, angeborene Vorstellungen, die nicht von ihnen hervorgebracht werden. Für den Philosophen des 17. Jahrhunderts sind logisches Denken und Gott aneinander gebunden. Mathematik ist im transzendenten

Raum verortet, ohne den Makel des sinnlichen, sterblichen Körpers, der Schlafröcke trägt und die Füße am Feuer wärmt. Aus meinem geistigen Bilderkatalog rufe ich das schwerelose Dreieck auf, wann immer ich mir eine unwandelbare, zeit- und körperlose Wahrheit vorstelle. Die Idee, dass Zahlen für die Wahrheit stehen, ist älter als Descartes und älter als Platon. Bereits im 5. Jahrhundert v. Chr. lehrten die Pythagoreer, dass Zahlen das Universum beherrschen.

Sinneswahrnehmung und Phantasie haben in Descartes' Philosophie zwar einen Platz, doch wir verstehen nur mit Hilfe des Verstands, was wir sehen, fühlen, berühren, schmecken, riechen, hören und uns vorstellen. Der Körper mit seinen Erinnerungen, Einbildungen und Leidenschaften spielt mit Geist und Verstand zusammen, aber sie sind aus unterschiedlichem Stoff. Diese Trennung von Psyche und Soma bleibt ein bis in die Gegenwartskultur hineinwirkender Gemeinplatz. «It's all in your mind – Das bildest du dir nur ein!» lautet die Kurzform, um anzudeuten, der Freund oder die Freundin habe ein «psychologisches», ein «mentales» Problem. Ein gebrochenes Bein dagegen ist ein handfestes «physisches» Problem, man kann es richten und eingipsen. Woraus aber bestehen Gedanken? Und woher kommen sie, wenn nicht aus unserem Körper? Als Kind, wenn mir die Welt und ich mir selbst auf einmal fremd erschien, machte ich mir manchmal Gedanken über das Denken. Was, wenn ich nicht Siri bin? Was wäre, wenn ich nur im Traum einer anderen Person existierte? Und wenn die Welt eine Welt in einer anderen Welt in einer anderen Welt wäre? Wer sind wir, und wie können wir wissen, wer wir sind? Wie kann es sein, dass wir im Kopf mit uns selbst sprechen können? Was sind Wörter?

Für Descartes kann «cogito ergo sum» – ich denke, also bin ich – nur für den Menschen gelten. Tiere denken nicht. Es sind Wesen ohne Seele, sie bestehen aus reiner Materie und sind bloße Automaten. Dem Philosophen zufolge muss alle Materie eine Ausdehnung haben, Gedanken jedoch haben keine. Materie ist raumgreifend und besteht aus winzigen Teilchen, den «Korpuskeln», die als Elementarpartikel den Atomen zwar ähnlich und doch keine Atome sind. Wie viele Denker jener Zeit war Descartes vom klassischen Atomismus in der Tradition von Epikur und Demokrit beeinflusst, für die die Welt aus festen, materiellen Teilchen, den Atomen, bestand, die sich im leeren Raum bewegten. Von diesem altertümlichen Atomismus musste sich Descartes abheben; ein leerer Raum war für ihn unannehmbar, weil dort für den christlichen Gott, für den Geist und die unsterbliche Seele kein Platz war. 1630, in einem Schriftwechsel mit Pater Mersenne, beschreibt er seine Korpuskeln so: «Man darf sie sich aber weder als Atome vorstellen, noch als ob sie irgendeine Härte besäßen, sondern wie einen äußerst flüssigen und feinen Stoff».[6] Anders als die Atome der Antike sind Korpuskeln weich und formbar. Atome blieben uns erhalten, in veränderter Form, aber es ist erstaunlich, wie sehr sich das Bild des modernen Atoms gewandelt hat, seit ich in der Schule Atommodelle mit ihren Neutronen und kreisenden Elektronen bestaunte, die mich stark an ein anderes Modell erinnerten, das wir im Unterricht durchnahmen: das Sonnensystem.

Bis heute knüpfen viele Denker an Descartes' Vermächtnis an. Die von ihm aufgeworfenen Fragen, aus welchem Stoff wir sind, nach unserem Weltverhältnis, danach, was angeboren und was über die Sinne und gelebte Erfahrung erworben ist, und ob es zeitlose, übergeordnete Wahrheiten gibt, treiben die westliche Kultur noch immer um. Die meisten Menschen beurteilen den Körper intuitiv anders als das Denken. In der wissenschaftlichen wie in der populären Literatur wird immer wieder zwischen psychologischer und physiologischer Wirklichkeit getrennt. Sind beide verschieden? Oder sind sie ein und dasselbe? In welcher Beziehung steht ein Gedanke zu den Neuronen im Gehirn? Hat die Form des Dreiecks dort draußen im Universum nur darauf gewartet, von einem Menschen entdeckt zu werden? Die einen glauben bis heute an die Wahrheit des Dreiecks und verfechten die These, dass logisches Denken und Mathematik über den menschlichen Geist hinausweisen, andere tun das nicht.

Descartes' Zeitgenosse Thomas Hobbes trat für ein rein atomistisches, materialistisches, mechanistisches Modell des Menschen und der Natur ein. Der Kosmos und wir sind aus demselben atomaren Stoff und gehorchen denselben Bewegungsgesetzen, was auch heißt, dass die Welt uns nur über unsere Sinne gegeben ist. Hobbes' Materialismus setzte einen ersten Beweger voraus – die scheppernde Maschinerie der Natur wurde von Gott angekurbelt, was aber das göttliche Wesen für Hobbes darüber hinaus bedeutete, ist unklar. Für ihn war der menschliche Körper ein Automat und alle Gedanken und Empfindungen maschinenartige Bewegungen des Gehirns. Im fünften Kapitel des *Leviathan* mit dem Titel «Von Vernunft und Wissenschaft» beschreibt Hobbes die menschliche Vernunft als eine Folge von Berechnungen: «Kurz: *Wo Addition und Subtraktion am Platze sind, da ist auch Vernunft am Platze, und wo sie nicht am Platze sind, hat Ver-*

nunft überhaupt nichts zu suchen.»[7] Anders als angeborene Sinne, Gedächtnis oder durch Erfahrung Erlerntes scheint Vernunft «durch Fleiß» zu entstehen, als Ergebnis der Verknüpfung eines «Elements, dem Namen», mit einem anderen. Weil diese Namen-Elemente für das Denken so entscheidend sind, beharrt Hobbes darauf, die Sprache müsse «geputzt und von allen Zweideutigkeiten gereinigt» werden.[8] Sprachbilder sind deshalb besonders gefährlich, weil sie den vernünftig urteilenden Menschen zu allerlei Widersinn verleiten.

Wie Descartes war auch Hobbes in hohem Maß durch den Philosophen und Wissenschaftler Galilei beeinflusst. Von ihm übernahm Hobbes die Wertschätzung der Geometrie als einzig wahre Methode, die Welt der Natur abzubilden. Vernunft war für ihn ein schrittweise erfolgendes Berechnen, über das man zu einem Verständnis gelangt, wie die Dinge miteinander durch Ursache und Wirkung zusammenhängen, und dieser Zusammenhang ermöglicht auch Voraussagen:

> Während Empfindung und Erinnerung nur Kenntnis von Tatsachen ist, das heißt von etwas Vergangenem und Unwiderruflichem, ist Wissenschaft die Kenntnis dessen, was aus einer Tatsache für eine andere folgt und wie die eine von einer anderen abhängt. [...] Denn sehen wir, durch welche Ursachen und auf welche Weise etwas zustande kommt, so sehen wir auch, wie wir die gleichen Ursachen veranlassen können, die gleichen Wirkungen hervorzubringen, wenn sie in unsere Gewalt kommen.[9]

Margaret Cavendish, die Herzogin von Newcastle, war vertraut mit dem Denken von Descartes und Hobbes, denn beide gehörten zum intellektuellen Zirkel ihres Mannes William und ihres Schwagers Charles. Als Royalisten im französischen Exil verfolgten der Herzog und die Herzogin hochinteressiert die Debatten, die nichts Geringeres zum Thema hatten als die Frage, woraus der Mensch, das Tier, die Welt an sich beschaffen seien. Die Herzogin war Descartes persönlich begegnet und mit Hobbes bekannt. Der englische Philosoph hatte es jedoch abgelehnt, sich mit ihr auf Gespräche oder einen Briefwechsel einzulassen. Zu ihren Lebzeiten blieben Cavendishs Ideen weitgehend unbeachtet, obwohl sie dreiundzwanzig Bücher verfasste, unter anderem Theaterstücke, Gedichte, Phantasieerzählungen, den utopischen Roman *Die gleißende Welt*, eine Biographie ihres Ehemanns, autobiographische Schriften, Briefwechsel und naturphilosophische Betrachtungen. Im Kontext der aktuellen Debatten über Körper und Geist erfuhr ihr umfängliches Werk in den vergangenen Jahrzehnten eine Neubewertung. Cavendishs Naturphilosophie ist nicht nur das Gegenstück zu Descartes' Dualismus, zur These, Geist und Körper seien aus unterschiedlichem Stoff, sie wendet sich auch gegen den mechanistischen Atomismus von Hobbes und vertritt eine monistisch-organizistische Theorie (wir sind zwar reine Materie, aber keine Automaten) – dabei unterscheidet sie durchaus zwischen «belebter» und «unbelebter» Materie.

Mittels dieser zwei Stoffarten begründet Cavendish, warum Menschen und Steine dieselbe Materialität teilen und warum der Geist nicht als eigenständige Substanz existiert, sondern Bestandteil der Welt ist. Belebte und unbelebte Materie sind nicht voneinander getrennt, sondern verschmelzen vollständig: «Die Vermengung von belebter und unbelebter Stofflichkeit ist dergestalt, dass kein Partikel in der Natur je ersonnen und zu denken wäre, der nicht zugleich aus belebtem und aus unbelebtem Stoffe verfasst ist.»[10] Ihr Pan-Organizismus vermischt sich hier mit einer ungewöhnlichen Form des Panpsychismus – der Geist ist nicht allein dem Menschen eigen, sondern erstreckt sich auf alles im Universum. Der Panpsychismus besitzt eine lange Tradition, und viele namhafte Denker haben sich ihm in der einen oder anderen Spielart verschrieben.[11] Die Frage «Woraus ist der Mensch beschaffen?» beschäftigt uns bis heute. Für Cavendish gibt es im Kosmos nur Materie, doch die setzt sich nicht aus partikelförmigen Atomen zusammen und funktioniert keineswegs mechanistisch. Ihre Bewegungen sind nicht vorab festgelegt, sie ist keine Maschine. «Die Natur ist ein sich selbst bewegender, sich selbst belebender, selbsterkennender und unendlicher Organismus».[12] Bei Cavendish ist der Mensch mit den anderen Arten, mit Blumen und Pflanzen grundsätzlich und auf erstaunlich fließende Art und Weise in einer dynamischen Einheit verbunden:

> Weder kann ich den alleinigen Anspruch des Menschen auf die Vernunft einsehen, noch den des Tieres auf die Sinneswelt, ist doch Sinn und Verstand auch in andren Wesen, gleich Mensch und Tier. So in Kräutern, Pflanzen, Mineralen, die, des Schneidens, Zerstoßens oder Aufgießens nicht mächtig wie der Mensch, doch auf den Menschen wirken, in ihrer Weise recht gewitzt, fähig und vernunftbeseelt das Reinigen, Erbrechen

> und Ausspeien vollführen, ganz wie der Mensch das Zerhacken, Vermahlen und Herstellen einer Tinktur; denn nähren Pflanzen nicht den Menschen auf gleichsam vernünftige Art wie der Mensch die Pflanzen nährt?[13]

Cavendishs Philosophie steht klar im Gegensatz zu Descartes' radikaler Trennung zwischen Mensch und Tier. Für Descartes ist es allein der Geist, der den Menschen davor bewahrt, als Automat zu leben wie die «Viecher».

Im Jahr 1769, knapp achtzig Jahre nach Margaret Cavendish, arbeitete ein anderer leidenschaftlicher Materialist, nämlich Denis Diderot, an *D'Alemberts Traum*, einer klugen, wild phantasierenden Abhandlung über die Beschaffenheit der Welt und das Leben, in welcher sein träumender Denker-Held sagt: «Jedes Tier ist mehr oder weniger Mensch, jedes Mineral mehr oder weniger eine Pflanze, jede Pflanze mehr oder weniger Tier. Es gibt keine scharfe Abgrenzung in der Natur.»[14] Der *Traum* steckt voller Metaphern, die vielleicht unvergesslichste ist die, dass der menschliche Organismus nicht mehr Recht hat, als Einzelidentität wahrgenommen zu werden, als ein Bienenschwarm. Der Mensch ist eine Ansammlung unterschiedlicher Organe, die zusammenarbeiten. Auch hier klingen aktuelle Debatten an. So mancher Wissenschaftler und Philosoph bestreitet ja, dass der Mensch über eine feststehende Identität, ein festes Selbst verfügt.

Dabei misstraute Diderot, der geniale Metaphernschmied, den sprachlichen Bildern: «Aber ich lasse diese Bildersprache sein», schreibt er in *Brief über die Taubstummen*, «die ich höchstens anwenden würde, um den flatterhaften Geist eines Kindes zu ergötzen und zu fesseln, und komme wieder zum Ton der Philosophie, für die immer Gründe und nicht Vergleiche notwendig sind.»[15] Cavendish betrachtete Metaphern, Gefühle und Phantasie keineswegs als Verunreinigung des Denkens. Für sie gab es ein Kontinuum verschiedener Arten des Verstehens, das sowohl Vernunft als auch Phantasie oder Einbildungskraft einschloss, und die Grenzen zwischen ihnen waren nicht starr, sondern fließend.

Nur wenige Denker wollen wie Descartes ganz von vorn anfangen und alle vorgefassten Ideen hinwegfegen, obwohl ich diesen Wunsch stets anregend fand und noch finde. In den aktuellen Debatten der unterschiedlichsten Disziplinen leben Positionen, die Geist und Materie entweder als zwei verschiedene Dinge oder als Einheit betrachten, die den menschlichen Körper als Maschine oder als organische, weniger berechenbare Form begreifen, bis heute fort. Descartes suchte Gewissheit, und er fand sie in seiner Hirnschale, in der Abgeschiedenheit seines denkenden Geists. Ein Mann sitzt allein in einem Raum und denkt. Dieses Bild spielt eine zentrale Rolle in der Geschichte des modernen westlichen Denkens. Wie dieser Mann dort hingelangte, ist meist nicht Bestandteil des Bildes. Er muss geboren worden sein, muss eine Kindheit gehabt haben, doch der Philosoph ist per Definition immer schon erwachsen. Bis heute handelt es sich fast ausschließlich um einen Er, nicht um eine Sie. Der einsame Grübler auf der Suche nach der Wahrheit hat keine Geschichte, die es zu erzählen gilt, er scheint der zeitlichen Dimension enthoben. Ein ausgewachsener Mann sitzt also in einem Raum, um über den Inhalt eines anderen Raums nachzudenken – des geistigen Raums in seinem Kopf.

Elisabeth von der Pfalz begann einen Briefwechsel mit Descartes und bat um Klärung, wie denn wohl eine immaterielle Substanz wie der Geist auf eine materielle Substanz wie den Körper einwirken könne. Sie schrieb: «[D]ies konnte ich jedoch nie anders begreifen als eine Negation der Materie, die keinen Austausch mit der Materie haben kann. [...] Es wäre mir einfacher, der Seele Materie und Ausdehnung zuzusprechen, als einem immateriellen Wesen die Fähigkeit, einen Körper zu bewegen und von ihm bewegt zu werden.»[16] Auch merkte sie durchaus vernünftig an, dass der Zustand des Körpers die Fähigkeit zu denken beeinflusst, dass selbst wenn ein Mensch «das Vermögen und die Gewohnheit des richtigen Denkens gehabt hatte, [er] das alles durch einige Schwindelanfälle verlieren kann».[17] Sie drängte Descartes, die Problematik der Emotionen – der Leidenschaften – in sein Körper-Geist-Modell einzubeziehen, und dem kam er schließlich nach.

Gefühle stellen die Naturwissenschaft und Philosophie beharrlich vor Probleme. Ihr Stellenwert im Leben von Mensch und Tier hängt davon ab, wie man den Geist betrachtet. Elisabeth von der Pfalz war, anders als Hobbes und Cavendish, nicht geneigt, den menschlichen Geist auf den Körper zu reduzieren, doch in ihren Briefen klingen Zweifel an, ob der Geist ganz und gar unabhängig von zeitlichen und körperlichen Umständen funktionieren kann. Obwohl die Sprache ihrer Briefe von Ehrerbietung dem großen Denker gegenüber geprägt ist und sie ihre eigene Schwäche und Unterlegenheit betont, sind die Einwände gegen die Ansichten ihres Brieffreunds höchst anregend und scharfsinnig. Der Dualismus hat heute kaum mehr explizite Verfechter, doch

Descartes' Vorstellung eines rationalen Geistes, der sich zu universellen Wahrheiten empordenken kann, lebt in den Naturwissenschaften und in der angelsächsischen Tradition der analytischen Philosophie munter fort, auch wenn die Auseinandersetzungen über die Definition von Geist oft hitzig, wenn nicht gar quälend sind.

In direktem Widerspruch zu Descartes' einflussreicher Denkschule steht der Gelehrte Giambattista Vico (1668–1744), Historiker und Professor an der Universität von Neapel, der Rhetorik, Kultur und Geschichte durch die Kraft sprachlicher Bilder und der Erinnerung energisch verteidigte, die, so seine Überzeugung, in unseren körperlich-sinnlichen Erfahrungen wurzeln. In der *Neuen Wissenschaft* vertritt er die Ansicht, dass «folgende Wahrheit [...] auf keine Weise in Zweifel gezogen werden kann: dass diese politische Welt sicherlich von den Menschen gemacht worden ist, deswegen können (denn sie müssen) ihre Prinzipien innerhalb der Modifikationen unseres eigenen menschlichen Geistes gefunden werden».[18] Während Descartes unverrückbare, universelle Wahrheiten suchte, entdeckte Vico, dass die Wahrheit den Gebrauch der Sprache und geschichtlichen Wandel mit einschloss.

Vico zufolge hatte das menschliche Bewusstsein eine eigene Geschichte. Die menschliche Wirklichkeit ihrer Entwicklungsgeschichte zu entheben, erschien ihm widersinnig. Ich las Vico zum ersten Mal um etwa dieselbe Zeit herum wie Descartes – im Alter von ungefähr zwanzig. Von dem neapolitanischen Denker blieb mir wenig im Gedächtnis, bis auf eine eindrucksvolle Ausnahme: seine Riesen. In meiner Vorstellung trotteten diese Giganten, aschfarben und faltig, aber aufrecht, durch eine Landschaft aus graubrauner Erde. Als Beleg, dass es diese ausgestorbenen Spezies einst wirklich gegeben hatte, dienten Vico die «Patagonier» und die Zyklopen Homers, Kreaturen so «ungeschlacht wie äußerst wild».[19] Trotz ihrer primitiven Natur, behauptete Vico, hatten selbst diese umherstapfenden Gesellen eine «Vorstellung von Gott», eine Vorstellung, die ihre Entwicklung von der impulsgeleiteten, von Leidenschaften getriebenen, eigennützigen Kreatur hin zum denkenden, zivilisierten Menschen anstieß.

Auch wenn mich Vicos Anthropologie an manch ausschweifende Geschichte des griechischen Historikers Herodot denken lässt, liefert sein Volk der Riesen doch eine Verständnishilfe, wie sich der menschliche Geist von einem vor-reflexiven zu einem reflexiven entwickelte. An einer Stelle schildert er beeindruckend, wie unfähig seine noch primitiven *giganti* sind, ihr eigenes Spiegelbild zu erkennen. Die Fähigkeit, sich selbst im Spiegel zu erkennen, gilt als Wendepunkt in der kindlichen Entwicklung. Sobald sich ein Kind mit seinem Spiegelbild identifiziert, ist es in der Lage, sich so zu sehen, wie es von außen, von anderen gesehen wird. Es erlangt eine Form von Selbst-Bewusstsein, das es zuvor nicht hatte. Menschen können das mit etwa achtzehn Monaten. Mittlerweile weiß man, dass andere Spezies ebenfalls über Formen der Selbstwahrnehmung verfügen – Menschenaffen, Elefanten, manche Delfinarten und viele Vögel. Vico schreibt: «Denn, Kindern gleich, die versuchen, ihr eigenes Spiegelbild zu erhaschen, so glaubten auch die ersten Menschen, eine andere, sich ständig wandelnde Gestalt im Wasser zu erblicken, wenn sie sahen, wie es die eigenen Züge und Bewegungen veränderte.»[20] Vico zufolge hat die Entwicklung der Fähigkeit, über sich selbst und die Welt nachzudenken, eine individuelle und eine gattungsgeschichtliche Dimension.

Kindererziehung war eines von Vicos Hauptanliegen. Er befürchtete, dass Kinder, wenn man sie im Sinne Descartes' nur logisches Denken und Geometrie lehrte, in ihrer sprachlichen und menschlichen Entwicklung behindert würden. Diese Debatte ist bis heute nicht abgeschlossen. In den USA werden Mathematik und Naturwissenschaften in der Bildung generell für wichtiger gehalten als die geisteswissenschaftlichen Fächer und die Künste. Mathematik und Naturwissenschaften besitzen den Nimbus des Seriösen, der strengen Disziplin, was den Geisteswissenschaften und den Künsten abgesprochen wird. Hobbes erhob die Vernunft ins Reich der Addition und Subtraktion, und da ist sie bis heute verblieben. Vico ging es ums Bewahren der klassischen Bildung. Im kartesianischen Programm, so fürchtete er, würde sie verlorengehen. Er sah die Zersplitterung von Wissen in immer kleinere Einheiten durch die zunehmende Spezialisierung an den Universitäten voraus, die nun so weit geht, dass sich einzelne Fachgebiete untereinander nicht mehr verständigen können.

Das 17. Jahrhundert in Europa war eine Zeit der blutigen Religionskriege und Geisteskrisen. Kaum verwunderlich ist, dass die wenigen, denen Bildung, Zeit und Mittel noch vergönnt waren, nach Gewissheit suchten in einer Welt, in der alle Wahrheiten zerbröckelten. Niemand wird als Philosoph geboren. Descartes' Name wird zwar im Pantheon der «großen Denker» bewahrt, dennoch ist es gut, sich vor Augen zu führen, dass auch er einst ein Kind war, und ein schwächliches dazu. Seine Mutter starb im Wochenbett, als er ein

Jahr alt war. Er war aber fest überzeugt, dass er ihren Tod verursacht und seine schwache Gesundheit von ihr geerbt hatte. Auch Philosophen haben ihre Geschichten. Eine davon erzählt Descartes in einem Brief an Königin Christine von Schweden. Sie handelt von einem schielenden Mädchen, in das er als Junge so sehr verliebt war, dass er noch Jahre später «dazu neigte», sich in Frauen «zu verlieben, nur weil sie diesen kleinen Fehler hatten». Als er sich den vernunftwidrigen Zusammenhang einmal klargemacht hatte, habe das aufgehört.[21] Es wird kaum jemanden überraschen, dass der Erfinder der analytischen Geometrie schon als Schüler in Mathematik brillierte.

Die sprachlichen Formen unserer Ideen sind infektiös. Worte stecken Menschen an, werden vom einen auf den anderen übertragen, und wir alle laufen ständig Gefahr, uns Ideen einzufangen, Infektionen, die ein Leben lang anhalten können. Menschen sind die einzigen Tiere, die für Ideen töten, deshalb ist es ratsam, Ideen ernst zu nehmen, ratsam, die Frage zu stellen, woraus sie sind und wie sie zustande kommen. Jede Idee ist auf die eine oder andere Art eine vorgefasste Idee. Selbst Denker, die wir für originell halten, mussten erst die Gedanken anderer – meist in Form von Büchern – aufnehmen, um ihre eigenen zu entwickeln. Es gibt keinen noch nie da gewesenen Gedanken. Trotz des Bestrebens, seinen Geist von allen vorgefassten Ideen zu reinigen, brachte auch Descartes zuvor erworbene Kenntnisse mit. Zu verschiedenen Zeiten herrschen unterschiedliche Ideen vor, aber manche überdauern länger als andere, und manche sind so etabliert, dass sie uns gar nicht mehr bewusst sind. Sie liegen den Auseinandersetzungen über das Wesen des Menschen unausgesprochen zugrunde. Versteckt in Metaphern, Phrasen und Vorurteilen verschiedenster Art, erkennen wir sie häufig nicht und stellen sie deshalb nicht auf den Prüfstand.

Ein weiteres Problem sind die oft völlig widersprüchlichen Grundüberzeugungen in den unterschiedlichen Disziplinen; Disziplinen, die ihre eigene Sprache fabrizieren, in der ihre Vertreter bestimmte Annahmen über die Welt vermitteln, sodass kaum Anlass besteht, zu hinterfragen, wovon alle längst überzeugt sind. Vicos Kritik an der Akademie und der Vereinzelung der Fachbereiche war vorausblickend. In akademischen Kreisen kommt es regelmäßig zu Auseinandersetzungen darüber, was Freud als «Narzissmus des kleinen Unterschieds» bezeichnet. Man streitet sich dabei nicht um die erste Frage, sondern um die dreihunderteinundvierzigste. In fast allen Disziplinen gibt es die stillen, oft blinden Übereinkünfte.

In diesem Buch möchte ich der Gewissheit nachforschen und für den Zweifel und die Vieldeutigkeit plädieren, und zwar nicht etwa, weil wir nichts wissen können, sondern weil wir unsere Überzeugungen stets prüfen sollten und hinterfragen, woher sie kommen. Zweifel sind fruchtbar, denn sie schließen unser Denken auf für fremde Ideen. Der Zweifel ist ein Fragen-Erzeuger. So erfrischend Descartes' ursprüngliche Frage danach war, was in unserer Existenz gewiss ist und was nicht, so unbefriedigend erscheint sein Lösungsvorschlag – nicht nur mir, sondern auch vielen anderen. Wenn es um Ideen geht, gibt es kaum Universalien außer der, dass Fragen gewöhnlich besser sind als Antworten. Was aber bedeutet es für den menschlichen Geist, sich selbst zu erforschen? Das hängt davon ab, wie man den Geist versteht. Wenn er etwas Fehlbares, Materielles ist, sind die von ihm erzeugten Gedanken zwangsläufig endlich und wandeln sich mit den Zeiten. Wenn er jedoch etwas anderes ist, wenn der menschliche Geist Zugang zu den Wahrheiten des Universums eröffnet, Wahrheiten, die unveränderlich und tief in die Wirklichkeit eingewoben sind, dann wird auch der Blick auf Erfahrung ein anderer sein. Nicht nur Hannah Arendt war der Ansicht, dass als Mensch das Wesen des Menschen zu erkennen, so schwer sei, wie «über unseren eigenen Schatten [zu] springen».[22] Wir werden es dennoch weiterhin versuchen. Die Frage ist viel zu spannend, als dass wir sie auf sich beruhen lassen dürften.

EINE UNWISSENSCHAFTLICHE STICHPROBENERHEBUNG DARÜBER, WAS MENSCHEN ÜBER DEN GEIST DENKEN (EINE BEMERKUNG IN KLAMMERN, WARUM ICH DIESES BUCH SCHREIBE), UND EIN KLEINER ABSTECHER IN ALFRED NORTH WHITE-HEADS GEIST

Während der Vorarbeiten zu diesem Essay habe ich vielen Leuten dieselbe Frage gestellt: Was ist der Geist Ihrer Ansicht nach? Ich richtete sie an Menschen, die ich nie zuvor gesehen hatte, und an Bekannte. Immer habe ich hinzugefügt, dass die Frage offen sei. Es ging mir nicht um die «richtige» Antwort, sondern ich war wirklich neugierig, was er oder sie zu sagen hatte. Meine Gesprächspartner waren gebildete Menschen aus den USA und Europa, von denen aber keiner vorher jahrelang theoretische Überlegungen zu Fragen des Geistes angestellt hatte. Die meisten waren unsicher, wie Geist zu definieren sei. Einige waren angesichts der Frage tatsächlich perplex. Obwohl wir nämlich «Geistesgegenwart beweisen» oder «geistreich sein» und sogar «im Geiste etwas sehen» können, ist der Geist ein schwer fassbarer Begriff. Um ihnen auf die Sprünge zu helfen, stellte ich eine weitere Frage: Glauben Sie, der Geist unterscheidet sich vom Körper? Fast alle trafen die übliche Unterscheidung zwischen physisch und psychisch. Der Geist denkt. Der Körper tut es nicht. Genau an diesen Dualismus glaubte Descartes: Der denkende Geist und der fühlende Körper waren bei ihm aus unterschiedlichem Stoff, doch irgendwie spielten sie zusammen. Als Nächstes fragte ich, ob Gehirn und Geist dasselbe sind oder ob sie sich unterscheiden. Hier gingen die Meinungen stark auseinander. Die einen waren der Ansicht, Gehirn und Geist seien identisch, andere glaubten das nicht. Man sieht, wie schnell diese einfachen Fragen zu vertrackten Problemen hinsichtlich des Wesens des menschlichen Geistes führen.

Glaubt man, dass der Geist etwas anderes ist als das Gehirn, stellt sich sofort die Frage: Woraus besteht er, was hat er, was das Hirn nicht hat? Was muss man über die graue Substanz hinaus in Betracht ziehen, um den Geist zu begreifen? Ist der Geist immateriell? Ein Mann, der während eines Abendessens neben mir saß und strikt zwischen Geistigem und Körperlichem trennte, reagierte ganz aufgebracht, als ich ihn fragte, woraus das Geistige bestehe? War es Gott, die Seele oder mathematische Wahrheit? Entschieden verbat er sich jede Erwähnung von Theologie, und das war so ziemlich das Ende unseres Gesprächs. Er wusste zwar, dass Körper und Geist zwei verschiedene Dinge waren, darüber reden, was sie sein könnten, wollte er aber nicht.

Wenn hingegen der Geist das Gehirn ist und das Gehirn

ein Körperorgan wie jedes andere, ein Organ wie das Herz oder die Leber oder die kurzlebige Plazenta, warum ist der Geist dann höhergestellt als andere Körperteile? Auch diese Frage war manchen unangenehm. Viele von uns verorten das Wesen unseres Selbst im Kopf, in unserem denkenden Geist. Wenn mein Geist dahingeht, gehe ich mit ihm. Wenn mir ein Bein abhandenkommt, bin ich trotzdem noch da. Mein Bein macht mich nicht auf dieselbe Weise aus wie mein Denken, obwohl beide zu mir gehören. Natürlich ist es erlaubt, zu fragen: Warum sollte sich jemand Gedanken darüber machen, was der Geist ist? Viele Menschen werden alt, ohne deshalb je eine schlaflose Minute zu verbringen. Ich meine aber, die Frage ist wichtig, weil es Auswirkungen auf viele Wissensbereiche hat, je nachdem, wie das Problem gelöst wird, auch wenn diese Folgen nicht gleich ins Auge springen. Ein Beispiel: Wenn mentale Probleme Erkrankungen des Hirns und nicht Erkrankungen des Geistes sind, warum gibt es dann die Psychiatrie zur Behandlung der Seele und die Neurologie zur Behandlung des Gehirns? Warum nicht nur ein Fachgebiet, das sich mit Hirnkrankheiten befasst? Jeden Tag erreichen uns neue Meldungen aus noch unbekannten Gefilden der Hirnforschung, der Genetik und der künstlichen Intelligenz, deren Inhalte abhängig davon sind, wie einzelne Wissenschaftler und Wissenschaftlerinnen das Körper-Geist-Problem auffassen.

Mir ist klargeworden, wie entscheidend die jeweilige Betrachtungsweise von Geist für viele Forschungen ist. Ein Einzelbeispiel reicht aus: Depression ist eine noch ungenügend verstandene Krankheit. Niemand weiß genau, wie gewöhnliche Traurigkeit und Depression zusammenhängen. Eine gängige und wirksame Behandlungsmethode von Depression ist die Kognitive Verhaltenstherapie, kurz KVT. In vielen Fachaufsätzen, Vorträgen und auch Werbeanzeigen formulieren KVT-Befürworter eine Variante der folgenden Aussage: «negative Denkmuster sind dysfunktional und haben Auswirkungen auf Stimmung, Selbstbild, Verhalten und sogar körperliche Befindlichkeit eines Menschen».[23] Indem negative Bewusstseinsinhalte in positive verwandelt werden, können Betroffene sich «besser» denken, so die Grundannahme in der KVT. Bei diesem Ansatz werden «Gedanken» – das, was ein Patient bewusst denkt – von seinem körperlichen Zustand getrennt. Die Gedanken wirken auf den Körper zurück. In der KVT werden Gedanken somit als etwas vom Körper Verschiedenes betrachtet, das ihn aber auf rätselhafte Weise manipulieren kann. Dies ist ein philosophisches Problem, denn die Gedanken scheinen immateriell zu sein, aus Nichts bestehend.

Der Epiphänomenalismus ist die Lehre davon, dass Bewusstseinserfahrungen *nicht* ursächlich auf den Körper zurückwirken. Auch wenn die meisten von uns ziemlich sicher sind, dass unser Verhalten durch unser Denken beeinflusst wird, bleibt es ein Rätsel, wie dies vonstattengeht. Elisabeth von der Pfalz klingt in den Worten des US-amerikanischen Sprachphilosophen John Searle nach, der das Dilemma so formuliert: «Doch wenn unsere Gedanken und Gefühle wahrhaft geistig sind, wie können sie sich dann auf irgendetwas Materielles auswirken? Wie könnte sich aus etwas Geistigem eine materielle Veränderung ergeben? Sollen wir annehmen, dass unsere Gedanken und Gefühle irgendwie chemische Wirkungen auf unser Hirn und das restliche Nervensystem hervorbringen?»[24] Wie Probleme im Kontext von Depression und ihrer Behandlung gelöst werden, hängt von der jeweils zugrundeliegenden Theorie des Geistes ab. KVT übernimmt den kartesianischen Dualismus, aber mit seinen Rätseln wollen sich ihre Vertreter nicht befassen. Viele Studien belegen die Wirksamkeit der KVT bei Depressionen. Dass eine Methode anschlägt, bedeutet aber noch nicht, dass sie aus den Gründen, die ihre Verfechter anführen, funktioniert.

Das Körper-Geist-Dilemma wird schnell zum Mensch-Umwelt-Problem. Wie gelangt etwas außerhalb des menschlichen Körper-Geists Liegendes ins Innere desselben? Wo nehmen Wörter ihren Anfang? Im Außen, in der gemeinsam verwendeten Sprache, oder im Innern des Körpers, bei der angeborenen Fähigkeit, Sprache zu erwerben? Mäuse sprechen nicht so wie wir. Wenn die Persönlichkeit oder der Charakter eines Menschen genetisch weitgehend festgelegt ist, erscheinen die Bedingungen der äußeren Welt weniger wichtig als Manipulationen am Genom. Vielleicht ist die Neigung zur Depression angeboren. Wenn der Geist nun dasselbe ist wie das Gehirn und nichts anderes, und dieses Gehirn als eine Maschine verstanden wird mit unterschiedlichen Teilen für unterschiedliche Aufgaben, die man auseinandernehmen und wieder zusammensetzen kann, dann hat diese Vorstellung Auswirkungen darauf, wie wir über depressive Menschen denken.

Wenn der Geist eine Hobbes'sche Maschine ist, dann können wir auch eine neue konstruieren, die nie depressiv wird, und bald tummeln sich allzeit glückliche Androiden unter uns. Wenn wir, wie Descartes und vor ihm Pythagoras, an einen immateriellen Geist glauben, an die ewige Wahrheit der Zahlen und daran, dass das Universum von unwandelbaren mathematischen Gesetzmäßigkeiten beherrscht wird, dann werden es diese Prinzipien sein, die unsere Vorstellungen von Gehirn, Geist und Körper leiten, und nicht die Sorge um die organischen Tatsachen aus Fleisch und Blut. Falls man sich überhaupt noch Gedanken über Depressionen macht, wird man sie in Begriffe fassen, die mit dem Körper nichts mehr zu tun haben. Geht man hingegen davon aus, dass Geist und Gehirn eine dynamische, fließende Einheit bilden, dass auch Tiere einen Geist besitzen, dass also der Gehirn-Geist eher dem von Vico als dem von Hobbes beschriebenen gleicht und dass dieser sich in Verbindung mit der Erfahrung verändert, dann muss man den Blick auch auf die Beziehungen eines depressiv Erkrankten zu den Menschen in seinem Leben richten, um wenigstens ein paar Hinweise auf die Frage, was schiefgelaufen ist, zu erhalten.

Tatsache ist, man ist sich nicht einig über den Geist. Es gibt keine einheitliche Theorie darüber, was er ist. Es herrscht Verwirrung, und nicht nur bei jenen, die sich selten Gedanken über das Körper-Geist-Dilemma machen. Naturwissenschaftler, Philosophen und Gelehrte aus allen Bereichen geraten bei diesem Problem oft aneinander. Die Kämpfe werden unter verschiedenen Namen ausgetragen, etliche drehen sich um das Bewusstsein – was darunter zu verstehen ist und warum wir überhaupt eines haben. Das ist bemerkenswert, denn wer würde heute noch Einwände gegen Kopernikus vorbringen? Wir sind uns einig, dass die Erde um die Sonne kreist. Niemand würde behaupten, William Harveys Beschreibung der Herzfunktion sei ein Irrtum. Einsteins Relativitätstheorie ist heute ebenso allgemein anerkannt wie die Quantenmechanik, auch wenn sich die beiden nicht in einer übergeordneten Theorie der Physik zusammenführen lassen. Die gegenwärtigen, unter verschiedenen Bannern geführten Gefechte über «den Geist» indes verlaufen kaum anders als im 17. Jahrhundert. Die verschiedenen Spielarten des Dualismus und Monismus haben Falten bekommen, aber sie sind bis heute aktuell.

In seinem Buch *Wissenschaft und moderne Welt* fasst Alfred North Whitehead die Auseinandersetzungen über Körper und Geist, Geist und Materie folgendermaßen zusammen:

> Das siebzehnte Jahrhundert hatte schließlich ein Schema des wissenschaftlichen Denkens hervorgebracht, das von Mathematikern für Mathematiker geschaffen war. Die wichtige Eigenschaft des mathematischen Geistes ist seine Fähigkeit, mit Abstraktionen zu arbeiten und aus ihnen klar umrissene beweiskräftige Gedankenketten zu ziehen, die so lange völlig hinreichend sind, wie man eben nur über genau diese Abstraktionen nachdenken will. Der gewaltige Erfolg der wissenschaftlichen Abstraktionen, die einerseits der *Materie* mit ihrer *einfachen Lokalisierung* in Raum und Zeit, andererseits dem wahrnehmenden, leidenden, denkenden, aber nicht eingreifenden *Geist* Rechnung tragen, hat der Philosophie die Aufgabe zugeschoben, sie als die konkreteste Darstellung des Tatsächlichen anzuerkennen.
>
> Das war der Ruin der modernen Philosophie. Sie hat auf komplexe Art zwischen drei Extremen geschwankt.

> Da sind die Dualisten, die Materie und Geist als gleichbegründet anerkennen, und die beiden Spielarten von Monisten: Jene, die den Geist in die Materie stecken, und jene, die die Materie in den Geist verlegen. Aber dieses Jonglieren mit Abstraktionen kann niemals die innere Verwirrung überwinden, die dadurch aufkam, daß man dem wissenschaftlichen Schema des siebzehnten Jahrhunderts die *unzutreffende Konkretheit* zugeschrieben hat.[25]

Whitehead war Mathematiker, Logiker, Physiker und Philosoph. Gemeinsam mit Bertrand Russell veröffentlichte er *Principia Mathematica*, ein Meilenstein in der Logik und Mathematik bis zum heutigen Tag, auch wenn Kurt Gödels Unvollständigkeitssatz später bewies, dass die *Principia* nicht widerspruchsfrei und vollständig zugleich sein konnten. Unter dem Einfluss der radikalen Umwälzungen durch die Quantenmechanik lehnte Whitehead materialistische Ansätze und die Vorstellung einer raum-zeitlichen Gebundenheit von Materie ab. Stattdessen entwickelte er eine Metaphysik von Prozess, Werden und Bewegung. Sein Denken wird häufig als eine Form des Panpsychismus beschrieben, und seine metaphysischen Ausführungen sind bisweilen schwer zu durchdringen, doch seine Analyse der Wissenschaftsgeschichte in *Wissenschaft und moderne Welt* ist scharfsichtig und gut verständlich, unabhängig davon, ob man seine Kritik teilt oder nicht. Er war ungemein sensibilisiert dafür, was auf dem Spiel stand: «Soll die Wissenschaft nicht zu einem Mischmasch von *ad hoc*-Hypothesen verkommen, dann muss sie philosophisch werden und in eine tiefgreifende

Kritik ihrer eigenen Grundlagen eintreten.»[26] Diese Grundlagen, so argumentiert Whitehead, wurden im 17. Jahrhundert gelegt.

Warum habe ich mir Descartes, Hobbes, Cavendish und Vico ausgesucht, wo es doch viele weitere spannende Philosophen und Philosophinnen gibt, die sich mit diesen Fragen beschäftigt und zahlreiche interessante Lösungsvorschläge erdacht haben? Die vier dienen mir lediglich als philosophische Richtgrößen. Jeder von ihnen steht für eine bestimmte Auffassung vom denkenden Menschen in seinem Verhältnis zur Welt. Sie verfolgen ihren je eigenen dualistischen oder monistischen Ansatz. Sie alle komponierten ihre eigene Melodie des Denkens, und diesen Melodien lauscht man noch heute, sie werden immer wieder angestimmt, auch von jenen, die keine Ahnung haben, wer diese Weisen einst verfasst hat. Zwei von ihnen, Descartes und Hobbes, übten einen großen und nachhaltigen Einfluss auf Philosophie, Naturwissenschaft und viele andere Disziplinen aus. Die beiden anderen, Cavendish und Vico, spielen in der vorherrschenden Tradition nur am Rand eine Rolle, doch auch sie hatten und haben einen Einfluss, den man als subversiv bezeichnen kann.

Das Modell der mathematischen Abstraktion, das Whitehead zugrunde legt, ist deshalb wichtig, weil in einem solchen Modell, das sich auf die Wahrheit der Zahlen oder die Wahrheit des Dreiecks beruft, die Phantasie entweder außen vor bleibt oder die Rolle der Dienerin der Vernunft spielt. Whitehead erkannte, zutreffend, wie ich meine, dass allem, auch dem wissenschaftlichen Denken, eine Portion Phantasie innewohnt: «Jede Philosophie bezieht ihre Farbe von der geheimen Lichtquelle eines Vorstellungshintergrunds, der niemals ausdrücklich in ihren Gedankenketten auftaucht.»[27] Die vorstellende Imagination und Phantasie, heute oft als Synonym von «Kreativität» verstanden, diente in der Philosophie traditionell zur Beschreibung der geistigen Bilderwelt in Abgrenzung zur sinnlichen Wahrnehmung. Während ich an meinem Schreibtisch schreibe, sehe ich die Kaffeetasse neben mir, Papierbogen und aufgeschlagene Bücher, die auf dem Tisch verstreut sind, und eine kleine schwarz-rote Uhr. Wenn ich aus dem Zimmer gehe, kann ich ein Bild meines chaotischen Schreibtischs aufrufen, allerdings ein unvollständiges. Die Phantasie besteht aus dem Erblickten, den Klängen, Gerüchen und Gefühlen, die wir von einer Begebenheit oder einem Ort in Erinnerung behalten, auch von einem herbeiphantasierten Ereignis, das nie stattgefunden hat, oder von einem imaginären Ort, an dem wir nie gewesen sind. Hätte ich nie etwas mit den Sinnen erfasst, könnte ich mir weder eine Vorstellung von etwas machen, noch mich an Dinge erinnern. Für Hobbes waren schrittweise vollzogene Schlussfolgerungen der Vorstellungskraft weit überlegen, die er als eine Art des Erinnerns, als «faulen Sinn» und matten Abglanz der echten sinnlichen Wahrnehmung betrachtete. Descartes passte die *fantaisie* als Bereich zwischen unmittelbar sinnlicher Empfindung (als rein körperliche Erfahrung) und logischem Urteilsvermögen (als rein geistige Erfahrung) ins Konzept. Er sah darin eine Erklärungsmöglichkeit, wie Körper und Geist zusammenspielten. Für Cavendish waren Phantasie *(fancy)* und Gefühl im Bund mit der Vernunft unverzichtbar für jede Form der Erkenntnis. Vico war der Ansicht, dass Vorstellung und Phantasie, Erinnerungen und

Metaphern aus dem Körper und seinen Sinnen hervorgingen und notwendig zur Geschichte des Denkens gehörten.

(Dies ist ein persönlicher Essay, eine Arbeit, mit der ich versuche, etwas zu verstehen, was nicht leicht zu verstehen ist. Es ist weder eine Bestandsaufnahme der westlichen Philosophie noch eine tiefgehende Auseinandersetzung mit meinen vier philosophischen Richtgrößen. Gleichwohl leitet mich ein Gefühl der Dringlichkeit, zum Teil weil die ungeklärten Fragen hinsichtlich Körper und Geist oft abgehandelt werden, als hätten wir das hinter uns, nicht nur in den Medien, die stets für Sensationsmeldungen und einfache Antworten anfällig sind, sondern auch in der Naturwissenschaft und in der Philosophie selbst. Ständig stoße ich auf Bücher, Aufsätze, Zeitschriftenartikel und Blogeinträge, in denen uns fröhlich erklärt wird, wie der Geist oder das Geist-Gehirn funktioniert, und somit auch bestimmte Annahmen über das Wesen des Menschen vermittelt werden. Die zugrundeliegenden Annahmen bleiben dabei jedoch meist verborgen, selbst denjenigen, die die Thesen aufstellen.

In der Hoffnung, einige dieser Grundannahmen und verworrenen Prämissen aufzuhebeln, stelle ich Fragen, auf die es keine schnellen Antworten gibt. Ich werde bestimmte Themen aufrollen – bekannte und weniger bekannte –, die zumindest vor Augen führen, dass vieles noch ungeklärt ist, was den menschlichen Geist und sein Verhältnis zu Körper und Welt betrifft. Ich will nicht verhehlen, dass ich auch in der Mission unterwegs bin, mit bestimmten Allgemeinplätzen aufzuräumen, die mich seit Jahren von allen Seiten anspringen, Allgemeinplätze die Nature / Nurture-Debatte betreffend, Gene, Zwillingsstudien und «vorprogrammierte» Strukturen im Gehirn. Ich bin die selbstgefälligen Annahmen über hormonell oder psychologisch bedingte Geschlechterunterschiede leid, die schlicht unausgegorenen Behauptungen der Evolutionspsychologie, und so manche Phantastereien, die in der Künstliche-Intelligenz-Forschung großgeschrieben werden. Andererseits greife ich Themen wie den Placebo-Effekt, Scheinschwangerschaft, Hysterie und dissoziative Identitätsstörung auf, weil diese Erkrankungen und körperlichen Zustände auf Wissenslücken in den aktuellen Debatten über den Geist-Gehirn-Komplex verweisen. Auch die phänomenologische Forschung wird eine Rolle spielen, die Bewusstseinszustände aus der Erlebensperspektive der ersten Person analysiert, denn möglicherweise stellt sich das Problem des menschlichen Geists im Lichte phänomenologischer Erkenntnisse anders dar. Ich hätte noch viele weitere Themen aufgreifen und auf meine Fragestellung hin erörtern können. Mein Interesse gilt jedoch weniger einer spezifischen Problematik als vielmehr der Frage, wie sehr die alten Dilemmata von Monismus und Dualismus, Körper und Geist, Innen und Außen die akademische Forschung und Wissenschaft bis heute umtreiben.

Und noch etwas finde ich faszinierend: den von Whitehead erwähnten Aspekt der Phantasie als Vorstellungshintergrund. Sie tönt jede philosophische, naturwissenschaftliche, akademische Abhandlung, auch wenn das nicht eingestanden wird. Träume von Reinheit und Macht und Kontrolle und einer besseren Welt, aber auch Ängste vor Verunreinigung, Chaos, Abhängigkeit und Ohnmacht geben selbst den rigidesten Denkgebäuden eine Färbung. Manchmal besteht der Vorstellungshintergrund aus einem Meer von Farben, und manchmal ist es nur ein blasser Pastellton, doch stets findet er seinen Niederschlag, auch wenn er in den «Gedankenketten» nicht ausdrücklich vorkommt. Ich bin nicht der Ansicht, dass diese Einfärbung durch den Vorstellungshintergrund schlecht ist. Ich bin vielmehr der Ansicht, dass der Versuch, das Denken von seinem Vorstellungshintergrund, sei er schillernd leuchtend oder nur blass erkennbar, zu säubern, ein Fehler ist. Mit Bedacht, nicht unbewusst, habe ich hier die von Whitehead benutzte Metaphorik weiter ausgeschmückt, um aus dem Hintergrund eine Leinwand zu machen. Denn wie Vico denke auch ich, dass Metaphern nicht nur unumgänglich sind, sondern das Wesen des Denkens ausmachen.)

Doch zurück zu meiner informellen Umfrage: Gab es Antworten, die ich besonders erhellend fand? Ich erinnere mich an zwei. Ein kluger Mann sagte, der Geist, das seien die vom Gehirn produzierten Gedanken. Und eine kluge Frau meinte, der Geist sei das Bewusstsein und das Gehirn das dazugehörige Organ. Philosophen sind beide nicht. Der Mann ist Schriftsteller und die Frau Schauspielerin, doch sie haben sich ihre Gedanken zu Fragen des Geistes gemacht. Die innerliche Erfahrung von Denken und Bewusstsein, so deute ich die Antworten, geht wohl nicht auf im bloßen Entschlüsseln der Funktionsweisen des Gehirns, auch wenn das Gehirn für Denken und Bewusstsein unentbehrlich ist.

VORGEFASSTE IDEEN UND M

Vor etwa einem Jahr war ich zu einem Dinner in kleinem Kreis eingeladen. Unter den Gästen war ein gebildeter, politisch dem linken Spektrum zuneigender weißer Mann und angesehener Schriftsteller, der es als Tatsache hinstellte, dass bestimmte Menschen – meistens Männer – mit einem Anspruchsdenken geboren werden. Ich will diesen Mann M nennen. Als ich M fragte, was er damit meine, stellte sich heraus, dass er weder davon sprach, mit weißer Haut oder Klassenprivilegien geboren zu sein, noch von der Überlegenheit, die Männern gemeinhin im Verhältnis zu Frauen zuerkannt wird. Das Anspruchsdenken, auf das er sich berief, lag als angeborene Eigenschaft in den Genen, als Gabe. Ich vermutete, dass er damit sein eigenes Erbgut meinte, aber vielleicht tat ich ihm Unrecht. Aufgeschnappt hatte er die erstaunliche Idee offenbar aus einem Artikel, den er gelesen hatte. Die Quelle war ihm entfallen, aber ich bezweifle nicht, dass Derartiges tatsächlich irgendwo steht. Angeborene psychologische Merkmale sind im Augenblick sehr angesagt. Was auch immer er gelesen hatte, er beharrte nun darauf, dass es ein Gen oder mehrere für dieses Anrechtsbewusstsein gäbe, und daran hielt er eisern fest.

Was haben manche Ideen aus dem wissenschaftlichen Bereich an sich, dass sie derart populär werden? Und warum bleiben andere an den Universitäten vergraben? Wie kommt es, dass höchst umstrittene Ideen ihren Weg als anerkannte Tatsachen in die breite Öffentlichkeit finden, obwohl in Fachkreisen erbitterte Kämpfe um sie toben?

Eine Erklärung mag sein, dass die Naturwissenschaften in der Öffentlichkeit als ein zusammenhängender großer Komplex wahrgenommen werden. Laufend werden wir mit neuen Entdeckungen und weiteren Fakten konfrontiert. «Wissenschaftler haben entdeckt» und «Neue wissenschaftliche Studie belegt» sind bekannte Einleitungen für Schlagzeilen. Und obwohl allen Zeitungslesern klar ist, dass diese «Wissenschaftler» aus unterschiedlichen Disziplinen stammen und ihre Meinung zu diesem und jenem nicht selten wieder ändern, und sie keineswegs immer einer Meinung sind, herrscht doch der Eindruck vor, sie schritten unaufhaltsam gemeinsam voran, ihr Wissen werde nach und nach akkumuliert und so die Geheimnisse der «Natur» systematisch enthüllt. Der Grund für diese weit verbreitete Ansicht ist nicht unerfindlich. Wir aus den Industrienationen, aber auch viele Menschen aus anderen Teilen der Welt werden immer wieder zu ehrfürchtigen Zeugen des technologischen Fortschritts, der nichts anderes ist als der Beleg für die praktische Umsetzung naturwissenschaftlicher Erkenntnisse. Für Leute in meinem Alter beginnt das beim Farbfernseher, geht über Faxgerät, Computer, Internet und Mobiltelefon bis hin zu technisch immer ausgefeilteren Lenkflugkörpern und Drohnen. Die Quantentheorie – dieses beunruhigende, paradox anmutende Erklärungsmodell der Natur, das die Physik auf den Kopf gestellt hat – dient unter anderem der Entwicklung von Lasern, die helfen, das Sehvermögen zu verbessern. Der Begriff «klonen» ist mittlerweile in den allgemeinen Sprachgebrauch übergegangen, genauso wie «Stammzellenforschung», «künstliche Befruchtung» und «Augenscanner».

Die Modelle, derer sich die Forschung zum Manipulieren der Natur bedient, funktionieren wunderbar, und die Veränderungen in unserer Lebenswelt sind der Beweis dafür, dass zwischen wissenschaftlichen Theorien und der natürlichen Welt ein Zusammenhang besteht. Diese nicht zu bestreitende Tatsache hat allerdings eine Blendwirkung auf viele. Indem wir im Übereifer glauben, was wir gern glauben wollen, gerät die geschichtliche Dimension von Philosophie und Wissenschaft oft in Vergessenheit. Gute Ideen gehen immer wieder verloren, und schlechte Ideen tragen häufig den Sieg davon. Manchmal finden sich die guten Ideen wieder, aber keineswegs immer. Warum manche Gedanken weiterleben und andere eingehen, hängt von vielen Faktoren ab, nicht zuletzt von den Rahmenbedingungen ihrer Rezeption. Ein Mann, eine Frau können wohl in ihrer Stube sitzend kritisch und gründlich nachdenken, Bücher schreiben und veröffentlichen, und doch ist das keine Garantie dafür, dass andere ihre Ideen verstehen oder aufgreifen. Die Gedanken müssen kulturell Resonanz erzeugen. Margaret Cavendishs Ideen wurden dreihundert Jahre lang entweder verspottet oder blieben verborgen. Sie ist bis heute weniger bekannt als Descartes oder Hobbes und wird noch immer von vielen Forschern, die sich mit ihrer Epoche befassen, übergangen. Ihr größtes Problem bleibt, dass sie eine Sie war.

Entscheidend ist auch, dass wir begreifen, wie bedeutend

die Rolle der verwendeten Sprache beim Nachdenken über die «Natur», die für viele einen natürlichen – keinen übernatürlichen – Geist einschließt, für das ist, was entdeckt, gesehen und manipuliert werden kann. Obwohl Hobbes' Bestreben, Sprache von jeglicher Metaphorik zu säubern und auf exakte Definitionen zu reduzieren, in den Naturwissenschaften lebendig bleibt, wimmelt es dort von Sprachbildern, die manchmal derart wörtlich genommen werden, dass sie Denkräume eher versperren als eröffnen. Zudem funktioniert Wissenschaft nicht ohne Hypothesen. Noch bevor man zu forschen beginnt, muss eine Vorstellung davon existieren, was man zu finden hofft, und diese Vorstellung wird zwangsläufig von vorausgegangenen, nicht verschollenen Ideen und Metaphern, die das Verständnis erleichtern, geprägt, wie auch von dem Wunsch, eine Arbeitshypothese zu bestätigen oder zu widerlegen.

Goethe erkannte, wie schnell sich hypothetische Annahmen festsetzen und eine Generation um die andere infizieren können:

> Eine falsche Hypothese ist besser als gar keine; denn dass sie falsch ist, ist gar kein Schade, aber wenn sie sich befestigt, wenn sie allgemein angenommen, zu einer Art von Glaubensbekenntnis wird, woran niemand zweifeln, welches niemand untersuchen darf, dies ist eigentlich das Unheil, woran Jahrhunderte leiden.[28]

In der Einleitung zu *Die Struktur wissenschaftlicher Revolutionen* (1962) betont Thomas Kuhn, dass keine Forschungsgruppe «ihren Beruf ohne eine Reihe anerkannter Überzeugungen» darüber, wie die Welt beschaffen ist, ausüben kann.[29] Jede Wissenschaftsgemeinde müsse, so Kuhn, vor Beginn der Forschungstätigkeit einvernehmliche Antworten auf grundlegende Fragen zur Beschaffenheit der Welt festlegen, und diese Antworten seien tief in den Institutionen verwurzelt, in denen die Wissenschaftler ausgebildet werden. Kuhn, dessen Laufbahn als Physiker begann, bringt seine Kollegen bis heute in Nöte, bleibt doch die Vorstellung, das Fundament des wissenschaftlichen Arbeitens könnte wackeln, ein subversiver Standpunkt. Die Anfeindungen, die Kuhn von anderen Wissenschaftlern entgegenschlagen, finde ich bisweilen erschreckend. Die bloße Erwähnung seines Namens reicht, dass sich ihnen die Stacheln aufstellen. Er wird oft dargestellt, als wollte er die Wissenschaft als solche untergraben, doch so habe ich ihn nie gelesen.

Wie Whitehead erkannte auch Kuhn, dass Wissenschaft auf Grundlagen beruht, die übernommen werden, also nie ganz am Anfang beginnt. Wenn alle Studierenden, die einen Master in Biologie machen, stets aufs Neue vor Descartes' Ausgangsfrage gestellt würden und man von ihnen verlangte, sich zuerst ihrer Existenz und der Welt um sie herum zu vergewissern, würden sie nie einen Schritt weiterkommen. «Normale Wissenschaft» beschreibt Kuhn als den «rastlosen und hingebungsvollen Versuch [...], die Natur in die von der Fachausbildung gelieferten Begriffsschubladen hineinzuzwängen». Gleichwohl stellt er die Frage, «ob die Forschung ohne solche Schubladen weiterbestehen könnte, welches auch immer das Element der Willkür bei ihrem historischen Ursprung und gelegentlich noch bei ihrer späteren Entwicklung sei».[30] Whitehead, Goethe und Kuhn stimmen darin überein, dass es in der Wissenschaft allgemein akzeptierte Glaubenssätze gibt. Whitehead stellt die im 17. Jahrhundert etablierten Wahrheiten über die materielle Wirklichkeit in Frage und problematisiert die naturwissenschaftliche Tendenz zur unzutreffenden Konkretheit, welche die mathematische Abstraktion mit jener Gegebenheit verwechselt, für die sie stellvertretend steht. Goethe sieht die Gefahr, dass eine Hypothese auf Dauer zur Wahrheit gerinnt und deshalb nicht mehr hinterfragt wird. Nach Kuhn gleitet die normale Forschung entlang einvernehmlicher, aber meist ungeprüfter, von ihm als *Paradigmen* bezeichneten Überzeugungen, bis eine neue Entdeckung oder ein hartnäckiges Problem ebendiese Grundüberzeugungen platzen lässt. Ein Paradigmenwechsel ist für ihn der Umbruch, der wissenschaftliche Revolutionen auslöst.

WORAUS SIND WIR? NATURE / NURTURE: FEST UND FORMBAR

Das Anrechtsbewusstsein, von dem M glaubt, es sei männlichen Personen angeboren (was er möglicherweise mit *Dominanzverhalten* bei männlichen Ratten oder anderen Säugetieren aus Untersuchungen der Evolutionspsychologie verwechselt, deren Verfechter männliches Dominanzverhalten darwinistisch als sexuell selektiertes Merkmal deuten), ist als Idee keineswegs neu. Vorstellungen von der Überlegenheit des Mannes hegten schon die alten Griechen, und sie werden seitdem auf unterschiedlichste Weise formuliert, doch aktuell wird diese noch immer unverwüstliche Idee meist im Kontext einer jüngeren Geschichte verortet. Seit Ende des 19. Jahrhunderts wird die menschliche Entwicklung im Westen als eine Art Tauziehen zwischen Erbanlagen *(nature)* und Umwelt bzw. erlernten Fähigkeiten *(nurture)* betrachtet. M war der Überzeugung, das, was er als Anrechtsbewusstsein bezeichnete, auf die Natur des Mannes, nicht auf das Erlernte, seine Erziehung zurückzuführen sei. Auf welchen Grundannahmen beruht diese Trennung zwischen Angeborenem und Anerzogenem? Allen Versicherungen der Vertreter verschiedenster Disziplinen zum Trotz, dass dieser Gegensatz falsch oder inzwischen aufgehoben sei, spukt er weiter in den Köpfen von Wissenschaftlern und Gelehrten herum, und in der allgemeinen Vorstellung. In der schlichtesten Form stellt sich diese Unterscheidung folgendermaßen dar: Wenn von Geburt an festgelegt ist, in welche Richtung sich ein Mensch entwickelt, dann muss sich diese Wahrheit in unserer Gesellschaftsordnung spiegeln. Wenn der Mensch aber ein weitgehend von seiner Umwelt geprägtes Wesen ist, dann muss diese Tatsache gesellschaftlich Anerkennung finden. Die möglichen Folgen einer Entscheidung, das eine höher zu gewichten als das andere, sind enorm. Bereits die Frage, welche Anteile *angeborene* und *erworbene* Eigenschaften bei unserer Entwicklung haben, unterstellt, dass sie verschiedenartig sind, dass man zwischen ihnen eine klare Grenze ziehen und, mit etwas Glück, auch vermessen kann.

Eine karikierende Version von *nature* und *nurture* basiert auf stark vereinfachten Vorstellungen von Innen / Außen oder Mensch / Umwelt. Zwei Kinder werden geboren und machen sich auf ihren Lebensweg. Dabei lernen sie Sprechen, Singen, Tanzen, Lesen. Beide treffen auf Hindernisse, über die sie stolpern. Bei einer Sturmflut ertrinken die beiden fast, doch das eine Kind wächst dann zu einem starken, widerstandsfähigen Erwachsenen heran, das andere verkümmert, wird krank und stirbt jung. Warum? Eine weit verbreitete Annahme, vertreten von M beim Dinner und von vielen anderen, besagt, dass dem starken Kind etwas *innewohnt*, eine feste oder formbare erbliche *Substanz*, die es, von äußeren Umständen gebeutelt, überleben lässt, mit der das schwache Kind nicht oder nur unzureichend ausgestattet ist. Diesen *Stoff* bezeichnet man üblicherweise als unsere *Gene*. Im Alltag spricht man bisweilen von guten und schlechten Genen. Wenn sich jemand von Hülsenfrüchten ernährt, nie eine Zigarette oder ein Glas Wein anrührt und täglich mit Inbrunst seine Runden joggt, aber trotzdem mit achtunddreißig tot umfällt, gilt dies häufig als ein Fall von schlechten Genen. Tag für Tag lesen wir, dass Forscher ein neues «Gen» *für* diese oder jene Erkrankung entdeckt haben. Damit einhergehend wird durch die Medien der Eindruck erweckt, unser Gehirn sei für bestimmte Verhaltensweisen «verdrahtet» oder vorprogrammiert. Die Wahl der Ehepartner, der Glaube an Gott, Geschmacksvorstellungen und sogar die Art, wie wir Fremde nach dem Weg fragen, das alles wurde schon über Verdrahtungen im Gehirn – ob fest oder nicht – erklärt: «Vielleicht ist auch Ihr Gehirn für den Kunstgenuss vorprogrammiert?», «Ist der Glaube an Gott vorprogrammiert?», «Scans belegen: Gehirne von Männern und Frauen sind verschieden programmiert.»[31] Ob nun auf Gene oder Gehirne Bezug genommen wird, stets wird dabei unterstellt, es gäbe eine klar bestimmbare, biologische Substanz, die unser Schicksal gestaltet.

Freilich finden sich auch Formen von Natur außerhalb unserer beiden karikaturartigen Figuren, und sie selbst sind Teil der Natur, natürliche Wesen, doch die Unterscheidung soll sortieren helfen, was beim Menschen ererbt und was durch Erfahrung und durch das, was wir als Umwelt bezeichnen, erworben ist. Bei dieser Sichtweise befindet sich ein Organismus zwar *in* seiner Umwelt, kann aber säuberlich davon getrennt werden. Als eigenständige, in sich geschlossene Einheit besitzt er eine klar definierbare Grenze. In ihrem herausragenden schmalen Band *The Mirage of a Space Between Nature and Nurture* aus dem Jahr 2010 untersucht die Genforscherin und Philosophin Evelyn Fox Keller semantische Ambiguitäten in der Nature / Nurture-Debatte und argumentiert, dass der Gegensatz, wie er sich heute darstellt, zu Darwins Zeit noch nicht existierte. Trotz der langen Geschichte, die angeborene Ideen in der Philosophie haben, erscheinen die Pole von Natur und Kultur, als die wir sie heute bezeichnen, erst nach Darwins Evolutionstheorie und seiner Hypothese, dass bestimmte Merkmale innerhalb einer Spezies von Generation zu Generation weitergegeben werden, in dieser neuen Gestalt. Für Darwin bestand der vererbbare Stoff aber nicht aus Genen, sondern aus submikroskopischen «Gemmulae». Keller führt die Verfestigung des Gegensatzes von Erbanlagen und Umwelteinflüssen auf den Denker Sir Francis Galton zurück, der Gemmulae als klar umgrenzte, feste Einheiten der biologischen Vererbung isolierte. Er prägte tatsächlich den «Jingle», der uns bis heute in den Ohren klingt: *Natur versus Kultur*.

Gemmulae, so wird gezeigt, erhalten bei Galton eine partikelförmige (bzw. atomare) Prägung, die sie bei Darwin noch nicht hatten; sie werden nun als eigenständig, aber auch als unveränderlich beschrieben. Während Darwin noch davon ausging, dass diese Partikel über die Erfahrungen, die ein Organismus sammelt, geprägt wurden, erfahren sie bei Galton eine Neubewertung als feststehende Einheiten, die von Generation zu Generation unverändert weitergege-

> ben werden. Für die ursächliche Trennung zwischen Natur und Umwelt ist dieser Unterschied insofern wichtig, als sich die Auswirkungen der formbaren (oder weichen) vererbbaren Partikel zwar innerhalb einer einzigen Generation noch unabhängig von den Umwelteinwirkungen bestimmen lassen, über mehrere Generationen hinweg jedoch die Verschränkungen von Erbanlagen *(nature)* und Erfahrungen *(nurture)* derart zunehmen, dass sie unentwirrbar werden.[32]

Nach Galton pflanzt sich die vererbbare *Natur* im Körper mittels Reproduktion über Generationen fort, während *Nurture* als Erfahrung und Sozialisation weitgehend außerhalb des Körpers bleibt. Das bedeutet nicht, dass die Sturmflut, bei der unsere beiden Karikaturen fast ertrunken wären, keine Auswirkung auf sie hätte, sondern nur, dass eine im Innern wirkende natürliche Substanz erklärt, warum das eine Kind wieder auf die Beine kommt und das andere nach dieser schrecklichen Erfahrung untergeht, denn wenn, in Galtons Worten, «Natur und Erfahrung um die Oberhoheit ringen [...], erweist sich Erstere als stärker».[33] Galton prägte 1883 den Begriff «Eugenik». Sein Verständnis von Vererbung bewog ihn, sozialpolitische Maßnahmen zu fordern, um die Zukunft der Rasse zu sichern, indem bestimmte Menschen im Interesse der Allgemeinheit zur Verpaarung ermuntert und andere davon abgehalten werden sollten.

Die auf Galton zurückgehende und bis ins 20. Jahrhundert hinein wirkende Eugenik-Bewegung hatte aber viele Gesichter, auch fortschrittliche: zum Beispiel Margaret Sanger, eine US-amerikanische Verfechterin der Geburtenkontrolle, die eine überzeugte Anhängerin der Eugenik war. Erst die Gräueltaten der Nationalsozialisten, die später folgten, sollten den Begriff für immer besudeln. Was mich hier jedoch vorrangig interessiert, ist nicht der hinlänglich bekannte politische Missbrauch dieser Idee, sondern Kellers Unterscheidung zwischen partikelförmigen (festen) und formbaren (weichen) Erbsubstanzen und der Umstand, dass die Charakterisierung als feste, atomartige Partikel dazu diente, eine klar umrissene Grenze zwischen Natur und Erfahrung, Organismus und Umwelt einzuführen, und darüber hinaus die Tatsache, dass noch immer viele Menschen, so wie M, diese Eigenschaft des *Festen* einer Sache zuschreiben, die formbarer und weniger klar umrissen ist, als viele gern meinen.

Bezeichnung und Begriffsbildung sind unerlässliche Verfahren, will man Dinge begreifen, doch sprachliche Bedeutungen sind keineswegs feststehend. Die Semantik von Wörtern lässt sich kaum kontrollieren, auch wenn man sich gerade in den Biowissenschaften sehr um eindeutige Definitionen und Abgrenzungen bemüht. Das Konzept des Gens geht auf Gregor Mendel und seine Forschungsarbeiten über Pflanzen in den 1860er Jahren zurück. Der Ausdruck «Gen» selbst wurde jedoch erst 1909 von dem dänischen Biologen Wilhelm Johannsen geprägt, der sich damit auf «Keimzellen» bezog, welche die Merkmale eines Organismus irgendwie festlegten. Das Wort «Gen», erklärte er, sollte frei sein von jeglicher Hypothese.[34] Es handle sich um ein abstraktes Konzept zur Erfassung einer erblichen biologischen Substanz, die über Generationen hinweg weitergegeben wird. Später bezog sich der Ausdruck auf etwas Materielles, allerdings hat sich die Beschreibung dieser Materialität – des Gens – im Lauf des 20. und nunmehr 21. Jahrhunderts aufgrund der explosionsartigen Entwicklungen in der Genforschung gewandelt.

Die sensationelle Entdeckung der DNA-Struktur und Doppelhelix durch Watson und Cricks 1957, heute noch oft als Enthüllung des «Geheimnis des Lebens» beschrieben, wurde als «zentrales Dogma» bekannt: Die Basensequenz der DNA wird zu RNA transkribiert, die ihrerseits in einem Prozess der Translation die Aminosäuresequenzen von Proteinen bilden. Nach ihrem Modell wurde die Information linear weitergegeben. Man stellte sich Gene vor wie potente Perlen an einer Schnur, die weitgehend *festlegten*, was aus dem Organismus werden sollte. Abwechselnd als Motor, Programm oder Blaupause des Organismus bezeichnet, wurden sie als feste, aktiv wirkende Einheiten der Vererbung betrachtet. Diese Vorstellung reihte sich wunderbar ein in die lange Ideengeschichte der nicht weiter reduzierbaren, atomaren Bestandteile der Natur. Das zentrale Dogma ist also Hobbes'scher Art, weil es auf festen, materiellen Formen und mechanisch ablaufenden Prozessen, die sich Schritt für Schritt vollziehen, basiert. Mit dem Meistermolekül ließ sich nicht nur erklären, wie man zu Mutters Nase kam, sondern auch eine Vielzahl weiterer Merkmale. Doch schon bald nach Watsons und Cricks' Entdeckung, und Jahrzehnte vor Beendigung des großen Genomprojekts, stellte sich das Modell als deutlich komplizierter, weniger unidirektional, unsauberer, weniger atomistisch und weitaus «gemmulärer» heraus. Mit jeder neuen Entdeckung in der Molekularbiologie musste das durchaus elegante und einfache Modell verändert werden, bis sich das zentrale Dogma nicht mehr halten ließ.

Heute betrachtet man ein Genom als System, das der

Zellsteuerung unterliegt. Ohne Verbindung zu ihrer Zellumgebung funktionieren Gene nicht. Vielmehr sind sie inaktiv. Es handelt sich also weder um eigenständige noch um partikelförmige Einheiten.[35] Von mancher Seite wurde bereits angeregt, den Begriff «Gen» ganz aufzugeben, weil ihm im Lauf seiner Geschichte Bedeutungen zugeschrieben wurden, die längst nicht mehr gelten. Die Wechselwirkung von DNA, Proteinen und Merkmalsherausbildung (zum Beispiel von Nasen) ist enorm komplex und umweltabhängig.[36] Die weit verbreitete Ansicht, das Schicksal unserer beiden Karikaturen auf ihrem unweigerlich mit Schwierigkeiten verbundenen Lebensweg sei durch ihre Gene vorbestimmt, die wie eine Blaupause kontextunabhängige Informationen bereithalten und Charakterstärken und -schwächen unmittelbar kodieren, weshalb die einen oben schwimmen und die anderen untergehen, beruht auf einer irrigen Vorstellung dessen, was ein Gen ist. Und obwohl die Molekulargenetik ein hochspezialisiertes, kompliziertes Gebiet ist, ist der Kern der Aussage, nämlich dass Gene von ihrer Zellumgebung abhängig sind, nicht schwer zu begreifen.

Warum hält sich der Mythos trotzdem? Mary Jane West-Eberhard formuliert das Problem so: «Die Vorstellung, Gene könnten komplexe Strukturen unmittelbar kodieren, ist eine Fehlannahme in der modernen Biologie, die sich erstaunlich hartnäckig hält. Der Grund ist, dass es bislang keine alternative Erklärung zur Rolle von Genen gibt, die in ähnlich stringenter Weise Gene an den sichtbaren Phänotyp und die Auslese zurückbindet.»[37] Das bedeutet umgekehrt, der Zusammenhang von Genotyp (die ererbten Gene eines Organismus) und Phänotyp (die tatsächlich ausgeformten

Merkmale einschließlich von Verhaltensweisen) ist weder unmittelbar, noch lässt er sich durch reduktionistische, vereinfachende Formeln wie dem zentralen Dogma erfassen. West-Eberhard plädiert für einen Ansatz, der Entwicklungsplastizität und Entwicklungsgenetik verbindet und «neben den Erbanlagen die umfassende Reaktionsfähigkeit des Organismus auf Umweltfaktoren» bei der «individuellen Entwicklung und organischen Evolution» berücksichtigt.[38]

Die Geschichte, wie eine befruchtete Eizelle zu einem komplexen Organismus heranreift, ist noch nicht vollständig, doch im Bereich der Epigenetik schreitet die Forschung voran. Seinen Namen erhielt das Fachgebiet Anfang der 1940er Jahre von dem Entwicklungsbiologen, Embryologen, Evolutions- und Genforscher Conrad H. Waddington, der lange vor der Entdeckung der DNA-Struktur versuchte, biologische Prozesse in der Embryologie zu erfassen, die über das Gen hinauswiesen. Waddingtons Interessen waren fachübergreifend und erstreckten sich auch auf Dichtung, Philosophie und Kunst. Er konnte gut zeichnen, und eine der Zeichnungen dessen, was er selbst «epigenetische Landschaft» nannte, erscheint mir besonders aussagekräftig. Mit den sich in alle Richtungen ausdehnenden Faltungen, mit den Hängen und Hochebenen besitzt seine Landschaft eine organische, anatomische, und fast erotische Qualität. Auf einem Hügelkamm im Spalt einer Einwölbung liegt ein Ball – eine Eizelle. Durch die Landschaft sind wie zur Befestigung Leinen gespannt, die sich immer wieder kreuzen und mit vielen schwarzen Heringen am Boden befestigt sind. Die Heringe stehen für die Gene und die Leinen für deren «chemische Disposition». Die Abbildung soll illustrieren, dass der Zusammenhang zwischen Gen und fertigem Organismus kein einfacher ist. Der Pfad, den der Ball nehmen wird, ist abhängig davon, was im Gelände unten geschieht. «Wenn ein Gen mutiert, verändert sich die Spannung der Leinen an bestimmten Stellen, und das Ergebnis wird nicht mehr allein von dem mutierten Gen beeinflusst, sondern von dessen Wechselwirkung mit allen anderen Leinen», erläutert Waddington.[39]

Seine Landschaft ist eine Metapher, und manche Wissenschaftler halten sie für überholt. Andere erweitern die Metapher jedoch, indem sie späteres Wissen einbeziehen, um die noch nicht ganz verstandene Beziehung zwischen Genotyp, Phänotyp und dem sich entwickelnden Embryo zu erklären.[40] Das seit den 1990er Jahren wachsende Feld der Epigenetik wird heute oft enger definiert als noch von Waddington selbst. In der Genetik untersucht man erbliche Veränderungen der Genaktivität, die durch Veränderungen in der DNA-Sequenz verursacht werden, durch Mutation, Deletion, Insertion oder Translokation. In der Epigenetik untersucht man Veränderungen von genetischen Funktionen und Aktivitäten, die nicht von einer veränderten DNA-Sequenz herrühren, aber dennoch Einfluss auf die Expression oder Suppression von Genen haben, Veränderungen, die vom Organismus ebenfalls an nachfolgende Generationen weitergegeben werden können.

Methylierung ist ein biochemischer Prozess, bei dem Cytosin- oder Adeninnukleotiden – zwei der vier Nukleotide, die neben Guanin und Thymin Bestandteil der DNA-Struktur sind – eine Metyhlgruppe (CH_3) hinzugefügt wird. Für das weitere Verständnis ist nur wichtig, dass dies der Geschichte mit den Zellen, wie sie sich teilen, ausdifferenzieren und die

Hügel von Waddingtons Landschaft hinunterrollen, eine neue Wendung gibt und auf Veränderungen hindeutet, die zwar Auswirkungen auf die Gene haben, aber *nicht in den Genen selbst stattfinden.* Cytosin-Methylierung unterdrückt die Genexpression, es legt sie «still». Zudem werden Methylierungsmuster offenbar von Umweltfaktoren wie Ernährung, Stress und Alterung beeinflusst. Die Forscher Michael Meaney und Moshe Szyf sehen bei Ratten einen Zusammenhang zwischen Methylierung und Belastungsstress als Jungtier. Bei Rattenjungen, die von ihren Müttern getrennt wurden und keine Fürsorge erhielten, und unter Berücksichtigung von Unterschieden im mütterlichen Verhalten – manche Rattenmütter lecken und pflegen ihren Nachwuchs ausgiebiger als andere – zeigte sich, dass Methylierung vermehrt bei stressbelasteten, «selten geleckten» Ratten auftrat, im Vergleich zu nicht belasteten, «häufig geleckten» Tieren. Der nachfolgenden Rattengeneration wurden diese veränderten Methylierungsmuster vererbt, obwohl sie nicht denselben «Stressoren» ausgesetzt waren. Der Titel des von Meaney 2005 veröffentlichten Aufsatzes erzählt die Geschichte: «Die umweltbedingte Programmierung von Stressreaktionen durch DNA-Methylierung: Leben an der Schnittstelle von dynamischer Umwelt und festgelegten Erbanlagen».[41]

Der Ausdruck «Schnittstelle» behagt mir nicht, vielleicht, weil ich ihn schwammig finde. Auch er wird mit Computern verbunden und meint offenbar «gemeinsame Grenzen», die Maschinen, Konzepte oder auch Menschen aufweisen können. Ich habe Schwierigkeiten, mir infolge von Angstzuständen wegen elterlicher Vernachlässigung veränderte DNA-Methylierungen als gemeinsame *Grenze* von Umwelt und Genom vorzustellen, als träfen beide an einer Linie aufeinander. Viel einfacher ist es, Waddingtons Zeichnung zu übernehmen und neuen Zwecken anzupassen. Eine Erschütterung der Landschaft – verursacht etwa durch einen heftigen Sturm, der die Gen-Heringe, die die wellenförmigen Hügel und Täler zusammenhalten, zwar nicht ausreißt, aber dazu führt, dass eine der chemisch disponierten Zeltleinen sich fest um einen Hering herumwickelt – verändert so den Lauf des rollenden Balls.

Es gibt noch viel zu erforschen in der Epigenetik, und manche Molekularbiologen bleiben skeptisch und abwartend, bis sich Meaneys Ergebnis durch weitere Studien erhärtet. Ratten sind keine Menschen, und Menschen kann man solche Experimente, die tiefe seelische Wunden hinterlassen und denen Labortiere ständig ausgesetzt sind, nicht zumuten. Vereinzelt deuten Studien jedoch darauf hin, dass zum Beispiel frühkindliche Traumata auch beim Menschen Auswirkungen auf Methylierung und Genexpression haben. Noch bemerkenswerter ist vielleicht, dass die in Verruf geratene Idee, Eltern könnten auch Eigenschaften an ihre Kinder vererben, die sie selbst erst im Lauf ihres Lebens erworben haben – eine Idee, die den französischen Natur- und Evolutionsforscher Jean-Baptiste Lamarck (1744–1829) einst zum Gespött der Wissenschaft machte –, in der Epigenetik wieder auflebt. Obwohl sie oft als Verfechter gegensätzlicher Ideen gelten, war Darwin kein Gegner von Lamarck. Auch er glaubte an die Vererbbarkeit erworbener Eigenschaften. Und was den «Stress» betrifft, ein Wort, das heute für alle möglichen Leiden gebraucht wird, war schon lange bekannt, dass Vernachlässigung und seelische Erschütterungen verschiedenster

Art negative Auswirkungen auf die Entwicklung von Kindern haben. Nicht bekannt war aber, dass auch nichtgenetische Faktoren von solchen Erfahrungen beeinflusst werden und sich auf das menschliche Genverhalten, also darauf, welche Gene letztlich aktiv werden, auswirken und dass dies an die nachfolgende Generation weitergegeben werden kann.

Ms Vorstellung, ein psychologisches Merkmal wie Anspruchsdenken sei *unmittelbar* auf Gene zurückzuführen, ist durch die Forschung nicht belegt, was nicht bedeutet, dass es keine Dynamiken bei der Vererbung gibt, sondern nur, dass der Weg vom Gen zur Struktur eines Organismus gewunden und von vielen Faktoren abhängig ist, unter anderem davon, wie viel Fürsorge einem Tier in einer frühen Lebensphase zuteilwurde. Doch die «Idee» von den Genen als einem «Programm» hält sich hartnäckig. Die Metapher stammt von dem Biologen François Jacob, der sie 1970 einführte: «Programm entlehnt sich als Modell der Welt der elektronischen Rechenanlagen. Es setzt das Genmaterial eines Eis dem Magnetband eines Rechners gleich.»[42] Diese Gleichsetzung unterstellt, dass, analog zum Computer, die gesamte Logik in der DNA-Sequenz steckt. Bereits Anfang der 1950er Jahre fand die Genforscherin Barbara McClintock Hinweise darauf, dass ein Gen keine in der DNA-Struktur hinterlegte, unveränderliche, linear sich übertragende Botschaft darstellt.[43] Das alles ist hinlänglich bekannt und von vielen Menschen, die sich mit Genforschung und Wissenschaftsphilosophie befassen, in den unterschiedlichsten Kontexten dargelegt worden.

Und doch hat sich die Computer-Metapher in der Genetik nicht erledigt. Immer wieder stoße ich in einschlägigen Artikeln auf Bezüge zu Hardware und Software und Programmen. Viele klammern sich an die Metapher, andere sind der Ansicht, die Computer-Analogie habe ausgedient und sollte aufgegeben werden. Keller verweist darauf, dass den meisten Metaphern eine Ambivalenz innewohnt, die die Forschung beflügeln, sie aber gleichzeitig auch behindern kann, denn Metaphern eröffnen zwar neue Sichtweisen, verstellen jedoch den Blick für Dinge, die in dem Bild nicht enthalten sind. Anders als Jacobs Computermagnetband, das nur in eine Richtung funktioniert, um den Code für die Merkmale eines Organismus zu liefern, kann der Ball aus Waddingtons Landschaft in verschiedene Richtungen rollen, in Abhängigkeit von Heringen, Leinen und – so möchte ich ergänzen – vom Wetter, die alle Einfluss darauf haben, wie sich ein Organismus schließlich entwickelt. Denken ohne Metaphern ist nicht möglich. Versuchen Sie es. Sie werden sich schnell «eingesperrt» fühlen. Metaphern stecken im Wesen der Sprache, und Sprache ist, wie Vico vermutet, ein zugleich kulturelles und körperliches Phänomen. Für Hobbes war Sprache unerlässlich für das schlussfolgernde Denken, aber Denken war logisch und mathematisch. Deshalb musste die Sprache von jeglichem bildlichen Ausdruck gereinigt werden.

Was mich jedoch hier vor allem interessiert, ist die Frage, warum bestimmte Metaphern großen Anklang finden und andere nicht. Vermutlich gefallen heroische, tatkräftige, nach einem Bild aus der Computertechnologie modellierte Meistermoleküle den meisten Menschen einfach besser als abhängige Gene, die nichts von allein, ohne die sie umgebende Zelle tun können, ein Bild, das wohl stark an die Erfahrungen im Mutterleib vor der Geburt erinnert. Vielleicht vermitteln klare, feste Grenzen einen ordentlich logischen Eindruck, während verwickelte Wechselbeziehungen auf Unordnung, vielleicht sogar weniger Vernunft hindeuten. Das erinnert unweigerlich an die Bemerkung von Elisabeth von der Pfalz, ein von Schwindelanfällen geplagter Körper könne das vernünftige Denken beeinträchtigen oder gar verhindern, weshalb es eine Beziehung zwischen beiden geben müsse. Die Grenzen, verehrter Philosoph, sind eben nicht so sauber zu ziehen, wie Sie meinen.

Die meisten von uns würden lieber als hartgesottene Denker denn als zartfühlende Träumer gelten, und wir tendieren eher zu Präzision als zu Ungenauigkeit. In einem anderen Essay habe ich darauf verwiesen, dass hinter dem englischen Wort für «schwammig» – *squishy* –, das in der Naturwissenschaft als Synonym für Unklarheit und Durcheinander verwendet wird, eine Ahnung von Weichheit und Weiblichkeit steckt.[44] Aber Festigkeit kann auch negativ und Formbarkeit positiv besetzt sein. Das anfängliche Verständnis von DNA – eine folgenreiche Entdeckung gewiss – war von dem Bestreben geleitet, die Ergebnisse in präziser Form ohne Unschärfen darzustellen, und dieses Bestreben ist ein Spiegel der Wissenschaft insgesamt mit ihrem Bedürfnis, die Natur in das hineinzuzwingen, was Kuhn als Begriffsschubladen bezeichnet.

GEHIRNE – FEST ODER FORMBAR?

Wie verhält es sich nun mit den verdrahteten Gehirnen? Die Metapher stammt aus dem Bereich des Maschinenbaus und verweist auf für gewöhnlich genetisch bedingte, verfestigte Strukturen im Gehirn, doch die Bedeutung des Begriffs verschiebt sich je nach Verwendungskontext. Sie stellt einen Bezug zu elektrischen Leitungen oder Verkabelungen in Apparaten wie etwa dem Telefon, aber auch zum Computer her. Beim Computer wird das, was fest verdrahtet ist, von der Hardware gesteuert, nicht von der Software, und kann deshalb vom Benutzer oder Programmierer nicht ohne weiteres verändert werden. Der heutige Ausdruck «Verdrahtung», in dem noch die mechanistische Denkart des 17. Jahrhunderts mitschwingt, bringt das Gehirn in Verbindung mit einer Maschine. Die Begrifflichkeit ist sowohl in der Wissenschaft als auch im populären Gebrauch mittlerweile allgegenwärtig.

Eine in der Naturwissenschaft ziemlich gebräuchliche Bedeutung des Verdrahtungsbegriffs findet sich in John Dowlings Buch *The Great Brain Debate: Nature or Nurture?*

aus dem Jahr 2004. Zum Thema Plastizität und Formbarkeit der menschlichen Hirnrinde, dem entwicklungsgeschichtlich jüngsten Teil des Gehirns, führt Dowling aus, dass erste Hinweise auf die Fähigkeit des Hirns, sich veränderten Umständen anzupassen, auf Experimente zurückgehen, bei denen Versuchspersonen mit optischen Prismen ausgestattet wurden, die ihre Sicht auf die Welt buchstäblich auf den Kopf stellten. Einige Tage lang war ihr Sehvermögen gestört, doch dann gewöhnten sich die Augen der Probanden daran, und sie sahen wieder normal. Als die Prismen schließlich abgenommen wurden, konnten sie innerhalb weniger Stunden erneut richtig herum sehen. Dowling führt Versuche an, die zeigen, dass dies bei Fröschen nicht der Fall ist: «Wechselwarme Wirbeltiere besitzen ein offenbar sehr viel fester verdrahtetes Nervensystem als Säugetiere.»[45] Man beachte, dass der Ausdruck hier nicht absolut, sondern relativ gebraucht wird, es geht nicht um ein Entweder-oder, sondern um ein Mehr und Weniger. Frösche sind fester verdrahtet als Menschen. Natürlich gibt es in echten Gehirnen weder Drähte noch irgendetwas, was danach aussehen würde. Doch die Bildlichkeit hat sich durch den häufigen Gebrauch weitgehend verschliffen.

Umgangssprachlich kann das Wort mehr und weniger oder auch weniger und mehr bedeuten, wie etwa der Buchtitel *Meditationen für ein glückliches Gehirn: Wie wir unsere Nervenbahnen neu verdrahten* des Neuropsychologen Rick Hanson zeigt. Diese «auf die Neurowissenschaft gestützte» Anleitung zur Selbsthilfe wird beschrieben als «einfache Methode, um die verborgenen Kräfte der alltäglichen Erfahrungen zu nutzen und neue Nervenstrukturen voller Glück, Liebe, Zufriedenheit und Frieden auszubilden.»[46] Hier scheint «Verdrahtung» als Platzhalter für die neuronale Plastizität als solche zu stehen, für die Dynamik synaptischer Verbindungen im Gehirn, was eher Formbarkeit, nicht Festigkeit, konnotiert. (Die grundlegendere Frage, wie Nervenbahnen «voller» abstrakter Qualitäten wie «Liebe» sein können, wird nicht geklärt.) Gleichzeitig soll der Begriff «Verdrahtung» hier suggerieren, man könnte sich mit ein paar einfachen Techniken in einen dauerhaften Zustand ständiger Hochstimmung *verdrahten.* Man beginnt bei formbaren Drähten und landet am Ende beim fest verdrahteten Glück. Der im Englischen sprichwörtliche Kuchen wird also behalten und zugleich gegessen. Die stillschweigende Unterstellung ist, dass man sein Gehirn verändern und zu einem glücklichen Menschen werden kann, indem man schöne Gedanken denkt. Wie in der Kognitiven Verhaltenstherapie (KVT) soll das bewusste Denken auf die Physiologie, in diesem Fall auf Verdrahtungen im Gehirn einwirken. Gedanken sind also irgendwie mit dem Gehirn verbunden, weisen aber auch irgendwie darüber hinaus. Prägt die Art, wie wir den Geist denken, auch unsere Vorstellung vom Gehirn? Ist der Geist etwas anderes als das Gehirn und davon getrennt? Die Probleme von Dualismus oder Monismus, einer Substanz oder zweien, deuten sich auch in dieser Populärversion des verdrahteten Gehirns an, werden aber nicht erklärt.

Als Psychiater verwendet Laurence Tancredi den Begriff «fest verdrahtet» in seinem Buch *Hardwired Behavior: What Neuroscience Reveals About Morality* auf wieder andere Weise: «Wenn moralische Grundsätze nicht als gesellschaftliche Normen über Generationen hinweg überliefert würden», schreibt er, «herrschten dann anarchische Zustände? Keineswegs, denn die Grundlagen der Moral scheinen biologischen Ursprungs zu sein, sie sind *fest verdrahtet* im Gehirn.»[47] Bemerkenswert ist zunächst, dass die Phrase «fest verdrahtet im Gehirn» das Adjektiv «biologisch» näher bestimmt. Sie werden synonym gebraucht. «Fest verdrahtet» scheint hier weniger metaphorisch als vielmehr wörtlich gemeint zu sein, denn Tancredi greift im Anschluss eine altehrwürdige Trope auf, um zu verdeutlichen, was er meint: die Druckplatte.

Stellen Sie sich, fordert er die Leser auf, eine kunstvolle Radierung der Druckerei Currier & Ives vor, eine Winterszene, die in eine dicke Metallplatte geätzt, dann mit Tinte bedeckt und auf Papier übertragen wird. «So werden uns zuerst von unseren Genen, dann auch von frühen kulturellen Interaktionen und Erfahrungen Muster eingeätzt, die unser Denken und Verhalten prägen.»[48] Das ist keineswegs einleuchtend. Wenn die Gene und frühe kulturelle Prägung das Ätzen übernehmen, was die grammatische Logik des Satzes nahelegt, dann sind sowohl Gene als auch Früherfahrungen Teil jener anderen Metapher: der *festen Verdrahtung*. Anscheinend erklärt das, warum wir keine Anarchisten werden, selbst wenn wir die Lektionen, die uns unsere Eltern lehren sollten, nicht gelernt haben. Aber sind diese Lektionen nicht eigentlich Teil der «frühen kulturellen Interaktionen und Erfahrungen»? Für Tancredi scheint «fest verdrahtet» gleichbedeutend mit «biologisch» zu sein. Biologische Prozesse sind aber weder zwangsläufig angeboren noch vorab festgelegt.

Erfahrungen werden in und mit einem Körper gemacht. Und sie werden zu diesem Körper, sofern es keine von ihm getrennte Sphäre – den Geist – gibt, der über Körper und Gehirn schwebt und diese Erfahrungen in einer separaten

Ablage in oder jenseits unserer grauen Substanz abheftet. Die Buchstaben des Alphabets und die aus ihnen geformten Wörter, Zahlen und Gleichungen, ihre Gesetzmäßigkeiten und Regeln sind zwar *nicht biologisch*, sondern Abstraktionen, symbolische Zeichen. Doch sobald wir sie aufnehmen, werden sie Teil unserer Erinnerung und schließen physiologische Vorgänge zumindest ein. Ich habe einst schwimmen gelernt, und mein Körper erinnert sich nun von allein ohne weitere Unterweisung daran, wie es geht. Ich habe lesen gelernt, aber wenn ich ein Buch aufschlage, muss ich mich nicht mehr um das Entziffern einzelner Buchstaben kümmern. Die Bedeutung der Wörter wurde zum Bestandteil meiner physiologischen Realität. Was also ist biologisch und was nicht bei dieser Druckplatten-Metapher? Was ist da verdrahtet oder vorprogrammiert? Verstrickt sich Tancredi in einem philosophischen Dilemma, das er nicht benennen will, oder bedeutet «biologisch» bei ihm einfach etwas genetisch Vorprogrammiertes, vermischt mit ein bisschen frühkindlicher Erfahrung?

Die Vorstellung von fest verdrahteten Persönlichkeitsmerkmalen ist häufig verknüpft mit einem Areal im Gehirn, das eine ganz bestimmte Funktion erfüllt, ähnlich wie der Vergaser bei einem Auto. Wie Gene werden auch diese Areale als mehr oder minder feststehende Einheiten verstanden (oder missverstanden). Dabei entspricht, um eine weitere Metapher einzuführen, jeder Teil des Gehirns einem Land auf einer Landkarte mit gesicherten oder fließenden Grenzen. «Wissenschaftler entdecken Moralkompass im Gehirn, der sich per Magnet steuern lässt», verkündete eine Schlagzeile in der *Daily Mail*. Dieser Moralkompass, so wird den Lesern erklärt, «befindet sich in der Hirnregion genau hinter dem rechten Ohr».[49] Dem Journalisten zufolge ist der rechte temporo-parietale Übergang (RTPJ) im Gehirn der Spezialbereich für *Moral.* Dieser RTPJ wurde auch schon mit Wahrnehmung und Aufmerksamkeit, mit Erinnerung, mit der «Verarbeitung» von Selbst und Anderen und der Theory of Mind (als Fähigkeit, sich in die inneren Zustände anderer hineinzuversetzen) in Verbindung gebracht, mit Konversionsstörungen oder Hysterie (wenn etwa die Lähmung eines Arms nicht erkennbar mit neurologischen Schäden zusammenhängt), mit außerkörperlicher Erfahrung (Vergewaltigungsopfer, die außerhalb von und über sich selbst schwebend die Gewalttat von oben beobachten) sowie mit multisensorischer Integration von Selbst- und Fremderfahrung. Dass dieses Areal nun als Kandidat für die Verortung unseres moralischen Wertekompasses gilt, erscheint eher fragwürdig.[50] Korrekter wäre es, zu erklären, dass bei moralischen Fragen zwangsläufig unser Verhältnis zu anderen Menschen ins Spiel kommt und dass Studien Zusammenhänge zwischen dem temporo-parietalen Übergang und zahlreichen psychischen Zuständen belegen, die mit Wahrnehmung, Aufmerksamkeit, mit der Erfahrung von Selbst und anderen, oder dem Selbst als anderem zu tun haben – dass also dieses Hirnareal unter anderem für das, was wir ethisches Empfinden nennen, eine gewisse Rolle zu spielen *scheint.* Ich gebe aber gerne zu, dass dieser behutsam formulierte Satz keine gute Schlagzeile abgeben würde.

Neurologen wissen längst, dass die Schädigung bestimmter Hirnregionen den Verlust spezifischer Fähigkeiten zur Folge hat. Zum Beispiel können Verletzungen des präfrontalen Areals Persönlichkeitsveränderungen hervorrufen und einen bislang stoischen, besonnenen Menschen in ein impulsives, gar gewalttätiges Wesen verwandeln. Läsionen des Hippocampus können schwere Gedächtnisstörungen verursachen. Es steht außer Frage, dass bestimmte Regionen des menschlichen Hirns mit bestimmten Beeinträchtigungen zusammenhängen und somit auch mit spezifischen Funktionen. Und doch können scheinbar identische Läsionen bei unterschiedlichen Menschen sehr unterschiedliche Symptome hervorrufen. Das bleibt ein Rätsel. Wie jeder Mensch und jede Nase ist auch jedes Gehirn anders. Das Broca-Areal in der unteren Stirnwindung wurde zum Beispiel nach dem Arzt und Naturwissenschaftler Paul Broca benannt, der 1861 erklärte, sein Autopsiebefund für den Patienten Leborgne (der in der neurowissenschaftlichen Literatur noch immer «Tan» genannt wird, weil er diese sinnfreie Silbe ständig wiederholte) belege, dass die Fähigkeit zur artikulierten Sprachproduktion sich im Frontallappen des Gehirns befindet. Bis 1865 hatte er diese Fähigkeit auf den linken Frontallappen eingegrenzt. Heute gilt allgemein, dass die linke Hemisphäre bei sprachlichen Prozessen dominant ist, wenn nicht bei allen, so doch bei den meisten Menschen.

Das Broca-Areal, das sich mit dem ventral-prämotorischen Kortex überschneidet, wird neuerdings auch mit anderen Funktionen in Verbindung gebracht. Es scheint auf der Ebene von Gedächtnisleistungen eine Rolle zu spielen, beim Hören und Verstehen von Musik und bei motorischen Funktionen, wie komplizierten Bewegungen der Hand, und beim sensomotorischen Lernen.[51] Ich erwähne das, um zu zeigen, dass die Grenzen der Hirnareale keineswegs feststehend sind und dass bestimmte Regionen, vor allem in der Hirnrinde, mit mehr als nur einer Funktion zusammenhängen. Von einfachen Eins-zu-eins-Korrelationen zwischen Sprachverständnis (zum Beispiel dieses Satzes hier) und einer separaten Hirnregion auszugehen, erweist sich beim Nachdenken über Gehirn und Sprache als wenig sinnvoll.

Die Debatten um Lokalisierung sind alt. Im Unterschied zu Broca glaubte der englische Neurologe John Hughlings Jackson (1835–1911) nicht, dass sich sprachliche Funktionen sauber von anderen Hirnfunktionen trennen lassen. In «On the Nature of the Duality of the Brain» bemerkte er: «Die Lokalisierung der Schädigung, die die Sprache zersetzt, und die Lokalisierung eines Sprachzentrums sind zwei grundverschiedene Dinge.»[52] Für ihn war das Nervensystem ein Organ zur Steuerung von Bewegung, was die hochdifferenzierten, willkürlichen Bewegungen beim Sprechen einschloss. Die Vorstellung einer Geographie des Gehirns mit separaten, neuroanatomischen Regionen erschien ihm absurd. Sigmund Freud, der, bevor er seine psychoanalytischen Werke veröffentlichte, ein Buch über Aphasie als neurologische Störung verfasst hatte, schloss sich in der Frage Hughlings Jackson an. Es ist sicher nicht falsch zu behaupten, dass Broca wie Hughlings Jackson recht hatten. Es scheint spezialisierte Regionen im Gehirn zu geben, aber sie arbeiten nicht isoliert und sind nicht unveränderlich. Die Verschaltungen der Synapsen sind unüberschaubar, und die Zahl der Untersuchungen zum Zusammenhang zwischen näher und weiter entfernt liegenden Hirnarealen ist in den letzten Jahren enorm gestiegen. In einem Artikel des Fachblatts *Brain Connectivity* von 2011 stellt Karl Friston fest, dass es «bei Versuchen, das Gehirn zu kartieren, größtenteils um funktionale Trennung und

Lokalisierung geht. Im vergangenen Jahr überstieg die jährliche Zunahme an Publikationen zur Konnektivität jedoch erstmals die der Zunahme von Veröffentlichungen zu Aktivierungsvorgängen *an sich.*»[53] Friston sieht das Pendel in die andere Richtung ausschlagen. Der Schwerpunkt des Interesses verlagert sich von Problemen der Lokalisierung auf Fragen der Konnektivität.

Den besten historischen Überblick über die Debatten um Lokalisieren / Nicht-Lokalisieren bietet nach allem, was ich gelesen habe, der russische Neurologe Alexander R. Lurija in seinem Buch *Die höheren kortikalen Funktionen des Menschen und ihre Störungen.* Nach einer Würdigung der zum Verständnis des Gehirns grundlegenden Beiträge von Lokalisationisten und Anti-Lokalisationisten seit der Antike verweist Lurija auf ein beiden Ansätzen gemeinsames Missverständnis, das er als «psychomorphologische» These zusammenfasst: «Beide betrachten sie die psychischen Funktionen als Erscheinungen, die unmittelbar, ohne das Stadium der physiologischen Analyse, mit dem Hirnsubstrat korreliert werden müssen.»[54] Lurija kritisiert die automatische Reduktion beider Ansätze – wenn etwa die Moral beim Menschen direkt «einem bestimmten, begrenzten Hirnabschnitt» zugeordnet wird.[55] Warum ist eine solche Verkürzung unangebracht?

Ich will ein persönliches Beispiel anführen. Letztes Jahr wurde ich zu einer wissenschaftlichen Konferenz eingeladen, auf der ich einen Vortrag hielt. Während der drei Veranstaltungstage hörte ich mir viele Vorträge an, aber über einen ärgerte ich mich wirklich. Das Argument des Referenten war nicht nur schlicht, er ließ auch jeden Beleg in der langen

Geschichte der Wissenschaft außer Acht, der seiner Auffassung widersprach. Ich hob die Hand. Er rief mich auf, und ich kritisierte seinen Vortrag knapp, aber scharf, und stellte dann eine zugespitzte, rhetorische Frage. Gleich danach befiel mich ein gemischtes Gefühl aus Triumph und Schuldbewusstsein; Triumph, weil ich meine Stacheln gezeigt hatte, und Schuldgefühle, weil ich den Mann eindeutig verunsichert und blamiert hatte. Wie genau lassen sich nun dieses moralische Dilemma und die damit einhergehenden Gefühle zu meiner Hirnfunktion in Beziehung setzen, sei es nun unter dem Aspekt der Lokalisierung oder der Konnektivität? Lurija plädiert keineswegs für einen vom physiologischen völlig getrennten psychischen Bereich. Er behauptet *nicht*, dass meine Psyche irgendwo über meinem Körper schwebt und dass diese schwebende Substanz – der Geist – einer Erklärung bedürfe. Sein Argument ist ein materialistisches.

Der entscheidende Punkt ist: Kann man meine gemischten Gefühle aus dem Kontext dessen, wo ich mich befinde und mit wem ich spreche, reißen? Kann man sie meiner Kultur und meiner persönlichen Geschichte und meinen Erfahrungen mit anderen Menschen entheben, ohne dabei wesentliche Aspekte der Vorgänge in meinem Gehirn aus dem Blick zu verlieren? Ich hatte viel zum Thema des Vortragenden gelesen und erinnerte mich an das, was ich gelesen hatte, natürlich nicht Wort für Wort, aber gut genug, um mich berechtigt zu fühlen, seine Darlegungen zurechtzustutzen. Erinnern und Vergessen sind Funktionen des Gehirns, aber es gibt kein Erinnern oder Vergessen ohne Vergangenheit, kein Erinnern oder Vergessen ohne die anderen in dieser Vergangenheit; über Gefühle verfestigen sich diese Erinnerungen im

Gehirn, und meine Gefühle haben auch eine Geschichte, die sich darauf auswirkt, wie ich mich gegenwärtig fühle. Durch meine Erfahrungen werden emotionale Reaktionsmuster im Nervensystem kodiert. Mein rechter temporo-parietaler Übergang hätte auf einem Hirnscan bestimmt Aktivität signalisiert, hätte man mich direkt nach meinem kleinen Redegefecht durch ein Gerät für funktionale MRT geschoben – aber sagt das dann wirklich alles darüber aus, was in mir vorgegangen ist, oder doch nur einen Bruchteil?

Auch wenn «das Gehirn» in den Medien oft so dargestellt wird, besteht es keineswegs aus vorgestanzten Puzzleteilchen, hier eines für die Moral, da eines für die Erinnerung und dort eines für den Sex. Das menschliche Gehirn ist ein dynamisches Organ im Körper eines Individuums, der sich in ständiger Wechselwirkung befindet mit allem, was außerhalb dieses Körpers liegt. Mit anderen Worten: Das Gehirn muss auch im Verhältnis zu dem, was außerhalb von ihm liegt, wodurch und worin es überhaupt erst funktioniert, betrachtet werden. Bestimmte Hirnregionen sind jedoch bei fast allen Menschen an stets denselben Prozessen beteiligt, und das Gehirn ist als Organ auch nicht unendlich formbar und ausschließlich aus «Erfahrung» gemacht. Ist es dann nicht gerechtfertigt, eine subjektive Erfahrung – mein Angriff auf den Vortrag –, die üblicherweise als psychologisch bezeichnet wird, in objektive Begriffe wie Synapsen und neurochemische Botenstoffe, die üblicherweise als physiologisch bezeichnet werden, zu überführen? Sind sie ein und dasselbe, oder sind sie verschieden? Sind sie eins, oder sind es zwei?

Wie man diese Fragen beantwortet, hängt davon ab, was man über «Geist» und «Körper» glaubt. Dass Tancredi selbst nicht weiß, wie er Psyche und Soma denkt, mag erklären, warum sich der Psychiater zwischen «biologisch» und «fest verdrahtet» als Synonymen und zusätzlichen Verweisen auf frühe Erfahrungen verheddert. Die Frage ist: Würde eine vollständige Beschreibung der Prozesse im Gehirn, die während meiner empörten, dann etwas schuldbewussten Reaktion auf der Konferenz abliefen, als Erklärung für mein *moralisches Empfinden* ausreichen, und wenn nicht, warum? Lurija schlägt eine Analyse der physiologischen Prozesse als notwendigen Zwischenschritt vor. Auch dieses Problemverständnis schließt Fragen nach Grenzen und Semantik ein.

Schließlich ist «Moral» zunächst ein *Wort*, ein abstraktes, symbolisches Zeichen aus fünf Buchstaben, das für verschiedene Interaktionen zwischen Menschen steht, die mit zwischenmenschlichen Bindungen, verinnerlichten Vorstellungen von Richtig und Falsch – die im kulturellen Bereich auch als gesellschaftliche Normen externalisiert sind –, mit unserem tatsächlichen Verhalten anderen gegenüber und mit persönlichen Gefühlen von Schuld und Genugtuung zu tun haben. Fraglos variiert die Art, wie solche Interaktionen strukturiert sind und wie sie verstanden werden, erheblich von Kultur zu Kultur. Richtig ist auch, dass es in *allen* Gesellschaften Tabus, Strafen und Rituale gibt, um die Beziehungen zwischen ihren Mitgliedern zu regeln. Lurija verweist auf Komplexitätsebenen, die sich nicht auf einen Punkt im Gehirn hinter dem linken menschlichen Ohr reduzieren lassen, noch nicht einmal auf die ungleich vielschichtigere Verbindung zwischen mehreren Hirnarealen, weil unklar ist, ob eine solche Verkürzung zu rechtfertigen wäre. Lurija war sich der Rolle, die Sprache, Kultur, Denken und Betrachtungsweisen in der Neurophysiologie des Menschen spielen, völlig bewusst.

Was die Moral anbelangt, so könnte man fragen, wie sinnvoll es ist, sie im Gehirn eines einzelnen Menschen verorten zu wollen, wenn doch moralische Verabredungen ihrem Wesen nach zwischenmenschlich und intersubjektiv sind, also mehr als nur eine Person und somit mehr als nur ein Gehirn betreffen. Gäbe es *Moral* ohne andere Menschen? Lässt sich ein Individuum ohne Verhältnis zu einer anderen Person denken? Ein Kind, das nach der Geburt eingesperrt und im Dunkeln gefüttert wird, kann streng genommen nicht «menschlich» werden. Kümmerlinge in einem Wurf sterben normalerweise. Auch bei Menschen sind leidvolle Fälle von Vernachlässigung aufgedeckt und analysiert worden. Vernachlässigte, benachteiligte Kinder haben enorme Probleme, auch sprachliche Defizite.[56] Sind wir nicht alle abhängig von anderen, um geboren zu werden, uns zu entwickeln und schließlich auch zu moralischem Denken in der Lage zu sein? Was sind die Mindestbedingungen, um einen «moralischen» Menschen hervorzubringen? Und ist die Moral dieses Menschen nicht geprägt von dem Ort, an dem er oder sie lebt – in den Vereinigten Staaten, in China, im Iran, im Kongo oder in Neuguinea? Ist das eine Umschreibung der Nature / Nurture-Kluft, der Trennung zwischen Natur und Kultur? Selbst wenn man an diese Trennung glaubte, wie sähe eine Natur ohne Kultivierung aus? Müssen nicht auch Einflussfaktoren außerhalb meines Gehirns berücksichtigt werden, um dieses Gehirn und die gemischten Gefühle, die mich beschlichen, nachdem ich meine verbalen Pfeile bei der Konferenz abgeschossen hatte, wirklich zu verstehen?

NATURE / NURTURE: GEIST UND POPULÄRKULTUR

Dass solche philosophischen Feinheiten auch Wissenschaftlern oft entgehen, weil sie das Fundament des Hauses, das sie gerade errichten, nicht prüfen, darauf haben Whitehead und Kuhn hingewiesen. Im populärwissenschaftlichen Journalismus, der uns in Form von Büchern, Zeitungsartikeln, im Fernsehen und im Internet begegnet, ist es sogar mehr als wahrscheinlich, dass die Häuser, die uns präsentiert werden, *überhaupt kein Fundament* haben. Es fehlen die Heringe und Seile, die die Landschaft zusammenhalten. Wir werden mit Darstellungen vom Gehirn versorgt, so als wären alle Fragen geklärt und keine philosophisch vertrackten Probleme im Spiel. Im Buch *Prousts Madeleine: Hirnforschung für Kreative* widmet der Wissenschaftsjournalist und Autor Jonah Lehrer ein ganzes Kapitel dem Komponisten Igor Strawinski und erklärt: «Die menschliche Natur bestimmt zu großen Teilen, wie wir die *Noten* hören, aber erst unsere Prägung lässt uns *Musik* hören.»[57] Ich nehme an, Lehrer will darauf hinaus, dass die meisten von uns schon als Fötus Klänge wahrnehmen können, aber erst lernen müssen, Strawinski zu hören, uns an seine Klänge zu gewöhnen, jene Klänge, die viele, wenn auch nicht alle seine Hörer anfänglich schockierten. Das erscheint einleuchtend.

Wie das mit der Nature / Nurture-Kluft zusammenhängt, ist eine andere Frage. Lehrers Satz von den Noten und der Musik gehen Verweise auf die Hirnforschung voraus. «Wer bestimmt über unsere Empfindungen?», wird der Leser gefragt. Lehrers Antwort: «Erfahrung.» Die philosophischen und semantischen Probleme sind hier nicht unerheblich. *Inwiefern* ist die Erfahrung bestimmend? Wie weit reichen Erfahrungen zurück? Wenn ein Fötus im Uterus Wahrnehmungsfähigkeiten entwickelt, werden wir dann nicht mit einem Körperempfinden geboren? Ein Neugeborenes hat zum Beispiel bereits Geruchs- und Tastsinne ausgebildet. «Lernen», so Lehrer weiter, «funktioniert größtenteils mithilfe von Dopamin: es moduliert die Zellmechanismen, die der Plastizität zugrunde liegen.» «Aber Dopamin», fügt er hinzu, «hat auch eine dunkle Seite. Wenn das Dopaminsystem aus dem Gleichgewicht gerät, führt das zu Schizophrenie. Wenn Dopaminneuronen ihre Impulse nicht zu äußeren Ereignissen in Beziehung setzen können, kann das Gehirn nicht mehr sinnvoll assoziieren.»[58] Ähnlich wie die «Erfahrung», erscheinen bei Lehrer auch Dopamin-Neuronen als denkende Subjekte, aktiv Handelnde, die eine Beziehung zwischen Innen und Außen herstellen.

Dopamin wird mit der Plastizität des Gehirns in Verbindung gebracht. Zwei Jahre *nachdem* Lehrers Buch 2007 veröffentlicht wurde, berichten die Verfasser eines Aufsatzes in der Zeitschrift *Klinische Neurophysiologie*: «Dopamin verbessert die Lernfähigkeit und Gedächtnisbildung bei Menschen und

Tieren. Neurophysiologisch *könnten* diese positiven Effekte auf die fokussierende Wirkung von Dopamin zurückzuführen sein, und somit auf die Erhöhung der Neuroplastizität. *Über die Auswirkungen von Dopamin auf die Neuroplastizität beim Menschen ist bislang zu wenig bekannt.*»[59] (Hervorhebung S.H.) Eine weitere Hypothese unterstellt, dass Dopamin bei Schizophrenie eine Rolle spielt, vor allem bei der psychotischen Symptomatik – Stimmen hören, Wahnvorstellungen –, doch auch hier bleibt noch vieles unklar. Die Erkrankung wird auch in Zusammenhang gebracht mit Glutamat, Serotonin, mit möglichen genetischen Einflüssen, mit der seit langem vertretenen Hypothese, dass während der Geburt Schädigungen entstanden sein können. Manche Symptome werden mit einem bestimmten Teil des Gehirns – der Inselrinde – verknüpft und mit dem fortschreitenden Verlust von grauer Substanz. Doch *warum* derlei physiologische Veränderungen stattfinden, ist *nicht bekannt*. Zu behaupten, die «dunkle Seite» von Dopamin *führe* zu Schizophrenie, stellt eine Hypothese als ursächliches Faktum dar.[60]

Die Popularität von Büchern wie das von Lehrer, Bücher, die wissenschaftliche Erkenntnisse zu handlichen, mundgerechten Häppchen verkürzen, hat zur Folge, dass viele Leser Halbwahrheiten verdauen, als entsprächen diese der ganzen Wahrheit. Das verkürzte Teilwissen wird dann auf Cocktailpartys und beim Lunch nachgeredet und so zum Bestandteil einer diffusen, aber allgemeinen Ideen-Wetterlage. Ms halsstarrige Überzeugung, männliches Anrechtsbewusstsein sei genetisch bedingt, ist nur eines von zahllosen Beispielen dafür, wie Unkenntnis als Wissen vorgeführt wird. In der populärwissenschaftlichen Literatur gibt es den tief verwurzelten Hang, einfache, verkürzte Zusammenhänge herzustellen, etwa die zwischen männlichem Selbstvertrauen und genetischer Veranlagung oder zwischen einem komplexen Krankheitsbild wie der Schizophrenie und neurochemischen Stoffen, in diesem Fall dem Neurotransmitter Dopamin. Dabei lässt sich nicht einmal Parkinson, eine Erkrankung, die nachweislich mit einem Mangel an Dopamin einhergeht, durch die bloße Verabreichung der fehlenden chemischen Substanz behandeln.

Steven Pinker, ein an der Harvard-Universität lehrender Evolutionspsychologe, veröffentlicht ein erfolgreiches Buch nach dem anderen, um zu erklären, wer wir menschlichen Wesen sind. Im Unterschied zu Lehrer ist er Wissenschaftler, was seinen Ansichten größeres Gewicht verleiht. Obwohl er ein breites Publikum ansprechen möchte, sind seine Bücher gespickt mit Verweisen auf wissenschaftliche Quellen. Lehrers Verallgemeinerungen über Dopamin und Schizophrenie werden nur durch einen einzigen, thematisch einschlägigen Aufsatz gestützt, der ein rein hypothetisches Szenario, kein gesichertes Ergebnis entfaltet. In der lobenswerten Absicht, nachzuweisen, dass Kunst eine ernsthafte Wissensform darstellt, die sich zum Teil mit wissenschaftlichen Erkenntnissen deckt, münzt Lehrer immer wieder Spekuliertes in Gewusstes um. Pinker indes ist ein Wortführer der Evolutionspsychologie, und er ist sich im Klaren darüber, dass seine Arbeit hart kritisiert wird, weil er sich offen auf Diskussionen mit den Kritikern einlässt – was ihn ehrt. Gleichwohl stellt auch er, genau wie Lehrer, in seinen für ein Massenpublikum verfassten Büchern ständig den eigenen Standpunkt als wissenschaftlich abgesicherte Erkenntnis dar und liefert Antworten auf offene Fragen, als ob sie ein für alle Mal abgeschlossen wären.

Wie einst Galton hat sich Pinker in der Nature/Nurture-Debatte klar auf die Seite der Natur geschlagen. In seinem Buch *Wie das Denken im Kopf entsteht* wird den Lesern zum Beispiel erzählt: «Den größten Einfluss üben die Eltern im Moment der Zeugung auf ihre Kinder aus.» Er beeilt sich, hinzuzufügen, dass dies nicht bedeute, die Sprösslinge brauchten weder Liebe noch Schutz (in dunkle Räume einsperren darf man sie nicht), doch nachdem er die Psychologin Judith Harris zitiert, schreibt er weiter, «dass aus Kindern dieselbe Art von Erwachsenen werden, wenn man sie in ihrem Zuhause und ihrem sozialen Milieu belässt und nur die Eltern im Kreis austauscht.»[61] Das erscheint mir vollkommen abwegig. Zu einer solchen Schlussfolgerung kann nur gelangen, wer ganze Fachgebiete ausblendet und meint, auf das in unzähligen Büchern und Bänden festgehaltene empirische Forschungswissen aus Studien zur frühkindlichen Entwicklung, zum Bindungsverhalten und zur Neurobiologie verzichten zu können, als wäre das alles bloß vergilbendes Papier auf einem Stapel neben dem Reißwolf. Im selben Buch behauptet Pinker, in der Verhaltensgenetik herrsche Konsens, dass «ein Großteil der Persönlichkeitsvariation – etwa 50 Prozent – genetische Ursachen hat».[62] In einem anderen Buch, *Das unbeschriebenen Blatt: die moderne Leugnung der menschlichen Natur* liefert er eine wissenschaftliche Version von Ms These über das männliche Anrechtsbewusstsein. Er erstellt eine lange Liste dessen, was er als «gesicherte» psychologische Unterschiede zwischen Männern und Frauen bezeichnet, und fügt an: «Der Umstand, dass viele Geschlechterunterschiede *in der Biolo-*

gie verwurzelt sind, bedeutet natürlich noch lange nicht, dass ein Geschlecht dem anderen überlegen ist»[63] (Hervorhebung S. H.). Diese Unterschiede, behauptet Pinker, können jedoch erklären, warum Frauen in bestimmten Feldern unterrepräsentiert sind, unter anderem in Physik und einigen Zweigen der Mathematik.

Pinker macht wiederholt geltend, dass Merkmale *in der Biologie verankert* seien. «Biologie» bezieht sich hier durchweg auf das Eingebaute, Feststehende im Gegensatz zum Erlernten, Veränderlichen, auch wenn er freimütig bekennt, dass Umwelt und Lernen eine Rolle in der menschlichen Entwicklung spielen. Pinker präsentiert seinen Standpunkt gern als den des gesunden Menschenverstands, der die intellektuellen Wichtigtuer, die man in Amerika mit großer Inbrunst hasst, in die Schranken weist: Marxisten, radikale Feministinnen, Postmodernisten, aber auch ganz normale Intellektuelle. Ich finde es immer wieder beeindruckend, wenn Intellektuelle die intellektuellenfeindliche Karte ausspielen, während sie ihre Rolle als «wissenschaftliche Experten» voll auskosten. Pinkers Ansichten beeinflussten die inzwischen berüchtigten Bemerkungen Larry Summers' über Frauen in den Naturwissenschaften, die er im Jahr 2005, damals als Präsident der Harvard-Universität, äußerte. Summers ist Wirtschaftswissenschaftler, kein Genforscher oder Psychologe, was in der medialen Debatte scheinbar in Vergessenheit geriet. Nach seiner öffentlichen Rede verwies er auf *Das unbeschriebene Blatt*, das seine Äußerungen beeinflusst habe.[64] Offenbar hatte er Pinkers Ansicht als aktuellen Stand der wissenschaftlichen Forschung in dieser Frage interpretiert, denn er plapperte ihn im Grunde einfach nach. Summers führt «viele verschiedene menschliche Eigenschaften» an, bei denen sich die Geschlechter unterscheiden, unter anderem «Größe, Gewicht, kriminelle Neigung» sowie «der IQ im Allgemeinen» und «mathematische Fähigkeiten, naturwissenschaftliche Fähigkeiten». «Es gibt relativ klare Belege dafür, dass, unabhängig von Unterschieden in den Mittelwerten – die diskutierbar sind –, Unterschiede in der Variabilität zwischen der männlichen und der weiblichen Bevölkerungsgruppe vorhanden sind.»[65] Was heißt das?

Summers bezieht sich hier auf die Variabilität bei Darwins Konzept der sexuellen Selektion. Um Merkmale bei Tieren, die evolutionär unsinnig erscheinen – die prachtvolle, aber schwere, unpraktische Schwanzschleppe beim Pfauhahn zum Beispiel –, erklären zu können, mutmaßte Darwin, der Grund, weshalb das Merkmal nicht durch natürliche Auslese verschwunden sei, sei der, dass Pfauhennen den Schwanzfächer sexy finden. Bei jeder Spezies, meinte Darwin, auch bei der menschlichen, verhielten sich die Männchen konkurrierend und promisk, die Weibchen zurückhaltend und wählerisch. Er vermutete, dass die Variabilität bei den Männchen deshalb größer sei als bei den Weibchen, obwohl es für diese Ansicht keine «handfesten» Beweise gab. Sie gründete allein auf seinen Beobachtungen bei Tieren und Menschen. Die Darwin'sche Erzählung hat große Wirkung entfaltet, und sie geht so: Weil die Männchen jeder Gattung kämpfen müssen, um das Mädchen rumzukriegen, hat die sexuelle Selektion größere Folgen für sie. Starke Männchen paaren sich mit Horden von Weibchen, während Versager-Männchen sich nur mit wenigen oder gar keinem Weibchen paaren, was nun bedeutet, dass schwächere Männchen strenger ausgelesen werden als schwächere Weibchen, und, um es kurz zu machen: das Ergebnis dieser wilden männlichen Konkurrenz und Promiskuität ist, dass es am Ende bei den Männchen mehr Genies und auch mehr Trottel gibt als bei den Weibchen – also eine größere Variation. Für Darwin erklärte dies, warum der Mann «mutiger, kampfeslustiger und energischer [ist] als die Frau, und einen erfinderischeren Geist» hat.[66] Pinker, Summers und viele andere mögen ihre Rhetorik abmildern, um die These einem zeitgenössischen Publikum schmackhaft zu machen, doch das zugrundeliegende Argument bleibt im Kern unverändert.

Der Biologe Angus Bateman veröffentlichte 1948 einen Fachartikel über *Drosophila melanogaster*, in dem er nachwies, dass selbst die gemeine Fruchtfliege die Regeln der sexuellen Selektion getreu verkörpert. «Die sexuelle Selektion hat für Männchen größere Auswirkungen als für Weibchen»,[67] stellt er fest. In der anschließenden Diskussion weitet er den Geltungsbereich seiner Ergebnisse aus: «Das würde erklären, warum bei eingeschlechtlichen [entweder das eine Geschlecht oder das andere, nie beide zugleich] Organismen fast immer die Kombination von wahllosem Paarungseifer beim Männchen und wählerischer Passivität beim Weibchen vorherrscht.»[68] Der Artikel fruchtete, um im Bilde zu bleiben, erst, als ihn der Harvard-Biologe Robert Trivers 1972 in seinem Aufsatz «Parental Investment and Sexual Selection» als Hauptbeleg zitierte. Trivers erzählt die Geschichte der sexuellen Selektion noch einmal anders, indem er einen Aspekt von Batemans 1948 erschienenen Artikel besonders hervorhebt: Da der Reproduktionserfolg beim Weibchen von der Anzahl der Eizellen beschränkt wird, die sie während ihres Zyklus produziert, braucht sie sich, einmal von einem einzigen Spermium befruchtet, nicht mehr zu paaren. Das Männchen aber, unbelastet von der Bürde wertvoller Eizellen und randvoll mit billigem Sperma, kann fröhlich zu seiner nächsten Eroberung weiterfliegen.[69] Batemans Studie wurde seitdem zigtausendmal in der wissenschaftlichen Literatur zitiert und gehört zum Kernbestand der Varianzthese. Sexuelle Selektion heißt also, dass Männer die Ausnahmepole besetzen – sie stellen die Dümmsten, aber auch die Schlausten beider Geschlechter. Passiv, bedächtig und mit der schweren Bürde von Schwangerschaft und Aufzucht belastet, straucheln wir Frauen irgendwo zwischen gut und mittelprächtig.

Doch Batemans Geschichte ist möglicherweise ein Märchen. Patricia Adair Gowaty wiederholte Batemans Experiment 2012 gemeinsam mit zwei Kollegen an der Universität von Los Angeles. In ihrem Artikel «No Evidence of Sexual Selection in a Repetition of Bateman's Classic Study of *Drosophila melanogaster*» verweist sie auf gravierende Mängel beim methodischen Vorgehen und darauf, dass es keine Belege für Batemans Ergebnisse gebe.[70] In den letzten Jahren kamen bei den unterschiedlichsten Arten immer häufiger Fälle von weiblicher «Promiskuität» ans Licht. Eine frühere Studie Gowatys über Rotkehl-Hüttensänger weist eine nicht unbeträchtliche Zahl «außerpaarlicher Kopulationen» seitens der Vogelweibchen nach.[71] Bei einer Unterart der Käsefliege sind die Männchen wählerischer als ihr weibliches Pendant.[72] Die jeweilige Geschlechterrolle bei den Krabbenaugengrundeln, einem Meeresfisch, hängt vom Zeitpunkt der Begattung während ihrer kurzen Paarungszeit ab. Je später, desto heftiger konkurrieren Weibchen mit anderen Weibchen um die Gunst der Männchen.[73] Der Bucktooth-Papageifisch hingegen lebt in einem Haremssystem, ein Männchen mit einem Schwarm von Weibchen. Wird das Männchen getötet, ändert praktischerweise eins der Weibchen sein Geschlecht und wird zu einem neuen Männchen.[74] Die Weibchen der Hindublatthühnchen sind rund 60 Prozent größer als die Hähne, prachtvoll gefärbt und betreiben Vielmännerei. Ein Weibchen lässt sich von zahlreichen Männchen begatten, und der männliche Vogel bewacht das Nest und kümmert sich um die Aufzucht der Jungen.[75]

Die Primatenforscherin Sarah Blaffer Hrdy bestreitet seit den 1980er Jahren die Richtigkeit der klassischen Version von der sexuellen Auslese. In ihrem 1986 veröffentlichten Essay «Empathy, Polyandry and the Myth of the Coy Female» schreibt sie: «Nach allem, was mir bis jetzt bekannt ist, besitzt das Aufzuchtsystem der meisten in Gruppen lebenden Primaten im Kern eine polyandrische Komponente: Weibchen paaren sich mit mehreren Männchen, die später alle ihren Teil dazu beitragen, dass der Nachwuchs überlebt.» Als Beispiel führt sie an, dass bei Savannenpavianen sämtliche männliche Paarungspartner eines Weibchens eine fürsorgliche Beziehung zu dessen Nachwuchs entwickeln.[76] Hrdy revidiert auch überkommene Vorstellungen von der sozialen Organisation frühzeitlicher Jäger-und-Sammler-Gesellschaften, die in der Evolutionspsychologie eine sehr große Rolle spielen. In ihrem Buch *Mothers and Others* vertritt sie die These, eine einzelne Frau hätte in einem derart rauen Lebensumfeld ein Kind nie allein aufziehen können. Geschwister, Onkel, Großmütter, Väter und andere mussten bei der Fürsorge zur Hand gehen, sonst hätten die Kinder nicht überlebt.[77]

Meistens wird die erstaunliche Varietät beim Paarungsverhalten von Tieren in jedem einzelnen Fall als weitere Ausnahme von der allgemeinen Regel bewertet. Wie viele Ausnahmen aber sind nötig, um eine Regel auszuhebeln? Der Zoologe Michel Ohmer bemerkt: «Ein kurzer Überblick über die Fachliteratur fördert Hunderte von Artikeln über die Verkehrung von Geschlechterrollen, weibliches Konkurrenzverhalten, wählerisches Verhalten bei den Männchen und aufwendige Ornamentierung bei den Weibchen zutage.»[78] Das Scheitern des Versuchs, Batemans Ergebnisse zu wiederholen, und das Aufdecken seiner mängelbehafteten Methode lassen ebenso Zweifel an der Grundlagenstudie aufkommen, wie die immer größer werdende Zahl der Arten, die den alten Regeln offenkundig nicht folgen. Es gibt gute Gründe, diesem Evolutionsmärchen vom schwellkörpergesteuerten Männchen und sich kleinmachenden Weibchen mit Skepsis zu begegnen und die Fortpflanzungsstrategien der Arten endlich als Varietäten statt als gegensätzliche Pole zu begreifen.

Hat Bateman die Ergebnisse vorsätzlich zurechtgebogen, damit sie seiner These entsprechen? Ich bezweifle das. Das Interessanteste an dieser mit Mängeln behafteten Studie ist vielleicht, dass sie einen wesentlichen Aspekt von Wahrnehmung aufdeckt, der mittlerweile auch in der Wissenschaft eingehend untersucht wird. In der Geschichte der Wissenschaft kommen Fehler wie die von Bateman ständig vor, einfach deshalb, weil Menschen häufig nur sehen, was sie erwarten. Obwohl dieser Gedanke in einer Vorform bereits bei Ptolemäus vorkommt und Descartes die wichtige Rolle der Gewohnheit auf die Art, wie wir die Welt wahrnehmen, hervorhob, wird er für gewöhnlich dem Biophysiker Hermann von Helmholtz aus dem 19. Jahrhundert zugeschrieben, der behauptete, dass *unbewusste Schlüsse* auf unsere Wahrnehmung einwirken. Helmholtz' Idee, die auch Freud aufgriff, wurde über ein Jahrhundert lang wenig beachtet, doch in der modernen Neurowissenschaft feiert sie ihr Comeback.

Die Wahrnehmung einer Person wird, vereinfacht ausgedrückt, unbewusst durch frühere Wahrnehmungen geprägt. Das Sehwerkzeug besitzen wir, doch wir lernen auch, die Welt durch unsere Erfahrungen in ihr zu sehen und zu deuten. Helmholtz betont, es gebe zahlreiche «Beispiele für feste und zwangsläufige gedankliche Verbindungen bedingt durch ständige Wiederholung», manche sind pure Konvention, wie etwa die Buchstaben eines Wortes in ihrem Bezug zu Aussprache und Bedeutung. Helmholtz' Einsicht, dass «Erfahrung, Schulung und Gewohnheit» unsere Wahrnehmung unbewusst formen, ist heute allgemein anerkannt.[79] Im Fachblatt *Frontiers in Human Neuroscience* fassen Peggy Seriès und Aaron Seitz die Forschungsergebnisse zusammen: «Unsere Wahrnehmung ist stark geprägt durch unsere Erwartungen. In uneindeutigen Fällen steuert unser Weltwissen die Deutung der Sinnesinformationen und hilft uns, Objekte und Menschen schnell und präzise zu erkennen, auch wenn dies manchmal zu Trugschlüssen führt.»[80] Bateman hat bei seinen umherschwirrenden Fliegen vielleicht wirklich männlichen Feuereifer und weibliche Passivität *gesehen*. Es war, so vermute ich, das, was er erwartet hatte.

VERERBBARKEIT UND ZWILLINGSMÄRCHEN

Mit achtzehn erblickte ich, gerade als ich mich vom Spiegel abwenden wollte, plötzlich einen Moment lang das Gesicht meines Vaters in meinem eigenen. Auch meine Mutter sehe ich, vor allem nun, mit zunehmendem Alter. Ab und an leuchtet sie mir aus dem Spiegelbild meines reiferen Gesichts entgegen. Dass wir uns nicht selbst erschaffen und etwas von uns in unseren Kindern hinterlassen, versteht sich von selbst. Genauso selbstverständlich ist die Tatsache, dass bereits vor den Zeiten dessen, was wir Genetik nennen, jeder wusste, dass wir bestimmte Merkmale von den Eltern erben, Merkmale, die an uns sichtbar werden. Dass das Verhältnis zwischen Genotyp und Phänotyp nicht dem einer perfekten Blaupause oder eines Codes entspricht, heißt ja nicht, dass George nicht eine Nase bekommt, die der von Tante Zelda frappierend ähnlich sieht. Viele von uns werden sich schon einmal dabei ertappt haben, wie eines der Elternteile zu «agieren», nach dem Motto: *O Gott, so hat das meine Mutter auch immer gesagt (oder gemacht)!* Es liegt nahe, solche Eigenschaften als «vererbt» oder «erblich» zu bezeichnen. Ein vererbtes Merkmal ist einfach ein Merkmal eines Nachkommen, das dem entsprechenden Merkmal bei einem Elternteil ähnelt, wobei die Entsprechung nicht genetisch bedingt sein muss. Reiche Kinder werden meistens von reichen Eltern geboren, was aber nicht bedeutet, dass Reichtum genetische Ursachen hat. Und wie steht es mit Verhaltensmustern? Gehe ich wie meine Mutter, weil ich bei meiner Mutter aufgewachsen bin und jahrelang beobachtete, wie sie geht und gestikuliert, oder ist mir die Neigung, auf diese Weise zu gehen, angeboren?

Verhaltensgenetiker versuchen, diese Frage zu entwirren, nicht mit Blick auf den einzelnen Menschen, sondern auf Populationen. Mittels statistischer Analysen von *Korrelationen* bestimmen sie Erblichkeitsanteile in verschiedenen Bevölkerungsgruppen. Sie messen die Variationsbreite der genetischen Ähnlichkeit. Der Unterschied in der «Variabilität», auf den Summers mit Bezug auf die Geschlechter verweist, ist also ein statistischer Messwert, etwas, worauf sich ein Wirtschaftswissenschaftler gut verstehen sollte. Der Goldstandard solcher Messungen sind eineiige (monozygotische) Zwillinge im Unterschied zu zweieiigen (dizygotischen) Zwillingen, weil bei Ersteren das genetische Material identisch ist, bei Letzteren nicht. Bei gemeinsam aufwachsenden Zwillingen wird davon ausgegangen, dass sie neben denselben (oder unterschiedlichen) Genen auch dieselbe «Umwelt» haben. Treten nun Ähnlichkeiten zwischen eineiigen Zwillingen auf, deren Gene zu hundert Prozent identisch sind und die in einer gemeinsamen Umwelt aufwachsen, im Unterschied zu zweieiigen Zwillingen, die nicht alle Gene, aber die Umwelt miteinander teilen, dann, so die These, sind die

Ähnlichkeiten der eineiigen Zwillinge auf die Gene zurückführbar. Deshalb ist es mittels einer Reihe von Berechnungen möglich, auf einen Wert zwischen 0 und 1 zu kommen, der ausdrückt, zu wie viel Prozent – salopp ausgedrückt – «Natur» oder «Umwelt» drin ist. Genauer gesagt soll dieser Wert den Anteil der phänotypischen Varianz in einer bestimmten Bevölkerungsgruppe abbilden, der auf genetische Varianz zurückzuführen ist. Ein Erblichkeitsquotient von 0,5 bedeutet, die Hälfte aller Variationen bei der Verteilung eines Merkmals in der untersuchten Population hängt mit der «Biologie» zusammen, und 0,5 – also die andere Hälfte – mit «Umweltfaktoren».

Wir alle kennen die netten Geschichten über getrennt aufgewachsene, eineiige Zwillinge, die sich nach Jahren fanden und feststellten, dass beide Rot als Lieblingsfarbe hatten, sie beim Duschen Verdi trällerten und dieselbe Zahnpasta-Marke kauften. «Eineiige männliche Zwillinge mittleren Alters, die den größten Teil ihres Lebens getrennt waren, arbeiteten beide als Entstörungstechniker bei Telefonunternehmen und besaßen Drahthaar-Terrier, die auf den Namen Trixie hörten».[81] Diese Geschichte ist in einem Buch des Journalisten William Wright mit dem Titel *Born that Way* von 1998 nachzulesen. Zwar kann auch er nicht erklären, inwiefern Berufswahl und Hundenamen von Genen bestimmt werden, doch Wright ist überzeugt, dass sie hier am Werk sind. Die Zwillinge scheinen die Annahme zu bestätigen, dass im Leben allein die elterlichen Gene – der «Moment der Zeugung» – zählen, nicht die Erziehung.

Wie bei vielen Zwillingsstudien, die angeblich «getrennt aufgewachsene» Paare untersuchen, hatten aber auch diese eineiigen Zwillinge gemeinsame Jahre verlebt und kannten einander von früher. Hätte der eine in Tansania und der andere in Schweden gelebt, wäre die Wahrscheinlichkeit, dass beide einen Foxterrier namens Trixie halten, außerdem ziemlich gering gewesen. Die unterschlagene gemeinsame Lebenszeit war möglicherweise entscheidend mit Blick auf Berufswahl und Hunde – das weiß ich nicht. Der rhetorische Kniff, der hier zur Anwendung kommt, ist allerdings entscheidend. Die Abweichungen zwischen den Zwillingen könnten noch so zahlreich sein, sie könnten verschiedene Geschmäcker und Gewohnheiten in anderen Bereichen haben, doch der Verweis auf zwei sehr ungewöhnliche Ähnlichkeiten verfehlt seine Wirkung nie: Sie sind gleich, obwohl sie getrennt aufwuchsen! Was ich weiß, ist, dass solche Zufälligkeiten nur wenig über die menschliche Entwicklung und die Statistiken der Verhaltensgenetik gar nichts über einzelne Zwillingspaare aussagen.

In der Wissenschaft gilt die pauschale Unterstellung, Zwillinge, die gemeinsam in einem Haus bei denselben Eltern aufwachsen, teilen dieselbe «Umwelt», obwohl das nicht stimmen muss. Verhaltensgenetiker halten diese Annahme im Großen und Ganzen aber für zweckmäßig und zutreffend. Einzelfälle spielen für sie keine Rolle. In einem Lehrbuch wird im Zusammenhang mit Erblichkeitsmessungen auf Ambivalenzen hingewiesen:

> Bei verhaltensgenetischen Studien lassen sich die Effekte der Gen-Umwelt-Korrelation meist nicht von denen der Gen-Umwelt-Interaktion trennen, sondern fließen gemeinsam in den Heritabilitätsschätzwert ein.

> Das heißt, selbst wenn ein Merkmal hochgradig vererbbar ist, kann der Einfluss umweltbedingter Faktoren für die Vermittlung und Wirksamkeit der Gene auf das Verhalten entscheidend sein. Ein Beispiel im Bereich Gen-Umwelt-Korrelation zeigt: Wird eine Exponierung gegenüber geselligem Umgang mit dem Genotyp einer Person korreliert, dann erscheint Soziabilität als erbliches Merkmal, obwohl sie ebenso gut dieser größeren Exponiertheit geschuldet sein könnte.[82]

Mit anderen Worten: Bei den Ursachen fischt man im Trüben. Darüber hinaus gibt es auch unterschiedliche Auffassungen über die Definition der Einheit «Gen». In der Molekularbiologie wird das Gen, wie ich schon zeigte, als komplexe, dynamische, von der Zellstruktur und dem umgebenden Gewebe abhängige Einheit betrachtet – als eine Art weiche, wandernde Zielscheibe. Molekulargenetisch ist das Verhältnis zwischen Genen und psychologischen oder Verhaltensmerkmalen aber äußerst schwer bestimmbar. Wie kommt das Gen nun in der Verhaltensgenetik zum Einsatz? Es fungiert dort als «einfache Recheneinheit, um Unterschiede zwischen Populationen zu bestimmen».[83] Es handelt sich um eine Abstraktion, es ist kein Element, das auf bestimmte Weise mit der DNA-Struktur verknüpft ist. Wer Moleküle in Nahaufnahme analysiert, hat einen anderen Blick auf Gene als jemand, der von Ferne auf Zwillinge in Bevölkerungsstudien blickt und statistische Berechnungen anstellt. Zudem legt jeder eine andere *Definition* des Begriffs «Gen» zugrunde. Das «Gen» mutiert auch auf der Ebene der Sprache.

Entgegen vielen Geschichten über frappierende Ähnlichkeiten können eineiige Zwillinge morphologisch und psychologisch sehr verschiedenartige Merkmale ausprägen und im Lauf ihres Lebens an unterschiedlichen Leiden erkranken. Wie weit sie sich auseinanderentwickeln können, illustriert ein Bericht über eineiige männliche Zwillinge in der Boulevardpresse. Einer der Jungs, der sein Leben als Wyatt begann, heißt heute Nicole.[84] Der andere Zwilling blieb ein Junge. Obwohl beide im selben Haushalt bei denselben Eltern aufwuchsen, haben sie nun verschiedene Geschlechtsidentitäten. Interessant an der Geschichte ist aber nicht, was sie uns über Vererbbarkeit und Umwelt erzählt. Das wird, wie ich meine, überhaupt nicht klar. Die Frage, die sich aufdrängt, ist vielmehr: Sind die Unterschiede zwischen den Zwillingen jetzt größer als die Ähnlichkeiten, oder sind die Ähnlichkeiten größer als die Unterschiede? Für den einen, nun in einem veränderten Körper lebenden Zwilling ist der Wechsel Ausdruck einer Angleichung ihrer inneren Wirklichkeit, Vorstellungen oder Überzeugungen an die äußere Erscheinung. Ihr eineiiger Zwillingsbruder entwickelte jedoch kein Bedürfnis nach einem solchen Wandel. Ungeklärt bleibt die Frage, wodurch ein solches Bedürfnis entsteht.

EIN ABSTECHER INS LEBEN VON JOHNNY UND JIMMY UND ZU EINER WISSENSCHAFTLERIN NAMENS MYRTLE MCGRAW

Myrtle McGraw (1899–1988) erforschte frühkindliche motorische Entwicklungen auf einer Säuglingsstation des Columbia Presbytarian Medical Center in New York. Anfang der Dreißigerjahre, lange vor der Entdeckung von Funktion und Struktur der DNA, begann sie mit einer Studie, die auf ein enormes Presseecho stieß – eine Forschungsarbeit über die eineiigen Zwillinge Jimmy und Johnny. Die Studie fand auf dem Höhepunkt der Debatte um Vererbbarkeit und Umwelteinflüsse statt, personifiziert durch die Forscher Arnold Gesell und John Watson. Gesell war der Ansicht, die Entwicklungsstufen beim Kind ließen sich hauptsächlich auf Wachstumsprozesse und Älterwerden zurückführen, nicht auf Lernprozesse und Lebenserfahrung. Der berühmte Verhaltensforscher Watson war gegenteiliger Auffassung. McGraws Schilderung nach behauptete Watson, er könne, wenn man ihm ein Dutzend gesunde Babys gebe, aus diesen alles machen – «einen Arzt, Anwalt, Künstler, Kaufmann, Chef und ja, sogar einen Bettler oder Dieb.»[85] McGraw gehörte keinem der Lager an, was ihre Zwillingsstudie nicht davor bewahrte, im Lichte des Kampfs zwischen Vererbung und Umwelt gelesen zu werden.

Anhand eigener Forschungsarbeiten, mit interdisziplinärem Wissen aus Neurologie, Embryologie, Biologie und Psychologie, und geprägt durch den US-amerikanischen Philosophen und Pragmatiker John Dewey, den sie als ihren «intellektuellen Paten» bezeichnete, gelangte McGraw zu der Erkenntnis, dass die frühkindliche Entwicklung ein holistischer, organischer, nichtlinearer Prozess war. Kinder entwickelten sich nicht stufenweise oder Schritt für Schritt, wie Gesell behauptete, sondern machten Sprünge vor und wieder zurück, um sich dann erneut vorwärts zu bewegen. Nach ihrer These war die kindliche Entwicklung ein unaufhörliches, bruchlos verlaufendes Wechselspiel zwischen neuronalen und verhaltensmäßigen Wachstumsprozessen, das weder auf erbliche noch auf Umweltfaktoren reduziert werden konnte noch sollte. Dichotomien mied sie bewusst, doch ihr war klar, dass sie in einer sich hartnäckig haltenden philosophischen Rangordnung verwurzelt waren:

> Die Neigung, die Welt in Klassen und Dichotomien einzuteilen, kam nicht erst mit Biologie und Verhaltensforschung auf. Es ist ein Erbe der griechischen Philosophie, die das «Rationale» und das Sinnliche an entgegengesetzten Polen ansiedelte, als wären es getrennte, eindeutig unterscheidbare Sphären. Dem Rationalen wurde ein hoher Stellenwert eingeräumt, und das blieb in der abendländischen Kultur und Wis-

senschaft in all den Jahrhunderten weitgehend so. Vielleicht ist das ein Grund für die große Verspätung der Erforschung der frühen Kindheit, denn Säuglingen und Kleinkindern wurde die Fähigkeit zum logischen Denken abgesprochen.[86]

McGraws Sicht auf die kindliche Entwicklung steht im Einklang mit Waddingtons embryologischem Ansatz. 1946 schreibt sie: «Was ein Gen hervorbringt ist abhängig von den Genkombinationen und den Bedingungen, unter denen sich der Organismus als Ganzes entwickelt.»[87] In der Einleitung zu einem Essay über McGraw betont Donald Drewsbury, dass der Wissenschaftlerin wohlbewusst war, welche Rolle der Kontext auch auf anderen Ebenen – einschließlich der sprachlichen – spielte. Ihr war bewusst, dass wissenschaftliche Konzepte nicht in der Natur vorkommen, sondern auf Übereinkünften beruhen, und dass die zwangsläufig fluide Beschaffenheit der Begriffe langfristig auch deren Weiterentwicklung und Verfeinerung ermöglichte.[88]

Was die Presse jedoch beeindruckt verfolgte, war, dass Johnny, der von McGraw motorisch geförderte Zwilling, kaum einjährig bereits steile Rampen emporkletterte, im Alter von vierzehn Monaten mit großem Geschick Rollschuh lief und im selben Alter bis zu vier Meter mit dem Kopf unter Wasser schwimmen oder große Klötze zu einem Turm stapeln konnte, auf die er kletterte, um eine von der Decke baumelnde Belohnung (ein Stück Banane oder einen Keks) zu erhaschen. Beide Jungen hatten gleichzeitig laufen gelernt, und niemand berichtete, dass Johnny, obwohl er sehr früh von McGraw auf ein Dreirad gesetzt wurde (um ihm eine vermeintlich weniger komplexe Aktivität als das Rollschuhlaufen beizubringen) und sie sich sieben lange Monate vergeblich mühte, ihn dazu zu bringen, darauf zu fahren, erst mit neunzehn Monaten den Dreh raushatte und ihm, wie McGraw es nannte, ein Licht «aufging».

McGraw machte 1958 anlässlich eines Vortrags einen dreizehnminütigen Film über die beiden Jungen im Alter zwischen zwei Wochen und zweiundzwanzig Jahren, der die außergewöhnlichen Fertigkeiten von Baby Johnny anschaulich demonstriert. Einige kurze Sequenzen zeigen die erwachsenen Zwillinge am Ende des Films. Nacheinander sehen wir, wie sich Johnny und Jimmy, am Boden sitzend, zum Stehen aufrichten, wie sie laufen, springen, auf einem Seil balancieren und auf einer höchst wackligen Leiter auf ein Dach und wieder hinuntersteigen. Johnny ist schlanker und muskulöser als sein Zwillingsbruder und deutlich koordinierter. Ob er aufgrund des frühkindlichen Förderprogramms mehr körperliche Grazie besaß, ist eine andere Frage.

Die Medienberichte über die Zwillinge hatten mit den Forschungsarbeiten erwartungsgemäß wenig zu tun, und die Journalisten schlugen sich schnell auf die Seite des nicht geförderten Jimmy. Die *New York Times* präsentierte McGraws Studie als Wettkampf zwischen dem «normalen Jimmy, der wie ein typischer Junge aufwuchs», und dem «wissenschaftlichen Johnny», der ein «Universitäts»-Programm durchlief. Der außergewöhnliche Junge wurde dem normalen gegenübergestellt, ein Gegensatz, der egalitäre und antiintellektuelle Vorurteile in den USA bediente. Als die Zwillinge neun Jahre alt waren, titelte die *Times*: «Johnny Woods nur knapp über dem schulischen Durchschnitt – Bruder ohne frühkindliche Förderung kassiert Bestnoten.»[89] Obwohl es kaum überrascht, dass Johnnys besondere Fähigkeiten Aufmerksamkeit erregten und sich die Presse auf das Sensationelle statt auf das Differenzierte stürzte, ist der Hang der Medien zu «dichotomisieren» niederschmetternd – ein Hang, dem sich McGraw vehement widersetzte.

Zwillinge, vor allem eineiige, sind deshalb faszinierend, weil ein einziges Ich hier dem Anschein nach zweimal vorhanden ist. Zum Leben erweckt, läuft das Spiegelbild eines Menschen wie durch Zauberei umher, und ein solches Paar scheint, wie schon Galton annahm, bestens dafür geeignet, die Frage nach dem Angeborenen und dem Anerzogenen zu beantworten. Doch die Methoden, die Sichtung vorhandener Daten über zahlreiche Zwillingspaare zur Berechnung eines Erblichkeitswerts von 0,5 für bestimmte Persönlichkeitsmerkmale – Schüchternheit etwa – in einer Population und Langzeitstudien wie die von McGraw an einem einzelnen Zwillingspaar, sind derart unterschiedlich, dass jeder Versuch, sie zu vergleichen, letztendlich unsinnig erscheint.

Jimmy und Johnny waren beide «normale», einigermaßen glückliche Kinder, denen es bei den Eltern zu Hause und in McGraws Klinik gut erging. Ein Psychiater, der sie während der Kinderjahre begleitete, gewährt uns Einblick in ihre Persönlichkeiten. In einem Aufsatz von 1939 verwendet McGraw Auszüge aus Dr. Langfords spannendem Bericht. Er stellte fest, dass beide beim Sprechen lispeln, aber ansonsten sehr unterschiedlich waren. Der nicht geförderte Jimmy war zu Hause der dominantere Bruder. Langford benutzt den Begriff «Anführer». Er schreibt, Jimmy sei derjenige, der seinen Zwillingsbruder «herumkommandiert» und ihn verpetzt, obwohl die Eltern diesem Verhalten entgegenwirken. McGraw ist auf ihre Art unverblümter. Sie bezeichnet Jimmy als «rechten Rabauken», bestätigt aber, dass die Beziehung zwischen den Brüdern trotzdem herzlich ist. Als Plappermaul mit einer Neigung zu Trotzanfällen stand Jimmy im Kleinkindalter seiner Mutter näher als Johnny, half ihr gern bei der Hausarbeit und kroch nachts oft zu ihr ins Bett. Johnny war der stillere Junge, zu Hause ruhelos, weniger hilfsbereit der Mutter gegenüber, ein Daumenlutscher und Bettnässer. Keine dieser Auffälligkeiten wurde während seiner Aufenthalte in der Klinik beobachtet. Alle Beteiligten bestätigen, dass es, weil Johnny in der Klinik der aktiv Geförderte war, zu Hause für Jimmy Kompensierungen gab. Langford schreibt:

> Jimmy ist vom Typus her extrovertiert und chaotisch, er lebt im Augenblick. Johnny ist ernsthafter, nachdenklich und bedächtig, er wägt die Folgen ab, bevor er handelt. Jimmy reagiert meistens auf äußere Reize, Johnny reagiert aufgrund seines regeren Innenlebens weniger unmittelbar auf Außenreize und wirkt oft gedankenverloren, [...] die Persönlichkeitsunterschiede könnten in hohem Umfang anlagebedingt und nicht allein das Resultat ihrer ungleichen früheren Erfahrungen sein. Man gewinnt jedoch den Eindruck, dass diese Erfahrungen Gewicht haben. Meines Erachtens sind neben Johnnys «Konditionierung» auch die Verhaltensweisen in der häuslichen Umgebung von großer Bedeutung, und sie sind etwas einfacher einzuschätzen.[90]

Langford urteilt äußerst zurückhaltend. Er beobachtet, notiert, legt etwas nahe, zieht aber keine endgültigen Schlüsse hinsichtlich möglicher Auswirkungen der Förderung auf Johnnys Psyche. Bei der Geburt war Johnny der schwächere Zwilling. Hing sein im Vergleich zum Bruder regeres Innenleben mit seinen Erfahrungen in der Klinik oder mit seiner schwierigeren Situation im Elternhaus zusammen? Wie haben sich das Erlernen von Rollschuhlaufen und Schwimmen und das Herumtragen von großen podestartigen Klötzen im Raum, die er dann erklomm, auf sein Denken, seine kognitiven Fähigkeiten und seine Persönlichkeit ausgewirkt? McGraws Offenheit zu diesem Punkt ist mustergültig: «Eine Beurteilung dessen, in welchem Maß die Persönlichkeitsunterschiede anlagebedingt sind oder eine Folge der experimentellen Erfahrung oder der späteren Prägungen im häuslichen Umfeld, ist derzeit nicht möglich und wird wohl den Rahmen des tatsächlich Möglichen für alle Zeiten überschreiten.»[91] Wie könnte man das eine auch klar vom anderen trennen, wenn man es mit zwei lebendigen menschlichen Wesen zu tun hat?

In den Filmsequenzen mit den zweiundzwanzigjährigen Zwillingen fiel mir auf, wie zögerlich und unbeholfen Jimmy wirkte und wie vergnügt und selbstbewusst Johnny schien, während beide auf Herz und Nieren geprüft wurden. Ich bezweifle zwar, dass die wenigen Bilder einen tieferen Einblick in die Persönlichkeiten der beiden erwachsenen Brüder zulassen. Aber ich habe mich gefragt, ob Johnny seine wohl weitgehend vergessenen Triumphe (er war damals keine drei Jahre alt) noch einmal durchlebte, als er von seiner lieben, sogar innig geliebten einstigen Verbündeten

Myrtle McGraw gebeten wurde, erneut zu zeigen, was er alles konnte – immerhin hatte ihn das als Baby zu einer kleinen Berühmtheit gemacht und war filmisch dokumentiert worden. Und ich habe mich gefragt, ob sich Jimmy plötzlich in die untergeordnete Rolle als Zwillingsbruder, der nicht in der Klinik gefördert worden war, zurückversetzt fühlte und dies durch seine Körpersprache verriet? Das wird sich wohl nicht mehr klären lassen.

Klar ist, dass Verhaltensgenetiker hier zugeben müssten, dass die frühkindliche Umwelt der Zwillinge unterschiedlich war, obwohl sie mit denselben Eltern im selben Haushalt aufwuchsen. Sie entwickelten sich zu unterschiedlichen Menschen, aber das ist bei sehr vielen Zwillingen der Fall, auch ohne klinische Studien. Problematisch bei statistischen Analysen ist die Frage von Gleichheit und Differenz und wie diese definiert und gemessen werden. Was können wir von den Einzelgeschichten und aus den Statistiken weglassen, und in welchem Maß sind Einzelfälle und Populationskennziffern aussagekräftig? Statistiker interessieren sich nicht für Entwicklungsverläufe, für die Erfassung der Veränderungen bei einem oder mehreren Menschen im Lauf der Zeit. Eine differenzierte Schilderung der menschlichen Entwicklung bleibt bei diesen Berechnungen ausgespart. Zwillinge werden zu einer Liste von Faktoren, die auf feststehende Kategorien heruntergebrochen werden, denen am Ende ein Zahlenwert zugeordnet wird.

ZAHLEN-GEWISSHEITEN?

Gewiss ist, dass die Prozentzahlen der Verhaltensgenetiker genetische *Ursachen* nicht genau abbilden. In der *Stanford Encyclopedia of Philosophy* heißt es: «Derzeit besteht Einvernehmen in der Philosophie der Biologie, dass Erblichkeitsanalysen in Bezug auf genetisch bedingte Ursachen menschlicher Eigenschaften in die Irre führen.»[92] In einer Rezension von Steven Pinkers Buch *Wie das Denken im Kopf entsteht* verweisen der Biologe Jeremy Ahouse und der Computerlinguist Robert Berwick darauf, dass Pinkers Ersetzen des Wortes (genetische) «Ursache» durch «Zusammenhang» unrichtig ist: «Mit dieser Behauptung zwingt Pinker die Autorität der aktuellen wissenschaftlichen Forschung in den Dienst spekulativer Fiktionen – wahrlich Biologie als Ideologie.»[93]

Ahouse und Berwick sind zwei Stimmen in einem ganzen Chor von Kritikern. Ihre Rezension ist unverhohlen feindselig, und ich vermute, dass die «Ursache» ihres Ärgers zum Teil an Pinkers Rhetorik liegt. Da niemand wirklich weiß, wie unser Geist funktioniert, kann schon der Titel des Buchs als Vermessenheit gelten. Ähnlich wie bei Daniel Dennetts

Buch *Consciousness Explained,* dessen Titel suggeriert, der Philosoph habe das Rätsel aller Rätsel gelöst, das, was in der modernen analytischen Philosophie und in den Neurowissenschaften als «hartnäckiges Problem» bezeichnet wird, kündet auch der Titel *Wie das Denken im Kopf entsteht* von der Selbstgewissheit des Autors, ob nun berechtigt oder nicht. In auffälligem Gegensatz zum zurückhaltenden Ton der Studien McGraws, die Übertreibung stets vermeidet, prahlen diese Publikationen bereits im Titel. Beim Blick auf ein Cover, von dem eine derart forsche Ankündigung prangt, weiß der Leser gleich, dass der Autor sich seiner Sache – egal, um was es geht – verdammt sicher sein muss, und auch wenn sich Einzelne daran stören, spricht die im Titel ausgestellte kampflustige Gewissheit eine große Zahl von Lesern an. Die heroische Figur des Mannes, der es mit seinen Gegnern aufnimmt, übt einen nicht unbeträchtlichen Reiz aus. Lässt sich der Stil vom Argument, die Form vom Inhalt trennen? Was ist anstößig an einer vollmundigen Ankündigung, die letztlich nur eine Ansicht unter vielen darstellt? Ist es anstößig, mit geballter Überzeugungskraft für eine Sache einzustehen, selbst wenn es, wie bei Pinker, geradewegs auf die Behauptung hinausläuft, unter Verhaltensgenetikern bestehe «Konsens» darüber, dass die Begriffe «Ursache» und «Korrelation» bzw. «Zusammenhang» austauschbar seien, etwa weil man der festen Überzeugung ist, dass ein Großteil der Persönlichkeit, sagen wir, rund die Hälfte, genetische Ursachen hat?

Ich stoße mich an dieser Ersetzung, denn sie wiegt die Leser in einer falschen Sicherheit über Gene und ihre Beziehung zu unserer Psyche. Pinker steht damit nicht allein, er ist einer von vielen. Doch das Mantra der Wissenschaft lautet: Zusammenhänge sind keine Ursachen. In der Biologie sind Ursachen notorisch schwer herzuleiten, dafür schießen Zusammenhänge nur so aus dem Boden. Eine Studie behauptet, Menschen, die Broccoli essen, erkrankten seltener an Krebs als jene, die nie Broccoli essen. Broccoliessen wird dabei einfach mit Krebsfrei-sein in Zusammenhang gebracht. In der Untersuchung wird aber nicht belegt, wie Broccoliessen Krebs verhindert oder zu einem krebsfreien Zustand bei Menschen *führt*, die vielleicht ohne Broccoli anfällig für eine Erkrankung gewesen wären. Sogar das Rauchen wird oft nur über Zusammenhänge, nicht über direkte Ursachen als krebserregend definiert. Die genauen «Mechanismen», die zu diesen Zusammenhängen führen, werden zwar wissenschaftlich erforscht, doch vieles bleibt dabei ungewiss und uneindeutig. Die Korrelation zwischen dem Rauchen und allen möglichen Krankheiten ist allerdings oft so hoch, dass dieses Verhältnis als Ursache-Wirkung-Beziehung und nicht mehr als bloßer Zusammenhang wahrgenommen wird. Ich erinnere mich an ein Fernsehinterview mit der schon ziemlich betagten Bette Davis. Sie muss damals weit über achtzig gewesen sein. Voller Falten und Runzeln, aber mit großer Eleganz sog sie den Rauch aus einer langen Zigarettenspitze, während sie den Zustand des zeitgenössischen Films beklagte. Davis qualmte bis an ihr Ende. Als sie mit einundneunzig starb, war sie eine Ausnahme von der Korrelationsregel.

In der universitären Forschung stehen oft die unterschiedlichsten Standpunkte nebeneinander, die Auseinandersetzungen zwischen ihnen finden jedoch selten in der Öffentlichkeit statt, weil die Argumente für die meisten Menschen schwer nachvollziehbar sind. Das liegt nicht an der

Beschränktheit der Leute, sondern daran, dass das Vokabular dieser Insidersprachen schwer zu durchdringen ist, und zwar nicht nur für Laien, sondern auch für Professorinnen und Professoren aus anderen Fachgebieten, deren Büros sich auf dem Campus vielleicht gleich gegenüberliegen. Einzelfallstudien bleiben als ein Teil der wissenschaftlichen Forschung wichtig. Brenda Milners Langzeitstudie über den inzwischen berühmten Patienten H.M. ist dafür ein eindrucksvolles Beispiel. Nach einer Hirnoperation zur Unterbindung seiner fortwährenden Epilepsieanfälle, bei der ihm ein Großteil des Hippocampus entfernt worden war, konnte H.M. neue Erinnerungen nicht mehr speichern. Er konnte sich an alles aus seinem Leben vor der Operation entsinnen, er konnte sprechen und mit anderen Menschen kommunizieren, doch Erinnerungen an diese Begegnungen hatte er keine. Eine Selbstverständlichkeit sind Einzelfallstudien in der wissenschaftlichen Forschung heute jedoch nicht mehr. An die Stelle der Erfassung von Daten einzelner Patientinnen und Patienten über lange Zeiträume hinweg sind in der modernen Psychologie statistische Analyseverfahren und «evidenzbasierte» Forschungsansätze getreten, was in der Regel heißt: Je breiter angelegt die Studie und je größer die Anzahl der Beteiligten, desto genauer sollen die Ergebnisse sein. Umfassende Untersuchungen und große Datenmengen können einiges leisten, doch das Ausblenden des detaillierten Blicks auf den Einzelfall hat seinen Preis. Die individuelle Geschichte der Patienten außer Acht zu lassen, bedeutet auch, die Krankheit aus dem individuellen Kontext ihrer raumzeitlich gebundenen Körperdynamik herauszulösen und davon auszugehen, dass sie sich als eine Liste von Symptomen auf beliebig viele andere Körper übertragen lässt. Das entspricht einerseits dem Wesen einer Diagnose – es gilt, Ähnlichkeiten zwischen unterschiedlichen Fällen zu erkennen und zu benennen. Andererseits weiß jeder Hausarzt, dass sich das gleiche Medikament, die gleiche Operation oder Behandlung bei unterschiedlichen Menschen unterschiedlich auswirkt. Auch diese Unterschiede zu erkennen, ist enorm wichtig.

Vicos Kritik an der Zersplitterung der akademischen Disziplinen gilt in der heutigen Zeit umso mehr. Larry Summers übernahm ganz offenbar unkritisch einen wissenschaftlichen Standpunkt, der durch die an statistischen Methoden ausgerichtete Verhaltensgenetik gefiltert worden war und besagte, dass sich Frauen von Natur aus nicht für die höhere Mathematik und Physik eignen. Dass nur wenige Frauen Physik studieren, liegt für Summers in bestimmten Eigenschaften des weiblichen Geistes *begründet*, Eigenschaften, die vermeintlich genetisch bedingt sind und mit Variabilität in Zusammenhang stehen – der Tatsache zum Trotz, dass es vor allem soziologische Faktoren sind, die Frauen nach wie vor von diesem Fach fernhalten.

VON ALTEN UND NEUEN ABENTEUERN IN HARVARD, TESTOSTERON, PLACEBO, SCHEINSCHWANGERSCHAFTEN UND ÄNGSTEN UND WÜNSCHEN, DIE WAHR WERDEN

Der Name «Harvard» genießt Autorität: selbst in Norwegens Sozialpolitik wirken Steven Pinkers Thesen nach. Eine populäre Fernsehshow und ein Buch, das als Kernbotschaft «born that way – so geboren» telegrafierte, käuten angebliche «Fakten» aus Pinkers *Das unbeschriebene Blatt* wieder und präsentierten der Öffentlichkeit seine Ansichten als Erkenntnisse der «harten» und exakten Wissenschaft, die viele Menschen, darunter auch solche, die politische Entscheidungen treffen, sehr überzeugend fanden. Mit anderen Worten: Pinker ist zum Repräsentanten einer Disziplin geworden, die unser Denken hinsichtlich der Frage, wer wir sind, verändert hat, nicht nur in den USA, auch andernorts. Ausdrücklich sei hervorgehoben, dass die Botschaft, der Steven Pinker (und er ist nicht der Einzige) öffentliche Geltung verschafft, in Vergessenheit geriete, wenn seine Leser nicht so empfänglich dafür wären. Ihre Popularität sagt mindestens ebenso viel über seine Leser wie über ihn selbst aus. *Das unbeschriebene Blatt* erschien bereits 2002, aber es wirkt bis heute fort.

In der *New York Times* erschien am 1. Januar 2015 der Leserbrief eines Mannes zu einem Artikel über das Geschlechtergefälle in technologischen Berufen. Zur Untermauerung seiner Ansicht, dies habe nichts mit Diskriminierung zu tun, sondern mit der Tatsache, dass Frauen in technischen Bereichen nicht arbeiten *wollten*, zitiert er Pinker: «Wie in Steven Pinkers Buch *Das unbeschriebene Blatt* dargelegt, gibt es fundierte wissenschaftliche Beweise dafür, dass Männer und Frauen vor allem aufgrund von angeborenen Faktoren dazu neigen, sich für unterschiedliche Dinge zu interessieren. Es ist die reine politische Korrektheit, zu unterstellen, dass dies bei der Frage, warum Männer und Frauen Berufe in unterschiedlichen Bereichen ergreifen, keine Rolle spielt.»[94] Ich zitiere aus diesem Brief, weil er illustriert, dass Pinker und «fundierte wissenschaftliche Beweise» dem Leserbriefschreiber hier als Gütesiegel dienen. Wie M in seiner Überzeugung, männliches Anrechtsbewusstsein und Dominanztrieb wären den Genen eingeschrieben, verweist der Leser der *New York Times* auf «angeborene Faktoren», die Frauen von technischen Berufen abhalten.

Was sind das für «fundierte wissenschaftliche Beweise»? Im Rahmen seiner Zusammenfassung von Geschlechtsunterschieden schreibt Pinker: «Schwankungen im Testosteronspiegel verschiedener Männer und im Testosteronspiegel eines Mannes zu verschiedenen Jahres- oder Tageszeiten korrelieren mit Libido, Selbstsicherheit und Dominanztrieb.»[95]

Gleich im Anschluss zitiert er den Journalisten Andrew Sullivan, der sich das Hormon aufgrund einer Absenkung seines Testosteronspiegels spritzen ließ und danach gestand: «Fast wäre ich zum ersten Mal in meinem Leben öffentlich in eine Schlägerei verwickelt worden.»[96] Da Androgene, zu denen das Hormon Testosteron gehört, die Maskulinisierung des Fötus in utero und die Herausbildung der sekundären Geschlechtsmerkmale während der Pubertät bewirken, und weil Männer bis zu zehnmal mehr Testosteron im Blut haben als Frauen, galt es lange als Kandidat zur Erklärung der männlichen Psyche.

Allgemein ist die Ansicht noch immer weit verbreitet, Testosteron sei die «Ursache» für männliche Aggressivität, es dient als Erklärung für Faustkämpfe, die Bildung krimineller Banden, die Ellbogenmentalität an der Wall Street und vieles mehr. Testosteron wird mit der Libido von Männern wie Frauen in Verbindung gebracht, und bei beiden Geschlechtern ist der Spiegel des Hormons veränderlich. Aber seine Bedeutung für die Psychologie des Menschen ist ungeklärt. Richard Lynn, ein emeritierter Psychologieprofessor der Universität Ulster, vertrat im Lauf seines Forscherlebens extreme Positionen hinsichtlich der Intelligenzunterschiede zwischen den Geschlechtern und Rassen. In wissenschaftlichen Kreisen wurde er scharf kritisiert und von der Fachzeitschrift *Nature* sogar abgestraft. Pinker hingegen behauptet nicht, Männer seien intelligenter als Frauen, und er vermeidet tunlichst, einen direkten Zusammenhang zwischen Testosteron und Aggressivität beim Mann herzustellen. Den lässt er sich von Sullivan attestieren. Was Belege angeht, kennt Lynn solche Skrupel nicht, doch seine Ansichten unterscheiden sich nicht wesentlich von denen der Evolutionspsychologie. An den Ideen ändert sich nicht viel, dafür aber an der Rhetorik. In einem provokanten Artikel in der *Daily Mail* erklärt Lynn, Männer hätten den Frauen gegenüber «einen natürlichen Vorteil». «Nehmen Sie brünstige Hirsche oder kämpfende Schimpansen als Beispiel, dann haben Sie ein Bild von der generellen Aggressionsbereitschaft. Aufgrund der hohen Konzentration des männlichen Sexualhormons Testosteron sind Männer sehr viel wettbewerbsorientierter und erfolgshungriger als Frauen.»[97]

Kastriert man männliche Ratten und Mäuse, dann verlieren sie ihre aggressiven Impulse. Sobald man das fehlende Testosteron erneut zuführt, gehen die Kämpfe wieder los. Ich schätze Versuche mit Mäusen und Ratten und deren mögliche Übertragung auf Menschen nicht gering. Wir teilen viele Merkmale mit unseren Säugetier-Verwandten, weshalb die bereits erwähnten epigenetischen Studien nicht nur für Ratten und Mäuse, sondern potenziell auch für uns Menschen bedeutsam sind. Östrogen spielt bei der Aggressivität von Mäusen ebenfalls eine Rolle. Bei genetisch veränderten männlichen Mäusen, denen das zur Umwandlung von Testosteron zu Östrogen nötige Enzym fehlt, legt sich das angriffslustige, dominante Verhalten. Hormone sind kompliziert. Das Interessante ist jedoch, dass trotz aller heroischer Anstrengungen und Hunderter Studien bislang kein wissenschaftlich eindeutiger Zusammenhang zwischen Testosteron und aggressivem Verhalten beim Menschen nachgewiesen werden konnte.

In einem Aufsatz aus dem Jahr 2010 fassen Scott H. Liening und Robert A. Josephs den Stand der Forschung zusammen: «Trotz zahlreicher Belege für einen Zusammenhang von Testosteron und Dominanztrieb sind die Forschungsergebnisse im Hinblick auf die Auswirkungen von Testosteron auf das menschliche Sozialverhalten ernüchternd uneinheitlich. Obwohl etliche Studien einen Zusammenhang zwischen Testosteron und Verhalten nahelegen, deuten viele andere auf nur geringe oder nicht nachweisbare Auswirkungen hin. Diese Null-Befunde betreffen Konkurrenzverhalten, nicht-körperliche sowie körperliche Akte der Aggression gleichermaßen.»[98] Hier eine Auswahl der Ergebnisse: In einer Studie wurde ein höherer Testosteronspiegel bei geschiedenen Männern festgestellt als bei solchen, die in einer stabilen ehelichen Gemeinschaft lebten. Eine andere Studie fand heraus, dass Anwältinnen einen höheren Spiegel als Lehrerinnen und Krankenschwestern aufweisen, und legt einen Zusammenhang zwischen Testosteron und dem höheren beruflichen Status nahe.[99] Einige Studien schlagen vor, die Erhöhung des Testosteronspiegels als Reaktion auf Herausforderungen und Konflikte zu bewerten, was hieße, dass der Anstieg nicht der Grund für Aggressivität, sondern möglicherweise ihre Folge ist. Manche Studien stellen diese Reaktion nur bei männlichen Probanden fest, andere bei beiden Geschlechtern, und zwar für Testosteron und Östrogen gleichermaßen: «Die Daten [...] stützen die These, dass Östrogen bei der Erzeugung von aggressivem Verhalten bei beiden Geschlechtern möglicherweise eine entscheidende Rolle spielt.»[100] Der Verfasser einer Auswertungsstudie zur Rolle von Hormonen während der Kindheit und Pubertät aus dem Jahr 2003 räumt ein, dass die Untersuchungen zum Zusammenhang von Hormonen und Aggressivität kein eindeutiges

Bild ergeben. Er kommt zu dem Schluss, Hormone könnten sowohl «als Ursache, als Folge oder sogar als Mediatorsubstanz» von Aggressivität fungieren.[101]

Christoph Eisenegger und Kollegen berichten in ihrem Artikel «Prejudice and Truth About the Effect of Testosterone on Human Bargaining Behavior» aus dem Jahr 2010, dass Testosteron ein faires, partnerschaftliches Verhalten in Verhandlungssituationen bei Frauen, denen es verabreicht wurde, *erhöhte*. In einer Vergleichsstudie wurde allerdings festgestellt, dass die Frauen eigennützig und raffgierig handelten, sobald ihnen vorher *mitgeteilt* wurde, dass sie Testosteron bekämen, auch wenn es sich um ein Placebo handelte.[102] Einer der Forscher, Michael Naefs, meint dazu: «Es scheint, als würde nicht das Testosteron selbst, sondern die Mythen, die sich um das Hormon ranken, Aggressivität erzeugen.»[103] Müssen wir aus dieser Einzelstudie nun den Schluss «Testosteron macht Menschen sympathisch und vernünftig»[104] ziehen, wie es eine Schlagzeile des *Telegraph* nahelegte? Statt unser Gehirn zu ewigem Glück neu zu verdrahten, sollten wir uns vielleicht eine Injektion Testosteron verpassen lassen?

Gäbe es einen direkten Zusammenhang zwischen Testosteron und aggressivem oder dominantem Verhalten, müsste eine Hormonschwemme die Intensivierung dieser beiden Eigenschaften bewirken. Der Fall eines vierjährigen Jungen mit einem Androgen produzierenden Tumor ist hier aufschlussreich. In seinem zarten Alter zeigte das Kind bereits Anzeichen der Pubertät wie Peniswachstum, Schambehaarung, Erektionen, Schwitzen, früh entwickeltes Interesse an älteren Mädchen und Bildern von nackten Frauen. Die Verfasser der Studie betonen, dass aber weder dominantes noch aggressives Verhalten beobachtet wurde. Im Gegenteil, der Junge wird als «ängstlich und verschlossen»[105] beschrieben. Wenn mir das widerführe, wäre ich wohl auch ängstlich und verschlossen.

Allan Mazur erforschte viele Jahre lang das Verhältnis von Hormonen zu Dominanztrieb und Aggression beim Menschen. Am Ende seines Berichts «Dominance, Violence and the Neurohormonal Nexus» verweist er auf zwei eigene, groß angelegte Studien. Die eine bezieht sich auf eine Gruppe von US-Veteranen und konstatiert einen erhöhten Testosteronspiegel bei denen, die vor ihrem Militärdienst vermutlich Teil einer «urbanen Kultur mit ausgeprägtem Ehrverletzungskodex» waren, im Vergleich zu denen, die das nicht waren. In einer anderen von ihm durchgeführten Großstudie ergeben sich keinerlei Anhaltspunkte für einen solchen Zusammenhang. Mazur resümiert: «Wie bei vielen anderen Fragestellungen zum Verhältnis von Verhalten und Neuroendokrinologie liegt auch hier kein klares Ergebnis vor.»[106]

Das alles bedeutet nicht, dass es keine komplexen Beziehungen zwischen den Hormonen Testosteron und Östrogen und einer Disposition zu Aggressivität, Dominanz oder auch kooperativem Verhalten beim Menschen gäbe oder dass Hormone bei psychologischen Unterschieden zwischen den Geschlechtern keine Rolle spielten. Eine viel beachtete Studie belegt einen Abfall des Testosteronspiegels bei Männern, sobald sie Väter wurden.[107] Vielleicht sinkt auch der von Müttern, allerdings habe ich dazu keine Untersuchung gefunden. Bei Frauen sinkt jedenfalls der Östrogenspiegel nach der Geburt und während der Stillzeit. Androgene wurden mit der sexuellen Funktionsfähigkeit von Frauen in Verbindung gebracht, doch der genaue Zusammenhang ist unklar. Was folgt nun aus alldem? Im Hinblick auf Testosteron und Verhalten sind Laborratten und Menschen nicht vergleichbar. Eine Eins-zu-eins-Korrespondenz zwischen einem einzelnen Hormon und aggressivem, dominantem oder auch kooperativem Verhalten scheint mir nicht erwiesen.

Die Dynamik des neuroendokrinen Systems beim Menschen wird im Grunde durch keine der Studien angemessen erfasst. Untersuchungen legen darüber hinaus nahe, dass Überzeugungen und Glaube sowie deren Rahmenbedingungen tiefgreifende Auswirkungen auf Körperzustände, Wahrnehmungen und Verhaltensweisen haben, was uns zurück zur grundlegenden Frage nach dem Verhältnis von Körper und Geist führt. Andrew Sullivan ist nicht der Einzige, der behauptet, er fühle sich nach einer Testosterongabe stark, hart, aufgeputscht und kampfbereit. Ich zweifle auch nicht an seiner Aufrichtigkeit. Dennoch gibt es kaum Belege, dass Testosteron der Grund für diesen Gefühlszustand ist. Eine Frau, die das Hormon nimmt, weil ihr Testosteronspiegel zu niedrig ist, erzählte mir, sie fühle sich seitdem nicht mehr so erschöpft. Vielleicht hat Sullivan den Energieschub einfach durch die Macho-Brille wahrgenommen? Die Frage bleibt jedoch: Wenn es nicht am Hormon liegt, woran dann?

Patienten erhalten seit Jahrhunderten moralischen Beistand von ihren Ärzten in Form von Pillen, Tinkturen und anderen Mittelchen, die von den Medizinern als wirkungslos erachtet werden. Der Placeboeffekt lässt sich als nützliche Nebenwirkung einer Nichtbehandlungs-Behandlung beschreiben. Manche Forscherinnen und Forscher betrachten diesen Effekt inzwischen nicht mehr als ärgerliche Begleiterscheinung, die die «echte» Wirkung eines Medikaments überlagert, sondern als wirkmächtige physiologische Tatsache, die dazu beitragen kann, Genesungsprozesse generell besser zu verstehen. Placeboantworten wurden mit der Freisetzung von endogenen Opioiden (Endorphinen) im Gehirn und auch mit weiteren, nichtopioiden Veränderungen, die reale therapeutische Wirkungen entfalten, in Zusammenhang gebracht. In Studien wurde die Aktivierung endogener Dopamine bei Parkinson-Patienten nach Placebogabe dokumentiert sowie Verbesserungen nach Scheinoperationen belegt.[108] Patienten, bei denen Knieoperationen durchgeführt wurden, erholten sich dabei nicht besser als solche, die scheinoperiert wurden. Man kann daraus auch die Schlussfolgerung ziehen, dass dieses spezielle Operationsverfahren am Knie vielleicht überprüft werden sollte. Eine interessante, aber nicht unumstrittene Studie von Kirsch und Sapirstein kommt zu dem Ergebnis, dass die eigentliche Wirkung von Antidepressiva nicht auf die arzneilich wirksamen Inhaltsstoffe des Medikaments zurückzuführen ist, sondern allein auf den Placeboeffekt.[109] Fabrizio Benedetti konnte 1996 belegen, dass die Freisetzung endogener Opioide im Gehirn nach Placebogabe durch Naloxon, einen Opioid-Antagonisten, blockiert und so die schmerzlindernde Wirkung verhindert wurde.[110] Zuckerpillen und andere Mittel ohne aktiv wirkende Substanzen können auch Übelkeit, Erbrechen, Kopfschmerzen und andere unangenehme «Neben»wirkungen hervorrufen, ein Phänomen, das man Noceboeffekt nennt. Die Frage ist: Wie funktioniert das alles, und was sagt es über das Körper-Geist-Dilemma und das Mensch-Umwelt-Problem aus?

In einem Fachartikel aus dem Jahr 2005 wird der Placeboeffekt von Benedetti und Kollegen als «psychosozialer Kontext, der den Patienten umgibt», definiert. Weiter schreiben sie, Scheinmedikamente würden exemplarisch belegen, «wie komplexe mentale Aktivitäten, etwa Erwartungshaltungen, mit unterschiedlichen neuronalen Systemen zusammenspielen».[111] Schauen wir uns die Formulierung genauer an. Erstens stellt sich die Frage, wie der «psychosoziale Kontext, der den Patienten *umgibt*», plötzlich *zum* Patienten *selbst* werden kann? Nichts Geringeres als diese Metamorphose steht hier zur Debatte. Auch ich benutze das Wort Kontext häufig in ähnlicher Weise wie die Autoren, als eine Art Umfeld, das auf innere Vorgänge wirkt, meine Kritik zielt also nicht auf gedankliche Nachlässigkeiten der Verfasser, sondern soll zeigen, wie schnell etwas, das sich zunächst einleuchtend anhört, bei genauerer Prüfung tatsächlich verschwimmt. Zweitens impliziert ein «Zusammenspiel», dass sich die psychischen «komplexen mentalen Aktivitäten» und die «neuronalen Systeme» klar voneinander unterscheiden und auf noch nicht näher bekannte Weise irgendwie aufeinandertreffen. Wie also kann der Gedanke oder die Erwartung, *Ich werde wieder gesund* bewusst oder unbewusst mit Nervenzellen «zusammenspielen»?

Der von den Verfassern gewählte Begriff des Zusammenspiels löst den Körper / Geist-Dualismus nicht auf. In einem anderen Artikel spricht Benedetti explizit von der Körper-Geist-Einheit. Was ist darunter zu verstehen? Bestärkt oder unterläuft diese Wortbildung die Trennung von Körper und Geist? Neuronale Abläufe im Gehirn besitzen eine materielle Grundlage, komplexe mentale Aktivitäten nicht – jedenfalls keine, von der wir wüssten, wo und wie sie zu fassen wäre oder wie sie mit der Hirnsubstanz zusammenspielt. Für sie ist in diesem Modell kein Platz. Tatsächlich stehen wir hier vor derselben Frage wie ehemals Descartes, Elisabeth von der Pfalz, Cavendish und viele andere: Lässt sich der geistige Stoff vom Körper-Stoff trennen, und wenn ja, wie können sie denn *zusammenspielen*? Was genau ist eine «komplexe mentale Aktivität», woraus besteht sie? Die Verfasser werden wohl kaum davon ausgehen, dass sie unstofflich ist und aus einer mysteriösen Geister- oder Seelenmasse besteht. Gehen sie davon aus, dass komplexe mentale Aktivitäten im Innern eines Menschen stattfinden, aber getrennt von den Neuronen im Gehirn? Beruht ihr Argument auf der Annahme, dass Gehirn und Geist tatsächlich voneinander zu trennen sind? Ich möchte die Frage von Margaret Cavendish wiederaufnehmen, die sie in ihren *Philosophical Letters* von 1664 stellt: «Gern wüsste ich, ich bitte sehr, wo sitzen sie, Ihre nicht stofflichen Ideen, an welchem Ort, in welchem Teil des Körpers?»[112] Angesichts dieser Frage würden Neurowissenschaftler, so vermute ich, die Antwort geben, die sie meistens geben müssen: Wir wissen nicht, wie psychologische Faktoren mit neurobiologischen Faktoren zusammenhängen. Dieses fehlende Bindeglied hat enorme Ausmaße. Jeder Verweis auf die «neuronalen Korrelate, Substrate oder Grundlagen» von Angst, Liebe, Erinnerung, Bewusstsein oder eines beliebigen anderen psychischen Zustands schließt dieses aufklaffende Wissensloch bei den Vorgängen zwischen Geist und Gehirn ein.

Ich versuche nicht, dieses Loch zu stopfen. Ich will nur auf die sogenannte «Erklärungslücke» zwischen Geist und Gehirn aufmerksam machen. Mit ihrer Beschreibung eines

Zusammenspiels zweier Ebenen sind Neurowissenschaftler wie Benedetti & Co. keine Ausnahmen. Sie sind die Regel. Das große Problem ist, dass die Lücke bleibt, selbst wenn das Hirn vollständig mit all den synaptischen Verbindungen, den einzelnen Neuronen und deren chemischen Eigenschaften irgendwann ganz wunderbar beschrieben werden kann. Ist es sinnvoll, die subjektiven Gedanken, Träume, Hoffnungen und Wünsche von Menschen als neuronale Prozesse zu beschreiben? Woher wissen wir, ob beides dasselbe ist? Kann man das je beweisen? Und nicht nur das: Wenn man Gedanken, Erwartungen, Persönlichkeit, Sehnsüchte und Suggestion als Stoffe, die auf Hirnfunktionen einwirken, beschreiben will – wie läuft das konkret ab? Als Dualist muss man dann erklären können, wie sich psychische Zustände auf Neuronen auswirken. Als Monist und Materialist wird einen diese Erklärung überhaupt nicht zufriedenstellen. Ist nicht das Hirn für all das zuständig? Lurija hält es für einen Irrtum, das Psychologische unmittelbar auf das Neurobiologische zurückzuführen. Eine gerade Verbindungslinie zu ziehen zwischen der Angst eines Menschen und der Amygdala, dem mandelförmigen Teil des Gehirns, der bei Angsterfahrungen eindeutig eine Rolle spielt, ist durch nichts begründet. Und selbst wenn es stimmte, die Lücke würde nicht verschwinden.

Wahrscheinlich unterliegen Menschen ständig der Wirkung von placebo-ähnlichen Effekten. Die Frauen, denen, wie sie glaubten, das immer wieder als «männlich» bezeichnete Hormon Testosteron gespritzt wurde, verwandelten sich in die Karikatur eines brutalen Machos, wie seinem eigenen Bekunden zufolge auch der normalerweise friedfertige Sullivan. Placebo- und Glaubenseffekte eröffnen Möglichkeiten, die Körper-Geist- und Nature / Nurture-Frage neu zu stellen. In der Neurobiologie versucht man, der Wirkung von Placebos durch Hirnscans auf die Spur zu kommen und sie in bestimmten Hirnregionen zu lokalisieren (etwa im anterioren cingulären Kortex). Doch die von Placebos aufgeworfenen unbequemen Fragen werden von den meisten Forschern umgangen, häufig indem sie die Trennung von Körper und Geist eben unterstellen, obwohl das im Hinblick auf ihre physiologischen Modelle wenig Sinn ergibt. Anne Harrington wird in der Einführung zu dem von ihr herausgegebenen interdisziplinären Sammelband zu Placebo deutlicher. Nachdem in den 1970er Jahren klarwurde, dass Erwartungshaltungen neurochemische Reaktionen im Gehirn auslösen können, fasst sie das Problem wie folgt zusammen: «Ein weiteres Phänomen im Zusammenhang mit Placebos, das es zu klären galt, war die Freisetzung von Endorphin [...] – und dabei hatten wir noch nicht einmal den Vorgang verstanden, wie jemandes Glaube an eine Scheinbehandlung Botschaften an seine oder ihre Hirnanhangdrüse sendet, um die körpereigenen Wirkstoffe freizusetzen.»[113] Genau das ist die Frage.

In dem von Harrington herausgegebenen Sammelband findet sich auch Robert Aders Beschreibung eines Experiments an Ratten, das er 1975 mit Kollegen durchgeführt hatte. Den Ratten wurde jedes Mal, wenn ihnen ein Wirkstoff gespritzt wurde, der ihr Immunsystem unterdrückte, sie krank machte und viele von ihnen tötete, auch gezuckertes Trinkwasser zugegeben. Als dann einem Teil der Ratten weiterhin das harmlose Wasser verabreicht wurde, sie aber keine Injektion mehr erhielten, wurden sie trotzdem krank, und viele von ihnen starben. Wieso? Bei den Tieren war anscheinend eine Art Pawlow'scher Noceboeffekt eingetreten. Die Kopplung von Zuckerwasser an das tödliche Medikament hatte eine konditionierte Antwort des Immunsystems erzeugt.[114] Sie schienen auf ihren Immunkollaps konditioniert worden zu sein. Die Studie zeigt, dass krankmachende Noceboeffekte nicht auf Menschen beschränkt sind. Soweit wir wissen, verfügen Ratten über keine bewussten, selbstreflexiven Formen des Denkens. Sie können sich nicht sagen: «Ich werde bestimmt krank», und werden dann krank. Sie erzählen sich nicht ständig ihr eigenes Leben. Ratten, die nicht dafür bekannt sind, dass sie die eigenen Handlungen reflektieren, kennen aber wohl eine Spielart des Nocebo-Phänomens.

Fälle von Scheinschwangerschaft wurden seit Hippokrates dokumentiert, und die körperlichen Veränderungen bei Frauen, die glauben, sie seien schwanger, sind keineswegs subjektiv, sondern objektiv nachweisbar. Bei manchen Leuten ist die Vorstellung, schwanger zu sein oder kurz vor der Entbindung zu stehen, wahnhaft, doch in solchen Fällen ist für alle im näheren Umfeld dieser Person ersichtlich, dass sie verrückt ist. Die Veränderungen, die von Scheinschwangerschaft (Pseudogravidität) hervorgerufen werden, sind keine Wahnideen: das allmähliche Anschwellen des Bauchs, das Ausbleiben der Periode, vergrößerte Brüste, häufig verbunden mit Sekretabsonderungen, Bewegungen des Fötus, die nicht nur von der Betroffenen, sondern auch von anderen, auch Ärzten, ertastet werden können, Übelkeit, Erweiterung der Gebärmutter und Veränderungen am Muttermund. Unstrittig ist, dass in diesen Fällen der Wunsch, schwanger zu werden, zu Veränderungen der neuroendokrinen und hormonellen Spiegel führt. Obgleich Scheinschwangerschaften in den Industrieländern heute selten vorkommen, sind sie in afrikanischen Ländern nichts Ungewöhnliches. Einer Schätzung zufolge trat im Sudan bei einer von 160 Frauen, die sich in einer Spezialklinik einer Fruchtbarkeitsbehandlung unterzogen, Scheinschwangerschaft auf. Einer der Gründe für das gehäufte Vorkommen, so wird gemeinhin angenommen, liegt darin, dass Fruchtbarkeit in diesen Ländern einen größeren gesellschaftlichen Stellenwert besitzt als in den Industrienationen.[115] Außerdem sind die in Europa und den USA routinemäßig durchgeführten Ultraschalluntersuchungen in Afrika weniger üblich.[116] Die Symptome der Scheingravidität verschwinden für gewöhnlich, sobald die Frauen den Nachweis in der Hand halten, dass sie nicht schwanger sind.

Trotz der vielen Studien, die die physiologischen Veränderungen belegten und vielfältige psychische und hormonelle Gründe dafür ins Feld führten, weisen die Fälle kein einheitliches neuroendokrines Profil auf, und eine Erklärung, wie es zu den Veränderungen kommt, steht noch aus. Eine Untersuchung aus dem Jahr 1982 an zwei Frauen vermutet eine Beeinträchtigung der dopaminergen Funktion als Ursache. Eine Hypothese, wie ein Wunsch sich in einem Menschen buchstäblich verkörpern und Auswirkungen auf hypothalamisch-hypophysäre Prozesse haben kann, liefern die Verfasser nicht.[117] Wie aber kann der *Inhalt* eines Wunsches – ich möchte schwanger werden – die physischen Anzeichen und Empfindungen einer Schwangerschaft erzeugen? Vereinzelt wurden Fälle von Scheinschwangerschaft auch bei Männern beobachtet, sie sind jedoch selten und oft Begleiterscheinung einer psychotischen Störung.

Ich habe einen nachweislichen Fall von männlicher Scheinschwangerschaft gefunden, bei dem der Mann nicht psychisch krank war.[118] Deirdre Barrett, der Verfasserin des 1988 erschienenen Fachartikels zufolge war besagter Mann mit der Bezeichnung «transsexuell» einverstanden. Er hatte sich immer als in einem Männerkörper gefangene Frau gefühlt, sich jedoch selten weiblich gekleidet, keine chirurgischen Veränderungen vornehmen lassen und auch nicht das Pronomen «sie» auf sich angewandt. Zur fraglichen Zeit trauerte er noch um seinen wenige Monate zuvor verstorbenen Partner und suchte wegen einer Hypnosebehandlung einen Arzt auf. Er wollte das Rauchen aufgeben. Während der Hypnosesitzung bat ihn der Arzt, sich vorzustellen, die Person zu sein, die er sein wollte, und so stellte er sich vor, schwanger zu sein. Diese Phantasie hatte er wohl schon lange, und auch wenn das im Bericht nicht steht, scheint mir sein Wunsch einer tieferen Traumlogik zu folgen.

Würde es eine eingebildete Schwangerschaft nach dem Tod des geliebten Partners nicht erlauben, den Verstorbenen in sich am Leben zu erhalten? Ist das nicht auch eine Metapher für seine Trauer? Kurz nach der Hypnotherapie fing der Bauch des Mannes an zu schwellen. Er litt unter Morgenübelkeit, bemerkte «wässrige Sekrete aus den Brustwarzen» und rhythmische Herztöne im Unterleib. Wegen des von ihm selbst als «Scheinschwangerschaft» identifizierten Zustands suchte er ärztlichen Rat. Barrett zufolge schwankte der Patient zwischen dem Wissen, dass er nicht schwanger war, und der Frage, ob er nicht tatsächlich einen Fötus in sich trug. Er wollte alles über einen scheinbar echten Fall von männlicher Schwangerschaft in Frankreich wissen und sprach von Experimenten an männlichen Mäusen, die trächtig werden sollten. Wunsch und Hypnose haben zusammen offenbar zu dieser Scheinschwangerschaft geführt.

Weitaus häufiger kommt bei Männern das Couvade-Syndrom vor: Einige der mit der Schwangerschaft einhergehenden Symptome der Frau – Übelkeit, Gelüste, Krämpfe, Blähungen, Reizbarkeit – werden auch vom werdenden Vater entwickelt als mitfühlende (oder neiderfüllte) Reaktion auf die physischen Veränderungen der Partnerin, die er mit seinem Körper nachahmt – eine rätselhafte Form der Übertragung von einem Körper auf einen anderen. In manchen Kulturen ist die männliche Anteilnahme an der Schwangerschaft ritualisiert, und unter den Männern, die diese Rituale ausführen, kommt es bisweilen zu äußeren Anzeichen für Fötenwachstum. Auch bei Tieren gibt es Scheinschwangerschaften. Nicht selten bei Katzen, wurde dies bisweilen mit dem Verlust des Wurfs in Verbindung gebracht. Kann man die Wünsche und Verlustgefühle einer Katze ermessen? Ist Scheingravidität eine Form der körperlichen Konditionierung für Schwangerschaft, die beim Menschen auch Vorstellungskraft oder geistige Bilder einschließt? Man weiß noch zu wenig über das endokrine System, durch das Hormone in den Blutkreislauf gelangen. Für sichere Behauptungen über das Verhältnis eines einzelnen Hormons zur komplexen menschlichen Psychologie ist es wohl zu früh. Da Hormonspiegel und körpereigene Opioide darüber hinaus auch von kulturellen Faktoren und persönlichen Überzeugungen und Wünschen beeinflusst werden, sollte, wer darüber nachdenkt, vorsichtig mit der Frage umgehen, was man unter «Biologie» versteht.

Wie können verbale Suggestion oder innerste Wünsche zu unerklärlichen Veränderungen im Körper eines Menschen führen? Seit Franz Anton Mesmer die medizinische Fachwelt im Europa des 18. Jahrhunderts mit spektakulären Demonstrationen von animalischem Magnetismus schockierte, ist die Beziehung zwischen Wissenschaft und hypnotischer Suggestion eher getrübt. Eine kurze Aufwertung erfuhr sie durch den großen französischen Neurologen Jean-Martin Charcot, der Hypnose als Technik nutzte, um das Wesen der Hysterie zu veranschaulichen. Charcot glaubte zu Unrecht, nur Hysteriker ließen sich hypnotisieren. Die Wirkmächtigkeit der Suggestion wurde allerdings als allgemeine Tatsache der menschlichen Biologie betrachtet und von Charcots jüngerem Kollegen, dem Neurologen und Philosophen Pierre Janet, von Sigmund Freud und auch von Josef Breuer erforscht, die alle mit hysterischen Patienten arbeiteten.

Am Ende seiner Laufbahn schrieb Charcot: «Wir wissen nun zweifelsfrei, dass eine Lähmung unter bestimmten Umständen durch eine Vorstellung verursacht werden kann, und auch dass eine Vorstellung sie wieder zum Verschwinden bringen kann.»[119] Dieser These zufolge entstanden hysterische Symptome durch Autosuggestion, die im Patienten Wirkungen entfaltete. Janet behauptete, «Vorstellungen» könnten neurobiologische Prozesse durch eine Art Ausknipsen oder Abspalten bestimmter Bereiche im Gehirn verändern – eine Entfremdung zwischen den Systemen. Janet und Freud beschäftigten sich mit der spezifischen emotionalen Vorgeschichte ihrer Patienten und gingen der Frage nach, inwiefern

Vorstellungen, die mit traumatischen Erlebnissen verknüpft sind, Suggestionen erzeugen, die sich dann in Symptome verwandeln. Janet ist vielleicht nicht allen ein Begriff, aber seine Schriften zur Dissoziation sind klug und differenziert und werden in wissenschaftlichen Kreisen, die sich mit Konversionshysterie oder Konversionsstörungen befassen, inzwischen wieder gelesen.[120]

Im Gegensatz zu Scheinschwangerschaften sind Konversionsstörungen weit verbreitet. Es gibt kaum Neurologen oder Psychiater, die nicht zahlreiche Patienten hätten, welche unter einem der vielen unerklärlichen hysterischen Symptome litten – Erblinden, Ertauben, Lähmungserscheinungen, Kontrakturen und Krampfanfälle. Nachdem das Interesse an Hysterie in der Öffentlichkeit und in Fachkreisen im ausgehenden 19. und frühen 20. Jahrhundert rasant gestiegen war, wurde das Thema später zum Klotz am Bein der Medizin. Das Interesse ebbte ab, doch die Patienten wurden nicht weniger. Viele sind, so es sich nicht um Kriegsveteranen handelt, Frauen. Und Leiden, die Frauen eher als Männer betreffen, wurden und werden von weiten Teilen des medizinischen Establishments mit einer Mischung aus Herablassung und Verachtung behandelt.

In jüngster Zeit haben Hirnscans zu einem neuerlichen Interesse an hysterischen Erkrankungen geführt, weil funktionale MRT- oder PET-Scans die Möglichkeit eröffnen, zwischen vorgetäuschten und hysterisch bedingten Lähmungserscheinungen zu unterscheiden. Sie sehen nämlich nicht gleich aus. Eine Konversionslähmung sieht hingegen aus wie eine Lähmung, die unter Hypnose mittels *Suggestion* hervorgerufen wurde.[121] Das scheint Charcot und Janet nachträglich

Recht zu geben. Hysterie ist vermutlich eine durch Suggestion verursachte Symptomatik, wobei die Suggestion nicht bewusst ablaufen muss. Bei Menschen mit hysterischen Konversionsanfällen ist der rechte temporo-parietale Übergang hypoaktiv (weniger aktiv) im Vergleich zu denen, die den Tremor vortäuschen.[122] Es handelt sich um dieselbe Region, die unser Journalisten-Ass in der *Daily Mail* als «moralischen Kompass» bezeichnet hat. Der Konversionspatient ist *tatsächlich* gelähmt. Seine Lähmung unterscheidet sich aber von der einer Patientin mit einer Schädigung der Wirbelsäule, die ihre Beine nicht mehr bewegen kann. Hysterie wirft dieselben philosophischen Fragen auf wie der Noceboeffekt oder Scheinschwangerschaften: Wie können Vorstellungen, Überzeugungen, Wünsche und Ängste den Körper verändern? Steht der Geist über der Materie? Haben wir es hier mit einem Zusammenspiel von psychologischen und physiologischen Faktoren zu tun? Wenn man die Tatsache akzeptiert, dass Vorstellungen Körper verändern können, was hat das dann im Hinblick auf das Körper-Geist-Problem zu bedeuten?

Vor ähnliche Rätsel stellen uns Fälle von dissoziativer Identitätsstörung (DIS), die man früher Multiple Persönlichkeitsstörung nannte, eine Krankheit, die ebenfalls unter den weiten Begriff der Hysterie fällt und Ende des 19. und Anfang des 20. Jahrhunderts intensiv erforscht wurde. Sie ist fast immer mit einem Trauma aus der Kindheit verbunden, und die Betroffenen scheinen dabei mehr als eine Persona zu brauchen, um sich an eine als unerträglich erlebte Realität zu adaptieren. Dass sich diese Erkrankung in den 1980er Jahren wie eine Epidemie ausbreitete, gilt vielen als Beweis dafür, dass die Krankheit «fingiert», «fabriziert» oder «nicht echt» ist. Zweifellos war bei der hohen Ansteckungsrate von multipler Persönlichkeit damals auch Betrug im Spiel, aber die interessantere Frage ist doch, ob traumatisierte Menschen anfälliger für bestimmte Formen der Suggestion sind. Untersuchungen zeigen, dass es bei Patienten mit einer dissoziativen Persönlichkeitsstörung physiologische Unterschiede zwischen der einen und der anderen Persönlichkeit gibt. Das umfasst neben allergischen Überempfindlichkeiten – eine Persona leidet an Heuschnupfen, die andere nicht – auch Unterschiede bei endokrinen Prozessen, bei Erregungszuständen der Haut, bei Farbwahrnehmungen und unterschiedliche Reaktionen auf ein und dasselbe Medikament.[123] Wie ist das einzuordnen im Hinblick auf Körper und Geist – oder in diesem Fall mehrere Geister in einem Körper?

Jeder Mensch hat unterschiedliche Seinsformen – ein soziales Ich, ein Familien-Ich, ein privates Ich –, und doch klammern wir uns im Westen an die Vorstellung einer einzigen, einheitlichen Persönlichkeit. Ich frage mich, ob ein Schauspieler, der sich in eine fremde Figur hineinversetzt, ähnliche physiologische Veränderungen erfährt? Und was ist mit der Schriftstellerin, die fünf Jahre lang an einem Roman in der ersten Person über eine Figur schreibt, die vollkommen anders ist als sie selbst? Hat das imaginäre Hineinschlüpfen in eine Rolle oder Romanfigur messbare Auswirkungen auf ihre Physiologie? Soweit mir bekannt, existieren hierzu keine Untersuchungen, vermutlich lassen die bestehenden theoretischen Rahmen nicht zu, diese Fragen zu stellen, und wenn eine Frage nicht gestellt wird, kann ihr auch nicht nachgegangen werden.

Eine Untersuchung aus dem Jahr 2007 beschreibt den Fall einer traumatisierten DIS-Patientin, die an kortikaler Blindheit litt. Nachdem sie fünfzehn Jahre lang nicht sehen konnte, erlangte sie im Laufe einer Psychotherapie allmählich ihr Sehvermögen zurück. «Zunächst», schreiben die Verfasser, «kehrte das Sehvermögen nur bei manchen Persönlichkeitszuständen wieder, während andere blind blieben. Dies ließ sich anhand von elektrophysiologischen Messungen belegen, die bei blinden Persönlichkeitszuständen keine visuell evozierten Potenziale (VEP) anzeigten, bei sehenden Zuständen jedoch normal und kontinuierlich nachweisbar waren.»[124] In ihrem Aufsatz «The Neural Basis of the Dynamic Unconscious» kommentiert Heather Berlin den Artikel: «Der Fall zeigt, dass das Gehirn als Reaktion auf eine veränderte Persönlichkeit in der Lage ist, eine frühere visuelle Verarbeitung auf der kortikalen Ebene zu unterbinden.»[125] Vielleicht ist das Gehirn tatsächlich dazu in der Lage, aber auch hier stellt sich die Frage, wodurch diese Persönlichkeitsveränderungen überhaupt hervorgerufen werden? Wie *reagiert* das Gehirn auf solche Veränderungen, und setzte das, so formuliert, nicht auch voraus, dass Gehirn und Persönlichkeit verschiedenartig sind? Wo lokalisieren wir Persönlichkeit?

David Morris, der sich intensiv mit Placeboeffekten befasst hat, schlägt vor, «Menschen und komplexe menschliche Erfahrungen wie Gesundheit und Krankheit als Konstrukte zu betrachten, die sich am Kreuzungspunkt von Kultur und Biologie herausbilden».[126] Mit dem Wort «Kreuzungspunkt» wird hier versucht, ähnlich wie durch die Begriffe «Zusammenspiel» und «Interaktion», zusammenzubringen, was sonst getrennt betrachtet wird: der biologische Mensch aus

Fleisch und Blut und die Kultur mit all ihren Vorstellungen, die außerhalb von ihm existieren. Doch das philosophische Problem lässt sich auch nicht durch Morris' Kreuzungspunkt lösen. Wie funktioniert das Kreuzen? Kultur und Biologie zu verschmelzen, ist auch keine Lösung. Die Frage bleibt, wann und wie aus Kultur Biologie wird. Radikal zugespitzt lautet sie: Inwiefern können biologische Tatsachen kulturell bedingt sein? Oder vielleicht besser: Wie verkörpern sich Vorstellungen? Hysterie, Dissoziationsstörung, Scheinschwangerschaft, Placebo- und Noceboeffekte sind deshalb so faszinierend, weil sie uns zwingen, mit nicht bloß einer, sondern einer ganzen Reihe althergebrachter Ideen aufzuräumen – die Schubladen, in die Wissenschaftler und Wissenschaftlerinnen aller Bereiche ihre Erkenntnisse stopfen und zu Gott beten, ihr Inhalt möge stillhalten und sie nicht eines Nachts anspringen.

EIN MOMENT FÜR FROSCHOPFER UND ARISTOTELES' BIOLOGIE

Fast alle, die zu meiner Zeit auf eine US-amerikanische Highschool gingen, sezierten im Biologieunterricht irgendwann einen Frosch. Niemand scherte sich um die Gedanken des Frosches oder darum, ob die Kreatur zu Lebzeiten überhaupt welche hatte, auch sein einstiger Lebensraum spielte beim Sezieren keine Rolle. Sein biologischer Körper beschränkte sich auf das, was die Schüler mit dem vor ihnen auf dem Tisch liegenden, frisch verendeten Tierkadaver und seinen Einzelteilen, von denen er nicht wenige mit dem Menschen gemein hat, anfingen. Der Begriff «Biologie» kam erst im 18. Jahrhundert in Umlauf, doch die systematische Erforschung von Lebewesen ist viel älter. Was fehlte dem toten Frosch, was der lebende hatte? Was zeichnet Leben aus? Woher wusste ich, dass der Frosch tot war? Was ist die Grundlage des Lebendigen? Die Froschleiche war tote Materie. Es ist keineswegs verwunderlich, dass man seit Tausenden von Jahren nach einer Erklärung des Prinzips sucht, das den Kadaver mit den langen Beinen einmal beseelte.

Das Wort «Seele» wird auf vielerlei Weise verwendet. Platons dreigeteilte Seele enthält einen vernünftig denkenden, einen begehrenden und einen tatkräftigen Teil (für den sich im Englischen der Begriff «spirit», im Deutschen der Begriff «muthaft» durchgesetzt hat), wobei die Vernunft die beiden anderen im Zaum halten soll. Platons Seele ist unsterblich, sie geht dem individuellen Leben voraus und führt durch Reinkarnation darüber hinaus. Im Christentum ist die Seele immateriell, etliche theologische Debatten kreisen jedoch um die Frage, wie genau das geht. Seele wird zudem zur Beschreibung von Belebtheit, Geist oder Lebendigsein im Allgemeinen verwendet. In Cavendishs Weltbild scheinen Leben und Seele austauschbar zu sein, sie durchdringen alle Materie. «Kein Geschöpf und kein Teil der Natur ist ohne Leben und Seele, und nicht allein Tiere, auch Pflanzen, Mineralien, die Elemente und dergleichen mehr von der Natur Geschaffenes, sind mit diesem Leben, dieser Seele bekleidet, mit Sinn und Vernunft: denn Leben und Seele sind aus körperlichem Stoff.»[127] Cavendish zeigt sich erstaunlich egalitär bei ihrer Verteilung der Seele. In einem Handstreich fegt sie die philosophische Rangordnung von Mensch über Tier, von Vernunft über Begehren und Leidenschaften hinweg.

Die Abhandlung *Von der Zeugung der Tiere* könnte man als Aristoteles' Biologie beschreiben. Scharfsichtig und detailliert beschreibt er darin Pflanzen, Tiere und Menschen, weil er dem Leben an sich auf die Spur kommen will. Wie entsteht es? Seiner Auffassung nach besitzt alles Lebendige – Pflanze, Tier und Mensch – eine Seele. Pflanzen haben eine rein vegetative oder nährende Seele, Tiere besitzen neben der vegetativen noch eine sensitive Seele. Letztere lässt auch sie Begierden und Gefühle entwickeln. Dem Menschen ist neben diesen beiden Seelen noch eine vernunftbegabte Seele eigen. In der Rangordnung steht die vernünftige Seele an der Spitze. Aristoteles unterscheidet zudem grundlegend zwischen Form und Materie, die zwar nicht voneinander zu trennen sind, von denen jede aber ihren eigenen Beitrag zum Leben der Pflanzen, Tiere oder Menschen leistet. Aristoteles' «Embryologie» ist komplex, und obwohl manche behaupten, für ihn sei Samenflüssigkeit etwas Immaterielles, entspricht das nicht meiner Lesart.[128] Gleichwohl wird für einen lebendigen Organismus Form wie Materie benötigt. Ohne Form ist die Materie inert.

Über Aristoteles' Rollenverständnis von Mann und Frau bei der Fortpflanzung wurde viel geschrieben, aber es ist klar, dass beide Geschlechter daran beteiligt sind. Zahlreiche feministische Wissenschaftlerinnen merken an, dass der Gegensatz von Form und Materie auch Auswirkungen auf sein Frauenbild hatte. Andere verteidigen Aristoteles energisch.[129] In *Von der Zeugung der Tiere* werden Form und Materie als verschiedene Prinzipien eingeführt, die jeweils mit einem Geschlecht identifiziert werden.

> Besser ist die Seele als der Leib und das Beseelte als das Unbeseelte, eben wegen der Seele, und das Sein als das Nichtsein, das Lebendige als das Tote. [...] und da hierfür die Grundlagen das Weibliche und das Männliche bilden, so ist also die Zeugung der Zweck des Unterschiedes von Männlich und Weiblich in den Dingen. Da nun die erste Quelle der Bewegung in ihrem Wesen immer höher steht und göttlicher

> ist, die den Begriff und die Gestalt des Stoffes in sich befasst, und da es sich empfiehlt, das Höhere von dem Geringeren zu trennen, deswegen ist überall, wo und wie weit es möglich ist, vom Weiblichen das Männliche getrennt. Denn ranghöher und göttlicher ist der Bewegungsursprung, der als männlich in allem Werdenden liegt, während der Stoff das Weibliche ist. Um nun die Aufgabe der Zeugung zu bewältigen, kommt das Männchen mit dem Weibchen zusammen und verbindet sich mit ihm, denn diese Aufgabe liegt beiden gemeinsam ob.[130]

An späterer Stelle verknüpft er die Seele ausdrücklich mit dem männlichen Prinzip, den Körper mit dem weiblichen: «Und nur der Körper stammt vom Weibchen, die Seele vom Männchen. Diese ist das Wesen eines bestimmten Leibes.»[131] Die Unterscheidung zwischen Form und Materie hat bis heute Auswirkungen auf das westliche Denken. Als die antike Philosophie und besonders Aristoteles im 12. Jahrhundert durch islamische Gelehrte wie Avicenna und Averroës, die ihn ins Arabische und dann aus dem Arabischen ins Lateinische übersetzten, im Westen wiederentdeckt wurden, hauchte man auch diesen uralten Ideen neues Leben ein. Aristoteles sagt nicht, dass weibliche Wesen keine Seele hätten oder dass nicht alle Geschöpfe Form und Materie zugleich wären. Er sagt aber, das männliche Prinzip von Gestalt, Form und Seele sei dem weiblichen Prinzip von Stofflichkeit und Körper übergeordnet, und diese starre Trennung und die damit verbundenen Vorstellungen hallen seit Jahrhunderten nach und wollen nicht verklingen.

FRAUEN KÖNNEN KEINE PHYSIK

Die selbstgewissen Behauptungen über psychologische Unterschiede zwischen Männern und Frauen machen Frauen unweigerlich zum stofflicheren, biologischeren und intellektuell benachteiligteren Geschlecht. Jedes Mal, wenn ich auf eine Gewissheit stoße, was Frauen von Natur aus nicht schaffen können, muss ich daran denken, wie oft die Unterlegenheit der Frau in der Vergangenheit schon postuliert wurde und wie unterschiedlich die jeweilige Ausgestaltung der beklagenswerten weiblichen Defizite durch die Verfechter der These ausfiel.

Der historische Gedächtnisschwund, der die aktuellen Debatten über die Untauglichkeit von Frauen für Mathematik und Physik kennzeichnet, ist beträchtlich. Seit Jahrhunderten gelten Frauen ihrer Natur oder Biologie nach als für allerlei geistige Aufgaben ungeeignet, obwohl sich die Bereiche, die wir angeblich nicht bewältigen können, je nach Epoche sehr unterscheiden. Im 17. und 18. Jahrhundert wurden Mathematik und Astronomie durchaus als geeignete weibliche Betätigungsfelder angesehen. Eine englische Zeitschrift mit dem Titel *The Ladies' Diary* (die zwischen 1704 und 1841 erschien) widmete sich der Unterweisung von Frauen in «Schreiben, Arithmetik, Geometrie, Trigonometrie; der Sphärenlehre, Astronomie, Algebra und den dazugehörenden Prüfverfahren, Messungen, Skalierungen, Navigationen und jedem sonstigen mathematischen Wissen».[132] Die *Diary* war sehr erfolgreich, und einer der ersten Herausgeber, Henry Beighton, lobte die Frauen für «ihren hellwachen Geist, das forschende Talent» und die «Kraft des Urteils», mit der sie schwierige mathematische Probleme mit einem den Männern ebenbürtigen Scharfsinn lösten.[133]

Die renommiertesten Wissenschaftlerinnen jener Zeit waren, darauf verweist Londa Schiebinger, «Mathematikerinnen oder in mathematisch ausgerichteten Bereichen wie der Physik oder Astronomie tätig».[134] Namentlich führt sie die Astronominnen Maria Winckelmann, Maria Eimmart, Maria Cunitz und Nicole Lepaute, die Mathematikerinnen Maria Agnesi und Sophie Germain sowie die Physikerinnen Laura Bassi und Émilie du Châtelet auf. Auch wenn diese Ära vorüber ist, gab es also eine Zeit, als Mathematik, Physik und Astronomie keineswegs als unweibliche Domänen galten und Frauen entsprechend eifrig nach Bildung strebten. Einige leisteten gar Herausragendes für die Entwicklung ihrer Fachgebiete. Umso ernüchternder ist die Einsicht, dass bis weit ins 20. Jahrhundert nur wenige Frauen einen juristischen oder medizinischen Beruf ausüben durften. Als ich klein war, gab es in meiner Heimatstadt Northfield in Minnesota keine einzige Rechtsanwältin oder Ärztin. Inzwischen gibt es dort viele.

In den vergangenen Jahrhunderten suchten Wissenschaftler sehr ernsthaft nach Beweisen für die Unterlegenheit von Frauen. Paul Broca, dessen Name nun dem linken Gyrus frontalis inferior anhaftet, dem bereits erwähnten und von Hughlings Jackson bestrittenen Sprachareal im Gehirn, und dessen Errungenschaften in jedem Lehrbuch der Neurologie und ihrer Geschichte aufgeführt werden und werden müssen, betrieb einigen Aufwand für die Vermessung weiblicher Gehirne und Schädel. Das Gehirn von Frauen ist kleiner als das von Männern, und die Diskussionen über die Gründe hierfür setzen sich bis in die Gegenwart fort. Zwar ist nicht jedes einzelne weibliche Hirn kleiner als das eines beliebigen Mannes, aber im Großen und Ganzen stimmt der Befund. Viele sind der Meinung, das liege einfach daran, dass Frauen im Durchschnitt kleiner sind als Männer. Aus seinen Untersuchungen zog Broca den Schluss:

> Wir könnten fragen, ob die geringe Größe des weiblichen Gehirns ausschließlich vom kleineren Körperbau der Frauen herrührt. Tiedermann hat dies als Erklärung vorgeschlagen. Aber wir dürfen nicht vergessen, dass Frauen im Durchschnitt etwas weniger intelligent sind als Männer, ein Unterschied, den wir nicht übertreiben wollen, der aber nichtsdestoweniger konkret vorhanden ist. Wir dürfen mithin unterstellen, dass die relativ kleine Größe des weiblichen Gehirns zu einem Teil von der körperlichen Unterlegenheit der Frauen abhängig ist und zum anderen Teil von ihrer geistigen Unterlegenheit.[135]

In seinem Essay «Das weibliche Gehirn» nimmt Stephen Jay Gould in einer Klammer Bezug auf Brocas Arbeit: «Ich habe größten Respekt vor Brocas überaus genauer Methodik. Seine

Zahlen gelten als gesichert. Doch die Wissenschaft beruht auf Schlussfolgerungen und ist nicht einfach ein Katalog von Fakten. Zahlen allein erklären gar nichts. Alles hängt davon ab, was man aus ihnen macht.»[136] Das ist der springende Punkt. Daten sind das eine. Daten interpretieren das andere.

«Der Umstand», schreibt Pinker in *Das unbeschriebene Blatt*, «dass viele Geschlechtsunterschiede *in der Biologie verwurzelt* sind, bedeutet natürlich noch lange nicht, dass ein Geschlecht dem anderen überlegen ist, dass sich die Unterschiede bei allen Menschen unter allen Umständen zeigen, dass die Diskriminierung des Menschen auf Grund seines Geschlechtes gerechtfertigt ist oder dass Menschen dazu gezwungen werden dürfen, Dinge zu tun, die für ihr Geschlecht typisch sind. Ebenso wenig sind diese Unterschiede allerdings folgenlos.»[137] Pinker schlägt wohlweislich moderate Töne an. Nur weil sich Männer und Frauen auf psychologischer Ebene unterscheiden, bedeutet das nicht, dass ein Geschlecht besser oder schlechter dasteht. Edward H. Clarke, auch ein Harvard-Professor, dessen Ansichten Breitenwirkung entfalteten, schrieb 1872 ein Buch mit dem flotten Titel *Sex in Education: A Fair Chance for Girls*, in dem auch er versicherte, dass *kein* Geschlecht dem anderen *überlegen sei*: «Weder gibt es Unterlegenheit noch Überlegenheit in dieser Sache. Der Mann ist der Frau nicht übergeordnet, und die Frau nicht dem Manne. Das Verhältnis zwischen den Geschlechtern ist eins der Ebenbürtigkeit, nicht besser, nicht schlechter, weder höhergestellt noch niedriger», schreibt er. «Das soll nicht heißen, die Geschlechter seien gleich. Sie sind unterschiedlich, höchst unterschiedlich sogar.»[138] Die Vorstellung, dass Frauen den Männern intellektuell unterlegen wären, propagierte Clarke nicht.

Im Grunde war er davon überzeugt, dass Frauen nicht nur geisteswissenschaftliche Fächer, sondern auch die Mathematik, selbst die höhere, genauso beherrschten wie ihre männlichen Pendants. Dennoch behauptete Clarke, gestützt auf die Evolutionsbiologie und seine medizinische Expertise, dass Mädchen, die anstrengende intellektuelle Aufgaben stemmten, unter geschrumpften Gebärmüttern, zunehmender Vermännlichung, Unfruchtbarkeit, Nervenschmerzen, Hysterie und Geistesstörungen litten. Manche, so beharrte er, seien sogar an diesen Anstrengungen gestorben. Der Mediziner unterlegte diese Behauptung mit einschlägigen wissenschaftlichen Studien. Clarkes Buch löste, wie die Bemerkungen von Larry Summers, eine heftige Kontroverse aus. Zu Clarkes Zeiten, als Frauen Zugang zu den Universitäten forderten, lautete die Frage: Sind Frauen aus *biologischen* Gründen nicht für die höhere Bildung geschaffen? Angesichts der wenigen Frauen in Mathematik und Physik lautet sie heute: Sind Frauen aus *biologischen* Gründen nicht für Naturwissenschaft und Technik geschaffen?

Etwas mehr als hundert Jahre später klingt Clarkes Echo in Donald Symons Buch *The Evolution of Human Sexuality* (1979) nach, während er Pinker vorwegnimmt: «Im Hinblick auf die menschliche Sexualität haben wir es mit einer weiblichen und einer männlichen Spielart der menschlichen Natur zu tun, und beide sind ungeheuer verschieden.» Auch er beeilt sich, hinzuzufügen, das heiße keineswegs, dass «ein Unterschied zwischen männlichen und weiblichen Menschen auf die Unterordnung oder Unvollkommenheit eines Geschlechts hindeutet.»[139] Ich frage mich, an welches der beiden Geschlechter Symons bei der Verwendung der Wörter «Unterordnung» und «Unvollkommenheit» wohl gedacht hat. Vieles ändert sich und bleibt sich doch gleich. Clarkes Behauptungen erscheinen uns heute hanebüchen; seiner Theorie zufolge hätte ich, bei den vielen Büchern, die ich damals verschlang, kurz nach Einsetzen der Menstruation unfruchtbar werden müssen. Pinkers Ansichten jedoch gehen bis heute oft unkommentiert durch die Medien. Seine Behauptung, «Der Umstand, dass mehr Männer als Frauen eine ungewöhnliche Begabung für mathematisches Denken und die mentale Manipulation von dreidimensionalen Objekten haben, dürfte der Grund dafür sein, dass das Geschlechterverhältnis von fünfzig zu fünfzig in einigen Bereichen verfehlt wird: bei Ingenieuren, Physikern, organischen Chemikern und unter den Professoren einiger mathematischer Disziplinen»[140], fand beispielsweise *keine Beachtung* in den unzähligen Rezensionen von *Das unbeschriebene Blatt*, die ich gelesen habe, obwohl nicht wenige dem Buch kritisch gegenüberstanden. Erst als Larry Summers Pinkers Auffassung über Geschlechtsunterschiede und Naturwissenschaft aufgriff, fiel es den US-Medien auf.

Medienstürme ziehen herauf und vergehen, im Fall von Edward Clarke, von Larry Summers und von wem auch immer, der da noch kommt und die politische Temperaturkurve ansteigen lässt. Außerhalb der Vereinigten Staaten wurden diese Stürme nur von wenigen Menschen registriert. Sie hatten bestimmt ihre eigenen Aufreger. Es geht aber darum, dass starre Konzepte von Biologie und Natur in Verbindung mit bestimmten Spielarten der Evolutionstheorie seit langer Zeit vermeintliche Wahrheiten über psychologische Geschlechtsunterschiede befördern. Zudem hängt die Antwort auf das Problem der Geschlechtsunterschiede stets von den jeweiligen Wahrnehmungsrahmen und -paradigmen ab, die das Ergebnis zwangsläufig in die eine oder andere Richtung drehen. Die Wissenschaftler, die Clarke zitiert, müssen immerhin *Zusammenhänge* zwischen geschrumpften Gebärmüttern, Geistesstörungen, Unfruchtbarkeit und hochgebildeten Frauen festgestellt haben. Es ist schwer vorstellbar, dass jede Studie, die Clarke heranzog, ausgemachter Schwindel war. Daten müssen interpretiert werden. In der Wissenschaft müssen Schlüsse gezogen werden, und manche Interpretationen und Schlussfolgerungen sind eben subtiler und klüger als andere, wie jeder Mensch weiß, der viel Zeit mit dem Lesen von Fachartikeln verbringt. Wie subtil die Deutung ausfällt, hängt zudem von vielen Faktoren ab, unter anderem von der Bildung der interpretierenden Person, ihren Vorlieben und Gefühlen.

Janet Shibley Hyde veröffentlichte 2005 in der Zeitschrift *American Psychologist* unter dem Titel «The Gender Similarities Hypothesis» einen Forschungsbericht über sechsundvierzig Metaanalysen von Untersuchungen zu Geschlechtsunterschieden seit den 1980er Jahren.[141] Metaanalyse ist ein statistisches Verfahren, um Daten aus vielen Studien zu einem bestimmten Thema zusammenzufassen und ein gemeinsames Ergebnis auszuweisen. Hyde stellte fest, dass sich die Kategorie Geschlecht bis auf wenige Ausnahmen nicht oder nur in sehr geringem Maß auf psychische Eigenschaften auswirkt. Sie fand auch heraus, dass sich selbst statistisch signifikante Unterschiede wie Aggressivität (ausgeprägter bei Männern) bei genauer Betrachtung der Kontexte auflösten. In einer Studie, in der es unter anderem um das Abwerfen von Bomben während eines interaktiven Videospiels ging, zeigte sich Folgendes: Wenn männliche Testpersonen wussten, sie wurden beobachtet, warfen sie deutlich mehr Bomben ab als Frauen. Frauen warfen *mehr* Bomben als Männer, wenn sie sich *unbeobachtet* glaubten. Ist das ein stichhaltiger Beweis dafür, dass Männer und Frauen gleich aggressiv sind? Nein, aber es verwischt das Problem.

Mit etwas Phantasie könnte man auch behaupten, dass die Frauen, sobald sie sich unbeobachtet fühlten, ihren im Namen der Weiblichkeit ständig unterdrückten feindseligen Impulsen freien Lauf ließen und sich ein bisschen Bomben-Spaß gönnten. Hyde führt weitere Untersuchungen an, bei denen sich Studentinnen und Studenten, die mathematisch denselben Wissensstand hatten, einem Test unterzogen. Bei der einen Versuchsanordnung wurde den Teilnehmenden vorher gesagt, dass sich in der Vergangenheit Unterschiede zwischen den Geschlechtern ergeben hätten, bei der anderen Anordnung wurde ihnen gesagt, der Test sei «geschlechtergerecht» konzipiert. Im ersten Fall schnitten die Frauen schlechter ab als die Männer. Im zweiten Fall schnitten beide Geschlechter gleich gut ab. Die Macht der Suggestion beschränkt sich nicht auf Hypnose und Placebos.

In einer aktuelleren Auswertung der Literatur zu kognitiven Unterschieden zwischen den Geschlechtern aus dem Jahr 2014 zeigen David Miller und Diane Halpern, dass Studien, die zwischen 1970 und 1980 durchgeführt wurden, ein Verhältnis «von 13 zu 1 zwischen männlichen und weiblichen US-amerikanischen Studierenden hinsichtlich außergewöhnlicher mathematischer Begabung» auswiesen. «Allerdings», fügen sie hinzu, «hat sich dieses Verhältnis in den letzten Jahren auf 2–4 zu 1 verflacht.»[142] Wenn eine ungewöhnliche Begabung für mathematisches Denken und die mentale Manipulation von dreidimensionalen Objekten tatsächlich der Grund für den Überhang männlicher Studierender in den Fächern Maschinenbau, Physik, Chemie und «einigen mathematischen Disziplinen» sein sollte, weil diese Begabung «in der Biologie verwurzelt» ist (beschönigende Umschreibung für «größtenteils angeboren»), wie lassen sich dann die von Miller und Halpern belegten, dramatischen Veränderungen der Verhältniszahlen in nur wenigen Jahrzehnten erklären? Die fast obsessive Fixierung auf die Manipulation dreidimensionaler Objekte, sprich Fähigkeit zur mentalen Rotation, einen der wenigen zuverlässig nachweisbaren Unterschiede zwischen den Geschlechtern, kommt mir langsam, muss ich gestehen, ein wenig verzweifelt vor. Außerdem erscheint es mir höchst fragwürdig, eine direkte Verbindung zwischen der räumlichen Rotationsfähigkeit und der Zahl weiblicher Studierender in Mathematik, Physik oder irgendeinem anderen Fach zu ziehen.

Ein weiterer Unterschied zwischen den Geschlechtern, der durchgängig belegt und in vielen Lehrbüchern und Fachbeiträgen herausgestellt wird, ist die überlegene Sprach-, Lese- und Schreibkompetenz von Mädchen und Frauen.[143] Hyde hingegen stellt fest, dass die Unterschiede geringfügig sind. Brächte man hier dieselbe Logik in Anschlag, die räumliche Rotation mit bestimmten Berufszweigen verkoppelt, dann müsste die höhere Sprachkompetenz Frauen an die Spitze der literarischen Welt katapultieren. Und doch wird literarisches «Genie», trotz dieses häufig beobachteten Vorteils der Frauen, meistens auf der männlichen Seite des Geschlechtergrabens verortet. Wenn der Erfolg der männlichen literarischen Leuchttürme also nicht auf ihre höhere Sprachkompetenz zurückzuführen ist, beruht er vielleicht darauf, dass sie ihre dreidimensionalen Figuren besser im geistigen Raum drehen und aus jeder erdenklichen Perspektive betrachten können: von der Decke baumelnd, seitlich gekippt, auf Händen gehend. Die Logik, die dem Argument zugrunde liegt – eine geringere räumliche Rotationskompetenz steht in ursächlichem Zusammenhang mit der Unterzahl von Frauen in Mathematik, Physik und so fort –, ist extrem brüchig.

Es gibt unzählige Studien zum Thema mentale Rotationsfähigkeit und Geschlecht. Können Männer ein dreidimensionales Objekt im Geiste wirklich besser drehen als Frauen, und falls ja, was bedeutet das? Pinkers Erklärung für den Männerüberschuss in den von ihm erwähnten naturwissenschaftlichen Fächern stützt sich neben der inzwischen als veraltet geltenden Studie, die ein 13:1-Verhältnis von Jungen zu Mädchen in Bezug auf eine ungewöhnliche mathematische Begabung konstatierte, auf genau diese Behauptung. Das entwicklungsgeschichtliche Argument lautet: Männer können räumliche Dimensionen besser deuten, weil sie einst als Jäger in der Savanne unterwegs waren und diese Fertigkeit es erlaubte, sich an die Beute anzupirschen und die todbringende Waffe zielgenau auszurichten. Frauen hingegen gruben Knollen aus und pflückten Beeren, und angeblich waren räumliche Fähigkeiten für diese niedrigen Bodenarbeiten nicht so wichtig – wenngleich auch diese These zur Disposition steht. Schon vor Jahren wies Stephen Jay Gould darauf hin, dass solche Erklärungen eher wie Kiplings *Genau-so*-Geschichten funktionieren: *Wie der Tiger zu seinen Streifen kam. Warum Frauen nicht in der Lage sind, Objekte im Geiste zu drehen. Es war einmal vor langer Zeit* ... Manche Untersuchungen leiten einen Zusammenhang zwischen dem Androgenspiegel im Uterus in der Pubertät und im Erwachsenenalter und diesen räumlichen Drehfertigkeiten her.[144] Eine andere Studie kommt zu dem Schluss, dass bei jungen Menschen beiderlei Geschlechts der Testosteronpegel keine Auswirkung auf das räumliche Vorstellungsvermögen hat.[145] Wieder andere Forschungen behaupten einen Zusammenhang zwischen Computerspielen und räumlicher Wahrnehmung bei Kindern.[146]

Außerdem ist es empirisch belegt, dass Frauen bei dreidimensionalen Rotationstests schlechter abschneiden, wenn ihnen zuvor gesagt wird, dass Männer diese Aufgabe besser bewältigen. Dieser Leistungsabfall bei Frauen spiegelt eine «Bedrohung durch Stereotype» wider.[147] Der Begriff aus der Rassismusforschung sollte ursprünglich die Auswirkungen von Rassenvorurteilen erfassen, wurde aber bald auf Geschlechterstudien ausgeweitet. Eine Untersuchung zeigte, dass sich die Unterschiede auflösen, wenn der Test nicht zweidimensional mit Papier und Bleistift durchgeführt wird, sondern in einer virtuellen dreidimensionalen Umgebung stattfindet.[148] Eine andere bestätigte, dass Frauen beim 3-D-Test genauso gut abschnitten wie Männer, und in beiden Fällen erreichten die Leistungen der Frauen nach einer kurzen Trainingsphase das Niveau der Männer.[149]

Die Titel einiger Veröffentlichungen vermitteln eine Vorstellung von der Vielzahl der Ansätze: «Geschlechtsunterschiede bei der Morphologie des Scheitellappens: Verbindungen zur Ausführung von mentaler Rotation»,[150] «Action-Videospiele verringern Geschlechtsunterschiede bei der räumlichen Wahrnehmung»,[151] «Mentale Rotation: Auswirkungen von Geschlecht, Training und Konsolidierung im Schlaf»[152] und «Geschlechtsunterschiede beim räumlichen Vorstellungsvermögen sind anerzogen»[153]. Das Feld ist unüberschaubar, und nachdem ich Dutzende von Artikeln über dreidimensionales mentales Rotieren gelesen hatte, stellte sich bei mir der Alice-Effekt ein:

> «Aber ich will doch nicht unter Verrückte gehen!» widersprach Alice.
> «Ach, dagegen lässt sich nichts machen», sagte die Katze; «hier sind alle verrückt. Ich bin verrückt. Du bist verrückt.»
> «Woher weißt du denn, dass ich verrückt bin?» fragte Alice.
> «Musst du ja sein», sagte die Katze, «sonst wärst du doch gar nicht hier.»[154]

Was lässt sich nun neben der Tatsache, dass es keine endgültige Antwort gibt, aus den unzähligen Untersuchungen zu dieser Frage ableiten? Vielleicht dies: Bei allen «kognitiven» menschlichen Fähigkeiten spielen viele Faktoren zusammen, nicht zuletzt Suggestion und Kontext, was auch die Beziehung zwischen dem «Subjekt» der Studie und jenen, die sie durchführen, einschließt. Kaum ein Wissenschaftler würde dem widersprechen. Die Uneinigkeit entsteht durch unterschiedliche Schwerpunktsetzung und durch die starre

Trennung zwischen *nature* und *nurture*, Angeborenem und Anerzogenem als gegensätzliche Pole selbst bei denen, die behaupten, es besser zu wissen.

Für mich gibt es keinerlei Gründe, Geschlechtsunterschiede zu verleugnen. Viele sind augenfällig, wie Bartwuchs, Brüste, Penis und Klitoris, Vulva und das Timbre der Stimme. Die Frage ist jedoch, wie signifikant diese Unterschiede sind und was man unter *psychologischen* Geschlechterdifferenzen versteht. Pinker selbst gibt zu, dass sehr viele Unterschiede «natürlich nichts mit der Biologie zu tun» haben und «bestehende Geschlechtsunterschiede» demselben Wandel unterworfen sind wie «Frisuren, Kleidermoden [...] und der Anteil der Frauen an Universitäten».[155] Gleich im Anschluss lässt er eine lange Liste von weiteren Belegen für Unterschiede vom Stapel, die, so die Unterstellung, auf unsere «Biologie» zurückgehen. Noch einmal: Das Problem liegt darin, wie die theoretische Unterscheidung von Biologie und Kultur diskursiv gerahmt und artikuliert wird.

Bei der Geburt meiner Tochter im Jahr 1987 machte ich Qualen durch, die allein Frauen vorbehalten bleiben; doch selbst dieser natürliche Umstand ist kein schlüssiger Grund für die scharfe Trennung zwischen Biologie und Kultur, zwischen *nature* und *nurture*. Mein damaliges Alter von zweiunddreißig, meine Wünsche, meine persönliche Geschichte – die bewusste wie die unbewusste –, die Anwesenheit meines Mannes im Raum, das offene und ernste Auftreten der Geburtshelferin, die ich sehr mochte, die Schreie der Frau am anderen Ende der Entbindungsstation, die klangen, als würde sie gefoltert, das künstliche Hormon Oxytocin, das meine Wehen in eine einzige, lange Kontraktion verwandelte, all das gehört untrennbar zu meiner körperlichen Erfahrung bei der Geburt und kann nicht unabhängig davon betrachtet werden.

In ihrem Buch *Das andere Geschlecht* schreibt Simone de Beauvoir: «Doch, wird man sagen, wenn in der Perspektive, die ich einnehme und die der von Heidegger, Sartre und Merleau-Ponty entspricht, der Körper kein *Ding* ist, so ist er eine Situation: er ist unser Zugriff auf die Welt und der erste Ansatz zu unseren Entwürfen.»[156] Sie schreibt nicht, der Körper befinde sich stets *in* einer Situation oder einem Kontext. Sie behauptet, *er ist eine Situation.* Diese Konzeption des Menschen als Körper-Subjekt ist dynamisch. In der Wissenschaft wird der Körper meist dinghaft aufgefasst, als Untersuchungsobjekt, das man sezieren, vermessen und analysieren kann. Er ist ein Ding, das aus der Perspektive der dritten Person betrachtet wird. Das ist erst einmal nicht falsch, denn diese Perspektive ermöglichte wichtige Erkenntnisse und wird und muss sie weiterhin ermöglichen; subjektive Wirklichkeiten und Unterschiede werden dabei allerdings notgedrungen ausgeblendet, obwohl wir eine Menge daraus lernen könnten. Herausgelöst aus seiner spezifischen Lebenswelt und als reines Objekt betrachtet wie ein toter Frosch mit einer Fülle von Mechanismen, die man zerlegen und wieder zusammensetzen kann, verliert der Körper einen Teil von seiner Wirklichkeit. Der Körper als Situation ist weit entfernt von dem Paradigma, mit dem die binäre Opposition von angeboren versus anerzogen oder Natur versus Kultur arbeitet. Es ist eine Sichtweise, die die Menschen nicht in Körper und Geist halbiert oder als Subjekte begreift, denen Objekte und die anderen, die sie umgeben, als Gegensätze gegenüberstehen. Diese Sichtweise drückt eine zutiefst antikartesianische Haltung aus.

Gleichzeitig hatte ich während der Geburt besonders stark den Eindruck, dass mein Geist und mein Körper nicht eins sind, dass ich, wenn ich sprach, nur Zeugin dieser merkwürdigen Verkrümmungen meines Körperselbst war. Meine innere Erzählerin, die unaufhörlich Sätze im Kopf formulierte, war keine Beteiligte am, sondern Kommentatorin des Geschehens. Auch diese Erfahrung ist Teil des Körper-Geist-Dilemmas und muss erklärt werden. Das Baby wurde geboren, ob das meiner inneren Erzählerin passte oder nicht. Andererseits können meine Erzählung und mein Verständnis des Geschehens doch wohl nicht nur als bloß über den Dingen schwebende, psychische Phänomene gedeutet werden? Ich wollte dieses Baby, hatte die Ankunft des kleinen Menschleins voll Ungeduld herbeigesehnt und es, trotz Qualen und Oxytocin, unter wonnigen Krämpfen aus mir herausgepresst. Doch mein individuelles Erleben ist kaum verallgemeinerbar. Es war charakteristisch für mich, für meinen Körper in einer bestimmten und als eine bestimmte Situation. Es ist nicht schwer, diese Geschichte anders zu erzählen, diese Erfahrung vollkommen zu verändern: eine Zwölfjährige, die unter großen Ängsten niederkommt, eine Frau, die vergewaltigt wurde und das Kind zur Welt bringt, oder eine Frau, die bereits fünf Kinder hat, sich kein weiteres leisten kann, es aber trotzdem austrägt, ganz zu schweigen von der Frau, die sich fühlt und aussieht wie eine Schwangere, die unbedingt ein Kind will, aber keinen Fötus in sich trägt und nicht gebären wird. Was genau ist nun psychologisch, was biologisch bei diesen «Geburts»narrativen?

EINE VERMÄHLUNG DER GEISTER: EVOLUTIONSPSYCHOLOGIE

Die Spielart der Psychologie, der Pinker und andere anhängen, spiegelt eine Verschmelzung von Soziobiologie und Computationalismus, der Theorie, wonach der Geist einem Computer gleich mittels Rechenoperationen funktioniere, wider – ein Bündnis, das heute als Evolutionspsychologie firmiert. Die beiden Hälften dieser Verbindung gleichen Ehepartnern, die nicht besonders viele Gemeinsamkeiten haben, aber doch ziemlich gut miteinander auskommen. Die Soziobiologie behauptet, Darwins Theorie der natürlichen Auslese und Anpassung könne menschliches und tierisches Verhalten zumindest teilweise erklären, was in wissenschaftlichen Zirkeln kaum Kontroversen auslöst. Berühmt und berüchtigt wurde der Begriff «Soziobiologie» durch das Buch des Insektenforschers E. O. Wilson *Sociobiology: The New Synthesis* aus dem Jahr 1975. Obwohl auch dessen Inhalt größtenteils unstrittig ist, erntete das letzte Kapitel, in dem Wilson seine Vorstellung von evolutionärer Anpassung und natürlicher Auslese auf den Menschen anwendet, wütende Kritik. Man warf ihm vor, er verteidige eine gefährliche Spielart des biologischen Determinismus, bei der frühere Ideen der Eugenik anklingen, die der Legitimation von Rassismus, Sexismus und anderen hässlichen Lesarten der Menschen für das Überleben des Stärkeren dienen. Professor Wilson ist aber nicht Professor Lynn. Lynn mit den «brünstigen Hirschen» gibt sich offen als Anhänger der Eugenik zu erkennen. Einer von Wilsons schärfsten Kritikern war der Biologe und Genforscher Richard Lewontin, der sehr gut Bescheid wusste über die ideologische Vereinnahmung wissenschaftlicher Befunde und über professionelle Kontexte, die eine Einordnung in vorbestimmte Schubladen begünstigen. Obwohl Wilson an keiner Stelle Methoden der Eugenik befürwortet, setzt seine Auffassung – ähnlich wie vor ihm die von Galton – voraus, dass das dem Menschen Angeborene von kulturellen und umweltbedingten Einflüssen abgrenzbar und ein Produkt der natürlichen Auslese ist.

In einem Artikel für das *New York Times Magazine* aus demselben Jahr, in dem das Buch erschien, schreibt Wilson: «In Jäger-und-Sammler-Gesellschaften jagte der Mann und die Frau blieb zu Hause. Diese stark ausgeprägte Tendenz besteht in den meisten Agrar- und Industriegesellschaften noch heute und scheint schon aus diesem Grund genetischen Ursprungs zu sein.»[157] In Wirklichkeit sind auch in Jäger-und-Sammler-Kulturen die Frauen nicht «zu Hause» geblieben, und Wilson wusste das sicher auch. Sie waren zum «Sammeln» draußen. Ohne die tägliche Nahrungssuche der Frauen wären alle Mitglieder der Gemeinschaft verhungert, denn die Jäger kehrten bekanntlich nicht immer mit Beutewild zurück. Aber es wird hier noch eine weitere abwegige Unterstellung gemacht. Frauen arbeiten in Agrar- wie in

Industriegesellschaften seit Jahrhunderten zuhauf «außer Haus». Wilson muss also gedacht haben, das Wort «Frauen» beziehe sich allein auf Hausfrauen aus der weißen Mittelschicht oder auf die viktorianische Damenwelt in bessergestellten wirtschaftlichen Verhältnissen. Waren die unzähligen Frauen auf der ganzen Welt, die über Jahrhunderte in Waschhäusern oder Fabriken oder auf den Feldern schufteten, etwa «zu Hause»? Es hilft vielleicht weiter, daran zu erinnern, dass 1975 gerade die zweite Welle des Feminismus anrollte und es möglicherweise «kulturelle» Gründe gab, die Wilson wünschen ließen, die Damen hielten einfach die Klappe und gingen wieder «nach Hause».

Die in der Soziobiologie vorherrschende Sicht auf das Nature / Nurture-Problem wurde 1979 von David Barash, einem ihrer höchstkarätigen Vertreter, so formuliert: «Biologie und Kultur arbeiten zweifellos zusammen, man fühlt sich versucht zu spekulieren, dass unsere Biologie irgendwie wirklicher ist; sie liegt unbemerkt in jedem von uns und manipuliert still, aber gewaltsam einen großen Teil unseres Verhaltens. Die Kultur, die eine überragende Bedeutung für die Formung der unzähligen Einzelheiten unseres Lebens hat, wird eher als ein dünner Firnis gesehen im Vergleich mit der darunterliegenden Grundsubstanz unserer Biologie.»[158] Zwar stimmt es, dass die Biologie gemeinhin als *wirklicher* und *unveränderlicher* im Vergleich zur Kultur erachtet wird, doch als intellektuelle Position erscheint mir das dürftig. Was würde Barash zur hohen Rate von Scheinschwangerschaften im Sudan sagen? Wieder stellt sich die Frage, was «Biologie» hier bedeutet. Ist das Lesenlernen biologisch nicht *wirklich*? Ist der Erwerb der Lese- und Schreibfähigkeit nicht ein kultureller und zugleich biologischer Prozess? Ein des Lesens und Schreibens unkundiges Gehirn unterscheidet sich von einem schriftkundigen. Auch dazu gibt es Untersuchungen.[159]

Vielleicht würde Barash die Lese- und Schreibfähigkeit selbst als kulturellen Firnis werten. In der Geschichte der Menschheit hat sie sich tatsächlich spät herausgebildet. Barash schreibt, er *fühle sich versucht*, zu spekulieren, dass die Biologie der robustere Teil der Wirklichkeit sei. Aber worin, so frage ich mich, liegt die Versuchung, sich vorzustellen, dass unser Verhalten durch eine im Stillen wirkende biologische Grundsubstanz manipuliert wird? Meint er unsere Gene mit dieser Substanz? Biologisch bedeutet bei Barash, so nehme ich an, ein durch natürliche Auslese angepasstes Merkmal und nicht einfach einen physiologischen Prozess. Seine Verwendung des Worts «Biologie» macht erneut deutlich, wie verschiebbar die Bedeutung dieses Begriffs ist. Als Bezeichnung für ein Fachgebiet hat «Soziobiologie» weitgehend ausgedient. Viele Wissenschaftlerinnen und Wissenschaftler verzichten nun auf den Begriff, obwohl Sarah Hrdy, die unsere Sicht auf die Organisation des Alltags unserer Vorfahren im Pleistozän, und besonders auf die Rolle der Frau, gewandelt hat, sich nicht ohne Stolz Soziobiologin nennt.

Das Computermodell des Geistes ist, anders als die Soziobiologie, nur indirekt biologisch fundiert – wie immer man den Begriff verstehen will. Es basiert auf der These, dass das menschliche Gehirn *buchstäblich, nicht bildlich,* wie ein Computer funktioniert, weil es Informationen verarbeitet. Die physische Symbolsystemhypothese wurde 1976 von Allen Newell und Herbert Simon formuliert. Sie postuliert die Gleichsetzung von Intelligenz mit der Manipulation von

Symbolen. Die Autoren schreiben: «Ein physisches Symbolsystem besitzt alle notwendigen und hinreichenden Voraussetzungen, um intelligent zu handeln.»[160] Ein Digitalrechner ist ein solches physisches symbolverarbeitendes System. Newell, der auch Wesentliches zur künstlichen Intelligenzforschung beigetragen hat, behauptet: «Unser Geist ist eine Technologie, und wie jede Technologie besteht er aus einer Reihe von Standardmechanismen zur Lösung einer bestimmten Klasse von Aufgaben.»[161] Er entwickelte ein Strukturmodell des menschlichen Denkens, beanspruchte aber nicht, damit zu erklären, wie dieses Modell in einem echten, physischen Gehirn funktioniert. Das Übertragen von symbolverarbeitenden Computern auf organische Prozesse erinnert an François Jacobs Computermetapher in der Genetik. Der Unterschied ist, dass Newell «Geist als Technologie» keineswegs metaphorisch versteht. Sein Geist ist eine Hobbes'sche «Rechenmaschine», aber anders als Hobbes will Newell den Geist nicht als Teil eines organischen Körpers erklären. Er sieht keine Veranlassung, seine Behauptungen auf reale Vorgänge im Gehirn zu beziehen.

Der Unterschied zwischen Soziobiologie und dem, was man heute Evolutionspsychologie nennt, lässt sich als Schwerpunktverschiebung beschreiben, weg vom Verhalten eines Organismus – dem, was er tut – hin zu den Gedanken oder internen psychischen Zuständen, die als *Ursache* für dieses Tun erachtet werden. Die Evolutionspsychologie rückt den Begriff des Geistes in den Mittelpunkt. Für seine Funktionsweise hatte sich der in der US-amerikanischen Psychologie während der ersten Hälfte des 20. Jahrhunderts vorherrschende Behaviorismus nie interessiert. Sein Postulat lautete:

Alles ist erklärbar mittels Beobachtung von Verhaltensweisen. Mittlerweile steht es schlecht um den Behaviorismus. Daran sind ohne Zweifel auch die von James Watson und B. F. Skinner vertretenen Extrempositionen schuld. Deren Fixierung auf Verhaltensweisen unter Ausschluss aller mentalen Prozesse wurde zum Dogma, und Dogmen brechen oft unter der Last des eigenen Gewichts zusammen, wiewohl menschliches und tierisches Verhalten natürlich genau untersucht werden sollte. Im Unterschied zu den Behavioristen und ihren Vorläufern, den Soziobiologen, interessieren sich Evolutionsbiologen sehr für die menschliche Psyche, für den Geist als hochentwickelten Mechanismus und Triebmotor unseres Verhaltens. Um aber zu begreifen, wie es zu dieser Vorstellung kam, warum so viele Menschen heute meinen, der Geist wäre eine Computertechnologie, sollten wir anhand einiger Beispiele den erstaunlich vielgestaltigen Deutungsmustern der Frage nachgehen, wie der Mensch zu dem wurde, was er ist.

DARWIN – VERSCHÄRFEN ODER ENTSCHÄRFEN?

Charles Darwin ist der Vater der Evolutionstheorie. Ich benutze diese Metapher mit Bedacht und weise ihm so die ihm gebührende Rolle des Patriarchen zu. Er war gewiss kein Feminist, ganz im Gegensatz zu einer anderen Berühmtheit jener Zeit, John Stuart Mill, dem Verfasser von *Die Hörigkeit der Frau,* die im Original 1869, zehn Jahre nach Darwins *Über die Entstehung der Arten* und drei Jahre vor dessen *Die Abstammung des Menschen,* erschien. Evolution ist die allgemein anerkannte wissenschaftliche Erklärung dafür, warum wir wurden, was und wer wir sind. Ein sich über Jahrtausende herausbildender, mechanistisch oder maschinenartig funktionierender Geist taucht in Darwins Schriften zur Evolution allerdings nirgends auf. Ich entsinne mich nicht, dass ich im Lauf meiner eingehenden, wenngleich nicht vollständigen Lektüre seiner Texte je einer Maschinenmetapher begegnet wäre, oder der Idee, die natürliche Auslese sei ein Hobbes'scher «Mechanismus». Darwins Talent für anschauliche Beschreibungen und detailgenaue Illustrationen der Natur, die uns *sehen* lassen, wovon er spricht, bereiten ein großes Lesevergnügen. Wie ein guter Romancier schwelgt er im Besonderen. Im Vorwort zur ersten US-amerikanischen bzw. zweiten englischen Auflage von *Über die Entstehung der Arten* würdigt Darwin verschiedene Denker, unter anderem Goethe, der so manchen Aspekt seiner Theorie vorweggenommen hatte.

Goethes von ihm selbst als Morphologie bezeichnete Erforschung natürlicher Formen gründete sich auf intensive Naturbeobachtungen. Seine romantische Naturwissenschaft war ausgesprochen antimechanistisch. Er glaubte nicht, dass die Natur einer Maschine glich, und er misstraute, wie ich bereits erwähnte, jeglichen Hypothesen, die zum Dogma wurden. Newtons Theorie der Farben lehnte er ab und stellte stattdessen eine eigene Farbenlehre auf, die bis heute Anhänger findet. Auch räumte er mit einer Vorstellung auf, die so weit verbreitet war, dass sie als etablierte Wahrheit galt: dass der Unterschied zwischen Mensch und Affe im Fehlen des Zwischenkieferknochens, der beim Affen vorhanden, beim Menschen jedoch abwesend war, seine Erklärung fand. Durch «Nachsinnen und Zufall», so Goethe, sei er beim Menschen auf den angeblich fehlenden Schädelknochen gestoßen, genauer: habe er ihn wiederentdeckt.[162] Die Entdeckung hat starke Ähnlichkeit mit Darwins Vorgehen, auch wenn Goethes Auffassung von Morphologie und idealer Form denen des englischen Naturforschers nicht entsprach.

Goethes naturwissenschaftliche Schriften wurden oft als Gelegenheitsarbeiten neben dem literarischen Schaffen betrachtet, doch seine Lehren, insbesondere deren Methodik, werden aktuell von Forschenden, die nach neuen Paradigmen suchen, wieder aufgegriffen. Der Physiker Arthur

Zajonc arbeitet in seinem Essay «Goethe and the Phenomenological Investigation of Consciousness» heraus, dass in der Goethe'schen Naturwissenschaft «Beobachter und Beobachtetes in einer dynamischen, nicht voneinander zu trennenden Beziehung» stehen.[163] Die Idee, dass das beobachtende Subjekt Wirkungen hat auf das, was gesehen wird, erinnert an Beauvoirs Körper als Situation, was vielen Wissenschaftlern nicht behagt, weil sie der Ansicht sind, Subjektivität besudle einen im Idealfall absolut objektiven Prozess. Darwins Bewunderung für Goethe ist verständlich, denn bei aller Verschiedenheit ist ihnen ein Hang zur, in Goethes Worten, «zarten Empirie» gemein – die Zuversicht, dass eine genaue Betrachtung der Natur zu echter Erkenntnis führt, dass etwa die Ähnlichkeit von Affe und Mensch in der Empirie erschaut und erforscht werden kann. Darwin wie Goethe vertrauten auf ihre Sinne, obwohl keiner von beiden glaubte, in der Wissenschaft ginge es allein um sinnliche Anschauung.

Gleichwohl war es Darwins scharfer Blick, der in hohem Maße zur Entwicklung der Evolutionstheorie beitrug, die von der Dynamik sich wandelnder Formen im Verlauf der Jahrmillionen erzählt. Mein Eindruck, dass Darwin an keiner Stelle Maschinen als Vorbild für die Natur heranzieht, wird von Michael Ruse bestätigt. In seinem Buch *Defining Darwin: Essays on the History and Philosophy of Evolutionary Biology* schreibt er: «Anhand von Konkordanzanalysen wurden sämtliche Haupt- und zahlreiche Nebenwerke Darwins in gedruckter und digitalisierter Form untersucht. Auch sämtliche Briefe, veröffentlichte wie unveröffentlichte, wurden von uns überprüft. Nirgendwo beschreibt er die natürliche Auslese als einen Mechanismus. Die übliche Metapher von der ‹Natur als Maschine› kommt in seinem Sprachgebrauch nicht vor.»[164] Darwin beschreibt zwar Naturgesetze, stellt diese jedoch nie als mechanistisch vor, auch nicht im übertragenen Sinn. Es hätte seinem Blick auf die Welt der Natur einfach nicht entsprochen. Dies ist umso interessanter, als der Begriff «Mechanismus» inzwischen für zahlreiche biologische Prozesse, unter anderem für die natürliche Selektion, überall verwendet wird. Der Ausdruck wird dabei nicht metaphorisch, sondern im Wortsinn zur Bezeichnung von nachweisbaren, biologischen Prozessen oder Funktionen verwendet.

Der Darwin, den ich gelesen habe und immer wieder lese, ist aber kein Neo-Darwinist. Er ist nicht der Darwin aus Richard Dawkins' ungeheuer erfolgreichem Buch *Das egoistische Gen*, das 1974 in der Originalfassung erschien. Diese moderne Inkarnation von Charles Darwin wurde über verschiedene geistesgeschichtliche Weggabelungen «verschärft», soll heißen, der neue Darwin hat nun jede frühere Verbindung des historischen Darwins zu Goethes romantischer Naturwissenschaft verloren. Dawkins ist ein Polemiker, der nicht im Fachjargon schreibt und seine Standpunkte mit jeder Menge Metaphern mehr als klar und deutlich macht. Hobbes'sche Bedenken im Umgang mit sprachlichen Bildern kennt dieser Autor nicht. Ich bezweifle, dass das Buch ohne seine flotten Formulierungen einen derartigen Erfolg gehabt hätte. Die Verführungen der Rhetorik und der Reiz bestimmter Metaphern entfalten große Wirkung. Wenn wir verstehen wollen, wie «das egoistische Gen» zu einem kulturellen Schlagwort werden konnte, müssen wir uns Dawkins' Sprache ansehen.

Zwar räumt der Autor freimütig ein, dass es keine «allgemein verbindliche» Definition des Gens gibt, dass die Umwelt bei der Entwicklung eines Organismus eine wichtige Rolle spielt, dass es keine direkte Beziehung zwischen Genotyp und Phänotyp gibt – es existiert zum Beispiel kein Gen *für* lange Beine – und dass die Embryonalentwicklung «so verwickelt ist, dass wir am besten darauf verzichten, sie näher zu betrachten»[165] – und doch verpasst er seinem Gen oder «Replikator» eine Persönlichkeit, die dem alten Meistermolekül ganz ähnlich ist. Das DNA-Molekül wird mit Bausteinen verglichen. Und anders als Descartes' Korpuskeln, Darwins Gemmulae oder die abhängigen Gene der Molekulargenetik erscheint das egoistische Gen als harter Brocken, als fester, atomartiger Kodierungsmechanismus. In ihrem Artikel «The Many Faces of the Gene» unterscheiden Paul Griffiths und Eva Neumann-Held klar zwischen dem molekularen und dem evolutionären Gen. Letzteres wird definiert als «theoretische Einheit, die bei einer bestimmten, atomistischen Betrachtungsweise der Selektion phänotypischer und erweiterter phänotypischer Merkmale eine Rolle spielt. Evolutionäre Gene müssen einem konkreten DNA-Abschnitt nicht unbedingt entsprechen, und tun dies oft auch nicht.»[166] Wie das Gen in der Verhaltensgenetik ist auch dieses Gen partikulär und atomistisch. Definitionen sind entscheidend fürs Ergebnis.

Dawkins' immer gleiche Botschaft, die er in wechselnder Form wiederholt, lautet: «Wir sind Überlebensmaschinen – robotische Vehikel, blind auf den Fortbestand der egoistischen Moleküle, auch bekannt als Gene, programmiert.» Das Bild vom Roboter verwendet Dawkins in seinen Arbeiten gern: Wir sind blinde Automaten, die von einem mikroskopisch kleinen Überlebensmonster in uns gesteuert werden. In dieser genetischen Parabel setzt Dawkins «Replikation» mit «Fruchtbarkeit» gleich.[167] Die «Fruchtbarkeit» setzt er in Anführungszeichen, damit seine Leser verstehen, dass genetische Fruchtbarkeit nicht genau dasselbe ist wie zeugungsfähige Männer und Frauen, die Sex haben und Kinder zeugen. Die Metapher aber ist *potent*, und sein personifiziertes Replikator-Molekül stellt sich allmählich als egoistischer, geiler, heterosexueller männlicher Roboter heraus, der sich durch nichts davon abhalten lässt, seinen Samen zu verbreiten. Was mich daran so fasziniert, ist nicht Dawkins' Einführung in die Genetik, die viele zutreffende Einschränkungen enthält, es ist seine bildhafte Sprache, die aus Menschen mechanistisch funktionierende «Vehikel» und «Roboter» macht. Er glaubt zwar, dass wir als Spezies in der Lage sind, die Pläne der winzigen Gendämonen durch Denken und Lernen zu verändern, doch personifiziert er sie immer wieder als aggressive, gierige Knilche. Trotz deutlicher Ähnlichkeiten mit Barashs stillen biologischen Drahtziehern erscheinen Dawkins' Gene sehr viel umtriebiger. Seine Moleküle sind voller Elan. Sie scheinen von einem Durchsetzungswillen besessen, der an den deutschen Philosophen Arthur Schopenhauer erinnert.

Schopenhauers «Wille» ist ein unbewusster, vernunftloser, instinktiver Trieb, zu überleben und sich zu reproduzieren. Im Unterschied zum eisernen Materialisten Dawkins war Schopenhauer noch von Immanuel Kants transzendentalem Idealismus geprägt – die Welt an sich, das «Ding an sich» nach Kant, entzieht sich unserer Erkenntnis. Erkennen können wir die Welt allein über unsere Erfahrung in und mit ihr. Nicht, weil die Dinge nicht existierten in der Welt, sondern weil das, was wir wahrnehmen, bereits durch unsere Vorstellung gefiltert wurde. Gleichwohl wird Schopenhauer häufig als Darwins Vorläufer betrachtet. Der Ton des deutschen Philosophen ist jedoch grundverschieden von dem des englischen Naturwissenschaftlers. Schopenhauers blinder, universeller «Wille» erfährt im übermächtigen Geschlechtstrieb seinen höchsten Ausdruck: «[D]ie Heftigkeit des Geschlechtstriebs [bezeugt], dass durch die ihm dienende Funktion das Tier dem angehört, worin eigentlich und hauptsächlich sein wahres Wesen liegt, nämlich der *Gattung*, während alle anderen Funktionen und Organe unmittelbar nur dem Individuo dienen, dessen Dasein im Grunde nur ein sekundäres ist.»[168] Die moderne Genetik war Schopenhauer natürlich unbekannt, doch sein treibender «Wille» und Dawkins' «egoistisches Gen» erscheinen beide rücksichtsloser und geiler als Darwins Idee der Gemmulae oder sein Überlebensinstinkt. Schopenhauers Wille und Dawkins' Gene stehen im Dienste der Spezies, und sie besitzen genügend Triebkraft, um das Individuum im Namen des Überlebens der Art zu überrollen.

Darwin schlägt leisere Töne an als Schopenhauer und Dawkins, wenn es um Instinkte geht. In *Die Abstammung des Menschen* schreibt er: «Da der Mensch dieselben Sinne wie die Tiere besitzt, müssen auch seine fundamentalen Empfindungen dieselben sein. Auch hat der Mensch einige Instinkte mit ihnen gemein, wie den Selbsterhaltungstrieb, die Geschlechtsliebe, die Liebe der Mutter zum neugeborenen Kind, den Trieb des letzteren, zu saugen usw. Doch hat vielleicht der Mensch etwas weniger Instinkte als die ihm zunächst stehenden Tiere.» Er sinnt im Anschluss über den

Instinkt im Unterschied zum Erlernten nach und räumt ein, dass Affen zwar giftige Früchte meiden, dies jedoch möglicherweise nicht aus Instinkt tun: «Wir [sind] wiederum nicht sicher, ob die Affen die Kenntnis der Früchte ihrer eigenen oder der Erfahrung ihrer Vorfahren verdanken.»[169] Was Instinkt ist und was anerzogen, wird an dieser Stelle nicht geklärt, aber Darwin trennt zwischen beidem.

Schopenhauers Durchsetzungswille und Darwins Theorie der Evolution prägten auch Sigmund Freud, dessen Modellierung des Geistes erbliche Anteile und angeborene biologische Triebe kennt. In *Jenseits des Lustprinzips* bezieht er sich auf die seinerzeit kursierende Idee der «Keimzelle» als «*potentia* unsterblich».[170] Diese Keimzellen bewegen sich, wie Darwins Gemmulae und die späteren Gene, durch Fortpflanzung von einem Körper zum anderen. Mit Schopenhauer teilte Freud die Vorstellung eines mächtigen Geschlechtstriebs, und von Darwins Evolutionsgedanken war er vollkommen überzeugt. Kopernikus, Darwin und die Psychoanalyse hatten Freud zufolge der «Eigenliebe der Menschheit» schwere Kränkungen zugefügt. Kopernikus lehrte uns, dass wir nicht der Mittelpunkt der Galaxis sind, Darwin, dass wir wie Tiere unter anderen Tieren sind, und die Psychoanalyse, dass vieles, was in uns vorgeht, uns gänzlich unbekannt bleibt, verborgen im Unbewussten.[171]

In Freuds Theorie spielen Triebe eine wichtige Rolle, und sie sind etwas anderes als Instinkte, mit denen er sich ebenfalls befasst. Triebe definiert er recht vage. An einer Stelle bezeichnet er sie als «unsere Mythologie». Er beharrt jedoch darauf, dass die Psychoanalyse eine «biologische Psychologie» ist.[172] Freuds Triebe sind keine deterministischen Kräfte.

Sie lassen sich als innerer Drang oder Bedürfnis begreifen, die sich beim Menschen auf andere Menschen und Dinge in der Welt richten und nach Befriedigung streben. Ob die Befriedigung erfolgt oder vereitelt wird, zeigt sich in der je individuellen Lebensgeschichte. Die abstrakte Idee der «Triebe» findet bei Freud zwangsläufig ihren konkreten und höchst variablen Ausdruck im Individuum. Manche Neurowissenschaftlerinnen und Neurowissenschaftler kehren nun zu Freuds Neurobiologie und seinen Theorien über die menschliche Psyche zurück, um herauszufinden, ob sich ein Zusammenhang zu aktuellen Forschungen in ihrer Disziplin ergibt. Mark Solms, Karl Friston, Georg Northoff, Aikaterini Fotopoulou, Maggie Zellner und andere gehen Freuds Ideen nach und finden sowohl Aspekte, die sich bestätigen, als auch solche, die verworfen werden müssen in seinem Modell bzw. seinen Modellen von Geist, denn Freud hat seine Konzepte im Laufe seines Lebens immer wieder überarbeitet und verändert. Diese Forscher und Forscherinnen sind alle in unterschiedlichem Maß dem von Solms begründeten und an Einfluss gewinnenden Feld der Neuropsychoanalyse verpflichtet, die Erkenntnisse aus den Neurowissenschaften, der psychoanalytischen Theorie mit dem komplexen subjektiven Erleben des Menschen unter einem Dach zusammenbringen will.[173]

In ihrem Artikel «The ‹Id› Knows More than the ‹Ego› Admits» stellen Solms und der Neurowissenschaftler Jaak Panksepp eine «neuro-psycho-evolutionäre Sicht auf die Entwicklung des Geistes [...] unter Bezug auf klassische psychoanalytische Modelle» vor.[174] Die Evolutionstheorie wurde von Freud nie in Frage gestellt, und auch Solms und Panksepp tun das nicht. Das menschliche Gehirn ist ein Produkt der

Evolution – eine Vorstellung, die der Neurowissenschaftler Paul MacLean mit seinem Begriff des «dreieinigen Gehirns» populär machte. Ihm zufolge entsprechen die drei Teile des Gehirns einem je spezifischen Moment in seiner Entwicklungsgeschichte. Den ältesten, tiefer liegenden Teil bezeichnet MacLean als «protoreptilisches Gehirn», den mittleren, nicht ganz so alten Teil als paläomammalisches Gehirn oder limbisches System, und das höher gelegene neomammalische Gehirn ist die entwicklungsgeschichtlich jüngste Komponente des Organs, der Neokortex.

Solms und Panksepps differenzierte Analyse der Freud'schen Entwürfe in ihrem Bezug zur aktuellen neurobiologischen Forschung ist für meine Überlegungen weniger wichtig als die Tatsache, dass beide, wiewohl von Darwins Thesen völlig überzeugt, das Geist-Gehirn oder Bewusstsein weder als physikalisches Symbolsystem noch als Technologie begreifen. Stattdessen siedeln sie das Bewusstsein auf einer affektiven oder «fühlenden» Ebene in subkortikalen Regionen des Gehirns an und beschreiben dessen Funktionen anhand des von Freud entlehnten Begriffs «Primärvorgang». Demzufolge ist ein Primärvorgang reine vorsprachliche, traumartige, seelische Energie, die, vom Lustprinzip getrieben, nach Entladung strebt. Dieser Vorgang ist charakteristisch für das Es. Wie alle Neurologen seiner Zeit ging Freud davon aus, dass das Bewusstsein neokortikal war, also zur «höheren» Gehirnregion gehörte, dem Teil, der sich zuletzt entwickelte. An dem Punkt weicht Solms von Freud ab, indem er es in einer tieferen Region ansiedelt. Durch diese Neujustierung der Freud'schen Geistestheorie bekommt das Es ein Bewusstsein. Solms und Panksepp unterscheiden mehrere Ebenen von Bewusstsein. Sie unterscheiden, wie Vico, zwischen wachem, sinnlich-rezeptivem Bewusstsein, einer Bewusstseinsebene, die voller Gefühlsregungen sein kann, Gefühle, von denen wir aber nicht unbedingt wissen, und den höheren Ebenen der reflexiven Selbst-Wahrnehmung. Nach diesem Modell sind alle Säugetiere bewusste Wesen.

Elizabeth Grosz überführt Darwin in ihrem Buch *Becoming Undone: Darwinian Reflections on Life, Politics and Art* auf gänzlich neues Terrain. Sie macht Darwins Erörterungen über die *im Grad,* nicht *im Grundsätzlichen* bestehenden Unterschiede zwischen den Arten zum Ausgangspunkt ihrer Befreiungstheorie. Unsere Ähnlichkeit mit anderen Lebewesen, behauptet sie, «nimmt eins der weitreichendsten und inspirierendsten Denkkonzepte des 20. Jahrhunderts vorweg – die Idee der Differenz, der Differenzen, die ohne das zentrale Organisationsprinzip einer Identität auskommen».[175] Aus ihrer Sicht ist die Tatsache, dass Darwin keine starren Grenzen zwischen einer Spezies und der anderen zieht, dass Evolution ihrem Wesen nach die Entstehung einer Form aus einer anderen bedeutet, der interessanteste Aspekt seines Werks. Mit anderen Worten, der Determinismus, den Dawkins Darwin zuschreibt, indem er eine atomistische Genetik in die Gleichung einführt, wird bei Grosz in sein Gegenteil verkehrt: in Indeterminismus.

Nach dieser Auffassung von Evolution sind, schlicht gesagt, die Grenzen zwischen Menschen und anderen Primaten, oder zwischen Menschen und allen anderen Säugetieren oder Reptilien oder irgendwelchen anderen Lebewesen weder feststehend noch bindend. Grosz führt Darwin auf eine neue philosophische Spur und bringt sie explizit mit den Namen

Friedrich Nietzsche, Henri Bergson, Michel Foucault, Gilles Deleuze, Félix Guattari, Jacques Derrida und Luce Irigaray in Verbindung. Diese Katalysatoren ihres Denkens könnten nicht weiter entfernt von jenen sein, die Dawkins inspirierten. Das Denken der «Differenz» lässt Grenzen verschwimmen, bringt Kategorien ins Wanken und schafft hybride Formen. Grosz verdanken wir den postmodernen Darwin.

In einem Abschnitt mit der Überschrift «Nature and Culture» knüpft Grosz an Luce Irigarays feministische Theorie an. Für Irigaray sei, so führt sie aus, «die sexuelle Differenz das, was die Natur, die mannigfachen Formen von Kultur und alle Spielarten des Übergangs von Natur zu Kultur kennzeichnet. Aus diesem Grund ist für Irigaray sexuelle Differenz nicht konstruiert, sondern gegeben».[176] Irigarays Denken ist von dem französischen Psychoanalytiker Jacques Lacan geprägt, der die Subjektivität des Menschen direkt an die Sprache zurückbindet. Vor dem Eintritt in die Sprache ist der Mensch nur ein fragmentiertes Wesen, kein Subjekt. Davon ausgehend behauptet Irigaray nun, die gesamte philosophische Tradition des Abendlandes habe verhindert, dass Frauen zu Subjekten werden konnten, indem sie zum Schweigen gebracht wurden. Mehr noch: Sie legt nahe, dass Frauen eine neue Sprache brauchen, eine, die nicht den Regeln des Patriarchats gehorcht. Ich habe nie verstanden, was für eine Sprache das sein soll, noch was der Begriff «Natur» in diesem Denkzusammenhang bedeutet.[177] Kaum eine Feministin wird bestreiten, dass es chromosomale Abweichungen zwischen den Geschlechtern gibt oder dass, selbst wenn manche Menschen mit dem Chromosomensatz des einen Geschlechts im Körper des anderen geboren werden, oder mit uneindeutigen oder intersexuellen Geschlechtsmerkmalen zur Welt kommen, oder sich psychisch dem einen Geschlecht und im Körper dem anderen zugehörig fühlen, die meisten Wirbeltiere einschließlich der Menschen bei ihrer Geburt physiologisch entweder männlich oder weiblich sind.

Allerdings ist das auch schon alles, worin feministische Theorien übereinstimmen. Die Gründe liegen auf der Hand. Die Differenz der Geschlechter, (vielleicht) einschließlich der Fähigkeit zur räumlichen Rotation, implizierte immer, dass Frauen *unterlegen* und *mangelbehaftet* sind. Differenz wurde in Anspruch genommen, um zu behaupten, Frauen seien unrein, beschränkt, schwach, wirr und des Teufels. Von der Antike bis ins 17. Jahrhundert betrachtete man die weiblichen Geschlechtsorgane als nach innen gestülpte Version der männlichen Genitalien und also minderwertig. Im 18. Jahrhundert verstand man den weiblichen Körper als etwas vom männlichen Körper ganz und gar Verschiedenes und also minderwertig: weibliche Skelette, Gehirne, Zellen – alle anders, und alle schlechter. Anstatt Frauen und Männer als Wesen zu sehen, die viel mehr verbindet als trennt, wurden sie als diametrale Gegensätze aufgefasst.[178] Der Refrain *Nur weil die Geschlechter grundsätzlich unterschiedlich sind, bedeutet dies nicht, dass ein Geschlecht dem anderen überlegen wäre,* ist heutzutage zwar in aller Munde, doch wir tun gut daran, diesem Refrain zu misstrauen. Die feministische Wissenschaft hat sich jahrelang in ihre eigenen Nature / Nurture-Debatten verrannt, die sich in der Regel als Auseinandersetzung zwischen essenzialistischen (Frauen sind von Natur aus anders als Männer, und wir sollten diese Unterschiede wertschätzen und uns in ihnen neu denken) und konstruktivistischen (Frauen und Männer sind unterschiedlich, weil die Kultur bzw. Erziehung sie dazu macht) Positionen artikulierten.[179] Die Frage «Was ist eine Frau?» wurde bis jetzt nicht beantwortet. Wie zahlreichen anderen Wissenschaftlern und Wissenschaftlerinnen in vielen Disziplinen fällt es auch Feministinnen – mit namhaften Ausnahmen – schwer, zu erklären, was Biologie ist und bedeutet. Der Umstand, dass Frauen, in einer Form, wie es Männern niemals widerfährt, plump auf ihren biologischen Körper reduziert wurden oder auf ihren Grundstoff, weil sie theoretisch Mütter werden können, auch wenn sie keine sind, ließ bei dem Wort «Biologie» bisher alle Alarmglocken schrillen. In den letzten Jahren begegnet die feministische Forschung, unter anderem Grosz, dem biologischen Körper aus verschiedenen Richtungen allerdings mit frischem Blick.

Grosz' Sprache hat den Beiklang einer Utopie: «Wir brauchen eine neue, dynamische Konzeption von Natur, die stetigen Wandel einschließt, sie weder als festgefügt noch als unveränderlich begreift, sondern als eine Produktionsweise von Wandel [...] Diese andere Konzeption muss anerkennen, dass die Natur selbst immer geschlechtlich bestimmt ist – dass die Welt der Lebewesen, der Pflanzen, Tiere und Menschen durch sexuelle Differenz bestimmt ist – und dass die Natur selbst mindestens zwei ist.»[180] Ich bin ganz und gar einig mit ihr über den dynamischen Charakter der Natur, aber wie Grosz weiß und an anderer Stelle erwähnt, ist es schlicht unwahr, dass alles Leben männlich oder weiblich, oder «zwei» ist. In der Natur kommen ungeschlechtliche Formen der Fortpflanzung vor. Einzellige Organismen – zum Beispiel Bakterien – vermehren sich asexuell. Der technische

Begriff für diese Reproduktionsform ohne Verschmelzung der Gameten heißt «Agamogonie». Bestimmte Zitrusgewächse vermehren sich durch Apomixis oder Ausknospung, und manche Lebewesen wie die Seescheide sind in der Lage, sich geschlechtlich wie ungeschlechtlich zu vermehren. Parthogenese, die eingeschlechtliche Fortpflanzung ohne Befruchtung, kommt auch bei Wirbeltieren vor.

Unter einem evolutionären Aspekt weiß zudem niemand, warum es, wie bei den meisten mehrzelligen Organismen, überhaupt zwei Geschlechter gibt (die bisweilen in einem Körper vereint sein können). Diese merkwürdige Tatsache bringt die moderne Evolutionsforschung in Erklärungsnöte. Wozu zwei Geschlechter, wenn es doch sehr viel effizienter wäre, sich selbst zu klonen? Es gibt Vermutungen, aber keine Einigkeit darüber, welchen Vorteil der weitaus schwierigere Weg der Paarung, Befruchtung und Geburt hat. Gegen Grosz könnte man einwenden, dass unsere urzeitlichen entwicklungsgeschichtlichen Verwandten geschlechtslos waren, nicht geschlechtlich. Ob diese rhetorische Strategie jedoch fruchtet und sinnvoll ist, wenn es um Menschen geht, sei dahingestellt. Keineswegs unwichtig erscheint mir aber, dass der menschliche Embryo trotz chromosomaler Unterschiede zwischen den Geschlechtern physisch zunächst undifferenziert ist. Die sexuelle Ausdifferenzierung erfolgt erst nach einer Reifezeit von sechs bis sieben Wochen, und der Vorgang wird sowohl genetisch wie auch hormonell gesteuert.

Anders als Richard Dawkins' *Egoistisches Gen* bleibt Elizabeth Grosz' Buch fest auf die akademische Welt ausgerichtet. Sie legt es nicht darauf an, ihre Ansichten einem Laienpublikum verständlich zu machen, sondern wendet sich an

Fachkollegen und -kolleginnen, von denen die meisten einen sozialkonstruktivistischen Hintergrund haben, also davon ausgehen, dass es maßgeblich Sprache und Kultur sind, die den Menschen prägen. Bis zum Ende des Buchs erschließt sich mir nicht, was Grosz unter Natur und Biologie, diesen unendlich wandelbaren Begriffen, versteht, vielleicht, weil sie festlegende Definitionen bewusst vermeidet. Anhänger finden sich für beide Sichtweisen – für die weiche, dynamische wie für die harte, mechanistische. Die interessante Frage ist, weshalb. Für manche Leute klingt Wandel besser als Beständigkeit. Andere wollen sich lieber nicht bewegen. Ich wage die These, dass die Idee des Unwandelbaren, Vorprogrammierten all jenen, die mit ihrem weltlichen Los zufrieden sind, angenehmer erscheint als denen, die es nicht sind: «Ich kann's nicht ändern. Ich bin eben ein reicher, anspruchsvoller, weißer Typ, testosterongeladen und aufs Glück programmiert. Schuld sind meine Gene.»

ÜBERLEBENSGESCHICHTEN

Als ich klein war, fiel es mir in der evangelischen Sonntagsschule schwer, bestimmte Gestalten aus der Bibel zu verstehen. Warum sollte ich mich auf Jakobs Seite schlagen, wenn er seinen älteren Bruder Esau um das Erstgeburtsrecht bringt? Sollte ich billigen, dass Jakob und seine Mutter heimlich konspirierten, um den blinden alten Vater der Söhne zu täuschen? Weshalb wurde Jakob in der Geschichte nicht verurteilt? Wie konnte er den Sieg davontragen? Warum wurde sein betrügerisches Tun gefeiert? Auf diese Merkwürdigkeiten angesprochen, schauten meine Lehrer jedes Mal verlegen drein, murmelten etwas, was mir überhaupt nicht weiterhalf, und setzten den Unterricht fort.

Jahre später wurde mir klar, dass hier womöglich einfach das Prinzip der Aufgewecktheit galt. Der gewiefte, schlaue Kerl, der das Spiel gewinnt, ist eine sehr beliebte Figur, und sie hat eine lange Tradition. Odysseus und Sindbad sind bestechende Überlebenskünstler. Heute stürzen sich die Leute auf Lebensgeschichten von Menschen, die von ihren Eltern misshandelt oder von Geisteskranken entführt wurden oder heroinsüchtig waren oder an Krebs erkrankten oder in Sekten gelockt wurden und am Ende durch schiere Willenskraft über das Böse und Brutale siegten. Das Gen bei Dawkins mag egoistisch und in gewissem Grad deterministisch sein, sobald das Molekül aber eine Personifizierung erfährt, erscheint dieser Egoismus bewundernswert wie bei so manch gewitzter Heldenfigur. Obwohl Schopenhauers Blick auf die Menschheit im Allgemeinen düster und seine Frauenfeindlichkeit bedenklich ist, besitzt sein unerbittlicher Wille Sexappeal wie auch Nietzsches später formulierter Wille zur Macht. Chaucers Frau von Bath und Defoes Moll Flanders sind weibliche Meisterinnen des Überlebenskampfs. Charlotte Brontës Jane Eyre ist eine spätere Inkarnation der abgehärteten Waise, die nie aufgibt und am Ende siegt. In der US-amerikanischen Populärkultur wird die männliche Version dieser Figur dramatisch überhöht. Der kapitalistische Held, der sich sprichwörtlich am eigenen Schopf aus dem Sumpf zieht, aggressiv, egoistisch, aber ach so schlau und reich, ist ein Gewinnertyp und wird von vielen Menschen bewundert. Der verstorbene Steve Jobs vom Computerunternehmen Apple ist ein Beispiel aus jüngster Zeit. Nach allem, was man so hört, keine sympathische Figur, aber: «Nett sein lohnt sich nicht», um aus dem wohl unerschöpflichen Vorrat an abgedroschenen Phrasen zu diesem Thema zu zitieren.

Worauf ich hinauswill, ist, dass Dawkins' personifiziertes Gen einem uralten Typus entspricht. Mir ist durchaus bewusst, dass der Zoologe das Adjektiv «egoistisch» später überdachte, dass seine Sicht auf das Gen nicht auf ganzer Linie deterministisch war und dass er im Vorwort zur Ausgabe anlässlich des 30-jährigen Jubiläums seines Buches einräumt, er habe die Sache mit den «‹Vehikeln› (meist Organismen) und ‹Replikatoren› in ihrem Inneren» damals nicht genügend durchdacht.[181] Dawkins machte auch die Idee der *Meme* populär, umherschweifende Vorstellungsinhalte, die sich in einer Kultur von Mensch zu Mensch verbreiten. Nichts davon ändert jedoch etwas an der entscheidenden Mär vom Roboter-Vehikel, das den Highway des Lebens entlangrauscht, -fährt oder -bummelt mit einem Gen am Steuer. Sie wirft erneut die Frage auf: Was ist, unabhängig davon, dass in jedem Organismus Erbmaterial steckt, so verführerisch an der Metapher vom Menschen als vorprogrammiertem Roboter?

In *Der blinde Uhrmacher* (1987) legt Dawkins seine Grundannahmen offen. In der für ihn charakteristischen Deutlichkeit schreibt er: «Wenn wir das Leben verstehen wollen, so dürfen wir nicht an vibrierende, pochende Gele und Schlamme denken, sondern an Informationstechniken.»[182] Nie hätte dieser oft zitierte Satz von Darwin stammen können, nicht nur, weil der Vater der Evolutionstheorie die Informationstechnik noch nicht auf dieselbe Weise wie Dawkins verstehen konnte, sondern auch weil er natürliche Prozesse nie *mechanistisch* beschrieb. Worum genau handelt es sich aber bei Dawkins' vibrierenden, pochenden Gallerten und Schlämmen? Unweigerlich kamen mir dabei aus Science-Fiction-Filmen bekannte Bilder in den Sinn, die in leuchtenden Farben ein blubberndes Gebräu zeigen, das für die künstliche Erzeugung von Leben steht. Bezieht sich Dawkins hier ganz generell auf unsere biologischen Grundlagen? Ist das vibrierende, pochende Gallertartige und Schlammige ein Kürzel für unser Gewebe und Blut, unsere Knochen und Organe, unsere Zellstruktur? Oder ist, wie ich eher vermute, das pochende Gallertartige ein von der Plazenta umhüllter Embryo, den wir eigentlich mit dem Beginn von Leben gleichsetzen? Will er seinem Leser damit signalisieren, wer glaubt, das Leben beginne als eklige, klumpige, schleimige, feuchte Masse im Körper einer Frau, der irrt sich? Oder soll das eine moderne Version der aristotelischen Unterscheidung zwischen Form und Materie sein?

In einem Essay des von Alan Grafen und Mark Ridley herausgegebenen Bandes *Richard Dawkins: How a Scientist Changed the Way We Think* zitiert Steven Pinker Dawkins' Satz von den Gallerten und Schlämmen wohlwollend und erklärt, warum es besser ist, die Problematik des lebenden Organismus in informationstheoretischer Hinsicht zu fassen, statt die Funktionsweise von konkreten Molekülen zu analysieren:

> Dass Dawkins in Zeiten einer von konkreten molekularen Mechanismen dominierten Biologie den Hauptakzent auf das ätherische Gut «Information» setzt, zeugt ebenfalls von Mut. Zwischen der Betrachtung eines Systems unter dem Aspekt von Informationsgehalten und der Betrachtung seines materiellen Substrats besteht freilich kein Widerspruch. Doch wenn wir zu einem tieferen Verständnis dessen, was Leben heißt, wie es funktioniert und welche Formen es vielleicht anderswo im Universum annimmt, gelangen wollen, dann, so zeigt Dawkins, sind abstrakte Konzepte, wie Information, Berechnung und Rückkoppelung, und nicht etwa Nukleinsäuren, Zucker, Fette und Proteine richtungsweisend auf unserer Suche nach Erklärungen.[183]

Wohlgemerkt: Pinker bewundert Dawkins für seinen Mut. Der erscheint als unerschrockene Figur, die sich kühn jenen Biologen entgegenstellt, welche sich auf rein konkrete Beschreibungen des Lebens verlegen. (Dawkins wirkt hier fast selbst wie das von ihm beschriebene Cowboy-Gen.) Doch Pinkers Anliegen ist die Harmonisierung der Beschreibungsebenen. Er behauptet, das «ätherische Gut» «Informationsgehalt» stehe nicht in Konflikt mit dessen «materiellem Substrat». In dieser Sichtweise rangiert Information als Konzept an der Spitze und das Materielle darunter als ihr *Substrat*, der Stoff, aus dem Moleküle sind. Information ist also eine Abstraktion, die auch biologische Tatsachen umfasst, welche ihr bildlich gesprochen unterliegen, aber nicht im Widerspruch zu ihr stehen. Im nächsten Satz taucht dann die Metapher vom «tieferen Verständnis» auf, die eine andere Hierarchie einführt und das, was oben war, plötzlich nach unten kehrt. Information, Berechnung und Rückkoppelung besetzen nun die Tiefen der wahren Erkenntnis, nicht die Gele und Schlamme, die vielleicht unter dem Mikroskop der Biologen zum Vorschein kommen. Warum? Weil *Leben* anderswo im Universum möglicherweise nicht diese Form besitzt, Informationsverarbeitung und logische Berechnung aber überall gleich sind, da sie dem Wesen des physikalischen Universums eingeschrieben sind. Information ist dem Biologischen übergeordnet und zugleich tiefer reichend, denn sie schließt andere Lebensformen auf anderen Planeten ein, die vielleicht wirklich irgendwo existieren. Statt als aristotelische Form erscheint Information nunmehr als platonische, ewig währende Idee.

Ich war ziemlich ratlos, als ich das erste Mal auf derartige Behauptungen stieß, die im Grunde darauf hinauslaufen,

Leben definiere sich durch *informationelle Strukturen*, nicht durch Materie, und was zähle, sei strukturelle Ordnung und nicht das Material, woraus diese sich formt. Was bedeutet es, dass Information, Berechnung und Rückkoppelung wichtiger sind als Moleküle, Zucker, Fette, mal ganz abgesehen von Knochen, Muskeln und Fleisch? Sind diese biologischen Tatsachen nebensächlich für das, was wir unter Leben verstehen? Was heißt «Information» in dem Zusammenhang? Fürs Erste soll genügen, dass mir nach umfangreicher Lektüre langsam klarwurde, dass dieses «ätherische Gut» zum Dogma geworden ist, jedenfalls in manchen Kreisen. Das Wort «Information» ist in aller Munde, und wir wissen, es ist ein wertvolles Gut, doch seine Bedeutung verändert sich mit dem Gebrauch. Was ist Information?

In ihrem Buch *How We Became Posthuman* stellt N. Katherine Hayles die Frage: «Wann und wo wurde Information als ein Datenträger ohne Körper ausgelegt? Wie entstand in der Wissenschaft die Überzeugung, dass Mensch und Maschine unter ihrer Außenhaut eigentlich Geschwister sind?» Die Geschichte der Kybernetik und der interdisziplinären Macy-Konferenzen zwischen 1946 und 1953 aufrollend, verweist sie auf Norbert Wiener und Claude Shannon, die auf der ersten Tagung eine zugleich entmaterialisierte wie dekontextualisierte Theorie der Information vorstellten: «Shannon und Wiener definierten Information dergestalt, dass sie stets als gleichbleibender Wert auftrat, unabhängig von den Kontexten, in die sie eingebettet war, d. h., sie wurde von ihrem Bedeutungsgehalt losgelöst.»[184] Hayles merkt an, dass nicht alle Konferenzteilnehmer dies für die beste Lösung hielten.

Ihre Einschätzung, dass der Begriff «Information» mit Wiener und Shannon eine neue Wendung bekam, ist richtig, doch sie unterschlägt, dass deren Ansatz eine lange Vorgeschichte hat. Seit der Antike versuchten Logiker, symbolische Zeichen von ihrem Bedeutungsgehalt zu lösen, um die grundlegenden Muster oder Gesetze des menschlichen Verstands zu erkennen. Galilei und Descartes suchten nach abstrakten Lösungen für das Rätsel der Natur und des Geistes. In der 1847 erschienenen Abhandlung *Die mathematische Analyse der Logik* schrieb der höchst originelle Denker und Logiker George Boole: «All jene, die mit dem aktuellen Stand der Theorie der Symbolischen Mathematik vertraut sind, mögen wissen, dass die Gültigkeit der Analyseprozesse ganz unabhängig von den verwendeten Ausdrücken ist und allein auf den Gesetzen ihrer Kombinatorik beruht.»[185] Boole wollte nicht nur die Logik voranbringen, er wollte auch die Gesetzmäßigkeiten des menschlichen Geistes entschlüsseln. Der Mathematiker Keith Devlin führt dies in seinem Buch *Goodbye, Descartes* aus: «Seit Boole schöpft die Logik immer neue Möglichkeiten aus, mit ‹bedeutungslosen› Ausdrücken zu operieren. Indem man den Bedeutungsgehalt der Zeichen aufhebt, entledigt man sich auch eines Großteils der Komplexität von Wirklichkeit, um sich auf die rein abstrakten Strukturen der Logik zu konzentrieren.»[186] Whitehead schreibt: «Entscheidend an der Mathematik ist, dass wir uns in ihr immer schon vom Einzelfall und selbst von den besonderen Arten von Einzelwesen gelöst haben.»[187] Diese abstrakten Strukturen liefern also ein «tieferes Verständnis» unserer Existenz. Eine solche Theorie macht es leicht, zwischen organischen Körpern und Maschinen hin und her zu pendeln.

Die Information bleibt stets dieselbe, ganz gleich, woraus sie beschaffen ist, denn sie hängt weder von ihrem Material noch vom Kontext, noch von ihrem Bedeutungsgehalt ab.

In einem Kapitel seines Buchs *Mensch und Menschmaschine: Kybernetik und Gesellschaft* (1964) mit dem Titel «Der Mensch – eine Nachricht» gesteht Norbert Wiener was nun folge, enthalte auch ein Element von «Vorstellung» und Phantasie. Ein wenig Fiktion und Träumerei schleichen sich in seine Wissenschaft ein. Wieners Leitthese, die auf der gewohnten Unterscheidung zwischen Form und Materie gründet, ist allerdings mit Nachdruck formuliert und seinem Verständnis nach keine bloße Phantasie: «Die körperliche Identität eines Individuums beruht nicht auf der Identität der Substanz, aus der es gemacht ist.» Entscheidend ist das Schema oder die Form, so wird uns erzählt, unabhängig davon, ob diese Form organisch ist oder aus einem anderen Material besteht: «Die Individualität des Körpers ist eher die einer Flamme als die eines Steines, eher die einer Form als die eines Teilchens Materie. Diese Form kann übermittelt oder abgeändert und verdoppelt werden, allerdings wissen wir heute nur, wie wir sie über eine kurze Entfernung hin verdoppeln.»[188] Das Kapitel endet mit der Behauptung, dass es rein «technische Schwierigkeiten» seien, die verhinderten, dass «wir das Schema eines Menschen [...] von einem Ort zu einem anderen telegrafieren können». Mit anderen Worten: Bald ist es möglich, einen Menschen von einem Ort zum anderen zu beamen. Sein zentraler Punkt lautet, dass «Verkehr» in der modernen Welt «sehr viel weniger die Übertragung menschlicher Körper als die Übertragung menschlicher Informationen darstellt».[189] Man könnte darüber streiten, ob

Wieners Befund damals schon stimmte, heute jedoch scheint er richtiger denn je. Wir ertrinken in Informationen.

Wieners Idee ist so einfach wie befremdlich. Information wird vollkommen unabhängig von ihrem Gehalt. Nicht die Bedeutung, nur das strukturelle Schema zählt. Das Wort «Information» wird so zum wohl dehnbarsten Begriff der Gegenwart. Von A. M. Schrader erschien 1984 eine Arbeit, in der er siebenhundert zwischen 1900 und 1981 kursierende Definitionen von «Informationswissenschaft» vorstellt und die Lage allgemein als «Begriffschaos» bezeichnet.[190] Je nachdem, welchen Text man liest, bedeutet «Information», etwa bei Wiener und Shannon, die Struktur der Kommunikation zwischen Quelle und Empfänger. Es kann sich aber auch auf den Inhalt eines sogenannten kognitiven Zustands beziehen, auf die Bedeutung eines Satzes in der Linguistik oder auf ein Konzept in der Physik, das in bestimmter Hinsicht naturalisiert wurde. In der letztgenannten Definition braucht es kein Auge, keinen Körper mehr, um Information *aufzunehmen* und zu verstehen. Sie ist schon da, bevor irgendein denkendes Subjekt hinzukommt. Die bloße Anordnung von Atomen und Molekülen gilt als *Information*. So schreibt Tom Stonier in *Information and the Internal Structure of the Universe*: «*Information ist einfach vorhanden*. Sie muss nicht *wahrgenommen* werden, um zu existieren. [...] Es bedarf keiner Intelligenz, um sie zu deuten. Sie braucht auch keine *Bedeutung*, um vorhanden zu sein. Sie existiert einfach.»[191] Ich gebe zu, dass man das jeweilige Verständnis des Wortes «Information» in die Problematik einbeziehen muss und dass es bestimmter Wendungen in der Geschichte von Wissenschaft und Technik bedurfte, bevor jemand auf die Idee kommen konnte, Information als inhärente Eigenschaft der materiellen Welt zu begreifen, dass ein solches Verständnis von «Information» also eine diskursive Vorgeschichte hat. Der Sprachgebrauch spielt in dieser Betrachtungsweise keine Rolle. Definiert man «Information» als Muster der Wirklichkeit, die potenziell gelesen und gedeutet werden können, dann ist die Welt tatsächlich prall gefüllt mit Informationen jeglicher Art – natürlichen wie nicht natürlichen.

Pinker erklärt, er sei der festen Überzeugung, dass der Begriff Information nicht nur eine adäquate Entsprechung für «Leben», sondern auch für den «Geist» darstellt. Der Geist, den er meint, schälte sich im Kontext der sogenannten Kognitiven Wende in den 1950er Jahren heraus. Ohne die gäbe es weder die Entwicklungspsychologie noch die Behauptung, unser Geist sei ein Computer. In dieser Betrachtungsweise ist alles Denken Rechnen und der Geist eine Maschine, die Informationen verarbeitet. Deshalb können Computer unsere Denkvorgänge oder körperlosen Muster simulieren, ohne jeden Rückbezug auf Gele und Schlamme – die biologische Materialität unten drunter.

Der Philosoph und Psychologe Rom Harré beschreibt diese Auffassung von Kognition als dem Wesen nach dualistisch. «Aus den Einschränkungen, die die Architekten der ersten Kognitiven Revolution ihrem Modell des menschlichen Geistes auferlegten, entwickelte sich rasch die Analogie zu einem Computer und den auf ihm laufenden Programmen [...] Als psychologische Theorie wies diese Spielart des Kognitivismus einige beunruhigende Aspekte auf. In ihr wurde ein insgesamt kartesianisches Bild des ‹Geistes› als eine Art durchscheinender Mechanismus konserviert, ein

Mechanismus, der auf etwas Nicht-Materielles wie ‹Information› einwirkt.»[192] Darwin hätte sich sehr darüber gewundert, dass man seine genauen Beobachtungen von Pflanzen und Tieren und seine These von der natürlichen Auslese dereinst auf Rechner und maschinelle Verarbeitung überträgt, genau wie Descartes' Spaltung von Körper und Geist.

GEIST ALS COMPUTER – IM WORTSINN?

Die Vorstellung, dass der Geist *buchstäblich* ein Computer sein soll, fasziniert mich. Anders als «fest verdrahtet» ist «Berechnung» als Merkmal mentaler Prozesse nämlich nicht metaphorisch gemeint. Pinker spricht zum Beispiel vom Geist als einem «neuronalen Computer». Die Grundidee reicht zwar zurück auf die pythagoreische Mystik und Mathematik, auf die antike Logik, auf Galilei und die mechanistischen Philosophen des 17. Jahrhunderts und auf Newton, den Letztere prägten, ein Vorläufer aus jüngerer Zeit ist jedoch der Mathematiker, Logiker und Philosoph Gottlob Frege (1848–1925), der die Boole'sche Logik weiterentwickelte, eine formalisierte Darstellung logischer Denkschritte ausarbeitete und einen großen Einfluss auf die angelsächsische analytische Philosophie hatte. Frege war der Ansicht, Logik und mathematische Wahrheiten seien keine Eigenschaften des menschlichen Geistes – er war ein vehementer Gegner des «Psychologismus», der Idee, dass Logik eine geistige Hervorbringung ist – und postulierte für sie ein «drittes Reich». Logik leitet sich nicht ab von unseren alltäglichen Wahrnehmungen und dem Wissen über die Welt, sondern wurzelt in universellen Prinzipien, eine Idee, die eindeutig platonische und kartesianische Nachklänge hat – der Glaube an unveränderliche Formen, die vollkommen unabhängig von den Erfahrungen unseres sinnlichen, materiellen Körpers sind. Die Wahrheit ist irgendwo da draußen und wartet darauf, herausgefunden zu werden.

Ohne sich nun an den anhaltenden Debatten darüber, ob Logik, Mathematik und Information fehlbar oder absolut, eine Hervorbringung des menschlichen Geists oder Entdeckungen sind, aufzuhalten, sollte man wissen, dass von diesen Debatten einiges abhängt, denn sie liegen der Definition von Geist zugrunde, die seit Jahrhunderten in der westlichen Philosophie und Naturwissenschaft vorherrscht. Ohne die Unterstellung, die Funktionsweise unseres Geistes könnte irgendwie auf bestimmte objektive, mechanistische, symbolische, von jeglicher Materie unabhängige Rechenprozesse reduziert werden, gäbe es die Evolutionspsychologie nicht.

In *Evolutionary Psychology: A Primer* präsentieren Leda Cosmides und John Tooby ihre Sicht: «Der Geist ist eine Ansammlung von verschiedenen informationsverarbeitenden Maschinen, die sich durch natürliche Auslese herausgebildet haben, um bestimmte Anpassungsprobleme zu lösen, vor die sich unsere Jäger-und-Sammler-Vorfahren gestellt sahen.» In diesem Satz wird die Soziobiologie mit dem Computermodell des Geistes kurzgeschlossen. Der Geist ist hier ein Konglomerat aus hochspezialisierten, modular aufgebauten Mechanismen, deren genaue Anzahl unbekannt ist. Cosmides und Tooby spekulieren, es könnten «Hunderte oder Tausende» sein. Sie sprechen sich auch gegen eine scharfe Trennung zwischen *nature* und *nurture*, zwischen Angeborenem und Anerzogenem aus: «Ein Definitionsmerkmal des Faches», schreiben sie, «ist die explizite Zurückweisung der üblichen *nature/nurture*-Dichotomie [...] Die Auswirkungen der Umwelt auf unseren Organismus hängen in entscheidendem Maß von den Details der evolutionär herausgebildeten kognitiven Architektur ab.»[193] Das hört sich vernünftig an.

Für Cosmides und Tooby ist aber diese geistige «Architektur», der ihrer Definition zufolge «ein steinzeitlicher Geist innewohnt», hoch spezialisiert und aufgrund der natürlichen Auslese weitgehend festgelegt. Deshalb kann man zwischen den männlichen Jägern auf Beutezug und den dreidimensionalen Rotationsfähigkeiten von heute eine direkte Verbindung ziehen, ohne sich um die Tausende von Jahren zu scheren, die dazwischenlagen. Abgesehen von der Zurückweisung der *nature/nurture*-Trennung, propagieren Cosmides und Tooby jedoch einen Geist von höchst unflexibler evolutionärer Rigidität, die an Galton erinnert, Geistmaschinen mit «angeborenen psychologischen Mechanismen». Wäre dieser Geist etwas flexibler, würde der Architektur fraglos ein modernerer Geist innewohnen, einer, der auf der Höhe der Zeit ist. Die Architektur, von der Cosmides und Tooby sprechen, ist allerdings *nicht die Architektur des Gehirns*. Für gallertartige Schlämme interessieren sie sich nicht besonders.

Anzumerken wäre noch, dass das Leben der «Jäger-und-Sammler-Vorfahren» beileibe kein offenes Buch ist. Wir haben keinen Zugang dazu, denn sie sind längst tot. Unser Wissen über sie basiert auf dem, was wir über die heute noch auf der Erde lebenden Jäger-und-Sammler-Gesellschaften wissen, die als Kulturen aber keineswegs einheitlich sind. Obwohl alle jagen und sammeln, sind sie doch sehr verschieden. In einem Kapitel mit der Überschrift «Some Anthropological Objections to Evolutionary Psychology» schreibt der Anthropologe C.R. Hallpike: «Wiewohl [...] wir recht gute Kenntnisse von den physischen Bedingungen vor ein oder zwei Millionen Jahren in Ostafrika haben, wissen wir, gemessen an den Standards der Ethologie und der Sozialanthropologie, nur wenig über die sozialen Verhältnisse und Organisationsformen unserer Vorfahren aus jenen fernen Zeiten, und schon gar nichts über ihre geistigen Fähigkeiten.»[194] Niemand weiß zu sagen, so Hallpike weiter, ob diese Menschen über eine grammatische Sprache verfügten, was jede Diskussion über evolutionäre Anpassungsleistungen äußerst schwierig macht. Diese Steinzeitmenschen mit ihrem steinzeitlichen Geist mögen «wirklicher» sein als Vicos Riesen oder Bigfoot, doch unsere Kenntnis von ihnen und den Einzelheiten ihrer Lebenswelt ist bestenfalls diffus.

Bietet sich das Rechnen wirklich als gelungene, wörtlich zu nehmende Beschreibung unserer Geistestätigkeit an? Die Jäger-Sammler-Vorfahren aus der afrikanischen Savanne im Pleistozän, auf die sich die Evolutionspsychologie ständig beruft, um unseren heutigen Geist zu erklären, wussten nichts von Computern, doch sie werden beschrieben, als hätten sie, lange vor der Erfindung dieser Maschine, etwas Derartiges in ihrem steinzeitlichen Schädel gehabt. Es ist nichts dagegen einzuwenden, den Computer als Erklärungsmodell für den menschlichen Geist auch etliche Jahrtausende in die Vergangenheit zurückzuprojizieren, wenn dieser denn tatsächlich wie ein solcher funktioniert. Obwohl der Mensch seit unvordenklichen Zeiten sich Dinge «ausrechnet» und «kalkuliert», ist die digitale Rechenmaschine jedoch eine neue, vom Menschen geschaffene Erfindung. Das Vertrauen in diese Charakterisierung erstaunt mich deshalb immer wieder, weil Geist und Verstand, die uns nun schon eine ganze Weile begleiten, erst seit es diese Maschine gibt, auf diese Weise verstanden werden kann. Natürlich stimmt es, dass ich Tag für Tag «Informationen verarbeite», aber ist mein Geist deshalb wirklich ein Rechengerät, eins mit Hunderten oder gar Tausenden Problemlösungsmodulen? Descartes hätte sich gegen die Vorstellung verwahrt, der Geist sei, wie der Körper, eine Maschine. Trotzdem hat, darauf weist Harré hin, dieser rechnerische, Probleme lösende, auf sonderbare Weise entmaterialisierte Geist einen stark kartesianischen Einschlag.

Der Geist, wie ihn sich Cosmides, Tooby, Pinker, David Buss und andere aus dem Bereich imaginieren, ist gekennzeichnet durch unzählige, natürlich selektierte, eigenständig arbeitende Mechanismen, die sich zur Lösung spezifischer Probleme herausgebildet haben. Der Geist setzt sich aus maschinenartigen Modulen zusammen. Die Vorstellung vom «modularen Geist» beruht auf dem einflussreichen Buch *The Modularity of Mind* (1983) von Jerry Fodor. Dieser analytische Philosoph ist davon überzeugt, dass allen Menschen eine konzeptuelle geistige Struktur gemeinsam ist, ein grundlegender Modus des Denkens, der eine logische Form besitzt und den er «mentalesisch» nennt. Die Sprache des Geistes entspricht nicht der tatsächlich gesprochenen, sondern unterliegt den Wörtern als deren abstrakte Logik. Fodors modulare Kognitionstheorie besagt, dass zwar nicht alle, aber die meisten psychischen Prozesse isoliert ablaufen und Information in einem eigenständigen Bereich verkapselt ist. Die

Wahrnehmung eines Objekts hängt folglich nicht von anderen Aspekten der Kognition wie etwa Sprache ab, weil es in einem eigenständigen, getrennten Bereich berechnet wird.

Pinkers Ansicht nach erfüllt jedes geistige Modul, «dessen Logik durch unser genetisches Programm bestimmt ist», eine besondere Aufgabe.[195] Die Computeranalogie ist dieser Wissenschaftsprosa genauso eingeschrieben wie vielen anderen Arbeiten auf dem Gebiet der Kognitions- und Neurowissenschaft auch. Unterstellt wird ein Programm, und es scheint ähnlich zu funktionieren wie jenes, das Jacob 1970 bei der Erstveröffentlichung seines Buchs in Frankreich und Dawkins in *Das Egoistische Gen* vorstellte. Das «Programm» sind die Gene. Die Evolutionspsychologie geht zudem von einer «massiven Modularität» aus: Der gesamte menschliche Geist ist domänenspezifisch. Das ähnelt den Extrempositionen der Lokationisten, die in der Neurologie immer mal wieder in Mode kommen. Allerdings ist das Modell der Informationsverarbeitung, wie wir gesehen haben, nicht auf echte Gehirne angewiesen.

Der Geist wird in unterschiedliche Bereiche gegliedert, die sich im Lauf der Evolution zur Lösung spezifischer Probleme herausgebildet haben, eine moderne Form der Phrenologie nicht des Gehirns, sondern des Geistes. Auch Franz Joseph Gall wollte schon Module von der menschlichen Schädelform abgelesen haben. Die Module der Evolutionspsychologie sind zum Gutteil, wenn auch nicht vollständig, ererbt und gehören zur inneren menschlichen *Natur* oder *konzeptuellen geistigen Architektur*. Das bedeutet nicht, dass es keinen «Input» aus der Umwelt gibt, sondern dass jedes dieser hypothetischen geistigen «Module» ein «angeborenes Wissen» mitbringt. Beim Spracherwerb, beim Heranwachsen, bei der Herausbildung unserer Persönlichkeit und der psychologischen Unterschiede zwischen den Geschlechtern geht es dabei weniger um die konkreten Bedingungen der Umwelt, auch wenn diese nicht wirkungslos bleiben, als vielmehr darum, wie sich unser Geist im Verhältnis zu diesen Umweltbedingungen über Jahrtausende hinweg entwickelt hat. Den biologischen Organismus gibt es noch, aber die *Psychologie* dieses evolutionär herausgebildeten Organismus wird über ein Modell eigenständig arbeitender, gleichsam kartesianischer Module eines Maschinengeistes gedeutet.

Woher nehmen diese Leute die Gewissheit, dass es geistige Module gibt? Der Annahme gehen eine lange Geschichte und Tausende von uralten Fragen voraus. «Woher weiß ich, dass ich jetzt hier am Feuer sitze?» erscheint dabei nicht einmal mehr am Horizont. Stattdessen münden die vielen Fragen, die sich immer wieder aus verschiedenen Antworten ergaben, in eine Binsenwahrheit: *Wir haben im Lauf der Evolution einen massiv modularen, rechnerischen Geist entwickelt.* Jerry Fodor, den man als den Professor der Modularität in Person bezeichnen könnte, kritisierte die seiner Meinung nach grundlose Überzeugung Pinkers, der Geist wäre vollständig modular aufgebaut. Auf Pinkers Buch *Wie das Denken im Kopf entsteht* antwortete Fodor mit seinem eigenen: *The Mind Doesn't Work That Way.*[196] Im Unterschied zu Pinker glaubt Fodor nicht, dass sogenannte höhere kognitive Prozesse wie das analoge Denken modular aufgebaut sind. Er glaubt nicht, dass diese Form des Denkens in getrennt arbeitenden Modulen ablaufen kann.

Obwohl es in der Evolutionstheorie viele offene Fragen

gibt – welche Merkmale sind Anpassungsleistungen und welche nicht, und entwickeln wir uns weiter, oder ist die Entwicklung beendet? –, wird das zentrale darwinistische Prinzip, dass wir durch Evolution entstanden sind, von vielen Wissenschaftlern und Wissenschaftlerinnen in vielen Disziplinen anerkannt. Das neodarwinistische Denken eines Dawkins erscheint da kontroverser. Der analytische Philosoph Thomas Nagel veröffentlichte 2013 den Aufsatz *Geist und Kosmos: Warum die materialistische neodarwinistische Konzeption der Natur so gut wie sicher falsch ist.* Seine Kritik an der neodarwinistischen Evolutionstheorie löste sofort heftige Reaktionen aus. Per Twitter funkte Pinker: «Was ist bloß in Thomas Nagel gefahren?», und rügte «die schlampige Argumentation eines ehemals großen Denkers».[197] Nagel ist mit dem reduktionistischen Materialismus nicht einverstanden und gibt zu bedenken, dass sich Bewusstsein und Subjektivität so nicht fassen lassen, ein Problem, das er in seinem berühmten Aufsatz *Wie ist es, eine Fledermaus zu sein?* von 1974 genauer ausführt.

In diesem Aufsatz argumentiert Nagel, dass die subjektive Erfahrung, ich, Sie oder eine Fledermaus zu sein, *für* Sie, für mich oder für die Fledermaus aus der Perspektive der ersten Person erfolgt und dass keine objektive Beschreibung aus der Perspektive der dritten Person diese Wirklichkeit je vollständig erfassen kann. Er argumentiert nicht gegen objektive Positionen, verweist aber darauf, dass bei der Reduktion des Subjektiven auf das Objektive etwas verlorengeht: «[...] jedes subjektive Phänomen [ist] mit einer einzelnen Perspektive verbunden, und es scheint unvermeidlich, dass eine objektive physikalische Theorie von dieser Perspektive abstrahiert.»[198]

Nagels Essay ist ein Musterbeispiel für luzide philosophische Prosa. Er ragt unter vielen seiner Kollegen heraus wie der Strahl eines Leuchtturms in einer Nebelnacht. In seiner Klarheit erinnert mich sein Stil an Descartes. Und wie Descartes, so weiß auch Nagel, dass es mit der subjektiven Erfahrung etwas Besonderes auf sich hat.

Wenn wir uns noch einmal meinem Moment während der Konferenz und meiner triumphierenden, aber auch schuldbewussten Reaktion zuwenden, nachdem ich den dürftigen Vortrag kritisiert hatte, würde Nagel nun sagen, dass, selbst wenn meine Erfahrung mit Blick auf die physischen Abläufe in meinem Gehirn und Nervensystem aus der Perspektive der dritten Person vollständig beschreibbar wäre, doch etwas Wesentliches – Selbstheit – außen vor bliebe. In der *Psychologie* beschreibt William James diese Qualität des «Für mich selbst» eines Bewusstseins. Das latinisierte Wort dafür lautet Ipseität. Nagel schlägt am Ende des Texts eine neue Methode der Phänomenologie vor. Die Phänomenologie untersucht und erklärt Bewusstseinsvorgänge als solche, eine philosophische Tradition, die mit dem deutschen Philosophen Edmund Husserl Anfang des 20. Jahrhunderts einsetzte. Husserl hatte William James gelesen und erkannt, dass jede Erfahrung ein Subjekt voraussetzt. Jede Perspektive braucht jemanden, der sie einnimmt. Indem sich Simone de Beauvoir auf Martin Heidegger, Jean-Paul Sartre und Maurice Merleau-Ponty als Verfechter der Idee berief, der Körper sei eine Situation, verwies sie damit auch auf die philosophische Tradition, der sie angehörte: die Phänomenologie.

Husserl interessierte sich sehr für Logik und Mathematik, und er setzte sich intensiv mit Freges Schriften auseinander, doch wissenschaftliche Ansätze, die jede gelebte Erfahrung außer Acht ließen und sich ausschließlich auf eine ideale Mathematik in der Tradition von Galilei stützten, stießen auf seine Ablehnung. Nagels zukünftige «objektive» Phänomenologie indes sollte «von Einfühlung oder Phantasie unabhängig sein».[199] Ich glaube, das ist unmöglich; Einfühlung und Phantasie lassen sich nicht von der Phänomenologie trennen, und der Wunsch danach bestätigt eine Vorurteilshaltung Emotionen gegenüber, die einer langen rationalistischen, die Leidenschaften abwertenden Tradition angehört. Husserl stand vor demselben Problem. Er war kein Verfechter einer rein subjektiven oder solipsistischen Theorie des Bewusstseins – der Idee, dass jede und jeder, Mensch oder Fledermaus, in der Perspektive ihres oder seines Körpers gefangen ist und nimmer herauskommt. Besonders in seinen späten Schriften entwickelte Husserl die Idee der transzendentalen Intersubjektivität. Was ist das? Intersubjektivität meint unser Wissen von und ein Bezogen-Sein auf andere Menschen in der Welt, unser Mit-anderen-Sein und andere verstehen können, ein Subjekt oder eine Person im Verhältnis zu anderen und die Herstellung einer gemeinsamen Welt über all diese Beziehungen. Husserl zu lesen, ist etwas anderes als Descartes, Nagel oder James zu lesen. Husserl ist kompliziert und schwierig. So viel kann ich aber sagen: Seine Vorstellung von Intersubjektivität schließt Einfühlung notwendig ein, und er ist der Ansicht, dass Einfühlung einen Zugang zu anderen Menschen eröffnet.[200]

In *Geist und Kosmos* entwickelt Nagel eine umfassende teleologische Sicht auf die Natur, die auch einen Geist als mögliche Erklärung nicht ausschließt, eine, die im Einklang mit Aristoteles' Idee steht, die Natur bewege sich auf ein Ziel hin. Obwohl Nagel kein religiöser Denker ist, rückte ihn diese Vorstellung nach Meinung vieler zu nah an Gott, wofür er heftig kritisiert wurde. Er rüttelte an einem Paradigma, das manchen in der Wissenschaft so heilig war wie dem Christentum die Dreifaltigkeit. Aber Nagel hat recht, das Problem der subjektiven Bewusstseinserfahrung, der Selbstheit oder *Ipseität* des Seins bleibt in den meisten wissenschaftlichen Denkschulen ohne Lösung. Auch wenn wir für jeden einzelnen physischen Aspekt des Gehirns in all seiner Komplexität eine Erklärung hätten, fehlte darin die subjektive Betrachtungsweise aus der ersten Person: Erfahrungen im Wachzustand, Erfahrungen des Bewusstseins und Denkens, aber auch während des Schlafens und Träumens. Das Bewusstsein ist zu einem philosophischen und naturwissenschaftlichen Monstrum geworden.

DAS FEUCHTE GEHIRN

Doch zurück zur Perspektive der dritten Person und der Frage, ob das Gehirn, dieses feuchte Organ mit Neuronen und Synapsen und chemischen Substanzen, tatsächlich ein digitales Rechengerät oder einem solchen auch nur ähnlich ist. Wenn das ätherische Gut Information der Biologie übergeordnet ist oder tiefer reicht als diese, oder wenn das Psychologische sich völlig vom Biologischen abtrennen lässt, wenn es tatsächlich zwei Stoffe, Körper und Geist, gibt, dann stellt sich diese Frage freilich nicht mit derselben Dringlichkeit. Mich interessiert aber das Gehirn, wie es im Schädel von Säugetieren, im Körper eines Tieres, vorkommt, und mich interessiert die Frage, warum das Computermodell des Geistes seinen Status als kognitionswissenschaftliche Hypothese verloren hat und nun so umfassend anerkannt ist, dass es vielen Menschen als Tatsache gilt. Hat uns davor nicht schon Goethe gewarnt?

Es erscheint mir wichtig, festzuhalten, dass wir trotz der großen Fortschritte in der Hirnforschung während der letzten fünfzig Jahre, trotz riesiger Datensammlungen und unzähliger Spekulationen darüber, wie das Geist-Gehirn oder der Gehirn-Geist – je nach Perspektive – funktionieren könnte, *nicht wissen, wie das Hirn funktioniert*. Der Hinweis, dass es kein verbindliches theoretisches Modell dafür gibt, bedeutet aber keineswegs, dass man überhaupt nichts weiß. Man weiß heute deutlich mehr als noch vor fünfzig Jahren, aber die modulare, informationsverarbeitende Maschine, als die der Geist in vielen naturwissenschaftlichen und manchen philosophischen Bereichen verstanden wird, ist weder eine Tatsache noch eine wissenschaftliche Theorie, und selbst die evolutionspsychologische Marke «massive Modularität» ist äußerst umstritten. Auch wenn Evolutionspsychologen zur Fundierung ihres Modells der Funktionsweise des Geistes auf verhaltensgenetische und neurowissenschaftliche Forschungen zurückgreifen, basiert das massive modulare Modell keineswegs auf biologischen Befunden, sondern allein auf der hypothetischen Idee, dass sich unser Geist aus eigenständig arbeitenden Modulen zusammensetzt und sich insgesamt wie ein oder als Computer verhält, eine Idee, die der Logik und Kybernetik entstammt und vermutlich mehr mit Idealmodellen davon, wie Systeme in gleich welcher materiellen Umgebung – ob Mensch oder Maschine – funktionieren, zu tun hat als mit echten organischen Prozessen. Georg Northoff skizziert die Theorie als eine, die das Hirn zur Erzeugung psychischer Zustände nicht braucht. «Stattdessen», schreibt er, «kann prinzipiell in jeder Apparatur – ob Gehirn, Computer oder sonstige Maschinen – ein Programm laufen, mit dem mentale Zustände erzeugt werden.» Northoff spricht in dem Zusammenhang von einer «Abwertung des Gehirns».[201]

Gibt es Module oder etwas Modulen Vergleichbares im feuchten Organ Gehirn? Die Verfechter des Lokationismus wie des Antilokationismus sind noch da, der Akzent liegt bei den einen auf Hirnregionen, die sie mit bestimmten Zuständen oder Funktionen verbinden, die anderen tendieren zu konnektivistischen Modellen. Viel Forschungseifer richtet sich auf den visuellen Kortex, die Sehrinde mit ihren unterschiedlichen Bestandteilen, die bei der Wahrnehmung eines Gegenstandes in der Welt jeweils einen bestimmten «Job» – für Form, Bewegung, Farbe, Position usw. – übernehmen. Die Sehrinde galt lange als Paradebeispiel für einen in sich geschlossenen Sinnesmodus des Gehirns, das Sehvermögen. Empirische Befunde aus den letzten zehn Jahren legen jedoch komplexere Zusammenhänge nahe. Es hat sich herausgestellt, dass die Sehrinde nicht nur visuelle, sondern auch akustische Stimuli empfängt, und dass zwischen Sehrinde und Hörrinde erhebliche Wechselwirkungen bestehen. Man spricht von intermodalen Interaktionen, wenn ein Sinnesmodus mit einem anderen kommuniziert. Studien belegen, dass unser Sehen von dem, was wir hören, beeinflusst wird. Gleichzeitig beeinflusst das, was wir hören, auch unser taktiles Empfinden. Ladan Shams und Robyn Kim schreiben 2010: «Es scheint also nicht so zu sein, dass die visuelle Verarbeitung in einem von allen anderen sensorischen Prozessen unabhängigen Modul stattfindet. Vielmehr sind die Wechselwirkungen mit anderen Sinnesmodalitäten in vielen Bereichen enorm.»[202]

Im intermodalen Bereich wird derzeit viel geforscht, und dabei bestärkt sich eine Hypothese über die menschliche Entwicklung, die besagt, dass unsere Sinneswahrnehmungen bei der Geburt vermutlich nicht vollkommen voneinander getrennt sind, dass die Sinne beim Säugling noch verschwimmen und sich erst während des Heranwachsens aufgliedern. Das könnte auch die vielen Formen von Synästhesie bei Menschen erklären, die Farben hören, Buchstaben und Zahlen als Farben wahrnehmen oder Geräusche fühlen.[203] Bei Synästhetikern bleibt die Fähigkeit der intermodalen sinnlichen Erfahrung erhalten, die bei den anderen verlorengeht. Intermodale Wahrnehmungen sind in unterschiedlichem Maß jedoch ein Bestandteil unseres bewussten Lebens allgemein. Metaphorische Wendungen überspringen ständig die Grenzen unserer Sinne. Ich ärgere mich schwarz. Hör doch diesen feinen, süßen Laut. Was für eine traurige Farbe, oder einige Zeilen der unnachahmlichen Emily Dickinson: «An solchem klaren steifen Abend», «Ein grünes Frösteln überzog / Die Hitze schauerlich» und «Einen zarten Dufthauch haben sie / Der mir Metrum ist – nein – Melodie».[204]

Bei der Geburt, so viel wissen wir, sind Teile des Gehirns bereits ausgereift – der Hirnstamm, zum Beispiel, der MacLean zufolge zum Reptiliengehirn gehört. Er steuert die Atmung, den Puls, die Körpertemperatur und andere autonome Funktionen, und ist entwicklungsgeschichtlich ein sehr alter Bestandteil des Organs, einer, den wir mit vielen anderen Tieren gemeinsam haben, auch mit den Fröschen. Sich diesen Teil der Hirnfunktionen als Automaten vorzustellen, ist tatsächlich nicht unpassend. Der Neokortex, entwicklungsgeschichtlich der jüngste Teil unseres Hirns und dem anderer Säugetiere, scheint hingegen bemerkenswert formbar zu sein, am formbarsten wohl beim Menschen.

Nach der Geburt entwickelt sich der menschliche Neokortex stark weiter, und es herrscht allgemein Einigkeit darüber, dass dies *durch Erfahrungen* geschieht.[205] Bedeutet das nun, dass wir hier eine «Beziehung» zwischen den getrennten Kategorien Natur und Kultur herstellen können, dass Ms Anspruchsdenken in seiner Natur (kernige Gene aus gutem Bestand), nicht in der Erziehung (innig geliebter Knabe, der von den Eltern verhätschelt wurde) begründet liegt? Wäre diese Schlussfolgerung sinnvoll? Was wäre in dem Fall Natur und was Kultur? Könnte man hier unterstellen, der *natürliche* Neokortex entspreche dem Gehirn am Tag der Geburt, einem Gehirn, das sich bereits vor der Geburt durch die uterine Umgebung formte, und die synaptischen Entwicklungen nach der Geburt gehörten zur *Kultur*, weil sich die dynamische Form des Organs nicht ohne die von dem Menschen gemachten Erfahrungen verstehen lässt? Wohl nicht, denn genetische Veranlagungen wirken dabei ebenfalls mit, und die gemachten Erfahrungen beeinflussen umgekehrt auch die Genexpression oder -suppression.

Sind die Erfahrungen eines Organismus, die sich auf die synaptischen Verbindungen im Gehirn auswirken, also nicht untrennbar mit seiner Natur verknüpft? Und steckt in diesem Gedanken nicht auch das kontextualisierte Gen, nun eben bezogen auf den gesamten Organismus? Ohne die Umgebung, ohne Nahrung und Luft und Eltern, die uns in den Armen wiegen, uns anschreien, uns berühren und mit uns reden, ohne unsere vielfältigen Verstrickungen mit der Welt und mit anderen – kurz: ohne Erfahrung – entsteht kein erkennbar menschliches Wesen, womit nicht gesagt werden soll, wir hätten keine erblichen Merkmale und keine genetische Geschichte. Doch diese Geschichte, in Form von Gensuppression, wird, wie wir sahen, auch durch das, was dem Tier widerfährt, geformt. Ohne diese Entwicklungsdynamik, ein Narrativ, das sich aus verschiedensten Einflüssen herausbildet, gäbe es die allein in ihrem Zimmer sitzende, nachdenkende Philosophin, den Philosophen nicht.

Eine besondere Form der Plastizität weist die Sehrinde bei Menschen auf, die blind zur Welt kommen.[206] Bei ihnen wird der visuelle Kortex sowohl für andere Sinneswahrnehmungen – Hören und Fühlen – eingesetzt, als auch offenbar für kognitive Funktionen wie Sprache.[207] Und ein Säugling, der eine Hirnhälfte verliert, kann durchaus «normal» heranwachsen. Pinker diskutiert Plastizität ausführlich in *Das unbeschriebene Blatt*, beharrt aber auf dem Standpunkt, das «beweis[e] weder, dass Lernen einflussreicher ist, als wir gedacht haben, dass das Gehirn von einem Input übermäßig verändert werden kann, noch dass die Gene das Gehirn nicht prägen».[208] Zweifellos spielen noch nicht näher bestimmte genetische Faktoren eine Rolle für die Plastizität, doch dass Lernprozesse für die «Formung» des Neokortex entscheidend sind, darüber sind sich viele Neurowissenschaftlerinnen und Neurowissenschaftler einig, darunter auch ein Forscher, auf dessen Arbeit sich Pinker in einem neueren Buch, *Gewalt: Eine neue Geschichte der Menschheit*, bezieht, der Koautor des Aufsatzes über das Es und das Ich von Mark Solms: Jaak Panksepp.

In «The Seven Sins of Evolutionary Psychology» (2000) legen Jaak und Jules Panksepp nahe, dass die Plastizität des Neokortex nicht auf unzählige «genetisch gesteuerte Module» hindeutet, sondern eher auf eine erfahrungsabhängige «kognitiv-sprachlich-kulturelle Mehrzweck-‹Spielwiese› zur

Regulierung basaler affektiver und motivationaler Ströme, die anderswo entstehen».[209] Dieses «Anderswo» ist der subkortikale, affektive Teil des Gehirns, in dem Solms und Panksepp eine urzeitliche Bewusstseinsebene verorten, die entwicklungsgeschichtlich älter ist als der Neokortex, und dieser Teil verbindet uns anatomisch mit anderen Säugetieren, auch mit Ratten. Jaak und Jules Panksepp verweisen insbesondere auf Hirnregionen, die bei emotionalen Prozessen eine Rolle spielen und weniger formbar sind. Sie schreiben: «Wir sind der Meinung, dass die Vorstellungen über den menschlichen Geist bei bestimmten Spielarten der Evolutionspsychologie, die derzeit en vogue sind, sich aus neurologischer Sicht am Rande der Unglaubwürdigkeit bewegen.»[210] Diese Sicht, so meine ich, erscheint heute, fünfzehn Jahre nach Erscheinen dieses Aufsatzes, unglaubwürdiger denn je. Das betrifft den Panksepps zufolge insbesondere die Herausbildung der Sprachfähigkeit und die Frage, ob diese genetisch bedingt ist oder eine Adaptionsleistung darstellt. Stephen Jay Gould vermutet, Sprache könnte sich als zufälliges Nebenprodukt unseres großen Gehirns entwickelt haben, ein Vorgang, den er «Exaptation» nennt.

Mit anderen Worten: Es besteht kein Zweifel daran, dass der Mensch auf eine Weise lernt, Zeichen und Sprache zu gebrauchen, wie es Mäuse und Frösche nicht tun. Dabei müssen angeborene Fähigkeiten eine Rolle spielen, wie genau das alles funktioniert, bleibt jedoch ein Rätsel und kann viele Erklärungen haben. Der Evolutionsbiologe Terrence Deacon behauptet, die Plastizität des Gehirns sei bereits eine Anpassungsleistung. Wie viele andere lehnt auch er Pinkers Idee eines Sprach«instinkts» bzw. Sprachmoduls ab, eine Idee, die auf Noam Chomskys innovative Theorie der generativen Grammatik zurückgeht. Gegen Chomskys Vorstellung von einem angeborenen Sprach«organ» regt sich in der linguistischen Forschung aber viel Widerstand.[211] Ich gehöre nicht zu denen, die glauben, dass die neuesten Ideen immer die besten sind. Ganz im Gegenteil, meine Lektüren der Wissenschaftsgeschichte haben mich bisweilen eher zynisch auf das blicken lassen, was sich als Fortschritt ausgibt. Als allgemein akzeptiert gilt aber inzwischen, dass es für den Spracherwerb einen feststehenden Zeitrahmen gibt. Wenn ein Kind zwischen der Geburt und dem Alter von zehn Jahren (das Zeitfenster variiert je nach Studie) keine sprachlichen Stimuli erhält, ist dieses Defizit durch keinen Unterricht der Welt später je aufzuholen.

Bemerkenswerterweise bezeichnet Chomsky seine frühen Arbeiten zur syntaktischen Theorie selbst als «kartesianische Linguistik». Da seine Universalgrammatik auf logisch-mathematischen Prozessen gründet, kommen seine Erklärungen ohne Rückgriff auf sprachliche Bedeutungen und Kontexte aus. Michael Tomasello stellt in einer Rezension von Pinkers *Sprachinstinkt* fest, dass Chomskys Modell einem «mathematischen Ansatz» entspricht, der «stets Strukturen hervorbringt, die als abstrakte, unveränderliche platonische Formen zu beschreiben sind».[212] Man will zum Grund der Dinge vorstoßen, Ballast und Treibgut loswerden und das Wesentliche offenlegen, das sich allein durch Logik erklären lässt. Der Streit über die sprachliche Entwicklung wird bis heute intensiv geführt und ist keineswegs beigelegt. Immerhin besteht Grund zur Annahme, dass unser Geist nicht vollständig modularisiert oder durch natürliche Auslese determiniert ist, was aber nicht bedeutet, dass die natürliche Auslese für unsere heutige Wirklichkeit keine Rolle spielt oder dass der Mensch als unbeschriebenes Blatt zur Welt kommt – das hatte nicht einmal John Locke geglaubt, auf den der Ausdruck zurückgeht. Zudem erscheint eine starre Trennung zwischen Natur und Kultur im Lichte der offenbar umfassenden Plastizität des Neokortex immer abwegiger.

UNNATÜRLICHE WUNDER

Ohne den Mathematiker Alan Turing, den Erfinder des modernen Computers, gäbe es auch keine «Computertheorie» des Geistes. In den Jahren 1935/36 befasste sich Turing mit einem von David Hilbert formulierten Problem, für das es damals keine Lösung gab, und deshalb entwickelte Turing eine elementare gedachte Rechenmaschine, die Information speichern und eine endliche Anzahl von Operationen durchführen konnte. Die Information wurde über Lochstreifen mit diskreten Symbolen, entweder 0 oder 1, in die Maschine eingegeben. In der Biographie von Turing erklärt Andrew Hodges auch Nichtmathematikern ganz wunderbar die Bedeutung von Turings Maschine. Er bezieht sich dabei auf ein Buch, das Turing als Kind gerne las, *Natural Wonders Every Child Should Know*, in dem das Gehirn als «eine Maschine, eine Telefonzentrale oder ein Bürosystem» beschrieben wird.[213] Das waren damals gängige Vorstellungen. Schon der englische Arzt William Harvey (1578–1657) setzte die Metapher vom hydraulischen System für die Beschreibung der Funktion von Herz und Blutkreislauf wirkungsvoll ein. Henri Bergson verwendete die Telefonzentrale als Sinnbild für das Gehirn. Freud diente der Telefonhörer als Analogie für den Analytiker.

Hodges schreibt: «Was [Turing] vollbracht hatte, war eine Verbindung einer derart naiven Vorstellung vom Denken mit der präzisen Logik der reinen Mathematik. Seine Maschinen – die bald darauf *Turing-Maschinen* genannt werden sollten – lieferten eine Brücke zwischen abstrakten Symbolen und der physikalischen Welt.»[214] Etwa um dieselbe Zeit löste Alonzo Church auch Hilberts Entscheidungsproblem, allerdings auf völlig andere Weise. Die heute als Church-Turing-These berühmte Formel besagte, dass eine Turingmaschine *jede* Funktion berechnen kann, wenn genügend Zeit und Lochkarten zur Verfügung stehen. Turings Aufsatz «On Computable Numbers» erschien im Jahr 1936, und obwohl er die Reaktion darauf damals enttäuschend fand, sollte er die Wissenschaftslandschaft verändern, auch die Auffassung vom menschlichen Geist in der Psychologie. Turing wollte mehr als nur eine nützliche Maschine entwickeln. Er wollte ein Gehirn erschaffen. «Wir hoffen», schreibt er, «dass sich Maschinen in Zukunft in jeder intellektuellen Hinsicht mit dem Menschen messen können.»[215] Er wollte eine Maschine erfinden, die selbständig dachte, eine, die nicht auf einen Programmierer angewiesen war.

In «Intelligent Machinery», einem Text, der erst nach seinem Tod erschien, merkt Turing an, dass sich die Sprache bei Kindern nicht etwa auf der Grundlage eines angeborenen, englisch- oder französischsprachigen Hirnareals herausbildet, sondern dass sich die «Sprachregionen» im Gehirn des Menschen durch «unterschiedliche Schulung» entwickeln. Er kommt zu dem Schluss: «Große Teile des Gehirns, vornehmlich die des Neokortex, sind funktional weitgehend unbestimmt.» Bei Kindern ist diese Flexibilität deutlich ausgeprägter als bei Erwachsenen. Alles hängt von Lernprozessen – «von der Schulung in der Kindheit» ab. Turing endet mit einer Grundeinsicht des Behaviorismus, die bei ihm eine mechanistische Wendung erhält: «Alles deutet darauf hin, dass der Neokortex des Säuglings eine noch *unorganisierte Maschine* ist, die durch schulende Eingriffe entsprechend eingerichtet wird. Dieses organisierende Einrichten könnte die Maschine auch in eine Universalmaschine oder etwas Vergleichbares verwandeln.»[216] Turings Kenntnisse der Biologie reichten nicht weit. Seine mathematischen Kenntnisse hingegen schon, und sie fußten auf der Grundannahme, dass bestimmte mentale Vorgänge berechenbar sind und so von einer Universalmaschine bearbeitet werden können.

Berechenbar sind Operationen, wenn sie nach bestimmten logischen Regeln schrittweise und ohne anzuhalten ablaufen – Algorithmen. Ein Schritt legt den nächsten fest, davon war auch Hobbes ausgegangen. Da Turings Maschine dies nachbilden kann, lassen sich mit ihr auch rationale Denkprozesse nachbilden, und weil ein Computerprogramm vollständig auslesbar ist, folgt daraus, dass der menschliche Verstand in gleicher Weise ausgelesen werden kann. Die Ähnlichkeit von Turings gedachter Maschine mit dem zentralen Dogma von Watson und Crick ist frappierend, in beiden Fällen geht es um eine geschmeidig ablaufende Verarbeitung von Zeichencodes, um einen biologischen Algorithmus, der vermittels Translation den Informationsstrom in eine Richtung von der DNA zur RNA lenkt.

Turing war sich allerdings im Klaren darüber, dass das

Geistesleben des Menschen nicht einfach von Maschinen kopiert werden kann. Der menschliche Rechner, die Inspiration für seinen maschinellen Rechner, kann sich Vergnügen hingeben, die eine Maschine nicht kennt. In «Intelligent Machinery» spekulierte Turing über das Problem des Körpers. Die intelligente Maschine, die er sich erträumte, «käme wohl kaum in Berührung mit Speisen, Sex, Sport und anderen Dingen, die für den Menschen von Interesse sind». Deshalb hielt er es für das Beste, nur zu untersuchen, was «mit einem Gehirn, das mehr oder weniger körperlos ist und höchstens Organe für das Sehen, Sprechen und Hören hat, zu erreichen wäre».[217] Turing befand, Mathematik, Kryptographie und die menschliche Sprache seien für derlei Untersuchungen gut geeignet.

NEURONEN UND PSYCHONEN

Im Jahr 1895 gab Sigmund Freud seinen *Entwurf einer Psychologie* auf, mit dem er die Hoffnung verbunden hatte, einen Zusammenhang zwischen psychischen Zuständen und den Nervenzellen im Gehirn herzustellen und so die Trennung von Körper und Geist zu überwinden. Das Manuskript war verschollen, wurde wiederentdeckt und erschien schließlich im Jahr 1950. In der Einleitung steckt Freud das Ziel ab: «[Es ist die] Absicht, eine naturwissenschaftliche Psychologie zu liefern, d. h. psychische Vorgänge darzustellen als quantitativ bestimmte Zustände aufzeigbarer materieller Teile [und sie] damit anschaulich und widerspruchsfrei zu machen.» Die zu untersuchenden «materiellen Teilchen», so präzisierte er, waren «Neurone».[218]

In der Regel werden bei Verweisen auf Freud oder seine Theorien seine Lehrjahre in der «harten Wissenschaft» ausgespart. Ich werde nie vergessen, wie ich einen Wissenschaftsjournalisten, den ich bei einem Literaturfestival kennenlernte, freundlich daran erinnerte, dass Freud immerhin Neurologe war. Er starrte mich ungläubig an. Was ich als

Wink der Erinnerung gemeint hatte, war für ihn etwas vollkommen Neues. Tatsache ist, dass Freud als Neurobiologe am Institut für Physiologie der Universität Wien unter Ernst Wilhelm von Brücke forschte, und zwar zur Struktur der Nervenzellen beim Neunauge und beim Flusskrebs, worüber er Arbeiten veröffentlichte, die ihren festen Platz in der Wissenschaftsliteratur haben. Er arbeitete dann mit dem berühmten Psychiater Theodor Meynert zusammen im Laboratorium für Gehirnanatomie, wo er das menschliche Nervensystem erforschte. Der *Entwurf* war ein Versuch, seine Erkenntnisse über die Dynamiken des Nervensystems an psychische Eigenschaften zurückzubinden und eine Ökonomie psychischer Energien zu entwickeln.

Fast ein halbes Jahrhundert nachdem Freud beschlossen hatte, seinen neurobiologischen *Entwurf* nicht weiter zu verfolgen, veröffentlichte ein anderer Psychiater, diesmal ein US-Amerikaner, nämlich Warren McCulloch, gemeinsam mit dem hochtalentierten jungen Logiker Walter Pitts einen Aufsatz, in dem sie behaupteten, das Körper-Geist-Problem anhand eines Modells der Physiologie des aktiven Hirns gelöst zu haben. McCulloch wollte, genau wie Freud, über Neuronen und neuronale Netze die menschliche Psyche im Allgemeinen und psychische Erkrankungen im Besonderen erklären. Statt Atome und Gene führte er das «Psychon» als Grundeinheit des menschlichen Geists ein. Anders als Freud, der seinen *Entwurf* aus Gründen, über die bis heute spekuliert wird, aufgab, verfolgte McCulloch seine Psychonen-Theorie weiter. Im *Bulletin of Mathematical Biophysics* erschien der inzwischen als Meilenstein geltende Aufsatz von Pitts und McCulloch mit dem Titel «A Logical Calculus of the Ideas Immanent in Nervous Activity».[219] Schon die Überschrift verleitet zu dem aufregenden Gedanken, auch Neuronen könnten irgendwie Ideen entwickeln. Das Neuron mit seinem Axon und den Dendriten, und der Gedanke im Geiste, wie etwa: *Sind Zitronen im Kühlschrank?*, werden endlich eins. Die pulsierende, elektrische Aktivität des faltigen Organs im menschlichen Schädel und die geistige Welt finden zusammen. Wie haben die Verfasser das geschafft? Mit Hilfe der Logik binärer Neuronen:

> Ein Psychon ist nichts anderes als die Aktivität eines Neurons. Da diese Aktivität einen propositionalen Gehalt besitzt, sind alle psychischen Ereignisse intentionaler, semiotischer Natur. Das Gesetz des «Alles-oder-Nichts», dem diese Aktivitäten gehorchen, und ihre Übereinstimmung mit der Logik der Propositionen gewährleisten, dass die Beziehungen zwischen Psychonen exakt der zweiwertigen Logik von Propositionen entsprechen. Somit entsprechen auch die grundlegenden Beziehungen in der Psychologie, ganz gleich, ob sie introspektiv, behavioristisch oder physiologisch verfährt, denen der zweiwertigen Logik.[220]

Nervenzellen folgen einer binären Logik. Deshalb folgen auch unsere psychischen Zustände, welcher Art sie auch sein mögen, dieser Logik.

McCulloch absolvierte ein Praktikum im Bereich organische Neurologie am Bellevue Hospital in New York, wobei sich sein Interesse auf Nervenerkrankungen wie Parkinson richtete, doch es zog ihn auch zur Logik und zur Mathematik hin, insbesondere zu den Schriften von Whitehead und zu Russells *Principia Mathematica.* Er arbeitete in Joannes Dusser de Barennes Laboratorium für Neurophysiologie in Yale und wechselte später zur Universität von Illinois in Chicago, wo er die Mitglieder des Ausschusses für Mathematische Biologie unter Führung von Nicolas Rashevsky kennenlernte, dessen großer Traum es war, die mathematischen Methoden der theoretischen Physik für die Biologie fruchtbar zu machen. Anfang der 1940er Jahre hatte McCulloch Turings Aufsatz von 1936 über berechenbare Zahlen gelesen, von dem er später sagte, er habe ihm den Weg in die «richtige Richtung» gewiesen.[221]

Die richtige Richtung, die im Aufsatz von Pitts und McCulloch skizziert wird, wies zu einem extrem vereinfachten Modell neuronaler Prozesse. Den Verfassern, das sei betont, war klar, dass ihre Neuronen eine Idealisierung darstellten, die nicht der Komplexität echter Nervenzellen entsprach. Ihr Modell der neuronalen Vernetzung war keine exakte Nachbildung des realen Nervensystems. Sie wollten beweisen, dass ein *dem neuronalen System ähnliches* System erklären konnte, wie der menschliche Geist funktionierte. Ausgehend von der simplen Idee, dass Nervenzellen gehemmt oder erregt sind, dass sie feuern oder nicht feuern, an- oder ausgeschaltet sind, wurden die Zellfunktionen auf binäre, digitale Abstraktionen verkürzt. Die neuronale Aktivität gehorchte der binären Essenz Boole'scher Logik: «Aufgrund der ‹Alles-oder-Nichts›-Beschaffenheit der Nervenaktivität lassen sich neurale Ereignisse und ihre Beziehungen mit der propositionalen Logik beschreiben.» Eine Proposition entspricht dem Aussagegehalt, den ein Satz wie *Jane raucht eine dicke kubanische Zigarre* ausdrückt. Der Satz selbst ist nicht die Proposition. Die Proposition ist die abstrahierte Idee hinter den Wörtern. Jede Proposition oder Behauptung kann wahr oder falsch sein. Propositionen sind die Atome oder Bausteine logischer Argumente, die in systematischer Weise aufeinander aufbauen. Erweist sich ein Baustein als «falsch», bricht das ganze Gebilde zusammen. Die propositionale Logik ist viel komplexer, aber für ein grobes Verständnis dessen, worauf es Pitts und McCulloch ankam, dürfte das zunächst genügen. Anhand mathematischer Verfahren übertrugen Pitts und McCulloch nun propositionale psychische *Inhalte* – auf der Grundlage der binären Logik von wahr oder falsch – auf ihre vereinfachten Neuronen, und das reichte ihnen als Rechtfertigung der Verwendung des Begriffs «Semiotik», die Lehre von den Zeichen. Die *Form* des Geistes wird auf die propositionale Logik verkürzt.

Selbst wenn man eine Nervenzelle als an oder aus, als in einem eher aktiven oder eher gehemmten Zustand beschreiben kann, analog zur Logik von Propositionen, die wahr oder falsch sein können, bleibt die Frage, wie sich beides zusammenbringen lässt. Der Grundgedanke ist, dass jeweils dasselbe Gesetz am Werk ist, dass die Physiologie und die Psychologie des Menschen von einer universellen binären Wirklichkeit regiert werden. Obwohl das im Kern Pitts' und McCullochs These ist, fehlt dafür jeder wissenschaftliche Nachweis. James A. Anderson bespricht den Aufsatz in seinem Buch *An Introduction to Neural Networks* und bemerkt: «Nach derzeitigem Kenntnisstand über die Funktionsweise von Nervenzellen kann ein Neuron nicht als Einheit betrachtet werden, die die Propositionen der formalen

Logik umsetzt.»[222] Die Wissenschaftler Walter J. Freeman und Rafael Núñez urteilen schärfer: «Entgegen weit verbreiteter Annahmen in der Computerwissenschaft und Kognitionsforschung handelt es sich bei Aktionspotenzialen [Membranveränderungen bei einem Neuron, die zur Übertragung elektrischer Impulse führen] keineswegs um Binärzeichen, und Nervenzellen betreiben auch keine Boole'sche Algebra.»[223] Wie konnte dann das Gehirn als Rechenapparat zu einem Gemeinplatz werden? Die erste digitale Rechenmaschine, ENIAC, wurde erst 1946 eingeführt, zehn Jahre nach Turings gedachter Maschine. Berechnungen anstellen galt früher als eine mentale Tätigkeit des Menschen unter vielen anderen. Arithmetische Aufgaben lösen war eine Rechenleistung, Tagträumen nicht. Wie konnte sich die Idee, dass alles, was im Gehirn abläuft, Rechnen ist, nun so verbreiten und zum Dogma werden?

Viele mir bekannte Neurowissenschaftler akzeptieren weder das Boole'sche Neuronen-Modell, noch glauben sie, dass die propositionale Logik oder die Turingmaschine Nervenzellen erklären können, und doch benutzen sie ständig das Wort «berechnen» zur Beschreibung der Vorgänge im Gehirn. Am Ende einer höchst erhellenden Kritik an Pitts und McCulloch nimmt Gualtiero Piccinini auf das folgenreiche Vermächtnis, das ihr Aufsatz hinterließ, Bezug und auf die Tatsache, dass das Computerparadigma zum Leitmodell für psychische Prozesse beim Menschen wurde:

> Trotz zahlreicher empirischer wie konzeptueller Probleme, die McCulloch und Pitts' These vom Gehirn als Rechenmaschine aufwirft, hat das Computermodell

des Geistes und des Gehirns ein Eigenleben entwickelt. McCullochs und Pitts' Auffassung, dass neuronale Netze Berechnungen anstellen (im Sinne der Berechenbarkeitstheorie) und dass sich psychische Phänomene als neuronale Rechenleistung erklären lassen, hat sich festgesetzt und als Leittheorie über den Geist und das Gehirn etabliert.[224]

Vielleicht bin ich die Erste, die Freuds *Entwurf* mit dem Aufsatz von McCulloch und Pitts verbindet. McCulloch stand der Psychoanalyse sehr ablehnend gegenüber, ihn mit Freud in einem Atemzug zu nennen, mag also einen frevlerischen Beigeschmack haben. Freud knüpfte neuronale Aktivitäten weder an die Mathematik noch an die propositionale Logik. Er befasste sich aber mit Neuronen und ihren Erregungszuständen als biologischen Grundeinheiten, in der Hoffnung, anhand zweier Klassen von Nervenzellen Wahrnehmungs- und Erinnerungsprozesse erklären und so zu einer allgemeinen Beschreibung der energetischen Vorgänge im Gehirn gelangen zu können. Freuds Hoffnung, den Ursprung psychischer Phänomene in neuronalen synaptischen Vorgängen zu entdecken und so ein funktionales wissenschaftliches Modell des Psychischen, auch psychischer Erkrankungen, zu entwickeln, teilte McCulloch auch. Beide wollten eine Erklärungslücke schließen, das psychische und physische Leben eins werden lassen, statt zwei.

Es gibt aber auch Neurowissenschaftler, die Freuds weitblickende Theorie des Geistes beeindruckender finden als Pitts' und McCullochs logisches Kalkül.[225] Karl Pribram (1919–2015), ein Wissenschaftler, der ohne Berührungsängste die Mathematik als Instrument für seine Studien nutzt, meint, Freuds *Entwurf* habe sowohl das neurologische Wissen seiner Zeit (Neuronen waren noch sehr umstritten) eindrucksvoll umgesetzt als auch spätere Erkenntnisse vorweggenommen. Anfang der 1960er Jahre präsentierte Pribram in seinen Vorlesungen Thesen aus dem *Entwurf*, als wären es seine eigenen, und begeisterte damit Kollegen und Studierende. Erst zum Schluss eröffnete er seinen Zuhörern, dass er Freuds, nicht die eigene Theorie, vorgetragen hatte. Sein Publikum reagierte ungläubig. «Warum widerstrebt es Ihnen, das zu glauben?», fragte Pribram während seines Vortrags anlässlich des hundertjährigen Jubiläums des *Entwurfs*. «Warum wird Freud so anders betrachtet als Pawlow oder Hebb?» Die Antwort lieferte er selbst: «Ich glaube, es ist ganz einfach. Pawlow und Hebb formulierten ihre neuropsychologischen Spekulationen mit dem Vokabular der Neurowissenschaft – voilà, schon waren sie Neurowissenschaftler. Freuds Ausdrucksweise hingegen war psychologischer, subjektiver.»[226] Freuds Sprache trägt sicher zu seinem Sonderstatus bei, dennoch ist, so glaube ich, die Sache komplizierter. Anders als Pawlow mit den berühmten Hunden und Donald Hebb, ein Neurowissenschaftler, der Mitte des vergangenen Jahrhunderts wirkte und dessen Name in der nach ihm benannten Lernregel – *neurons that fire together, wire together* – verewigt ist, wurde Freud selbst ein Opfer des weit verbreiteten Denkens in Begriffen des Alles-oder-Nichts, Richtig oder Falsch, Wahr oder Falsch. Mich hat das immer irritiert. Wozu brauchen wir einen einheitlichen Freud? Man kann doch einzelne Aspekte seines Denkens akzeptieren und andere ablehnen, wie bei anderen auch.[227]

An das Psychon erinnert sich heute keiner mehr. Es ging den Weg aller Kraniometrie (der Schädelvermessungen, die Broca neben vielen anderen einst praktizierte, meistens um Unterschiede zwischen Rassen und Geschlechtern nachzuweisen). Das Rechnen als Modell für die Tätigkeit des Geistes findet aber weiterhin Verbreitung. Woher kommt der unverbrüchliche Glauben an die Berechnung, wenn doch allgemein Einigkeit darüber besteht, dass der Aufsatz von Pitts und McCulloch das Körper / Geist-Problem keineswegs gelöst hat? In ihrem gewichtigen Werk *Mind as Machine: A History of Cognitive Science* bringt Margaret Boden das Problem auf den Punkt. Nach dem Hinweis, dass die materielle Verkörpertheit der Pitts-McCulloch-Neuronen für ihre Funktion keine Rolle spielt, auch wenn die Verfasser das nicht «ausdrücklich» so formulierten, schreibt Boden: «Insgesamt ist die Abstraktheit [...] der Netzwerke in Pitts' und McCullochs Darstellung bemerkenswert. Sie gestattete es Neumann, daraus elektronische Versionen zu entwickeln [...] Sie erlaubte es Computerwissenschaftlerinnen und deren Kollegen aus der Künstlichen Intelligenzforschung' Software als völlig unabhängig von der Hardware zu behandeln. Sie ermöglichte den Psychologen, sich auf psychische (rechnerische) Prozesse zu konzentrieren, *während sie vom Gehirn kaum Kenntnisse hatten.*»[228] (Hervorhebung S. H.) Durch das in Klammern hinzugefügte Synonym für «psychisch» – «rechnerisch» – reiht sich Boden eindeutig ins Lager der Computationalisten ein.

John von Neumann, ein Mathematiker, Physiker und Erfinder, nahm das Pitts-McCulloch-Neuron zur Grundlage für seine zellularen Automaten und selbststeuernden Systeme. Für die weitere Diskussion sind aber nicht seine bemerkenswerten Leistungen interessant, sondern die Tatsache, dass sie auf der Grundlage eines Modells erfolgten, das Organismen in eine möglichst handhabbare, einfache Form presste. Von Neumann war sich, genau wie Pitts und McCulloch, vollkommen im Klaren über den Unterschied zwischen Modell und lebendigem Organismus. In seinem Aufsatz von 1951, «The General and Logical Theory of Automata», schreibt er: «Lebende Organismen sind hochkomplex mit teils digital, teils analog funktionierenden Mechanismen. Rechenmaschinen, jedenfalls in ihrer derzeitigen Form [...] funktionieren rein digital. Ich bitte deshalb darum, die allzu starke Vereinfachung des Systems hinzunehmen [...] im Weiteren werde ich lebende Organismen behandeln, als wären sie rein digitale Automaten.»[229] Nachbildung erfordert Vereinfachung.

Es wäre unsinnig, Vereinfachung oder Reduktion als Instrumente der Wissenschaft abzulehnen. Ähnlich wie der Scherenschnitt einer Tänzerin von Matisse, der die Musik des menschlichen Körpers selbst einzufangen scheint, kann ein vereinfachtes Modell wesentliche Merkmale des Studienobjekts offenlegen. In der Wissenschaft wie in der Kunst sagt das Eingedampfte oft mehr aus als die unüberschaubare, barocke, überbordende oder sperrige Beschreibung desselben Objekts, derselben Geschichte.

Hier als Beispiel Robert Herricks formvollendetes Gedicht «Upon Prue, His Maid»:

In this little urn is laid
Prudence Baldwin, once my maid
From whose happy spark here let
Spring the purple violet.[230]

Auf Prudence, sein Mädchen

In dieser kleinen Urne ruh
Mein einstig Mägdlein, Baldwins Prue
Hier soll sie fröhlich Funken sprühn
Dass Purpurveilchen draus erblühn.

Derartige Verkürzungen dienen als Vehikel für Entdeckungen. Allerdings laufen Vereinfachungen bisweilen Gefahr, genau das auszulassen, was am wichtigsten ist. In diese Zwickmühle geraten Kunstschaffende wie Wissenschaftler gleichermaßen. Was lässt man drin, was nimmt man raus? In einem Aufsatz aus dem Jahr 2011 beziehen sich Peter beim Graben und James Wright auf die Bedeutung des Modells von Pitts und McCulloch für die heutige Neurobiologie: «Im Idealfall sollten Beobachtungsmodelle so einfach sein, dass sie sich analytisch und / oder zahlenmäßig steuern lassen, aber auch komplex genug, um die physiologische Realität noch abzubilden. Leider wissen wir nicht, welche physiologischen Eigenschaften wirklich zum Wesentlichen gehören, und auch nicht, ob eine solche Unterscheidung überhaupt sinnvoll ist.»[231] Mit anderen Worten, diese rechnenden, neuronalen Netze, die in der kognitiven Psychologie und künstlichen Intelligenz eine so wichtige Rolle spielen, werden von Menschen, die, was dieses nach wie vor rätselhafte Organ Gehirn betrifft, keineswegs unwissend sind, sehr viel skeptischer betrachtet.

GOFAI VS. KNOW-HOW

Wie bei allen Disziplinen ist auch die Geschichte der Künstlichen Intelligenz nicht ohne Konflikte verlaufen. Zu Zeiten der Macy-Konferenzen waren noch viele unterschiedliche Fachgebiete und Standpunkte vertreten. John Dewey saß im Macy-Ausschuss. Zur Kerngruppe der Teilnehmenden gehörten Warren McCulloch, die Anthropologen Gregory Bateson und Margaret Mead sowie der eigenwillige und schlagfertige Psychiater und Psychoanalytiker Lawrence Kubie. Eine witzige Anekdote besagt, dass dieser sich einmal abmühte, einem völlig verständnislosen Walter Pitts das Unbewusste zu erklären, der es daraufhin mit einem «Wurmfortsatz ohne jeglichen Nutzen», aber «mit einer hohen Krankheitsanfälligkeit» verglich.[232] Auch Norbert Wiener, John von Neumann, die Philosophin Susanne Langer, Claude Shannon und der Psychologe Erik Erikson waren als Teilnehmer oder Gäste auf diesen Konferenzen. Außergewöhnliche Denker und Denkerinnen versammelten sich damals an einem Ort. Das Feld der Kybernetik war per Definition interdisziplinär. Man beschäftigte sich mit Systemen und ihrer Steuerung auf eine abstrakte, entmaterialisierte Weise, die sich auf alles anwenden ließ. Die Kybernetik verfuhr aber nicht reduktionistisch. Im Mittelpunkt standen die Beziehungen zwischen den verschiedenen Teilen dynamischer Systeme. Entscheidend war das Hin und Her von Information und Rückkoppelung, positive wie negative, bei der Selbststeuerung von Systemen, die vollkommen unabhängig waren von der materiellen Umgebung, auf deren Grundlage die Prozesse abliefen. Ohne diesen Vorläufer könnte Pinker nicht behaupten, Konzepte wie «Information», «Berechnung» und «Rückkoppelung» ermöglichten ein «tieferes Verständnis dessen, was Leben heißt, [...] wie es funktioniert und welche Formen es vielleicht anderswo im Universum annimmt». Anwendungsfelder für die Kybernetik und verwandte Ansätze wie die Systemtheorie gab es erstaunlich viele. Sie nisteten sich in die unterschiedlichsten Bereiche ein, von Zellstrukturen über Konzernstrukturen, Tourismus bis hin zur Familientherapie.

Gerade die Interdisziplinarität der Kybernetik machte die Definition von Grundkonzepten unerlässlich. Auf den Macy-Konferenzen entbrannten heftige Diskussionen über den Unterschied zwischen digitalen (diskreten) und analogen (kontinuierlichen) Prozessen, und es herrschte alles andere als Einigkeit darüber, was dieser Unterschied bedeutete. Gregory Bateson merkte an: «Es wäre nicht schlecht, wenn wir unsere Begrifflichkeiten sauber formulierten.» Begrifflichkeiten sauber zu formulieren, ist vermutlich eine der schwierigsten Aufgaben in jeder wissenschaftlichen Disziplin. J. C. R. Licklider, ein Psychologe, dessen Forschungsarbeiten später zur Entwicklung des Internets beitragen sollten, wollte wissen, wie sich die Unterscheidung von analog und digital zum echten Nervensystem verhielt. Neumann räumte ein:

«Der Gebrauch der Begriffe analogisch und digital ist in der Wissenschaft derzeit uneinheitlich.» Er stellt weiter fest: «In fast allen Bereichen der Physik funktioniert die Wirklichkeit, auf die man sich bezieht, analog. Die digitale Methode ist ein menschliches Artefakt um der Beschreibung willen.»[233] Genau wie der Mediziner, der seinen Studierenden erklärte, dass die «mechanischen Schritte», die er zur Beschreibung von Wehen und Geburt skizzierte, ein Mittel waren, um ein «natürliches Kontinuum» zu gliedern, betrachtete auch von Neumann das Digitale als das Instrument des Wissenschaftlers und das Analoge als dessen Bezugspunkt. In seiner späteren Arbeit zur Automatentheorie charakterisierte Neumann lebende Organismen als zugleich analog und digital. Die Ideal-Neuronen von McCulloch und Pitts funktionierten rein digital. Die Autoren hofften, dass sie aller Vereinfachungen zum Trotz dem echten Nervensystem glichen, obwohl diese Korrespondenz, wie bereits angedeutet, ein zweifelhaftes Erbe hinterlässt.

Ich glaube nicht, dass die Probleme verschwunden sind. Aus der Kybernetik entwickelten sich spannende Theorien über komplexe nichtlineare Systeme. Ohne die Kybernetik könnte man heute wahrscheinlich nicht anhand der Chaostheorie die Unvorhersehbarkeit verschiedenartigster Systeme vom Wetter bis zur Wirtschaft beschreiben. Die Schwierigkeiten bleiben aber dieselben: Wie genau bezieht sich das Modell auf seine jeweiligen Referenzsysteme? Wann sind Vereinfachungen gut, wann sind sie schlecht? Welche Folgen hat es, ein und dasselbe Modell auf lebende und leblose Systeme, auf Zellstrukturen und Maschinen anzuwenden? In den frühen Tagen der Künstlichen Intelligenz wurden diese

Fragen keineswegs geklärt, doch nach einer Anfangsphase, in der noch viele Blümlein blühten, pendelte sich das Feld langsam auf das ein, was heute die Abkürzung GOFAI trägt: good old-fashioned artificial intelligence – gute altmodische Künstliche Intelligenz.

GOFAI operiert auf der Grundlage der Computertheorie des Geistes (engl. abgekürzt CTM). Die entsprechende Definition im Glossar des *Cambridge Handbook of Artificial Intelligence* macht das deutlich. Der sprachliche Stil ist nicht schön, trotzdem zitiere ich sie, versehen mit einigen erklärenden Anmerkungen von mir:

> Die Hypothese lautet, dass intentionale Zustände wie etwa Glaubensakte und Wünsche sich als ein Verhältnis zwischen den kognizierenden (denkenden und wahrnehmenden) Personen oder Maschinen und den symbolisch-geistigen Repräsentationen mit einer Syntax und Semantik analog zu natürlichen Sprachen darstellen. [Als Modell für eine natürliche Sprache dienen formale Sprachen wie die der Mathematik oder propositionalen Logik.] Sie beinhaltet auch das Postulat, intelligentes Denken (und Kognition allgemein) laufe darauf hinaus, dass man algorithmische Operationen auf diese Repräsentationen anwendet, Turing-berechenbare Operationen, die sich als formale Regeln der Syntax dieser zugrundeliegenden geistigen Repräsentationen spezifizieren lassen. CTM ist bis heute die grundlegende Arbeitshypothese der meisten Forschungen im Bereich Künstliche Intelligenz, und ganz sicher der Arbeiten, die in der Tradition von GOFAI stehen.[234]

CTM war richtungweisend für die Konstruktion echter Roboter, nicht jenen der bloß metaphorischen Art wie Dawkins' Replikatoren, die Gene herumkutschierten.

In der Einführung zur dritten US-amerikanischen Auflage seines Buchs von 1972 *Was Computer nicht können*[235] erklärte der Verfasser Hubert Dreyfus 1992 die ursprünglichen Ziele der GOFAI für gescheitert: «Vor mehr als einem halben Jahrhundert», schreibt er, «stellte der Computer-Pionier Alan Turing die Möglichkeit in Aussicht, dass ein digitaler Hochgeschwindigkeitscomputer, mit entsprechenden Regeln und Fakten programmiert, intelligentes Verhalten entwickeln könnte; [...] dieses Forschungsprojekt, das auf der Annahme gründet, der Mensch entwickle Intelligenz über die Anwendung von Regeln auf Fakten, ist in eine Sackgasse geraten, und es gibt keinen Grund zur Annahme, dass es jemals erfolgreich abgeschlossen wird.» Die Künstliche Intelligenz ist tatsächlich in vielen Sackgassen gelandet, obwohl man das kaum vermuten würde, wenn man sich Kinofilme anschaut oder die Zeitung aufschlägt. Die kulturelle Phantasie, dass wir unser Leben bald mit künstlich geschaffenen Menschen teilen, die Gehirne wie wir besitzen, Menschen, die nicht nur wie wir denken, sondern sich auch bewegen und fühlen wie wir, hält unsere kollektive Imagination nach wie vor in Bann.

2012, zwanzig Jahre nachdem Dreyfus Turings Projekt für gescheitert erklärt hatte, klingt seine Einschätzung hinsichtlich der Geschichte der KI-Forschung in den Worten des Oxforder Physikers David Deutsch nach. In seinem Artikel «Creative Blocks: The Very Laws of Physics Imply that Artificial Intelligence Must Be Possible. What's Holding Us Up?»

schreibt der: «Auf dem Gebiet der ‹Allgemeinen Künstlichen Intelligenz› […] wurde in den sechzig Jahren ihres Bestehens keinerlei Fortschritt erzielt.»[236] Obwohl Deutsch die Misserfolge der KI eingesteht, gibt er die Hoffnung nicht auf. Der Text strotzt vor Zuversicht, dass sinnlich wahrnehmende, phantasiebegabte, künstliche Menschen unsere Zukunft sind. Die Kluft zwischen Dreyfus und Deutsch ist grundlegend und paradigmatisch. Ihre Denkgebäude stehen auf unterschiedlichen strukturellen Säulen, ihre Arbeiten werden von unterschiedlichen Grundannahmen geleitet. Für Dreyfus ist die KI eindeutig an ihr Ende gelangt, weil der Geist kein Computer ist, der algorithmische Operationen durchführt, und weil die Maschine, ganz gleich, mit wie vielen Regeln und Fakten man sie füttert, nie zum Leben erwachen wird und sein wird wie wir, weil das menschliche Gehirn so eben nicht funktioniert. Für Dreyfus gehören der ganze Körper und seine Bewegungen notwendig zu den geistigen Prozessen.

Deutsch ist der Meinung, dass die ursprüngliche Idee noch stimmt, weil die Physik stimmt. Das Problem liegt in der Ausführung. In seinem Aufsatz nimmt er uns mit ins 19. Jahrhundert zu Charles Babbage und Ada Lovelace und ihren Plänen für die Analytische Maschine, die manche als Vorläufer der Turingmaschine betrachten, obwohl Turing selbst, Hodges zufolge, dieser für seine bahnbrechende Idee wenig Bedeutung beimaß. In den ausführlichen Anmerkungen, die Lovelace verfasste, als sie 1843 den Artikel eines italienischen Wissenschaftlers über die Analytische Maschine übersetzte, entwickelte sie eine Methode zur Berechnung spezieller Zahlen mittels dieser Maschine. Dies brachte ihr den Ruf der weltweit ersten Computer-Programmiererin ein.

In seinem Aufsatz «Computing Machinery and Intelligence» nimmt Turing Bezug auf Lady Lovelaces «Einwand», Maschinen könnten «nichts erschaffen».[237] Deutsch war sich zweifellos der Anklänge an Turings Einschätzung bewusst, wenn er schreibt:

> Ihnen [Lovelace und Babbage] war sofort klar, dass die Maschine programmiert werden konnte, um algebraische Operationen durchzuführen, Musik zu komponieren, Bilder zu verarbeiten und so weiter [...] Doch konnte die Analytische Maschine auch Langeweile empfinden? Konnte sie fühlen? Konnte sie hoffen, dass sich das Schicksal der Menschheit (oder der Analytischen Maschinen) zum Besseren wendet? Konnte sie mit ihren Programmierern über ihre Programmierung diskutieren? Beide glaubten, dass sich *manche* kognitive Funktionen des menschlichen Gehirns der *Universalität der Berechenbarkeit* entziehen. Lovelace schreibt: ‹Die Analytische Maschine maßt sich nicht an, etwas zu erschaffen. Sie kann Befehle, die wir für sie erstellt und in sie eingegeben haben, ausführen. Sie kann Analysen ausführen, doch die Macht, analytische Relationen oder Wahrheiten zu antizipieren, ist ihr nicht gegeben.›
>
> Doch ‹etwas erschaffen› ist, genau wie ‹Analysen ausführen› und ‹analytische Relationen und Wahrheiten antizipieren›, eine Leistung des Gehirns, und somit der Atome, aus denen das Gehirn besteht. Sie folgen den Gesetzen der Physik. Aus deren Universalität folgt deshalb unerbittlich, dass auch eine Analy-

tische Maschine, mit dem entsprechenden Programm gefüttert, diese Leistung vollbringt, *Atom für Atom und Schritt für Schritt*. Zwar wären die Atome des Gehirns wohl nicht aus organischem Material, sondern ein Nachbau aus Zahnrädern und Hebeln – aber unter den gegebenen Umständen wäre jeder Versuch, daraus einen Wesensunterschied abzuleiten, reiner Rassismus.[238]

Die Passage lässt tief in die Gedankenwelt einer entmaterialisierten Theorie des Geistes blicken. Gehirne kommen dabei gar nicht vor. Die *Universalität der Berechenbarkeit* impliziert, dass der menschliche Geist theoretisch «von einem Programm, das auf jedem Standardrechner läuft», nachgebildet werden kann, «vorausgesetzt, es ist genügend Zeit und Speicherplatz vorhanden». Es muss logisch ablaufen – *Atom für Atom, Schritt für Schritt* (alle Hervorhebungen S. H.). Das gebieten die universellen Gesetze der Physik. Deutsch ist ein hochkarätiger Physiker, der Bahnbrechendes auf dem Feld der Quantenrechnung erreicht hat, Leistungen, die unbestritten einen großen Einfluss auf viele Bereiche der Wissenschaft hatten. Deutsch glaubt an die weit verbreitete, aber nicht zu beweisende Idee des Multiversums, der Existenz vieler Universen. Auch wenn es als These nicht ganz vergleichbar ist, erinnert mich das an meine Kindheitsphantasie, mich im Traum eines anderen Menschen in dessen Traum wiederum im Traum eines anderen Menschen zu befinden. Deutsch glaubt auch an die Möglichkeit, den menschlichen Körper in Zukunft durch Computersimulationen zu ersetzen. Ähnlich wie Wieners Phantasie, dass das Schema eines Menschen von einem Ort zum anderen telegrafiert werden kann, ist Deutsch davon überzeugt, dass wir dank digitaler Berechnungen dereinst unsterblich werden.

Die Debatten über die Frage, ob der Geist wie ein Computer funktioniert, gehen weiter. Angriffe und Verteidigungen kommen aus der Wissenschaft und von außen. Ich frage mich mittlerweile wirklich, was Intelligenz eigentlich ist. Sind Computer schlau, oder sind sie dumm? Mein Computerprogramm zur Rechtschreib- und Grammatikprüfung ist dumm, aus dem einfachen Grund, weil es nach starren Regeln verfährt, was gutes Schreiben nicht tut. Neben vielen anderen Schwächen korrigiert mich das Programm jedes Mal bei der Verwendung eines Passivs. Das Programm kann das als Alternative nicht zulassen, aber ich möchte manchmal eben die Betonung auf das legen, worauf eingewirkt wird, und nicht auf das, was einwirkt. Mein Computer hat kein Gespür für solche Nuancen, weil er sie nicht bewerten kann. Andererseits kann ich mit ihm in Sekundenschnelle Bücher und Artikel zu völlig abstrusen Themen abrufen. Das erscheint mir immer noch wie ein Wunder. Bleibt nur die Frage, ob mein denkendes, schreibendes Gehirn wirklich wie ein digitaler Rechner arbeitet?

John Searle beharrt auf dem fundamentalen Unterschied zwischen der Art, wie Computer und Gehirne Informationen verarbeiten. Beim Computer steht der Handelnde, der die Informationen codiert und sie syntaktisch und semantisch interpretiert, immer außerhalb – ein Argument, das an die dem «genetischen Programm» inhärente Ambiguität erinnert. Das Gehirn, so behauptet er, steht aber in keinem Bezug zu einem externen Beobachter, es ist nicht «Beobachter-relativ».

Im Falle visueller Wahrnehmungen beispielsweise «besteht die biologische Realität nicht darin, Wort- oder Zeichenbündel, die von einem visuellen System hervorgebracht werden, zu entschlüsseln, vielmehr handelt es sich dabei um ein konkretes, spezifisches Bewusstseinsereignis – genau diese visuelle Erfahrung.» Anders ausgedrückt: Maschinen *machen* keine Erfahrungen. Und wie steht es um die universellen Gesetze der Physik? «Die Zustände eines Computers werden nicht *in* seinen physikalischen Eigenschaften *aufgedeckt*, sondern diesen zugeschrieben», hält Searle dagegen.[239] In Hunderten von Reaktionen darauf wollte man Searle beweisen, dass er damit völlig falschlag. Deutsch war einer derjenigen, die ihm energisch widersprachen. Er hat auch bestimmte Ansätze der Künstlichen Intelligenz immer wieder heftig kritisiert und oft bessere Lösungen vorgeschlagen. Aber sein Glaube daran, dass man mittels Zahnrädern und anderen mechanischen Vorrichtungen und eines «unerbittlich» sequenziell gestalteten Ablaufs intelligente, lebendige Wesen nachbilden kann, ist unerschütterlich. Obwohl das Projekt der Allgemeinen Künstlichen Intelligenz in den vergangenen sechzig Jahren in vielerlei Hinsicht fehlschlug, ändert sich an dieser Grundhaltung offenbar nichts.

Bei Dreyfus' Kritik klingt Lovelace noch nach. In der bereits erwähnten Einführung von 1992 erklärt er, dass, was in der KI als «Problem des Alltagswissens» bekannt ist, ein offenbar unlösbares Problem beim Vorhaben, Maschinen zu menschenähnlichen Wesen zu machen, nicht an der symbolischen *Repräsentierbarkeit* des Alltagswissens liegt, sondern an dem, was Dreyfus als menschliches «Know-how» bezeichnet, ein Erfahrungswissen, das sich nicht digitalisieren lässt, weil es eine implizite körperliche Beziehung zu unserer Umwelt einschließt.

> Das eigentliche Problem ist, dass dieses Know-how mitsamt der Interessen, Empfindungen, Motivationen und körperlichen Fähigkeiten, die einen Menschen ausmachen, dem Computer als Wissen eingespeist werden müsste – als gigantisches, komplexes Glaubens- und Wertesystem, und dieses unartikulierte, vorbegriffliche Hintergrundwissen dessen, was es bedeute, ein Mensch zu sein, in einer symbolischen Form explizit darzustellen, erschien mir ein hoffnungsloses Unterfangen.[240]

Die Kluft zwischen der Vorstellung vom Menschen als einer Rechenmaschine zur Verarbeitung symbolischer Information (wobei die mentalen Vorgänge theoretisch auf eine andere, nichtorganische Maschine übertragen und von dieser nachgebildet werden können) und der vom Menschen als etwas völlig anderem, nämlich einem verkörperten Wesen, das seine Welt auch vorbegrifflich und nicht nur über Symbole erfasst, sondern durch die Erfahrung, sich in dieser Welt zu bewegen, könnte nicht größer sein.

Wir besitzen hochentwickelte sensorische und motorische Fähigkeiten, die offenbar nicht auf Begriffe oder Symbole angewiesen sind. Diese Betrachtungsweise des Menschen ist sehr viel näher an der Wirklichkeit unserer Erfahrungen als die Erklärungen der Physik. In der theoretischen Physik will man das Wesen der Dinge ergründen, die Gesetze, die dem Universum zugrunde liegen, doch darüber, wie ein Mensch vom Schlafzimmer ins Badezimmer gelangt, macht man sich wenig Gedanken, obwohl auch dabei physikalische Gesetzmäßigkeiten eine Rolle spielen.

Nehmen wir ein einfaches Beispiel für das vorbegriffliche, vorreflexive oder «stille» Wissen, wie Michael Polanyi es in seinem Buch *Personal Knowledge: Towards a Post-Critical Philosophy* nennt, ein unartikulierter Wissensmodus, den wir mit anderen Tieren teilen.[241] Wenn ich mich nachts durch einen dunklen, aber mir vertrauten Raum im Haus bewege, den Tischen und Stühlen ausweiche bis ich den Lichtschalter finde, wie mache ich das? Lässt sich meine Wendigkeit im Dunkeln als Zeichencode darstellen, oder ist das, was ich da mache, vornehmlich eine Folge dessen, dass ich mich seit langem schon durch diese Räume bewege, sodass meine Wendigkeit als eine bestimmte Form des Wissens zu verstehen ist, eines, das nicht durch Zeichen oder gar Begriffe vermittelt ist? Wenn der Körper und seine Bewegungen eine entscheidende Rolle bei der Intelligenz spielen, dann ist GOFAI vollends dem Untergang geweiht, denn sie unterstellt, dass mentale Prozesse völlig unabhängig von unseren sich im Raum bewegenden Körpern sind. Diese Idee teilt sie mit Descartes: Was zählt, ist der rational denkende Geist, und der Körper ist bestenfalls sein Werkzeug.

Dreyfus steht nicht in der Tradition der angelsächsischen analytischen Philosophie, seine Einsichten leiten sich ab von der Phänomenologie, von einem Körper, der nicht als objektives Ding, sondern als gelebte Situation verstanden wird, als das, was Husserl *Leib* nennt, die Erfahrung eines Körpers von innen heraus. Heidegger nimmt mit demselben Wort *Leib* Bezug auf gelebte, körperliche Erfahrung und deren Horizont – was bedeutet, der Leib endet weder an der Kopfkrone noch an den Sohlen, noch an den Fingerspitzen, sondern erstreckt sich darüber hinaus in den Handlungsraum des Menschen. Der *Leib* ist Teil einer umfassenden, aktiv erlebten Wahrnehmungserfahrung. Der französische Phänomenologe Maurice Merleau-Ponty hat viel zur Rolle des Körpers bei der Wahrnehmung geschrieben, und er hat das einsame kartesianische *Cogito* zugunsten einer «gelebten Wahrnehmung» und eines «leiblichen Bewusstseins» verworfen. Der Körper, so behauptet er, ist die Bedingung der Welterfahrung und des sinnstiftenden Weltverstehens. «Wohl lautet die erste Wahrheit: ‹Ich denke›», schreibt er in der *Phänomenologie der Wahrnehmung*, «vorausgesetzt aber, dass man darunter versteht: ‹Ich bin zu mir›, indem ich in der Welt bin.»[242] In diesem Verständnis von In-der-Welt-sein ist der Körper untrennbar mit unserem Denken verbunden, es wird von ihm durchdrungen. Er ist eine dynamische Wirklichkeit, die als Körper-Situation aus der Perspektive eben jenes Körpers erlebt wird.

Husserl folgend, knüpft auch Merleau-Ponty das Leben eines Menschen ausdrücklich an das der anderen; die Intersubjektivität verbindet uns mit anderen Leben und Körpern – elementare Beziehungen zu anderen Menschen, von denen manche über Zeichen funktionieren, andere nicht. Babys verfügen nicht über Zeichen und können nicht sprechen, aber ich bin davon überzeugt, dass sie als fühlende, wahrnehmende Körper, die von anderen Körpern abhängen, um am Leben zu bleiben, ein Bewusstsein besitzen.

MASCHINEN, GEFÜHLE UND KÖRPER

Als ich klein war, habe ich meine Puppen geliebt. Ich brachte sie zum Sprechen, Nicken, Tanzen und zum Winken. Sie litten, liebten, stritten, weinten, lachten und führten lange liebevolle und auch mal gehässige Gespräche miteinander. Eine dieser Puppe aus meiner Kindheit konnte sprechen. Wenn ich an einer Schnur in ihrem Nacken zog und dann losließ, begann sie zu wimmern: «Mama» oder «Ich habe Hunger» oder «Spiel mit mir». Bei meinen ausgetüftelten Spielen waren diese Äußerungen nicht nur völlig unnötig, schlimmer noch, sie schienen die Tatsache, dass die Puppe nur ein hohles, lebloses Ding aus Plastik war, noch deutlicher zu betonen, anstatt sie zu kaschieren, und ich fand die Stimme verstörend. Die belebende Kraft meiner unbelebten Welt war ich, und wenn ich tief ins Spiel versunken war, vermischte sich diese Welt mit der wirklichen und verzauberte sie mit einem Hauch von Magie. Ich stellte mir vor, dass meine Puppen nachts zum Leben erwachten, und manchmal überprüfte ich sie am Morgen auf Anzeichen, die verrieten, ob sie sich, während ich schlief, bewegt und ohne mich Abenteuer erlebt hatten. In solchen Momenten war ich fast sicher, dass sie sich bewegt hatten, und das Gefühl, das mich dann beschlich, war eine Mischung aus Wunsch und Furcht.

Phantasien von Puppen, die leben, sind viel älter als die Künstliche Intelligenz, sie sind eng verknüpft mit Spiel, Kreativität, Einbildungskraft und Kunstschaffen. Daedalus soll Figuren kreiert haben, die so lebensecht wirkten, dass sie sich zu bewegen schienen. Das kalte marmorne Fleisch der Galatea wurde durch Pygmalions Berührungen warm und weich. Durch sein Begehren erwachte sie zum Leben. In diesen Geschichten kehrt sich der Dualismus von Natur und Kultur um. Erlerntes wird Natur, Künstlichkeit gilt nicht mehr als *Abbild* der Natur, sondern wird selbst zum Leben erweckt. Turings Traum von der Maschine, die «sich mit dem Menschen messen» kann, hat viele Vorläufer. Erzählungen über Automaten gab es im alten Ägypten, im dritten vorchristlichen Jahrhundert in China genauso wie im antiken Griechenland. In seinem *Book of Knowledge of Ingenious Mechanical Devices* beschreibt der islamische Ingenieur und Gelehrte al-Dschazari gegen Ende des 12., Anfang des 13. Jahrhunderts die Details verschiedener mit Wasser oder Kerzenwärme betriebener Automaten, darunter eine Musikantentruppe, die auf einem Bootsdeck aufspielt, und die Figur eines Mädchens, die durch eine Tür tritt, um Getränke zu servieren. Im 15. Jahrhundert konnte eine gekreuzigte Jesusfigur, die *Rood of Grace*, vor frommen Pilgern im Zisterzienserkloster von Broxley in Kent die Augen rollen und Lippen und Körper bewegen, bis Cromwells Leute die Rädchen und Seilzüge offenlegten und die eben noch heilige Puppe von einem wütenden Mob verbrannt wurde. 1515 schenkte Leonardo da Vinci dem französischen König einen mechanischen Löwen, und er entwarf einen Ritter, der laufen, sitzen, aufstehen und sein Visier zurechtrücken konnte. Im 18. Jahrhundert beeindruckte Vaucansons fressende, verdauende, den Darm entleerende Ente ein großes Publikum mit ihrer komplizierten Mechanik. Der berühmte Schachtürke, ein Automat des ungarischen Erfinders Wolfgang von Kempelen, reiste durch Europa und gewann vielfach gegen seine Herausforderer. In seinem raffinierten Räderwerk verbarg sich aber ein menschlicher Schachspieler. Erst mit Deep Blue, dem Programm, das Kasparow schlug, konnte es eine Maschine im Schach zur Meisterschaft bringen.

In den zeitgenössischen Kunstformen gibt es zahllose Beispiele für fühlende und gefühllose maschinenartige Wesen. HAL, der Computer aus *2001: Odyssee im Weltraum,* wurde zwar nicht so programmiert, dass er fühlen konnte, doch im Verlauf des Films entwickelt er Emotionen und ein Bewusstsein seiner selbst. Mr. Spock ist ein maschinenartiger, emotionsloser Außerirdischer, eine moderne Version des absolut rational denkenden Menschen. R2-D2 ist hingegen eine niedliche kleine Maschine. Science-Fiction ist voller Beispiele für kalte und warme Roboter oder Aliens. Zu meinen Favoriten zählen die Hülsen-Menschen im Film *Invasion of the Body Snatchers [dt. Die Dämonischen]* von 1956. Darin wird ein Mensch nach dem anderen von einer außerirdischen Macht «geschnappt» und – als kleine Anspielung auf Mendel – in einer menschgroßen Erbsenhülse reproduziert und aller Gefühle entledigt, obwohl sie sich von ihrem früheren Selbst äußerlich nicht unterscheiden. *Mensch*sein wird in diesem Film gleichgesetzt damit, Empfindungen für andere Menschen zu haben, vor allem Gefühle der Liebe, eine Vorstellung, die uns Hollywood immer wieder bis zum Erbrechen einhämmert. Das Gegenstück zu dieser sentimentalen Sicht ist der gefühllose Doppelgänger, das Monster, die Puppe oder der Roboter: der fremde andere als Spiegelbild. Wenn Emotionen also eine so große Rolle beim Denken spielen, werden Maschinen dann je fühlen können?

Es gibt Menschen, die nie emotionale Beziehungen zu anderen aufbauen, die die Fähigkeit dazu verloren haben oder in irgendeiner Weise beeinträchtigt sind. Patienten mit Capgras-Syndrom leiden unter der Wahnvorstellung, dass eine ihnen nahestehende Person ein Doppelgänger ist, eine Art Hülsen-Mensch sozusagen. Dieses sonderbare Leiden entwickelt sich vermutlich als Folge eines Hirnschadens, durch den dieser Mensch das vertraute Gefühl von Innigkeit einbüßt, die uns mit jenen verbindet, die wir lieben, und das kann man sogar messen. Über galvanische Reaktionen der Haut lässt sich die emotionale Erregung schnell bestimmen. Autismus, eine Krankheit, von der ich finde, dass sie zu allgemein definiert ist, geht typischerweise einher mit Schwierigkeiten beim Deuten und Verstehen des Gesichtsausdrucks und Tonfalls anderer Menschen und der Nuancen sozialer Bedeutungen allgemein.

Läsionen des vorderen Stirnlappens können einen eigenartigen Mangel an Gefühlen zur Folge haben, nicht nur anderen, sondern auch dem eigenen Selbst gegenüber. Ich vermute, das Problem liegt im Bereich des reflexiven Bewusstseins. Was im Entwicklungsverlauf erworben wurde, geht durch eine Verletzung verloren. Wem es schwerfällt, sich selbst als ein mögliches Objekt der Sympathie zu betrachten, der hat zwangsläufig viele Probleme, sich in der Welt anderer Menschen zurechtzufinden. Der lügende, betrügende, gar mordende, reuelose Psychopath, dem offenbar jedes Einfühlungsvermögen fehlt, der sich aber hinter einer freundlichen, vielleicht verführerischen Fassade verbirgt, bleibt in unserer Kultur ein Faszinosum.

Der Psychopath, der mitleidlose Roboter und der Zombie spielen in unseren Erzählungen und Geschichten meist immer dieselbe Rolle als leerer Simulant von echten Gefühlen. Der Zombie, ein lebender Leichnam, erinnert an eine innerlich hohle Puppe, die zu atmen beginnt und doch kein Mensch, ja, nicht einmal tierartig ist. Drücken Sie einer unschuldig aussehenden Puppe, die laufen kann, ein Messer in die Hand, und schon wird ein Horrorfilm daraus. Diese Figuren lösen den unheimlichen Eindruck aus, dass die «Person» nach dem Tod einfach fort ist, sie ist von uns gegangen, und was bleibt, ist dingartige, tote Materie. Aristoteles' Form ist verschwunden. «Sie» oder «Er» wird von einem «Es» ersetzt. Dieser tote Körper wird dann weggeschafft, vergraben oder verbrannt, er ist nur noch Überrest. Die Faszination am Bauen von Maschinen, die denken und fühlen können, rührt sowohl von einem Gebärwunsch wie auch vom Wunsch nach Wiedergeburt her, nach einer un-biologischen Form des Erzeugung «echter» Wesen und der Wiederbelebung toter Körper, aber auch, so glaube ich, vom Wunsch des Künstlers, etwas zu erschaffen, das überdauert, das über das Grab oder die Einäscherung hinaus Bestand hat. Können Wissenschaftler Atom für Atom und Schritt für Schritt ein intelligentes, fühlendes, emotionales Wesen ohne organischen Körper erschaffen? Und wird daraus Pygmalions Galatea oder Frankensteins Monster?

Trotz David Deutschs großer Zuversicht, dass Maschinen irgendwann bald imstande sind, die Fähigkeit zu Langeweile und Freundlichkeit zu entwickeln, bleibt es für mich schwer vorstellbar, wie einem Computer *gefühlte* emotionale Zustände ohne einen sinnlich erlebenden Körper und ohne *Empfindungen* einprogrammiert werden könnten. Der guten alten Künstlichen Intelligenz entsprechend müssten Gefühle wie Langeweile, Freude, Angst oder Ärger in einen vollkommen rationalen Prozess umgewandelt werden, der in Zeichen übersetzt und dann in den Computer eingegeben werden kann. Die Empfindungen müssten dem fühlenden, leiblichen Selbst enthoben werden. Das ist nicht so einfach. Wenn ich mich traurig fühle, kann dieses Gefühl dann in rein logische Schritte zerlegt werden?

Auch stellt sich die Frage, ob wir in unserem Alltag ohne Gefühle *vernünftig urteilen* können. Inzwischen gilt es als weitgehend anerkannt, dass Gefühle eine entscheidende Rolle für die menschliche Vernunft spielen. Ohne Gefühle können wir schlecht beurteilen, was in unserem Leben wichtig ist. Deshalb sind Psychopathen und Patienten mit bestimmten Schäden am Stirnlappen, die die Fähigkeit eingebüßt haben, etwas für andere zu empfinden, schwerstbehindert, auch wenn manchen von ihnen in Tests bescheinigt wird, sie hätten keinerlei «kognitive» Einschränkungen und das «Berechnen» gehe durchaus reibungslos vonstatten. Dem Aufbau eines logischen Arguments können sie folgen, aber sie leiden an einem Vorstellungsdefizit in emotionaler Hinsicht, was auch die Unfähigkeit einschließt, Zukunftspläne zu entwickeln und sich selbst und andere Menschen entsprechend gegen Gefahren zu schützen.

Was aber, wenn dieses affektive Vorstellungsvermögen nicht aus bewussten Akten besteht, die ja voraussetzten, dass ich mir selbst eine Geschichte erzählen könnte, wie es sich anfühlt, der andere zu sein, oder wie ich mich morgen fühlen werde, wenn ich heute jemanden anschreie, wobei solche Gedanken meine Bauchentscheidung, was zu tun und zu unterlassen ist, durchaus begleiten können – wie soll eine Maschine damit programmiert werden? Wenn dieses emotionale Vermögen fehlt, hat das verheerende Auswirkungen für die Betroffenen. Vernunft schließt offenbar mehr ein als die Hobbes'sche Addition und Subtraktion, mehr als nur schrittweises Berechnen. Vernunft ist kein Zustand der rein logischen Berechnung, sondern wird von Gefühlen durchdrungen.

In seinem Buch *Descartes' Irrtum* kritisiert Antonio Damasio die modernen Spielarten des kartesianischen Dualismus in den Naturwissenschaften. Ihm widerstrebt die Vorstellung, dass «Geist und Gehirn miteinander verwandt sind, aber nur insofern, als der Geist das Softwareprogramm ist, das in einer Computerhardware namens Gehirn abläuft, oder dass Gehirn und Körper zwar in Beziehung zueinander stehen, aber nur insofern, als ersteres nicht ohne die vitalen Lebensprozesse des letzteren überleben kann».[243] Damasio versucht, das Selbst und das menschliche Bewusstsein über die biologischen Abläufe zu begreifen. In *Selbst ist der Mensch* diskutiert er den Gebrauch von Metaphern aus dem Maschinenbau- und Computerwesen für Hirnfunktionen und schreibt: «Das eigentliche Problem liegt bei solchen Metaphern darin, dass sie den grundlegend unterschiedlichen Zustand der *materiellen Bestandteile* von Lebewesen und Maschinen außer Acht lassen.» Dieser Unterschied ist ihm zufolge entscheidend: «Jedes Lebewesen ist von Natur aus mit umfassenden Homöostaseregeln und -vorrichtungen ausgestattet, bei einer Fehlfunktion geht der Organismus zugrunde; und was noch wichtiger ist: Jeder Bestandteil des Organismus (damit meine ich jede Zelle) ist seinerseits ein Lebewesen, das von Natur aus mit seinen eigenen Homöostaseregeln und -vorrichtungen ausgestattet ist und bei Fehlfunktionen dem gleichen Risiko der Sterblichkeit unterliegt.»[244] Dann folgt ein Vergleich mit einem Flugzeug, der Boeing 777: «Die hochrangige ‹Homöostase› der 777, die zwischen den Batterien intelligenter Bordcomputer und den beiden zur Steuerung nötigen Piloten aufgeteilt ist, zielt auf die Erhaltung der ganzen, einheitlichen Struktur, nicht aber auf größere und kleinere physische Unterbestandteile.»[245] Die Idee der «Homöostase» geht dem von Walter B. Cannon 1932 eingeführten Begriff voraus. Sowohl Claude Bernard als auch Freud hatten schon behauptet, Organismen seien mit der Fähigkeit ausgestattet, ein physiologisches Gleichgewicht aufrechtzuerhalten. Anders als kognitive Psychologen, deren Betonung auf dem computergleichen «Geist» liegt, will Damasio das als Geist und Bewusstsein Bezeichnete über unser organisches Gehirn erfassen, ohne dabei zu vergessen, dass unser Hirn in einem Körper sitzt, der sich seinerseits in der Welt bewegt. Damasio ist sich der Unterschiede zwischen Zellstrukturen und Maschinenstrukturen völlig bewusst. Die «Homöostatik» eines Flugzeugs und die Homöostase eines Organismus funktionieren nicht auf gleiche Weise.

Kann eine Maschine fühlen? Kann menschliche Subjektivität mit Zahnrädern und Hebeln nachgebildet werden? Forschungsergebnisse zur Rolle von Emotionen bei der Kognition fließen neuerdings in die Berechnungen ein. Die meisten Vorschläge zielen darauf ab, das Computermodell des Geistes feiner zu justieren, nicht, es zu kippen. Die Arbeit an den Verbesserungen der Simulationen von Geist, zu dem nun auch Gefühle und Affekte gehören, schreitet zügig voran. Die Verfasser eines Buchs mit dem Titel *Emotional Cognitive Neural Algorithms with Engineering Applications: Dynamic Logic; From Vague to Crisp* von 2011, die Computerverfahren und Algorithmen offenbar noch nicht aufgeben wollen, erzählen die Geschichte der KI als die einer Betriebsblindheit:

> Lange glaubte man, Intelligenz sei gleichbedeutend mit Begriffsverstehen und Schlussfolgern. Dazu gehörte die Überzeugung, dass der Geist nach logischen Regeln verfahre. *Obwohl klar ist, dass der Geist nicht logisch funktioniert*, wird noch zweitausend Jahre nach Aristoteles und zweihundert Jahre nach Newton Intelligenzvermögen von vielen mit Logik gleichgesetzt. Die Begründer der Künstlichen Intelligenz in den 1950er und 1960er Jahren [...] glaubten, sie könnten anhand der Regeln der Logik Computer entwickeln, deren Intelligenz den menschlichen Geist weit übertrafen. (Hervorhebung S. H.)[246]

Das, so räumen sie ein, ist nicht eingetreten. Weshalb die Autoren alternative Methoden der Berechnung und dynamischere Formen von Logik vorstellen, in der Hoffnung, dass diese nun die Maschinenintelligenz dem menschlichen Denken endlich näher bringen.

Immerhin hat auch Descartes in *Die Leidenschaften der Seele* viel Mühe darauf verwendet, zu zeigen, dass Körper und Geist zusammenspielen und Gefühle der guten Lebensführung dienlich sind. Die den Geist als Computer modellierende Theorie des Geistes spaltet hingegen Kognition und Informationsverarbeitung ab vom sich in der Welt bewegenden Körper und den Sinnen. Auch wenn der Maschinen-Geist in einem Körper steckt, schreibt die Idee, dass die Spezifik dieses Körpers keinerlei Auswirkungen auf die Algorithmen des Geists habe, die Spaltung von Körper und Geist weiter fort. Nicht wenige KI-Forscher und -Forscherinnen haben deshalb das Computermodell ganz aufgegeben und wenden sich auf ihrer Suche nach Antworten dem Körper zu.

In seinem Buch mit dem schönen Titel *Passionate Engines: What Emotions Reveal About the Mind and Artificial Intelligence* aus dem Jahr 2001 moniert Craig DeLancey, wie so viele andere, die ausbleibenden Erfolge in der KI und merkt an, dass selbst die herausragendsten Arbeiten auf dem Gebiet weit entfernt davon sind, «auch nur annähernd die Fähigkeiten und Leistungen einer Ameise nachbilden zu können». Er behauptet weiter, von «bloßer Zeichenmanipulation und Aussagenlogik» auszugehen, führe nicht zu «autonomem Verhalten», und erklärt den Ansatz zu einem «Fehlschlag». Und mehr noch, schreibt er: «[E]r steht für tief sitzende Vorurteile über den Geist [...], die begrifflich verworren, unrealistisch und nicht vereinbar sind mit den derzeit vorhandenen, wissenschaftlich abgesicherten Erkenntnissen.»[247] Der Mann will auf anderem Wege das, was er «mehrschichtige Affekte» nennt, in die Künstliche Intelligenz einführen.

Der frühere Direktor des Instituts für Computerwissenschaft und Künstliche Intelligenz am Massachusetts Institute of Technology (MIT), Rodney Brooks, lehnte GOFAI schon in den 1980ern ab, weil er überzeugt war, dass Intelligenz einen Körper brauchte. In seinem Aufsatz «Intelligence Without Reason» von 1991 schlägt er vor, sich anstelle von symbolischen Repräsentationen auf die «Situiertheit» und «Verkörperung» zu konzentrieren, eine Herangehensweise, die sehr an Merleau-Pontys phänomenologischen Ansatz erinnert.[248] Nachdrücklich stellt Brooks klar, wo GOFAI irrte: «Echte biologische Systeme handeln nicht als rationale Akteure, die Input erhalten, logische Berechnungen anstellen und dann Output erzeugen.»[249] Auf der Grundlage eines verkörperten Modells entwickelt der Wissenschaftler selbst «mobile Roboter» oder «Kreaturen» am KI-Labor des MIT. Interessanterweise besitzen diese künstlichen Wesen kein «Ich» und keine Vorstellung von sich als «Selbst», keine zentrale Intelligenz, die alles steuert. Sie bewegen sich durch ihre Umgebung, indem sie vermittels Sensoren «intelligent» auf sie reagieren.

Diese Kreaturen ähneln eher Insekten als Menschen. Brooks beschreibt sie als «eine Ansammlung konkurrierender Verhaltensweisen ohne zentrale Steuerungsinstanz». Tatsächlich erinnern sie mich an Diderots Bienenschwarm und die Frage des Philosophen in *D'Alemberts Traum*, ob der Schwarm ein einziges Wesen sei oder eine Ansammlung von Einzelwesen, die gemeinsam handeln. Brooks hat zahlreiche maschinell bewegliche Vorrichtungen erschaffen. Er hat Dreyfus gelesen, denn er erwähnt den stark von Heidegger geprägten Philosophen in einem Buch, im Allgemeinen reagiert Brooks jedoch eher allergisch auf die Philosophie. Er behauptet, die «philosophische Dimension» seiner Kreaturen interessiere ihn nicht, und trotz vieler Ähnlichkeiten mit Heideggers Denken, behauptet er, seine Arbeit sei «nicht so inspiriert», sondern gründe auf «rein maschinenbauerischen Überlegungen».[250] Ohne direkten oder zumindest ohne eingestandenen Bezug zum philosophischen Denken, hat Brooks die KI trotzdem einen entscheidenden Schritt vorangebracht, indem er künstliche Körper und ihre Rolle für die «Intelligenz» thematisierte.

In *Menschmaschinen: Wie uns die Zukunftstechnologien neu erschaffen* (2002) paraphrasiert er Freuds berühmte Zeilen über die von Kopernikus und Darwin verursachten Kränkungen der menschlichen «Eigenliebe». Bei Brooks wird aus der Eigenliebe eine menschliche «Eigenart». Ihm zufolge kündigt sich nun eine dritte Kränkung an (nicht die der Psychoanalyse – Freud wird nicht einmal als Urheber des Gedankens genannt), diesmal durch die Maschine: «Wir Menschen werden von den Maschinen herausgefordert»[251], behauptet Brooks, obwohl er immer wieder geltend macht, auch der Mensch sei eine Maschine: «Alles Lebendige funktioniert wie eine Maschine.[...] Ich und auch meine Kinder sind bloße Automaten. Wenn ich sie ansehe, sehe ich nur große Hautsäcke voller Biomoleküle, die nach bestimmten Regeln interagieren.»[252] Brooks zufolge werden wir biologischen Maschinen also von nichtbiologischen Maschinen bedroht.

Ich erinnere mich noch lebhaft an eine Schulstunde in der fünften Klasse, als wir einfache Maschinen durchnahmen: Hebel, Radachse, Schraube, Flaschenzug und schiefe Ebene. Jede einzelne wurde in einem kurzen Film vorgestellt, den die Klasse anschaute. Einfache Maschinen waren Vorrichtungen, mit denen man die Stärke oder Richtung einer Krafteinwirkung verändern konnte. Aus diesen Maschinen konnten komplexere Maschinen konstruiert werden. Es waren maschinelle Bausteine. Lässt sich das Nervensystem im Ganzen als Maschine begreifen? Ist die Plazenta eine Maschine auf Zeit? Wie steht es mit dem endokrinen System? Harveys Verweis auf hydraulische Systeme bei der Beschreibung der Herzfunktion war enorm wirkungsvoll. Die Maschine ließ ihn das Organ besser begreifen. Aber gilt das für alle anatomischen Funktionen? Ist Damasios Hinweis, dass zwischen lebendigen Zellen und Maschinenteilen für Flugzeuge oder Autos ein Unterschied besteht, nicht berechtigt?

Weglassungen sind ständig am Werk – nicht nur in Brooks Arbeiten, sondern in vielen der Texte zur KI, die ich gelesen habe – die Weglassung des Unterschieds zwischen einer Art von Maschine und einer anderen, zwischen dem Lebendigen und dem Nachgebauten. Die Frage ist doch: Was ist lebendig, und wie können wir wissen, ob etwas lebt? Ich habe gern so getan, als wären meine Puppen lebendig, mir fast gewünscht, sie erwachten zum Leben, aber ich wusste, dass es nicht geschehen würde. Ich weiß, dass mein Computer nicht lebt, obwohl er eine tolle Maschine ist. Mich kümmert es nicht, dass er kein Wahlrecht hat, obwohl er «intelligent» ist und «sich etwas merken» kann. Wenn er sich einen Virus holt, sitze ich nicht neben ihm und sorge mich darum, wie er sich fühlt. Lebendiges von Leblosem zu unterscheiden, ist ein genuin philosophisches Problem. Augustinus hat bekanntlich einmal gesagt, er wisse, was Zeit ist, aber wenn er es jemandem erklären solle, könne er dieses Wissen nicht in Worte fassen. Ich glaube zu wissen, was Leben ist, aber kann ich es erklären? Schließlich gibt es ja Menschen, die hirntot sind, was nicht dasselbe ist wie tot. Rodney Brooks weiß genau, dass seine «Kreaturen» nicht auf dieselbe Art *fühlen* wie Menschen, er behauptet jedoch, der Unterschied zwischen «ihnen» und «uns» sei unerheblich: «Vögel können fliegen, Flugzeuge auch. Flugzeuge fliegen nicht genau wie Vögel, aber wenn wir sie aus der Sicht der Strömungsmechanik betrachten, gibt es Gemeinsamkeiten bei den physikalischen Mechanismen, die sie sich zunutze machen.»[253] Das mag sein, und trotzdem gibt es einen Unterschied zwischen dem Nervensystem eines sich mit ausgebreiteten Flügeln in die Lüfte schwingenden Vogels und einem Düsenjet, der mit Hilfe von Motoren und Tragflächen abhebt. Ist der Vogel nicht lebendig und das Flugzeug tot, auch wenn sich beide durch die Lüfte bewegen?

Die *Simulation* von emotionalen Reaktionen bei Robotern ist ein großer Arbeitsbereich des MIT-Labors. Doch auch da scheint Brooks nicht sicher zu sein, wo die Grenzen zwischen innerem Gefühl und äußerem Anschein von Gefühl verlaufen. Im Abschnitt zu simulierten Emotionen bei Robotern stellt er die Frage: «Sind es echte oder nur simulierte Gefühle? Und selbst wenn es heute nur simulierte Gefühle sind: Werden die Roboter, die wir in den nächsten Jahren bauen, *echte* Gefühle haben?»[254] *Wie* es vonstattengehen soll, erläutert er nicht, er scheint den Unterschied zwischen der Simulation von Gefühlen und echten Gefühlen lieber unscharf belassen zu wollen. Im Vorwort berichtet er von seiner Bewunderung für HAL und räumt ein, dass die Maschinen des täglichen Lebens bisher noch weit entfernt von den Robotern aus der Science-Fiction-Welt sind. Diese Kluft soll aber bald überbrückt sein: «Meine These ist, dass in nur 20 Jahren die Grenze zwischen Phantasie und Realität fallen wird. In fünf Jahren wird sie bereits in einer Weise überschritten sein, die so schwer vorstellbar ist wie noch vor zehn Jahren die alltägliche Nutzung des World Wide Web.»[255] Während ich das hier schreibe, befinden wir uns bereits im Jahr 2015. Auch 2007 habe ich das «schwer vorstellbare» Fallen der Grenze zwischen Phantasie und Realität nicht erlebt. Prophezeiungen scheinen in KI-Kreisen zu einer Art Sport geworden zu sein.

Eine jüngere Kollegin von Brooks, Cynthia Breazeal, ließ sich für die Konstruktion ihres Roboters Kismet, einem interaktiven Maschinenkopf mit riesigen Augen, durch Befunde aus der Entwicklungspsychologie und Säuglingsforschung anregen. In ihrem Buch *Designing Sociable Computers* zitiert sie Arbeiten zur Mutter-Kind-Beziehung oder «Dyade» als Quelle der Inspiration für Kismet. Sie kennt die Forschungsliteratur genau, die belegt, dass Neugeborene in der Lage sind, den Gesichtsausdruck eines Erwachsenen zu imitieren. Sie weiß, dass jedes Kind auf die Interaktion mit anderen Menschen angewiesen ist, um sich normal zu entwickeln. Breazeal zitiert Colwyn Trevarthen, einen bedeutenden Säuglingsforscher, der den Begriff der «primären Intersubjektivität» prägte, womit frühe Formen der Interaktion zwischen Säugling und anderen Menschen inzwischen erklärt werden.[256] Diesen Ansatz beschreibt sie in sehr lobenden Worten als unentbehrlich für Kismets Design. Wie aber stellt man es an, Computern, Metall, Verdrahtungen und Transistoren Gefühle zu verleihen?

Als Kind hatte Cynthia Breazeal ihre eigenen fiktionalen Lieblingsroboter – nicht HAL, den fand sie «gruselig», sondern R2-D2 und C-3PO aus *Star Wars.* Kismet konstruierte sie so, dass er die emotionalen Reaktionen eines Säuglings mimisch simulieren kann. Die Maschine spricht nicht, aber sie verfügt über ausdrucksstarke Mimik und Töne, die darauf angelegt sind, in der Beziehung zum Gesprächspartner Emotionen zu simulieren. Der Roboter ist ein Meisterwerk der interaktiven Ingenieurskunst. Kismet, schreibt Breazeal, «stellt auf physikalischer, sozialer und emotionaler Ebene eine *echte Verbindung* zu Menschen her. Wenn Menschen mit Kismet spielen und dann erleben, wie er abgeschaltet und plötzlich zu einem leblosen Objekt wird, empfinden sie das als Bruch.»[257] Kismets Bestandteile neben den Kameraaugen und Sensoren wurden nach physiologischen Systemen benannt. Der Roboter verfügt über ein «synthetisches Nervensystem» und ein «Motivationssystem» einschließlich innerer «Antriebe». Ihre Verwendung des Worts «Antrieb» scheint zwar eher auf psychologische Triebe denn auf maschinenbauliche Antriebe zurückzugehen, doch Breazeal ist sich der Geschichte des Begriffs *Trieb* offenbar nicht bewusst, der philosophische Ursprünge hat und in Freuds Theorie so eine herausragende Rolle spielt. Kismets Teile funktionieren mechanisch, nicht organisch, und auch wenn die Maschine auf «sechs Grundgefühle» – Zorn, Ekel, Angst, Freude, Trauer und Überraschung, die jeweils einen bestimmten Gesichtsausdruck haben – programmiert ist, bleibt es fraglich, ob dieser sich bewegende Kopf als *emotionale* Maschine bezeichnet werden kann.[258]

Das ist nicht nur eine Frage der Semantik, sondern auch eine des jeweils verwendeten Vokabulars, genau wie im Fall von Damasios Einwand hinsichtlich des Begriffs «Homöostasis», der auf Organismen und auf Flugzeuge angewendet wird, oder bei Karl Pribrams Kollegen aus der Neurobiologie, die Probleme mit der Identifikation von Freuds *Entwurf* hatten. Wer einem mechanischen System eine Bezeichnung aus der Biologie – «synthetisches Nervensystem» – verpasst, verschleiert die Tatsache, dass dieses System keineswegs wie das organische Nervensystem beim Menschen funktioniert. Kismet besitzt kein künstliches Gehirn mit Milliarden von Nervenzellen, kein limbisches System in diesem Hirn, kein enterisches Nervensystem, keine Nervenenden, kein endokrines System, und wird doch durch die biologische Bezeichnung, der einfach das Wort «synthetisch» vorangestellt wird, zu einer *Art* Nervensystem.

Nicht nur Rodney Brooks, auch Breazeal scheint den Unterschied zwischen gefühlter Emotion und dem Anschein von Emotionalität nicht genau zu kennen. Sie tendiert dazu, die künftig anvisierten Fähigkeiten ihres Geschöpfs mit seinen derzeitigen zu vermengen.

> Der Mensch ist die sozial am höchsten entwickelte Spezies. Man kann sich also vorstellen, welch raffinierte Maschine ein autonomer, humanoider Roboter sein muss, der soziale menschliche Signale auf der Stufe eines Säuglings deuten, darauf reagieren und selbst welche erzeugen kann. In meinem Buch will ich die nur einfachsten sozialen Interaktionen und Lernprozesse der menschlichen Spezies untersuchen, jene, die zwischen einem Säugling und der ihn versorgenden Bezugsperson stattfinden. Mit der Konstruktion dieses kontaktfähigen und -freudigen kleinkindarti-

> gen Roboters will ich vor allem die Herausforderungen ausloten, vor die uns die Konstruktion einer Maschine mit sozialer Intelligenz, die mit Menschen kommunizieren und von ihnen lernen kann, stellt.[259]

Einerseits unterschlägt die Beschreibung des Wechselspiels zwischen Säugling und «Bezugsperson» als «einfachste soziale Interaktionen und Lernprozesse der menschlichen Spezies» das, was bei diesem Austausch tatsächlich stattfindet. Es laufen zahlreiche Studien zu den enorm komplexen Beziehungen in der Eltern-Kleinkind-Dyade, und die komplizierte Physiologie dieser Interaktionen ist keineswegs einfach und schon gar nicht vollumfänglich verstanden. Die Eltern-Kleinkind-Dyade besteht aus zwei empfindungsfähigen Wesen, die einander zugewandt sind. Obwohl der Säugling wohl noch kein reflexives Selbstbewusstsein besitzt, ist ein vor-reflexives Bewusstsein auf jeden Fall vorhanden. Er oder sie verfügt genau über das, was Kismet fehlt – Gefühlszustände und -erlebnisse.

Das Wort «Synchronisierung» bezieht sich auf die über einen längeren Zeitraum stattfindenden wechselseitigen dynamischen, physiologischen und verhaltensbezogenen Anpassungen zwischen einem Baby und einem Elternteil. Studien befassen sich mit der Synchronisierung des Blicks, der Stimme, der Affekte und Gefühle. Ruth Feldman und Kollegen untersuchten zum Beispiel das Verhalten von Müttern und Babys, die sich in einer Face-to-face-Situation miteinander beschäftigten, sich dabei aber nicht berührten. In den Phasen der «Interaktionssynchronisierung» stimmten Mutter und Kind ihren Herzrhythmus aufeinander ab: «Die vorliegende Studie belegt, dass sich Mutter und Säugling auf eine bio-behaviorale Synchronisierung einstellen, wie sie zuerst für andere Säugetierarten beschrieben wurden – die Regulierung der Physiologie des Säuglings über soziale Kontakte. Während der Face-to-face-Interaktionen passt sich der Herzrhythmus der Mutter dem ihres Babys, der des Babys dem der Mutter mit einer Verzögerung von weniger als 1 s [einer Sekunde] an, sie stellen weiter eine biologische Synchronisierung bei Beschleunigung und Verlangsamung der Herzfrequenz her.»[260] Mittlerweile ist bekannt, dass derartige Synchronisierungen entscheidend für die weitere Entwicklung des Kindes sind, auch gerade für die Entwicklung des Gehirns. Zwar ist weder Müttern noch Säuglingen bewusst, dass sie ihren Herzschlag einander angleichen, aber wie will man dieses unterschwellig ablaufende Wechselspiel nachbilden, wenn einer der Beteiligten kein Herz und letztlich auch kein wie auch immer geartetes biologisches System hat?

Andererseits muss man die Passage von Breazeal schon sorgfältig lesen, um zu merken, dass sie gar nicht behauptet, Kismet sei *lern*fähig, weshalb er auch nicht über soziale Intelligenz in dem Sinn verfügt, dass sich sein synthetisches Nervensystem im Lauf der Zeit durch die Interaktionen mit anderen entwickelte wie beim Säugling. Kismet kann «intelligent» auf visuelle und akustische Signale reagieren, aber im Hinblick auf seine «Entwicklung» ist er auf Programmierungen von außen angewiesen. Breazeal schreibt in ihrem Buch: «Bald könnten diese Interaktionsdynamiken auch eine wichtige Rolle für Kismets Lernprozesse in diversen sozialen Umfeldern spielen.»[261] Bald ist nicht *jetzt*. Dass eine versierte

Wissenschaftlerin wie Elizabeth A. Wilson diesen Punkt in ihrem Buch *Affect and Artificial Intelligence* übersieht, legt für mich den Schluss nahe, dass Breazeals zukünftige Forschungsvorhaben sehr leicht mit dem bislang Geleisteten zu verwechseln sind. Ihre Prosa bleibt in diesem Punkt schwammig. Wilson verkennt, dass Breazeals Vorstellung von zukünftigen Robotern sich mit dem, den sie bereits konstruiert hat, vermischt, wenn sie schreibt: «Kismets Entwickler benutzten die Gesichtsausdrücke und Interaktionen, die man bei einer menschlichen ‹Bezugsperson› findet, als Grundgerüst der Lernprozesse. Kismets Intelligenz wurde ihm nicht einprogrammiert, sie entwuchs seiner verkörperlichten, affektiv ausgerichteten Interaktion mit anderen.»[262] Ich kann Wilsons Missverständnis zwar nachempfinden, aber ihre Behauptung stimmt einfach nicht. In einem Interview mit der *New York Times* wurde Breazeal ausdrücklich gefragt, ob Kismet von anderen lernen könne. «Vom technischen Standpunkt her wurde Kismet immer komplexer. Je mehr Fähigkeiten *wir* dem Roboter *verliehen*, desto vielseitiger wurden die Interaktionen mit den Menschen. [...] Ich glaube jedoch, dass wir durch Kismet vor allem etwas über den Menschen gelernt haben.»[263] Was haben sie denn gelernt?

Die Leute behandelten Kismet als das, was es ist: ein interaktives, animiertes Ding, aber was sagt uns das *Neues* über uns? Menschen lassen sich emotional auf alle möglichen fiktiven Wesen ein, nicht nur auf Spielzeuge oder Roboter, sondern auch auf Romanfiguren, Abbildungen auf Gemälden, imaginäre Charaktere, die im Film und auf der Bühne von Schauspielern und Schauspielerinnen verkörpert werden, und auf Avatare in interaktiven und virtuellen Spielen. Sind die Gefühle, die wir einem reaktionsfähigen mechanischen Kopf wie Kismet gegenüber entwickeln, dessen Schöpfer Breazeal und ihr Team waren, qualitativ anders als jene, die wir für Jane Eyre oder Elizabeth Bennet oder Raskolnikow haben? Das ist keine rhetorische Frage. Ein guter Roman übertrifft unter Umständen alles, was Kismet zu bieten hat mit Blick auf die Vielschichtigkeit emotionaler Erfahrung. Aber von den Buchseiten nickt oder brabbelt es nicht zurück, wenn man die Figur anspricht.

Viele Menschen, die in ihrem Fachgebiet gefangen sind, entwickeln eine merkwürdige Form der Kurzsichtigkeit. Ihr Blick hat sich derart verengt, dass sie selbst die augenfälligsten Unterschiede und Zusammenhänge nicht mehr erkennen. Menschen reagieren ständig auf fiktive Geschöpfe. Selbstverständlich reagieren sie auch auf einen niedlichen, mechanischen Kopf, der die menschliche Mimik nachahmen kann! Die Bereitschaft der Menschen, auf Kismet zu reagieren, verleiht ihm aber weder echte Gefühle, noch lernt er deswegen, noch wird die Maschine dadurch einem in der Zukunft erhofften Zustand näher gebracht. Die Frage, was echt ist und was simuliert oder virtuell, ist hochaktuell und wird abwechselnd von viel Jubel oder Paranoia begleitet, selten aber mit, nun ja: «Intelligenz» verhandelt.

Brooks und Breazeal bedienten sich verkörperter Modelle zur Konstruktion ihrer Roboter, und es wäre unsinnig, zu behaupten, sie hätten das ohne Erfolg getan. Ihre Geschöpfe sind wahre Wunderwerke. Es sind beeindruckende Automaten. Fühlen diese Roboter mehr als meine sprechende Puppe oder die kotende Ente aus dem 18. Jahrhundert? Kann man menschliches Empfindungsvermögen nachbilden? Die Kluft zwischen Science-Fiction und Realität ist nicht überbrückt. Sicher ist nur, dass die mobilen Roboter und der babyähnliche Kismet wohl von Phantasien von HAL und C-3PO inspiriert wurden. Stehen fühlende, empfindungsfähige Roboter mit «echten Emotionen» kurz bevor? Können Silikon und Aluminium und elektrische Drähte und Kameras und Software, geschickt zusammengesetzt, die motorisch-sensorisch-affektiven Zustände, die offenbar für Lernprozesse und dynamische Entwicklungsprozesse bei organischen Geschöpfen unerlässlich sind, nachbilden, und seien es nur die einfachsten?

In einem Artikel, der zuerst in der *Frankfurter Allgemeinen Zeitung* erschien, behauptet David Gelernter, Professor für Computerwissenschaft in Yale und leitender Wissenschaftler der Mirror Worlds Technologies, der sich selbst als «Anti-Kognitivist» bezeichnet: «Erst wenn ein Computer alle Nuancen menschlicher Gefühle simulieren kann, kann er auch schöpferisch sein.» In den folgenden Abschnitten bezieht sich Gelernter auf Rimbaud, Coleridge, Rilke, Blake, Kafka, Dante, Büchner, Shelley (Percy) und T. S. Eliot. Im Gegensatz zum Computermodell vertritt er die Auffassung: «Der Denkende ist vom Strom seiner Gedanken nicht zu trennen.»[264] Diese Vorstellung rückt ihn in die Nähe von William James, der als Erster den Ausdruck «Bewusstseinsstrom» benutzte und auf ein Ich bezog. Gelernter erscheint hier eher als Pragmatiker denn als Kartesianer. Er glaubt, dass man menschliches Denken nicht mit Symbolmanipulation gleichsetzen kann. Es braucht immer den ganzen Menschen und seine Gefühle. Ihm geht es um Kreativität, um die Kontinuitäten des menschlichen Bewusstseins, und er ist recht optimistisch, dass die Künstliche Intelligenz mit der Zeit viele Probleme, die sich im Zusammenhang mit der *Nachbildung* von Vorgängen im Menschen, einschließlich der emotionalen, ergeben, wird lösen können. Allerdings glaubt er nicht, dass ein «intelligenter» Computer jemals *Erfahrungen machen* kann. Er wird nie ein Bewusstsein entwickeln. «Er wird», schreibt er, «sagen können ‹Das macht mich glücklich›, aber er wird sich nicht glücklich fühlen. Immerhin wird er sich verhalten können, als ob.»[265] Dieser Unterschied ist, so scheint mir, entscheidend.

Ich bezweifle nicht, dass die künstlichen Systeme immer lebendiger und komplexer werden und dass sich die Forschung vielerlei theoretischer Entwicklungsmodelle von Mensch und Tier bedienen wird, um das zu erreichen; aber für mich ist klar, dass die Uneinigkeit darüber, was die Künstliche Intelligenz zu leisten imstande ist, nicht allein auf unterschiedliche philosophische Paradigmen zurückgeht, sondern auch mit den Phantasien und Höhenflügen zusammenhängt, die der eine Forscher entwickelt, der andere nicht, mit den Wünschen, was man zu erreichen hofft und dem, woran man glaubt, selbst wenn der Weg dahin in tiefen Nebel gehüllt ist. Brooks zum Beispiel erklärt uns nicht, wie er «echte Gefühle» im Gegensatz zu «simulierten» erzeugen will, verkündet aber selbstbewusst, das sei sein Plan für die Zukunft. Gelernter glaubt nicht, dass Software in der Lage ist, Subjektivität oder Bewusstsein zu erzeugen, hat aber keinen Zweifel, dass die Simulationsforschung rasante Fortschritte machen wird. Beide sind sich grundlegend uneinig, und die Uneinigkeit beruht auf ihrem je eigenen Wissen, ihren Interessen und ihren Zukunftsphantasien.

Ich bestreite in dieser Diskussion, das sei betont, keineswegs, wie nützlich diese immer komplexeren Rechner in vielen Bereichen für die Organisation von Daten sind, in einem Umfang, von dem wir nie zu träumen gewagt hätten. Computer liefern Rechenergebnisse schneller als jeder Mensch. Es gibt Roboter, die so programmiert sind, dass sie menschliche Gesichtsausdrücke nachahmen und mit uns interagieren können, Maschinen, die selbst Schachweltmeister schlagen, und Maschinen, die jetzt über Steine klettern, um das Terrain auf dem Mars zu erkunden. Ich behaupte auch nicht, dass mathematische Modelle oder Computermodelle beim Nachdenken über biologische Gegebenheiten verboten sind. Mit Computern lassen sich mittlerweile hübsche, bunte Nachbildungen biologischer Vorgänge erstellen, und diese Nachbildungen können wertvolle Einsichten in die Funktionsweise von komplexen Systemen aller Art liefern. Rechnergestützte Formate gibt es heute in zahlreichen Anwendungsbereichen und in eindrucksvoller Vielfalt. Diese erstaunlichen Leistungen auf dem Gebiet der Technologie sollten uns jedoch nicht blind für Differenzierungen machen. Und sie sollten nicht dazu führen, dass man das Modell der Realität mit der Realität selbst verwechselt. Wie gesagt: Die Tatsache, dass Vögel und Flugzeuge fliegen können, löscht die Differenz zwischen beiden nicht aus, und die Unterschiede bleiben auch dann bestehen, wenn sich herausstellt, dass die Strömungsmechanik in beiden Fällen Anwendung findet.

Wer während der Internetrecherche schon einmal auf «Übersetzen» geklickt hat, weiß, wie furchtbar die computergestützten Übersetzungen von einer Sprache in die andere sind. Die anstelle der «Übersetzung» herauskommenden verstümmelten Sätze sind eine kurze Betrachtung wert. Hier das Beispiel der Google-Übersetzung einer biographischen Notiz zur Philosophin Simone Weil aus dem Französischen: «Der Faden des Denkens, die eine konstante Vertiefung kennt, ohne Richtung oder Ablehnung zu ändern, sucht in seiner eindringlichen Liebe der Wahrheit, philosophisch und als universal erkannt und hat sich als die Notwendigkeit erkannt die heiligste menschliche Seele.» Zu behaupten, dem «Geist» des Programms seien die semantischen Nuancen entgangen, wäre untertrieben. Sprachen funktionieren zwar nach Regeln, aber das schließt zahlreiche schwer zu beschreibende Faktoren und Prozesse mit ein, die die Entwickler der Übersetzungsprogramme bislang nicht in eine vom Rechner bearbeitbare Form bringen konnten. Wäre Sprache ein rein auf der Logik basierendes Zeichensystem mit einer Universalgrammatik, die nach mathematischen Regeln funktioniert, müssten die Computerübersetzungen doch erstklassig sein, oder?

Computer besitzen aber kein *Gespür* für Bedeutungsnuancen so wie Menschen, die übersetzen oder dolmetschen. Meines Erachtens ist dieses Unvermögen aufschlussreich. Sprache ist eben kein Code, der ohne Körper funktioniert und mühelos auch von Maschinen verarbeitet werden kann. Wörter existieren außerhalb von uns in der Welt und in uns, und ihre Bedeutungen verändern sich in Abhängigkeit von Zeit und Ort. Ein Wort bedeutet in einem Zusammenhang das eine und anderswo etwas anderes. Ein schönes Beispiel für einen kontextbezogenen Irrtum kam mir im Zusammenhang mit der französischen Übersetzung eines Romans von Philip Roth einmal zu Ohren. In dem Buch wird ein Baseball-Spiel beschrieben. Im Original heißt es, ein Spieler «runs home». Im Englischen bedeutet das, der Läufer berührt mit seinem Fuß den Ausgangsstandpunkt des Abschlags, eine bestimmte Ecke des Infields oder Diamanten. Auf Französisch lief der Spieler jedoch *zu sich nach Hause.*

Schon heute lassen sich Zeitungsmeldungen von Computern schreiben – Sportberichte, Brand- und Unwettermeldungen. Manche, die ich gelesen habe, wirkten phrasenhaft, aber absolut lesbar, und sie stellen gewiss einen Fortschritt auf der Ebene der elektronischen Verarbeitung von Satzgefügen dar. Sie sind jedoch unglaublich eintönig. Nachdem ich drei oder vier solcher Kurzmeldungen gelesen hatte, war mir, als hätte ich eine Beruhigungspille geschluckt. Ob sich solche Texte von einem Computer gut in andere Sprachen übersetzen lassen, ist eine andere Frage. Wörter erhalten und verlieren ihre Bedeutung durch ihre semantische Beweglichkeit innerhalb der Sprachgemeinschaft, in der sie sich entfalten, und diese Bedeutungen lassen sich eben nicht von körperlichen Empfindungen und Gefühlen trennen. Slang entwickelt sich nur innerhalb einer Gemeinschaft von Sprechern. Ironie setzt ein doppeltes Bewusstsein voraus, eine Bedeutung wird gelesen, eine andere verstanden. Elegante Prosa erfordert ein Gespür für den Rhythmus und die Musikalität von Sätzen, ein Effekt des sinnlichen Vergnügens der Schreibenden am Klang der Wörter und an der Metrik. All das muss eine schöpferische Übersetzung berücksichtigen. Wenn ein Bedeutungsaspekt an einer Stelle verloren geht, kann er an anderer Stelle erhalten oder hinzugefügt werden. Solche Entscheidungen folgen keiner strengen Logik. Sie beruhen nicht auf einem schrittweise ausgeführten Plan, sondern auf dem einfühlsamen

Verständnis des Übersetzers oder der Übersetzerin für beide Sprachen.

Rodney Brooks hatte recht: Die Kluft zwischen echten Robotermaschinen und dem fiktionalen HAL war 2002 keineswegs überbrückt, und sie ist es bis heute nicht. In der KI wird der Vorstellungshintergrund häufig zum Vordergrund. Phantasien und Fiktionen inspirieren Vorstellungen und Überzeugungen. Menschen sind erinnernde und phantasiebegabte Wesen. Wünsche und Träumerei gehören zur Wissenschaft ebenso wie zur Kunst und zur Dichtung, und das ist bestimmt nicht verkehrt.

EINE NEBENBEMERKUNG ZU NIELS BOHR UND SØREN KIERKEGAARD

Ich zitiere hier ein bekanntes Diktum des Physikers Niels Bohr, Entdecker der grundlegenden Eigenschaften von Atomen und Wegbereiter der Quantentheorie: «Bei Atomen», schreibt er, «müssen wir uns klar darüber sein, dass die Sprache hier nur ähnlich gebraucht werden kann wie in der Dichtung, in der es ja auch nicht darum geht, Sachverhalte präzis darzustellen, sondern darum, Bilder im Bewusstsein des Hörers zu erzeugen und gedankliche Verbindungen herzustellen.»[266] Hier entfaltet sich ein Zusammenhang zwischen Dichtern und Physikern als phantasiebegabte Wesen. Dass Bohr seine eigene Arbeit mit der eines Dichters vergleicht, liegt zweifellos an seiner Bildung. Der Physiker liebte Lyrik, vor allem die Gedichte von Goethe, und von diesem großen deutschen Künstler und Intellektuellen erkannte er viel in sich wieder. Bohr zitierte gern Schriftsteller, die er bewunderte. Er war ein leidenschaftlicher Leser von Dickens und zog anschauliche Bilder für physikalische Sachverhalte heran – Elektronen wurden zu Billardkugeln, und Atome hüpften wie Rosinen im Plumpudding umher –, eine Neigung, die seiner Vorstellung entsprach, dass Bilder in der Physik ebenso gute Dienste leisten wie in der Dichtung.[267] Ich finde Bilder äußerst hilfreich, um Ideen zu begreifen, und für manche ist ein Plumpudding mit sprunghaften Rosinen anschaulicher als ein Bild von codierten Lochstreifen oder Hard- und Software. Es ist auch kaum verwunderlich, dass Bohr sich seinem dänischen Landsmann Søren Kierkegaard verwandt fühlte, dem Philosophen, der allen totalisierenden Denksystemen kritisch gegenüberstand, selbst der Wissenschaft, wenn sie beanspruchte, allerklärend zu sein. Objektivität als Selbstzweck hielt Kierkegaard für verfehlt, denn sie klammerte das Individuum und die subjektive Erfahrung aus.

In *Abschließende unwissenschaftliche Nachschrift* schießt Kierkegaards Pseudonym Climacus gegen die Hybris der Wissenschaften. In seiner «Einleitung», die einem «Vorwort» folgt, spannt er den Pfeil der Ironie: «Ehre sei der Gelehrsamkeit und den Kenntnissen! Gepriesen sei, wer das Stoffliche mit der Sicherheit des Wissens, mit der Zuverlässigkeit des eigenen Augenscheins (Autopsie) beherrscht!»[268] Obwohl *Abschließende unwissenschaftliche Nachschrift* eine Abhandlung zur kritischen Philosophie darstellt, lehrt sie die hohe Kunst der Parodie in Gestalt einer Schar von Dozenten, die am laufenden Band zielgenau einen Paragraphen nach dem anderen, einen Einschub nach dem nächsten platzieren, für die «Paragraphenwichtigtuer», die unter der «Tyrannei der Griesgrämlichkeit, der Dummheit und Steifheit» stehen.[269] Kierkegaards Pseudonym hat recht: Die geistige Arbeit tötet allzu oft das Studienobjekt, in jeder Disziplin. Die Natur, die Geschichte der Menschheit und selbst Ideen werden so zu Kadavern, die man eben seziert. Beherrschung der Materie bedeutet schließlich Unterwerfung, nicht Wechselspiel, braucht ein statisches Objekt, kein umherhüpfendes. Nach der Lektüre von *Stadien auf des Lebens Weg* schrieb Bohr in einem Brief: «Er [Kierkegaard] hat einen bleibenden Eindruck hinterlassen, seit ich damals meine Dissertation in der Pfarrei auf Fünen schrieb und seine Arbeiten bei Tag und Nacht gelesen habe [...] Seine Aufrichtigkeit und die Bereitschaft, Probleme bis an die Grenzen auszuloten, sind vortrefflich. Und seine Art zu schreiben, ist wunderbar, zuweilen erhaben.»[270]

Kierkegaard führte Fragestellungen in der Tat bis an ihre Grenzen, an die Abgründe des Verstehens, und am Rande der Klippe wusste er, dass ein Sprung nötig war, ein Sprung in den Glauben. Dieser Philosoph wusste, im Unterschied zu vielen anderen, dass der Sprung unumgänglich war. Diesen Sprung hat er nie verdeckt durch Argumente, die als Brücken im System dienen sollten. Kierkegaard war Christ, aber einer der ganz besonderen Art. Wie Descartes hatte auch er für vorgefasste Ideen nichts übrig. Anders als Descartes glaubte er nicht, man könnte sich bis zu letzten Wahrheiten (durch logische Schlüsse) vorandenken. Ein enger Freund von Bohr, der Philosophieprofessor Harald Høffding, schrieb in einem Abriss zu Kierkegaard, dass keine Theorie je vollständig ist, dass Widersprüche unvermeidlich sind. «In der Erfahrung gibt es weder gesicherte Fakten noch eine vollständige Theorie», schreibt er, «und auch unsere Vernunft kann uns weder das eine noch das andere in angemessener Weise liefern, so dass, hier wie da, das Nachdenken nicht vorankommt und am ‹Irrationalen› zerschellt.»[271] Ohne das, was J. L. Heilbron als «hohe Ambiguitätstoleranz» bezeichnet, hätte Bohr den notwendigen Gedankensprung wohl nicht gemacht, ein schöpferischer, phantasievoller Sprung, durch den es ihm gelang, eine in höchstem Maß paradoxe Wirklichkeit zu begreifen.[272] Die Quantentheorie sollte Newtons Räderwerk schließlich in einen seltsamen, viskosen, unberechenbaren Doppelzustand aus Wellen und Partikeln überführen, der nun von einem Beobachter abhängig war. Ich will nicht so tun, als wüsste ich, wie die Physiker auf die Quantenmechanik kamen. Ein freundlicher Nachwuchsphysiker sagte einmal zu mir, nachdem ich ihn mit Fragen gelöchert hatte: «Die Metaphysik der Physik ist einfacher als die Physik, Siri.» Ob die Behauptung stimmt, sei dahingestellt, aber ich finde, ihr Scharfsinn hat Charme.

Mir ist sehr wohl bewusst, dass vielen heutigen Wissenschaftlern und Wissenschaftlerinnen diese aufs Metaphysische zielenden Bemerkungen von Bohr und anderen Physikern jener Zeit nicht geheuer sind. In *Physik und Philosophie* schrieb Bohrs Freund Werner Heisenberg: «Wissenschaft und Kunst bilden im Laufe der Jahrhunderte eine menschliche Sprache, in der wir über die entfernteren Teile der Wirklichkeit sprechen können, und die zusammenhängenden Begriffssysteme sind ebenso wie die verschiedenen Kunststile gewissermaßen nur verschiedene Worte oder Wortgruppen in dieser Sprache.»[273] Weder in der Philosophie noch in der Wissenschaft, noch in der Kunst lassen sich die Gedanken von dem, der sie denkt, trennen; aber sie lassen sich auch nicht trennen von der Gemeinschaft dieser Denkenden und Sprechenden. Wie könnten wir Gedanken artikulieren, wenn nicht im Kreise anderer Denker und Sprecher?

FEUCHT ODER TROCKEN?

Das Projekt der Künstlichen Intelligenz drehte sich, aus Turings Sicht, um *Reproduktion*, um das Nachbilden des Menschlichen in der Maschine, die Erschaffung von eigenständig funktionierenden Gehirnen oder ganzen Wesen. Ihm war klar, dass das Bedürfnis nach Nahrung, Sex oder Sport von einer Maschine nicht einfach reproduziert werden konnte, und ihm war auch klar, dass Empfindungen und Bewegungen eine Rolle spielten, was das Vorhaben erheblich erschwerte. Lange Zeit befasste sich Turing mit der Embryonalentwicklung, und 1952 legte er ein mathematisches Modell des heranwachsenden Embryos vor, das in der Wissenschaft bis heute diskutiert wird.[274] Wie Modelle funktionieren, war ihm vollkommen klar, und auch, dass er mit diesem biologischen Projekt seinen eigentlichen Kompetenzbereich verließ. «Das Modell», schreibt er, «beruht auf Vereinfachung und Idealisierung und ist deshalb eine Verfälschung. Zu hoffen bleibt aber, dass die nun übriggebliebenen Aspekte, die es zu diskutieren gilt, dem derzeitigen Wissensstand größtmögliche Erkenntnis hinzufügen.»[275] Heisenberg notierte einst:

«Wir müssen uns daran erinnern, dass das, was wir beobachten, nicht die Natur selbst ist, sondern Natur, die unserer Art der Fragestellung ausgesetzt ist.»[276] Ein Modell, ob mathematischer oder anderer Natur, dient dazu, bestimmten Fragen über die Welt eine Form zu geben, doch das darf nicht dazu führen, dass man das Modell mit der Welt gleichsetzt.

In der Wissenschaft gibt es Prüfverfahren für Modelle. Manche funktionieren und andere nicht. Bestimmte Modelle wie die Stringtheorie in der Physik werden vielleicht in Zukunft überprüfbar sein, sie sind aber zum gegenwärtigen Zeitpunkt reine Theorie. Der Geist als informationsverarbeitende Maschine hat passionierte Verfechter und Gegner. In einem Lehrbuch mit dem Titel *From Computer to Brain: Foundations of Computational Neuroscience* von 2002 erläutert William Lytton die Vorzüge von Modellen. Genau wie McCulloch und Pitts, Neumann und Turing, plädiert auch Lytton für Vereinfachung. Sein Lehrbuch basiert auf der nicht hinterfragten Annahme, der Geist sei ein Computer, eine Hypothese, die sich innerhalb eines halben Jahrhunderts zu einer Wahrheit verfestigt hat, von der er weiß, dass sie von seinen Computer-Kollegen nicht mehr angezweifelt wird. Noch einmal: Ist das nicht genau das, was Goethe mit Sorge sah? Bemerkenswert ist Lyttons Ton, der sich sehr von den bisher zitierten Forscherinnen unterscheidet, die sich alle beeilen anzumerken, die tatsächlichen Vorgänge im Gehirn seien weitaus komplexer strukturiert, als die Modelle nahelegen. Man beachte zudem die Metaphorik des Eindringens und Beschneidens, die Lytton hier verwendet:

> Wir wollen nun den Unterscheid zwischen modellhaften und echten Nervenzellen beschreiben. Sollte sich dabei der Eindruck aufdrängen, es handle sich um schlecht ausgearbeitete Modelle, seien Sie gewiss: Der Eindruck trügt. Die modellhaften Nervenzellen sollen uns nämlich zum *Wesentlichen* bei der neuronalen Verarbeitung hinführen und die *nicht relevanten Details* weglassen, um sich rein auf das für die Berechnungsvorgänge Nötige zu konzentrieren. Wir müssen die *Komplexität einer Nervenzelle kräftig beschneiden*, damit wir *die biologischen Feinheiten durchdringen und wirklich verstehen können, was vor sich geht.*[277] (Hervorhebung S.H.)

Bezeichnenderweise lautet der Titel seines Buches nicht *From Brain to Computer*, denn Lyttons Argument zielt auf das Gegenteil dessen, was Peter beim Graben und James Wright mit Bedauern eingestehen und was ich gerne noch einmal zitieren will: «Leider wissen wir nicht, welche physikalischen Eigenschaften wirklich zum Wesentlichen gehören.» Woher weiß man denn, ob bestimmte neuronale «Komplexitäten», die derart «kräftig beschnitten» werden, nicht wichtig sind? Vieles, was im Gehirn vorgeht, ist nach wie vor unverstanden. Warum muss man zu den «biologischen Feinheiten» durchdringen? Wer beurteilt, ob ein Detail «nicht relevant» ist, und woher weiß man, wann sich etwas «Wesentliches» offenbart und wann es bloß eine nützliche Fiktion ist, die man in die bewährte Computer-Schublade zwängen kann? Ein Beispiel aus der Genetik mag hier aufschlussreich sein. Viele kennen den Ausdruck «junk DNA» oder Erbgut-Müll, DNA also, die über Generationen hinweg getreu kopiert wurde ohne jeden ersichtlichen Grund, deshalb die abwertende Bezeichnung. Mittlerweile hat sich aber herausgestellt, dass sie sehr wohl einem Zweck dient. Sie ist gar kein Müll.[278]

Der Mensch aus Fleisch und Blut ist nicht trocken, sondern feucht. Mir scheint, dass Richard Dawkins' «pochende Gele und Schlamme» Platzhalter für den feuchten, lebendigen Embryo oder den ganzen biologischen, stofflichen Körper sind. Mit dieser Umschreibung will er sich alles Feuchte und die enorme Komplexität der Embryonalentwicklung, die «näher zu betrachten» er ausdrücklich ablehnt, vom Leib halten. Das Computerparadigma des Geistes mit seinen modellierten Nervenzellen und der Vorstellung, das «Geistige» sei ein informationsverarbeitendes System, das sich unabhängig von den Prozessen im Gehirn analysieren lässt, mechanisiert den Geist und «trocknet» ihn aus auf handliche algorithmische Formeln. Den Ausdruck «feucht» verwende ich hier nicht nur, um die wässrige Umgebung des menschlichen Gehirns oder das Feuchte des Körperlichen zu betonen, sondern auch als Metapher, die uns zu den Ängsten und Wünschen führt, die sich hinter dem Computationalismus verbergen.

Wir Menschentiere nehmen die Welt auf verschiedene Weise in uns auf, beim Essen, Kauen und Atmen. Wir nehmen sie mit den Augen, den Ohren, der Nase auf, und wir schmecken sie auf der Zunge und spüren ihre Beschaffenheit auf unserer Haut. Wir urinieren und defäkieren und erbrechen uns, und wir weinen und spucken und schwitzen und menstruieren, produzieren Milch und Sperma, scheiden Vaginalsekrete aus und Rotz. Unsere Haut bildet die Grenze um uns herum, aber sie ist durchlässig, kann durchstochen werden, sie ist durchdringbar. Wir küssen und dringen auf vielerlei erotische Weisen in andere Menschen ein, wir kopulieren, und aus manchen körperlichen Verschlingungen entstehen Kinder. Und wenn eine Frau ein Kind gebiert, stößt sie es aus ihrem Körper heraus. Das Neugeborene tritt mit Blut und anderen Flüssigkeiten beschmiert in die Welt ein. Die Plazenta, die Nachgeburt, *sickert schlammig* aus der mütterlichen Vagina heraus. Und wir alle sterben. Unser organischer Körper verwest, löst sich auf und verschwindet dann aus der Welt. *Lassen sich diese natürlichen Prozesse von unserem Denken und unseren Wörtern trennen*? Das ist die Frage. Turing wollte für seinen gedachten Maschinengeist auch Entwicklungsprozesse berücksichtigen. Ihn faszinierte die Embryonalentwicklung, und er stellte sich das Gehirn des Kleinkinds als eine Maschine vor, die man formen und einrichten konnte, einzig «das Feuchte» war nicht Teil seiner Gleichung. Hatte Turing nicht richtigerweise darauf hingewiesen, dass das Modell Sex und Nahrung und Sport und vieles andere, was das Leben lebenswert macht, ausließ? Ist das nicht problematisch?

Die biologischen Tatsachen der menschlichen Entwicklung kommen im computationalistischen Modell des Geistes entweder als gallertartiges Substrat von minderwertiger Qualität vor oder als ärgerliche Komplexität, durch die man zu einer gedanklichen Essenz durchdringen muss. Der durchlässige, feuchte, stoffliche Körper ist nicht Teil ihres Modells von Geist. Der Embryo, der heranwachsende oder erwachsene Körper, pochend und schlammig, hat nichts zu suchen bei der Art von Intelligenz oder Geist, die die Verfechter der GOFAI nachbilden wollten – eine schlaue, cleane

Mensch-Maschine. Beim Computer gibt es Input und Output, beschränkte Eingangs- und Austrittsmöglichkeiten. Die Phantasie des Replikanten oder Replikators scheint auch bei David Deutschs «Analytischer Maschinenart» sehr lebendig, eine alternative Wesenheit, die vielleicht aus anderem Stoff ist als wir, der Minderwertigkeit zu unterstellen jedoch eine Form von «Rassismus» darstellt.

Steckt hinter solchen Thesen nicht der Wunsch nach einer hübsch trockenen Denkmaschine, einer neuen Rasse, die nicht im organischen Körper einer Mutter heranwächst oder aus diesem geboren wird, die keine organische Materie braucht: keine schwächlichen Gene, keine mütterliche Eizelle, kein väterliches Sperma, keine Embryonalentwicklung, keine Plazenta, keine Gebärmutter und keinen Geburtsvorgang, bei dem ein Mensch aus einem anderen herausgepresst wird, sondern eine neue Menschenart aus Zahnrädern und Getrieben oder aus digitalen Einsen und Nullen? Alles Stoffliche, alles Gallert- und Schlammartige könnte man so umgehen. Jonathan Swifts satirisches Gedicht «The Lady's Dressing Room» kommt mir da in den Sinn mit dem unvergesslichen Vers: «Oh! Celia, Celia, Celia shits!» Aus dem Gedicht stammt auch der Reim: «Sollt' ich die Liebeskönigin verschmähn / Nur weil aus stinkend Schlamm sie tat erstehn?»[279] Die neue Rasse wird entweder blitzsauber aus den Computerhirnen der Wissenschaftler heraus geboren, oder man entdeckt sie einfach an einem Ort im Universum. Die Geschichte der feuchten, organischen Entwicklung von uns Säugetieren wird abgeschafft. Es gibt keinen Anfang und kein Ende mehr, weder Geburt noch Tod, denn die neue Rasse wird unsterblich sein.

Ein Sprung zurück ins 17. Jahrhundert scheint angebracht.

Descartes' Idee, dass Tiere Automaten seien, begegnete Bernard de Fontenelle (1657–1757) mit Schlagfertigkeit: «Sie wollen also behaupten, dass Tiere Apparate sind, den Uhren gleich? Dann stellen Sie den männlichen Hundapparat einfach neben den Apparat der Hündin, und bald schon wird ein dritter kleiner Apparat herauskommen, wiewohl zwei Uhren ein Leben lang Seit' an Seit' liegen können und nie eine dritte Uhr erzeugen.»[280] Uhren können sich bis heute nicht fortpflanzen. Kismet wird nie erwachsen und zufällig oder auch geplant Vater werden.

Was geschieht hier? Warum wird die Komplexität von echten biologischen Nervenzellen als derart unbedeutend eingestuft? Selbst wenn wir davon ausgehen, dass Information (wie immer man sie definieren mag) sich als stärker als die Biologie erweist, sind dann die echten Nervenzellen nicht trotzdem wichtig, um zu verstehen, wie das Ganze funktioniert? Sind diese Zellen wertlos, weil sie einmal absterben werden? Wird hier dem sterblichen Körper eine Abfuhr erteilt zugunsten eines optimierten Modells? Wurde die Frau in der abendländischen Tradition nicht immer schon als fast ganz körperlich und kaum reflektierend betrachtet im Gegensatz zum Mann? Ist das nicht heute noch so? Löst eine junge, hübsche, sinnliche Frau, die sich als geistreiche Intellektuelle erweist, nicht nach wie vor Verwunderung und Staunen aus? Hegt man dieselben Vorurteile, wenn der junge, hübsche Intellektuelle ein Mann ist? In seinem Fachartikel über Frauenfeindlichkeit im Mittelalter arbeitet R. Howard Bloch im Denken von Augustinus ebenjene Zweiteilung heraus, die ich im Zusammenhang mit Aristoteles oben zitiert habe: «Eine mögliche Lesart von Frauenfeindlichkeit ist die folgende: Dem Mann wird Existenz (Substanz), Sein, Einheit, Form und Seele zugeschrieben, die Frau mit Zufall, Werden (Zeitlichkeit), Differenz, Körper und Materie gleichgesetzt. [...] Das heißt, der Mann ist Form und Geist, und die Frau, das mindere Abbild seiner zweiten Natur, wird ins Reich der Stofflichkeit verbannt.»[281] Information ist Schema und Form, die immaterielle Essenz, die sich an jeden Ort beamen lässt. Sie ist Descartes' Rechnergehirn. Rein und unbefleckt vom Schmutz des Stofflichen, bleibt sie unberührt von den Gelen und Schlammen des Natürlichen und der Übermacht der Zeit.

Seit meiner ersten Lektüre von *Reinheit und Gefährdung: Eine Studie zu Vorstellungen von Verunreinigung und Tabu* während des Studiums habe ich Mary Douglas' Buch immer wieder zur Hand genommen. In ihrer Einleitung schreibt die Sozialanthropologin: «Betrachtungen über Schmutz schließen Betrachtungen über die Beziehung zwischen Ordnung und Unordnung ein, zwischen Sein und Nicht-Sein, Gestaltetem und Ungestaltetem, Leben und Tod.»[282] Douglas behauptet, Verunreinigung trete dann ein, wenn die Grenzen von Strukturen, Formen oder Körpern, welcher Art auch immer, gefährdet sind – an den dunklen Orten des Weder-noch. Aus diesem Grund wirken alle unscharfen Ränder und Zonen des Übergangs bedrohlich, auch Substanzen, die über die Körpergrenzen hinaussickern.

> Jede Vorstellungsstruktur ist an ihren Rändern verletzlich. Wie zu erwarten, sind die Körperöffnungen Symbole für besonders verletzliche Stellen. Das, was aus ihnen hervortritt, ist marginale Materie der offenkundigsten Art. Speichel, Blut, Milch, Urin, Stuhl oder Trä-

> nen haben durch ihr Hervortreten bereits die Begrenzungen des Körpers überschritten. Das Gleiche gilt für Dinge, die vom Körper abgetrennt oder abgesondert werden: Haut, Nägel, abgeschnittene Haare und Schweiß. Es ist falsch, die Randzonen des Körpers losgelöst von allen anderen Randzonen zu behandeln.[283]

Die Schmutzstoffe sind, so betont Douglas, je nach Kultur unterschiedlich. In manchen Kulturkreisen gilt Menstruationsblut als schädlich, in anderen sind Speichel oder Exkremente zu meiden. Die Rituale rund um Fortpflanzung und Geburt sind in jeder Gesellschaft bedeutsam, weil beim heterosexuellen Geschlechtsakt ein Körper in einen anderen eindringt, ein Embryo gezeugt wird und bei der Geburt ein Körper aus einem anderen Körper herauskommt. Körper, die sich vermischen, sind potenziell unrein und gefährlich. Wenn sich der Mensch aber vom Körper befreien und in Information übersetzt reproduziert werden kann, dann erübrigt sich jegliche Angst vor Verunreinigung. Der Mensch hat sich buchstäblich in Luft aufgelöst.

Eines Abends sprach ich während des Essens mit meiner Schwester, der Wissenschaftlerin und Autorin Asti Hustvedt, über diese Auffassung von Information. Sie sah mich an und sagte: «Das ist die Seele.» In der Tat – es ist die Seele eines neuen Zeitalters. Der das gesamte paulinische Christentum prägende, uralte Glaube an die Seele mit den damit verbundenen Ängsten vor dem unreinen Körper, vor Sinnlichkeit und Lust, nahm in der kartesianischen Philosophie neue Gestalt an und wirkt bis heute fort. Wenn der Körper verwelkt ist, bleibt die unsterbliche, rationale, rechnende Seele zurück.

LAND DER PHANTASIE IN EINER ERNSTGEMEINTEN UND EINER IRONISCHEN LESART

Die Vorstellung, dass die Unsterblichkeit dank intelligenter Maschinen vor der Tür steht, wird auch von dem Erfinder, Wissenschaftler und Bestseller-Autor Ray Kurzweil befördert, den die Presse mehrfach als «Genie» bezeichnet hat und um den es auch in einem Dokumentarfilm mit dem passenden Titel *Der transzendente Mensch* geht. Kurzweils Buch *Menschheit 2.0 – Die Singularität naht* wurde als Sensation gefeiert. Der Ausdruck «die Singularität» wird häufig in der Physik verwendet, eingeführt hat ihn jedoch, auf technologische Zusammenhänge gemünzt, der Mathematiker Vernor Vinge 1983. Kurzweil zufolge ist der Zeitpunkt der Singularität im Jahr 2045. Eine explosionsartige Entwicklung der Intelligenz steht dann bevor. Mensch und Computer werden verschmelzen. Der Buchumschlag der US-Ausgabe *The Singularity is Near: When Humans Transcend Biology* verkündet, dass der Leser sich auf eine Revolution gefasst machen soll, «denn unsere Spezies wird die Fesseln ihres genetischen Erbes sprengen und sich zu ungeahnten Höhen der Intelligenz, des materiellen Fortschritts und der Langlebigkeit aufschwingen».[284] Das zugegebenermaßen etwas eklektische *Journal of Consciousness Studies* widmete der Singularität zwei komplette Ausgaben, in der nicht nur Texte von Kurzweil, sondern auch die von anderen Vordenkern erschienen, die den bevorstehenden Zeitenwandel kaum erwarten können, wenn wir endlich von unserem sterblichen Körper befreit sind – eine naturwissenschaftliche Science-Fiction-Version dessen, was christliche Fundamentalisten als «Entrückung» bezeichnen. Der analytische Philosoph David Chalmers wundert sich in einem der Beiträge darüber, dass die Singularität bei «Philosophen, Geisteswissenschaftlern, Kognitions- und Künstliche-Intelligenz-Forschern» auf so wenig Interesse stieß.[285] Die Rhetorik ihrer Anhänger wird einer der Gründe sein, warum so mancher differenziert denkende Mensch beschlossen hat, da nicht «mitmachen» zu wollen.

Manche sind überzeugt, dass trotz der Abschaffung der biologischen Fortpflanzung und Geburt nach der Singularität Sex weiterhin stattfindet, und einem der Apostel dieser Idee zufolge wird er großartiger und besser sein denn je, aufs Höchste gesteigert und, der Technik sei Dank, endlich befreit. Alles, was die Ekstase behindert, ist beseitigt. In seinem Internet-Essay *Der hedonistische Imperativ* schreibt David Pearce:

> Erotische Lüste von berauschender Intensität wie sie der sterbliche Körper nicht kannte, eröffnen sich uns mit einem ganzen Kreis von Freunden und Geliebten. Das wird möglich, weil die Eifersucht, ein Zustand der

schon heute unter Einwirkung bestimmter Serotonin freisetzender Stoffe vorübergehend unterdrückt werden kann, gewiss zu den Gen-gegebenen Perversionen des Bewusstseins zählt, die im neuen Zeitalter nicht überleben.[286]

Serotonin war Mitte der 1990er, als der Essay verfasst wurde, neurochemisch der letzte Schrei, es hat seine Rolle als Allheilmittel indes stark eingebüßt. SSRI, die einstigen Wunder-Antidepressiva, haben inzwischen viel von ihrem überirdischen Glanz verloren. Ob Mittel wie Prozac aufgrund eines Placeboeffekts so erfolgreich waren, sei dahingestellt, jedenfalls gibt es keinen gesicherten wissenschaftlichen Nachweis dafür, dass ein niedriger Serotoninspiegel zu Depressionen führt.[287] Gesichert ist allerdings, dass der Ruf des Medikaments als Mittel für alles dahin ist. Eifersuchtsgefühle setzen eine starke Bindung an eine andere Person voraus, und den Wunsch, diese Person für sich alleine zu besitzen. Sie erwachsen aus unserer frühesten Bindung an Mutter und Vater, aus unserer Liebe zu ihnen oder zu anderen wichtigen Bezugspersonen. Ich erinnere mich lebhaft an meine eigene Tochter, wie sie im Alter von kaum einem Jahr friedlich zu meinen Füßen vor sich hin spielte. Sobald ich aber den Telefonhörer abhob, um jemanden anzurufen, schlug ihre Stimmung um, und ich hatte ein plärrendes, protestierendes, klammerndes Persönchen am Bein. Pearce und Kollegen wollen uns von diesem lästigen «Gen-gegebenen» Teil unseres Gefühlsspektrums befreien. Aus ihrem Techno-Paradies voller Dauerorgasmen und ohne Eifersüchteleien wird alles sexuell bedingte Leid vertrieben sein. Zur Illustration der darin verborgenen

Phantasien schlage ich einen alten Filmtitel vor: *Revenge of the Nerds*, die Rache der Eierköpfe.

Auch Hans Moravec, ein bedeutender KI-Forscher, interessiert sich für körperhafte Modelle von Robotern. Das nach ihm benannte Moravec'sche Paradox beschreibt die ironische Tatsache, dass, was dem Menschen schwerfällt – zum Beispiel aufwendige mathematische Berechnungen –, für die Maschine ein Klacks ist. Sehr viel schlechter geeignet sind Maschinen aber für fein abgestimmte, motorisch-sensorische Aufgaben: zum Beispiel eine Fussel mit den Fingerspitzen aufnehmen und wegschnippen. Dreyfus erkannte dieses Problem schon früh in seinen Studien zum menschlichen «Know-how». Moravec ist deshalb eine interessante Figur, weil er trotz seines Wissens um die Bedeutung bewegungssensibler Systeme für die künstliche Intelligenz an einem Informationsmodell des Geistes festhält, das das Ende dieses lästigen Stolpersteins auf dem Weg zum ewigen Leben propagiert – das Ende des menschlichen Körpers. Auch seine Wissenschaft ist Science-Fiction.

Im Vorwort seines Buchs *Mind Children – Der Wettlauf zwischen menschlicher und künstlicher Intelligenz* aus dem Jahr 1988, das sich an ein Laienpublikum wendet, sieht der Wissenschaftler einer Zukunft entgegen, die sich «am ehesten als ‹post-biologisch› oder ‹übernatürlich› beschreiben lässt».

> In dieser zukünftigen Welt wird die menschliche Art von einer Flutwelle kultureller Veränderungen fortgerissen und von der eigenen künstlichen Nachkommenschaft verdrängt werden. Wie diese Welt am Ende

aussehen wird, wissen wir nicht; doch viele Zwischenschritte sind nicht nur vorhersagbar, sondern bereits vollzogen. Heute sind unsere Maschinen noch einfache Geschöpfe, die wie alle Neugeborenen der elterlichen Pflege und Fürsorge bedürfen und kaum als «intelligent» zu bezeichnen sind. Doch im Laufe des nächsten Jahrhunderts werden sie zu Gebilden heranreifen, die ebenso komplex sind wie wir selbst, um schließlich über uns und alles, was wir kennen, hinauszuwachsen, so dass wir eines Tages stolz sein dürfen, wenn sie sich als unsere Nachkommen bezeichnen. Da diese Kinder unseres Geistes nicht auf den stockenden Gang der biologischen Evolution angewiesen sind, werden sie sich ungehemmt entfalten und sich gewaltigen Aufgaben von grundsätzlicher Bedeutung im größeren Universum zuwenden.[288]

Moravecs Wortwahl und seine Metaphorik sind bemerkenswert. Man beachte den eifernden Ton des Mannes, seine Überzeugung, dass die schöne neue Welt nah ist, und auch die unverhohlene Zuneigung zu seiner körperlosen Nachkommenschaft. Diese Kinder sind kartesianische und hobbesianische Kreaturen zugleich. Wie Descartes' *Cogito* sind sie reiner Geist; wie Hobbes' Gehirn funktionieren sie mechanistisch, und doch wirbeln sie, anders als das Hobbes'sche Maschinengehirn, umher ohne jedes Zutun der Natur. An einer anderen Stelle des Buchs prophezeit Moravec, dass sich der Wandel innerhalb der nächsten fünfzig Jahre vollziehen wird. Obwohl diese Ausgeburten des Geistes zum Zeitpunkt, als das Buch geschrieben wurde, noch in den Kinderschuhen steckten und das Adjektiv «intelligent» nicht verdienten, obwohl sie als hilflose Wesen noch auf ihren Programmierer-Papa angewiesen waren, der über sie wachte, sollte dieser erbärmliche Zustand der Abhängigkeit nicht lange währen, denn bald schon würden sie, wie HAL, eigenständig und, anders als wir mit dem stockenden Gang, einfach losrennen. Wir, die bloß Biologischen, bleiben, Vicos Riesen ähnlich, als unterentwickelte, unwissende Primitivlinge zurück.

Bemerkenswert sind auch Moravecs Vertrauen in Voraussagen und sein Gebrauch des in KI-Artikeln häufig auftauchenden Worts «Stufe». Die nächste logische Stufe beseitigt das Problem der schmutzigen Körper, die normalerweise für die Fortpflanzung zuständig sind. In der Transzendenz der Natur wird der Körper von dieser Natur, von *ihr* hinweggefegt. An kaum einer Stelle tritt der Wunsch, den weiblichen Körper aus dem Prozess der Fortpflanzung zu tilgen, so «nackt» zutage – um eine durchaus passende Metapher anzubringen. Ist dieser Wunsch, der auch als Gebärneid bezeichnet wird, eine Männerphantasie von Selbstreproduktion ohne Frauen? In einer von Rodney Brooks moderierten, öffentlichen Diskussionsrunde mit Kurzweil machte David Gelernter folgende Bemerkung: «Ob Sie es glauben oder nicht, wenn wir wollten, könnten wir heute schon vollkommenere, absolut funktionsfähige Menschen produzieren, und zwar ganz natürliche! Sie können sich nach der Diskussion vertrauensvoll an mich wenden, dann verrate ich Ihnen, wie das geht.»[289] Gelernters Humor kommt, so scheint mir, der Sache erschreckend nahe.

Steckt hinter dem Eifer, den transzendenten Menschen zu erschaffen, der Horror oder die Angst vor der universellen frühen Erfahrung, vom *Körper* eines anderen Menschen, dem Körper der Mutter im Uterus, abhängig zu sein und später nach der Milch dieses oder eines anderen Körpers zu verlangen, eines Körpers, der Nahrung und Trost spendet? Würden wir Säugetiere nicht ohne die Körper der anderen sterben? Frönt Moravec hier nicht auch der Phantasie des Immer-schon-erwachsen-Seins, dem Wunsch, nie den Großen untergeordnet gewesen zu sein, vielleicht besonders wenn diese Großen Frauen waren? Seine eigenen Maschinen-Kinder werden ihre Kinderschuhe sofort wegschleudern, sobald sie schlau genug sind, sich ihrer zu entledigen, auch wenn Moravec sich zunächst noch als stolzer Vater seiner übernatürlichen Sprösslinge präsentiert. Die Zeit scheint Moravecs Optimismus nichts anzuhaben. Obwohl er 2009 einräumte, dass sich die Voraussagen der KI nicht erfüllt haben, schiebt er die nächste gleich hinterher: «Spätestens 2040 wird, so bin ich überzeugt, das ursprüngliche Ziel der Robotik und die Grundpfeiler jeder Science-Fiction verwirklicht sein: frei bewegliche Maschinen mit den intellektuellen Fähigkeiten von Menschen.»[290]

Utopisches Denken ist nichts Neues. Von Platons gerechter Republik (mit Frauen in Führungspositionen, aber ohne Dichter weit und breit) über Rousseaus glücklichen Menschen im Naturzustand zu Fouriers Phalanstères, in denen alle fürs Gemeinwohl arbeiten, bis hin zum kommunistischen Paradies hat es schon viele Formen angenommen. In einer berühmten Passage am Ende von *Literatur und Revolution* kündigt Leo Trotzki den neuen kommunistischen Menschen an: «Der Mensch wird unvergleichlich viel stärker, klüger und feiner; sein Körper wird harmonischer, seine Bewegungen werden rhythmischer, und seine Stimme wird musikalischer werden. Die Lebensform wird dynamisch und dramatisch zugleich. Der durchschnittliche Menschentyp wird sich bis zum Niveau von Aristoteles, Goethe und Marx erheben. Und über dieser Gebirgskette werden neue Gipfel aufragen.»[291] Als ich diese Passage zum ersten Mal las, saß ich in einer kleinen Lesekabine in der Bibliothek an meinem College und schrieb an einem Referat über den sozialistischen Realismus, diese kümmerliche Kunstform, die einzig in der Sowjetunion toleriert wurde. Ich war einundzwanzig Jahre alt und erinnere mich, dass ich, obwohl auch ich die Welt verbessern wollte, schon damals dachte, der Typ spinnt. Im Vergleich zu Moravecs Phrasen über unsere postbiologische Zukunft wirkt Trotzkis Sprache jedoch fast zahm. Und obwohl ich jetzt vielleicht wie ein Miesepeter klinge, bin ich bestimmt nicht die Erste, die darauf hinweist, dass alle utopischen Phantasien, so unterschiedlich sie waren, eines einte: ihr Scheitern. In der Geschichte der Menschheit war kein einziges utopisches Projekt von Erfolg gekrönt.

Zwei Jahre vor *Mind Children* erschien «Ein Manifest für Cyborgs: Wissenschaft, Technologie und sozialistischer Feminismus im ausgehenden 20. Jahrhundert» der Biologin und Wissenschaftsphilosophin Donna Haraway, ein Text, der als alternative Utopie einer transhumanen Zukunft gelesen werden kann. Anders als Moravec, dem es mit seinen Babycomputern absolut ernst ist, kündigt Haraway gleich zu Beginn an, dass ihr Text *ironisch* gemeint ist. Ironie ist dem Wesen nach ein komplizierter Modus der Kommunikation. Es ist eine Art Tarnung, was die Deutung von vornherein erschwert. Haraways Phantasie, die sich als *Mythos* ankündigt, feiert die Ankunft der hybriden Maschinen-Organismen als «weltverändernde Fiktion» bei der sich herkömmliche Hierarchien in neuen, unbestimmten Wahrnehmungskategorien auflösen. Ähnlich wie Elisabeth Grosz in ihrer Darwin-Erzählung verzichtet auch Haraway auf die Trennschärfe von absolut gesetzten Kategorien. Der binäre Gegensatz von Natur und Kultur wird bei ihr zu «Differenzfeldern», Sex zur «Gentechnologie». «[D]ie Cyborgwelt könnte», so schreibt sie, «gelebte soziale und körperliche Wirklichkeiten bedeuten, in der niemand mehr seine Verbundenheit und Nähe zu Tieren und Maschinen fürchten braucht und niemand mehr von dauerhaft partiellen Identitäten und widersprüchlichen Positionen zurückschrecken muss.»[292] Haraway glaubt an die prägende Kraft der Fiktion, die das Denken leitet und neue Möglichkeiten aufzeigt.

Im Unterschied zu Moravecs übernatürlicher Zukunftsvision zielt Haraways Utopie nicht auf die Überwindung des Biologischen. Vielmehr beschreibt sie eine Zukunft, in der sich Biologie, Technik und unterschiedliche Spezies derart vermischen, dass die starren Identitäten, die durch ideologische Gegensätze hervorgebracht und von ihr mit kapitalistischer Unterdrückung gleichgesetzt werden, explodieren. Trotzkis heldenhafter Durchschnittsmensch, der sich zum Niveau von Aristoteles, Goethe oder Marx erhebt, wird von einem hybriden Wesen mit unbestimmter Identität ersetzt. Der Zusammenbruch festgefügter Hierarchien zwischen den Arten führt uns zurück zu Margaret Cavendish und ihrem Beharren auf der Stofflichkeit der Körper. Ihr Buch *Die gleißende Welt* ist ein hybrider Text, der keiner Gattung zugeordnet werden kann. Lange vor der Geburt des modernen

Romans vermischen sich darin Liebesgeschichten, Naturphilosophie, Theologie mit kritischen Reflexionen über die Optik und die Erfindung des Mikroskops. Und der hybride Text wird von hybriden Figuren bevölkert. Die Kaiserin und Heldin der gleißenden Welt herrscht über Fuchsmänner, Bärmänner und Vogelaffenspinnenundläuse-Männer. (Tier-Frauen werden nicht erwähnt.) Jede Spezies der Tier-Männer ist einer bestimmten Disziplin verbunden, Philosophie, Chemie, Mathematik und Politik, und sie führen furiose Streitgespräche miteinander. Indem Cavendish ihren «Männern» animalische Eigenschaften andichtet, pocht sie auf deren tierhaften bzw. *körperlichen* Charakter, durch den sie auf einer Stufe mit allen anderen Kreaturen stehen. Sie bringt die Hierarchien ins Wanken. Die Männer der Kaiserin bestehen aus Materie, reinster Materie. Es sind keine ätherischen Wesen, deren rationale Seele Flügel hat, die sie über alle anderen erhebt. Sie sind «von dieser Erde, erdig», wie Dickens einst so schön formulierte.

Moravecs und Haraways Phantasien entspringen der Sehnsucht nach einem posthumanen Zeitalter. Moravec hätte lieber keinen biologischen Körper mehr, und Haraway baut auf Körper von gemischter Materialität. Nach dem großen Befreiungsschlag werden sie oder wir oder die neuen Nichthumanen, die wir werden, wirklich alle Fesseln gesprengt haben. Die Technik befreit die Männer von ihrer Angst vor den Frauen und der Abhängigkeit von ihnen. Sie befreit die Frauen nicht allein von der Last und den Qualen der Schwangerschaft und Geburt, sondern auch von der Last, stets über Schwangerschaft und Geburt und Mutterschaft *definiert* zu werden. Lasst Uhren Uhren zeugen.

Die Geschichte schreitet schnell voran und doch schleppend. Uralte Ideen von Körper und Seele überdauern, obwohl so viele behaupten, wir hätten sie längst überwunden. Ich persönlich glaube nicht, dass 2038 oder 2040 oder 2045 das postbiologische, übernatürliche Zeitalter hochintelligenter, unsterblicher Roboter anbrechen wird. Und zwar deshalb nicht, weil ich überzeugt bin, dass das Paradigma, auf dem diese Vorhersagen gründen, falsch ist. Ich denke auch, dass solche Prognosen vollkommen verfrüht sind. Solange die biologischen Rätsel der Molekulargenetik, der Embryogenese und das hochkomplizierte Treiben von Milliarden von Nervenzellen im Gehirn nicht geklärt sind, und die Funktion des Gehirns in Bezug auf das gesamte Nervensystem, und das Verhältnis des gesamten Nervensystems zur Welt, die auch von anderen Menschen, Tieren, Pflanzen, Mineralien und hergestellten Gegenständen bevölkert wird, so lange ist das alles reines Wunschdenken. Es wird sich mit der Zeit zeigen, aber die Zeit rennt davon.

Ich glaube, dass nur Menschen, die kaum je den Tunnel ihres eigenen Fachgebiets verlassen haben, auf solche Ideen kommen. Viele Wissenschaftler und Wissenschaftlerinnen finden solche Prognosen genauso absurd wie ich, darunter auch solche, die selbst im Bereich der künstlichen Intelligenz arbeiten. Die Tatsache aber, dass ich immer wieder Leuten begegne, die unverbrüchlich glauben, die KI stehe kurz davor, Menschen wie uns zu erschaffen, mit unseren Gefühlen und unserem Phantasievermögen und unserer Sprachkompetenz, nur vielleicht noch viel besser, legt die Vermutung nahe, dass das Scheitern der GOFAI vielen entweder nicht bekannt ist oder dass dieses Wunschdenken kollektiv zum Wachbewusstseinszustand einer nicht unerheblichen Zahl von gebildeten Menschen gehört.

Die Technik schreitet voran. Gentechnologie wird unsere Zukunft verändern. Der menschliche Körper wird zwar weiterhin zur Fortpflanzung benötigt, aber die Einmischung in diesen Prozess läuft auf Hochtouren. Wer einen Herzschrittmacher oder eine Prothese hat, ist vielleicht schon ein Cyborg. Waren falsche Zähne, Holzbeine und Glasaugen nicht immer schon Cyborg-Material? Ist der Stock eines Blinden nicht auch eine Erweiterung seines Selbst? Viele Frauen mit den entsprechenden finanziellen Mitteln lassen ihre Eizellen einfrieren. Die biologische Forschung wird das Denken über uns selbst und unsere Entwicklung zweifellos verändern. Eine Subdisziplin der KI, die sich «wet artificial life» bzw. «wet A-life» nennt, will auf biochemische Weise künstliche Zellen herstellen, die sich selbst organisieren und selbst replizieren und aus organischem wie nichtorganischem Material bestehen können. Das sind dann hybride, keine rein künstlichen Gebilde. Die Welt der zellularen Automaten, wie sie Neumann einst erdachte, ist eine ganz eigene, Computersimulationen von einfachen Zellmustern, aus denen sich, lässt man sie lange genug laufen, komplexe Systeme herausbilden. Ein Programm wie Tierra zur Simulation von natürlichen Lebensformen mittels Software kann ad hoc immer wieder veränderbare Programme erzeugen, die sich im Speicher des Computers reproduzieren, mutieren und selbständig weiterentwickeln. Der Erfinder von Tierra, Tom Ray, glaubt nicht, dass sein Programm *Leben simuliert*. Er glaubt, es *sei* das *Leben,* allerdings teilen die meisten Autoren, deren Texte ich gelesen habe, diese Meinung nicht.

Definitionen sind immer schwierig. Was ist Simulation, und was ist das echte Leben? Ein Virus, dieses eigenartig parasitäre Etwas, ist tot und lebendig zugleich. Was sind echte Gefühle und was simulierte? Wenn ein Schauspieler sich aufrichtig traurig fühlt, während er seine Zeilen rezitiert, sind diese simulierten Gefühle dann echt? Was ist der Geist, und was ist das Gehirn? Handelt es sich um verschiedene Dinge, oder sind beide ein und dasselbe? Wenn der Geist nicht das Gehirn ist, inwiefern unterscheiden sie sich, und wenn sie sich unterscheiden, wie können sie dann zusammenspielen? Wenn ich daran glaube, dass ich gesund werde, weil sich die Ärztin Zeit für mich nimmt und mir Tabletten verschreibt, wie wird dann aus diesem «psychologischen» Zustand ein Genesungsprozess, wie werden Opioide im Gehirn freigesetzt? Ist ein theoretisches Modell des Geistes denkbar, das die organische Komplexität des Gehirns einschließt, wenn diese Komplexität noch gar nicht verstanden wurde?

Es zeigt sich immer deutlicher, dass die eleganten, reduktionistisch verfahrenden mathematischen Modelle, die bei Physikern, vielen Philosophen und den Verfechtern der Computertheorie des Geistes so beliebt sind, keine Lebewesen wie uns künstlich erzeugt haben. GOFAI ist gescheitert, weshalb viele Naturwissenschaftler, Philosophen und Forscher mit den unterschiedlichsten Interessen und Neigungen umdenken, sich vom Paradigma des Computers ab- und dem Körper und dessen Know-how zuwenden. Modellneuronen sind den echten Neuronen nicht ähnlich. Physiker, die versucht haben, das Bewusstseinsproblem zu lösen, waren darin nicht erfolgreicher als andere Forschungsbereiche. Es gibt konkurrierende Erklärungen, aber keine Übereinstimmung. Die Gesetze der Physik können nicht unsystematisch angewandt werden. In einem Artikel, der sich an ein Laienpublikum richtet, erinnert der Physiker Steven Weinberg daran, dass physikalische Gesetze universell sein und der «objektiven Wirklichkeit» entsprechen sollten, räumt aber einen «erschwerenden Umstand» ein: «Keine der heute bekannten physikalischen Gesetzmäßigkeiten (ausgenommen vielleicht der allgemeine Grundsatz der Quantenmechanik) ist wirklich vollständig und universell gültig. Trotzdem haben sich viele Gesetze in einer Form etabliert, die zumindest unter bestimmten Umständen endgültig ist.»[293] Auch die Physik hat «Löcher». Sie bleibt unvollständig. Die Weltformel existiert nicht.

DER DENKENDE KÖRPER

Was ist Denken? Sind Gedanken die Äußerungen eines inneren Erzählers, der in jedem von uns steckt? Sind Gedanken dasselbe wie innere Rede? Privatsprachen gibt es nicht, das hat Wittgenstein gezeigt. Die Wörter, die ich benutze, teile ich mit anderen Menschen, auch dann, wenn ich mit mir selbst rede. Erst in einem Verhältnis zwischen Mir und Dir werden Wörter lebendig. Sprache ereignet sich zwischen Menschen. Brauchen unbewusste Gedanken auch Wörter? Findet Denken nur im Geist und/oder Gehirn des Menschen statt? Oder denkt man mit dem ganzen Körper? Können Babys denken? Ist eine Scheinschwangerschaft vielleicht eine Art Körper-Denken? Kann auch das Nerven-, Hormon- und Immunsystem Wünsche und Ängste symbolisieren? Inwiefern sind die Gedanken einer Krähe den meinen ähnlich? Wie kann ich etwas denken, was ich zuvor noch nie gedacht habe?

Ich habe ein Bild von meinem Elternhaus im Kopf. Im Geiste kann ich die drei Stufen zur Eingangstür hinauflaufen und dann von Zimmer zu Zimmer gehen. Was passiert in mir, wenn ich in diese Zimmer zurückkehre? Wie verhalten sich die von mir vorgestellten Bewegungen meines Körpers zu tatsächlichen Bewegungen? Und was ist mit erfundenen Menschen und Orten? Und mit Phantasien? Wenn ich beim Schreiben an einem Satz festhänge, hilft es mir, aufzustehen und im Arbeitszimmer umherzugehen oder den Flur entlangzulaufen, denn meine Bewegung lässt auch den Satz wieder frei fließen. Ich bewege mich, um Bewegung in den Satz zu bringen. Wie funktioniert das?

Hat ein Hund, der mit seiner Besitzerin zum Parkspaziergang aufbricht, im Geist eine bildliche Vorstellung vom Park, wenn sie sich auf den Weg machen? Als mein Hund Jack noch lebte, machte er gern ein Nickerchen in seinem Hundekorb im Flur, und manchmal sah ich ihm beim Träumen zu. Er bewegte die Pfoten, als renne er, und stieß kurze, verhalten jaulende Laute aus. Ich stellte mir dann vor, dass er Eichhörnchen jagte, und überlegte, wie seine Traumeichhörnchen wohl aussahen. In meinen Träumen gehe ich Flure entlang. Ich fliege. Ich kämpfe gegen Eindringlinge, Räuber und Ungeheuer. Ich notiere Dinge an den Seitenrändern geheimnisvoller Bücher, die ich im Traum lese. Immer bin ich in Bewegung in meinen Träumen, obwohl mein schlafender Körper motorisch stillgestellt ist.

Woher kommen Gedichte und Musik und fiktionale Figuren? Lässt sich ein Algorithmus für Emily Dickinsons Werke entwickeln, mit dem man einen Computer programmieren kann, dass er so schreibt wie sie? Manche Menschen glauben an die Wahrheit des Dreiecks, an eine körper- und leidenschaftslose Vernunft, daran, dass man Bedeutung von der gelebten körperlichen Erfahrung trennen kann, dass Vorstellungen und Empfindungen für die Vernunft keine Rolle spielen. Andere glauben das nicht. Wie denken wir? Nicht wenige

Menschen sind der Ansicht, die Wahrheit besitze eine logische Form, und das Kunststück bestehe darin, die Regeln zu ermitteln, denen die mentalen Atome oder Psychonen gehorchen, um den Geist des Menschen oder den einer Maschine Schritt für Schritt zu erklären. In seiner *Abhandlung über die Methode* legt Descartes die vier berühmten Regeln fest, die zur Wahrheit führen. Bei strenger Befolgung gelangt man stufenweise und ohne geistige Energie zu verschwenden, ohne je das Falsche als wahr anzunehmen, zur Erkenntnis im Rahmen dessen, was zu verstehen der Geist in der Lage ist.[294] Descartes war überzeugt, dass sich Wahrheit als Übereinstimmung des Gedankens mit seinem Gegenstand fassen lässt.

Die Korrespondenztheorie der Wahrheit in der angelsächsischen analytischen Sprachphilosophie bindet, grob gesagt, das Denken auf dieselbe Art und Weise zurück an die Welt. *Ich glaube, im Kühlschrank sind Zitronen* lässt sich ganz einfach durch das Öffnen der Kühlschranktür überprüfen. Das Verhältnis von Gedanke und Welt kann so als wahr oder falsch definiert werden. Wenn der «Verstand» aber nicht von Natur aus logisch ist, oder wenn Logik nicht der Königsweg zur Wahrheit ist, und wenn sich, was der Mensch denkt und wahrnimmt, je nach Eigenheit des individuellen Gehirns oder Körpers verändert, was auch impliziert, dass der Zugang zur Welt kein unmittelbarer ist, dann stellt sich die Geschichte natürlich nicht so einfach dar.

In Virginia Woolfs *Zum Leuchtturm* fragt die Malerin Lily Briscoe, wovon Mr. Ramsays philosophische Arbeiten handeln. Sein Sohn Andrew antwortet ihr: «Von Subjekt und Objekt und dem Wesen der Wirklichkeit.» Da Lily keine Ahnung hat, was das bedeutet, will es Andrew verdeutlichen:

«Dann stellen Sie sich einen Küchentisch vor, wenn Sie nicht da sind.»[295] Seit Platon hält der Küchentisch in der Philosophie für Erklärungen her. Auch David Hume benutzt den Tisch als Beispiel: «Dieser Tisch, den ich jetzt eben vor Augen habe, ist nur eine Perzeption, und alle seine Eigenschaften sind die Eigenschaften einer Perzeption.»[296] Hume zufolge haben wir keine vollständige Vorstellung von diesem Tisch. Wir haben nur unsere Wahrnehmung von einem Tisch. Die Existenz einer Sache unabhängig von der beobachtenden Instanz zu bestimmen, ist ein heikles Problem, mit dem sich schon viele Philosophen und Philosophinnen diesseits und jenseits des Ärmelkanals herumgequält haben. Aber wie wäre es, wenn wir die Erfahrung selbst in den Blick nehmen? Vielleicht ergeben sich die Probleme ja nicht aus unserer unmittelbaren Erfahrung über den sich in der Welt von hier nach da bewegenden Körper, sondern fangen erst dann an, wenn wir über diese Erfahrung nachdenken, wenn wir den Körper als Ding betrachten und Grenzen ziehen zwischen Psychologischem und Physiologischem, Mensch und Umwelt, Natur und Kultur?

Vor all diesen Begrifflichkeiten und Abgrenzungen, das behauptet Merleau-Ponty, ist «die Einheit des Menschen noch nicht zerbrochen, der Leib ist noch nicht der menschlichen Attribute beraubt und noch nicht zu einer Maschine geworden, die Seele ist noch nicht definiert als Existenz für sich. Das naive Bewusstsein sieht in der Seele nicht die Ursache für die Bewegung des Körpers, und ebenso wenig setzt es sie in den Körper wie den Schiffer sein Schiff. Diese Denkweise gehört der Philosophie an».[297] Das französische Wort *âme* bedeutet nicht nur Seele, sondern auch Geist oder Psyche. Die «Attribute» des Körpers lassen sich auch als Dreyfus' «Know-how» übersetzen oder als «Can-do» der Körper, ein Begriff, den er in Anlehnung an Merleau-Ponty und an Heideggers Idee der «Zuhandenheit», der für das menschliche Tun «handlichen» Dinge, einführt. Doch lange vor ihm stellte bereits Henri Bergson in *Materie und Gedächtnis* (1896) fest: *«Die Gegenstände, welche meinen Körper umgeben, reflektieren die mögliche Wirkung meines Körpers auf sie.»*[298] (Hervorhebung im Original.)

In ihrer philosophischen Vorlesungsreihe während des Studienjahrs 1933–34 spricht auch Simone Weil davon, dass Wahrnehmung mit Bewegung einhergeht. Die Vorträge wurden mitgeschrieben und später zur Veröffentlichung überarbeitet, sodass sie nicht Weils genauen Wortlaut wiedergeben. «Alles, was wir sehen, legt uns, wie unmerklich auch immer, eine Form der Bewegung nahe. (Ein Stuhl das Sich-Setzen, Treppen das Hinaufsteigen usw.)» Weil zufolge «erfasst der Körper einen Zusammenhang und nicht Einzelheiten».[299] Dieser Gedanke ist dem, was J. J. Gibson, der nach Weil, aber zur selben Zeit wie Merleau-Ponty wirkte, als «Affordanz»[300] oder Angebotscharakter bezeichnet, erstaunlich ähnlich. Die Affordanzen der Umgebung sind, so behauptet er, das, was sich dem Tier anbietet. Das Menschentier, vom Parkspaziergang müde, sieht in der Bank ein Angebot, sich eine Weile auszuruhen. Wahrnehmung ist nie neutral oder «wertfrei». Die Bedeutung der Bank wird von der Wörterbuchdefinition nicht erfasst, vielmehr stellt sie sich im Verhältnis zwischen wahrnehmender Person und dem Wahrgenommenen her. Die vor einer Katze flüchtende Maus, die einen feinen kleinen Spalt in der Vertäfelung erspäht, braucht keine Symbole, um seine Bedeutung für sie zu erfassen. Rettung naht. Subjekt und Objekt stehen bei dieser Theorie, die Gibson als ökologische bezeichnet, in einem anderen Verhältnis. Dieses Verhältnis hängt gleichermaßen von den Eigenschaften des Tieres wie von denen der Umgebung ab. Ich kann mich auf der Bank ausruhen, aber ich kann meinen Körper nicht flach pressen und in einem Spalt verschwinden. Der Spalt in meiner Vertäfelung ist für mich etwas, das zugespachtelt werden muss, um die Maus aus meinem Wohnzimmer fernzuhalten.

Und wie verhält es sich mit dem bewussten Denken beim Menschen? Weil behauptet, dass «der Körper die Dinge in der Welt bereits vor jedem Gedanken klassifiziert hat». In einer Vorlesung führt sie ein Beispiel dafür an. Wenn jemand mit den Fingern auf einen Tisch trommelt, kann ein anderer den Klopfrhythmus unmittelbar nachahmen, ohne die Taktschläge zu zählen. Obwohl die meisten Menschen einen kurzen, unregelmäßigen Rhythmus spontan imitieren können, können sie sich, so sei ergänzt, den Takt schlechter merken, sobald sie aufgefordert werden, dabei gleichzeitig die Schläge mitzuzählen. Solche Rhythmusimitationen sind Teil unseres vorbegrifflichen Know-hows. «Nur die Dinge als Ganzes und in ihrer Relation hinterlassen dem Körper einen Eindruck. Wenn wir einen Gedanken in die Welt setzen, dann kommt dieser in eine Welt, die bereits geordnet ist.»[301]

Was, wenn Vico – dessen Ideen die späteren Überlegungen von Weil, Gibson und Merleau-Ponty vorwegnehmen – recht behielte, und wenn das Denken bei unseren sich bewegenden Körpern beginnt, noch bevor wir lernen zu sprechen? Vico schreibt, die ersten Menschen waren «fast ganz körperlich und kaum reflektierend». Die Riesen waren unfähig, ihr eigenes Spiegelbild zu erkennen oder über ihre Gedanken nachzudenken. Vielmehr, so Vico weiter, waren sie fähig, «ganz aus lebendigem Sinn das Besondere wahrzunehmen, aus mächtiger Phantasie es aufzufassen und zu vergrößern, aus scharfer genialer Kraft es auf seine phantastischen Gattungen zu beziehen, und aus starkem Gedächtnis es zu behalten. Diese Fähigkeiten gehören freilich dem Geist, doch ihre Wurzeln stecken im Körper, und sie ziehen aus ihm ihre Kraft.»[302] Metaphern sind aus intensiven Empfindungen entstanden, sie schmiedeten einen Zusammenhang zwischen Körper und Welt.

Vor langer Zeit lebten die Menschen, Vico zufolge, in einer Welt, in der alles beseelt war: Der Körper des Himmels schleuderte Blitze und Donner, und die Menschen blickten voll Staunen hinauf und stießen Laute der Ehrfurcht aus. Ihre Sprache entwickelte sich aus Gebärden, die von einsilbigen Lauten begleitet wurden. Und sie begriffen die Welt von ihrer eigenen Leiblichkeit her, von den «menschlichen Sinnen und den menschlichen Leidenschaften», vom «menschlichen Körper und seinen Teilen». Er führt weiter aus: «Haupt für Gipfel oder Anfang; Stirn, Schultern für vorne und hinten; Augen von den Reben und von dem, was das in die Häuser hereinbrechende Licht genannt wird; Mund für jede Öffnung; Lippe für den Rand eines Gefäßes, der Zahn vom Rechen, von der Säge, vom Kamm.»[303] Die Liste setzt sich fort. Wir formen die Welt nach unserem Bilde. Die Geschichte, die Vico erzählt, beginnt bei den Körperempfindungen und Gefühlen, die zu Metaphern und poetisch-imaginativer Sprache werden, die ihrerseits dann zu abstrakteren Konzepten führt.

Vicos Menschheitserzählung ist auch eine Geschichte

über die Entwicklung des Individuums vom noch sprach-losen, wimmernden Säugling zum nachdenklichen Erwachsenen. Vico streicht die kindliche Fähigkeit der Imitation für das Lernen heraus: «Wir beobachten, dass ihre Spiele größtenteils darin bestehen, das nachzuahmen, was sie aufzufassen in der Lage sind.»[304] Er ereiferte sich über Descartes' Ideen, doch seine eigenen Vorstellungen blieben randständig, gerieten aber nie völlig in Vergessenheit. Sein Ruhm als Denker ging meist auf diejenigen über, die ihn lasen und verehrten – Herder, Marx und Joyce, um nur drei zu nennen. Er gilt als Geschichtsphilosoph der ersten Stunde. Im Unterschied zu den Neodarwinisten war er der Überzeugung, dass sich der Geist im Lauf der Geschichte weiterentwickelt und Denkweisen, selbst wenn sie vom Körper beeinflusst werden, nie starr und unbeweglich sind. Bei Vico konnte aus dem Steinzeitgeist ein moderner Geist werden.

Die Idee, dass abstrakte Konzepte und Denkweisen aus einer verkörperten Form der internalisierten Bewegung hervorgehen, gewinnt in zahlreichen Disziplinen, unter anderem in der Philosophie, Psychologie, Anthropologie, Linguistik, Soziologie und in der Literaturwissenschaft, immer mehr Anhänger. Sie bezweifeln, dass sich das Geistesleben allein als abstrakte Symbolmanipulation erklären lässt. Wie Dreyfus sind auch sie der Auffassung, dass «Know-how» sich nicht digitalisieren lässt. Vieles, was der Mensch zu tun lernt, lernt er, weil er ein Körper ist, der im Auf und Ab und Hin und Her zwischen den Räumen, die ihn umgeben, navigieren muss. Der Anblick eines gedeckten Tischs lädt dazu ein, Platz zu nehmen und etwas zu essen. Für Neurowissenschaftler, die die Hinwendung zur Körperlichkeit vollzogen haben, ist es nicht entscheidend, ob bei Wahrnehmungsprozessen im Gehirn eine genaue Repräsentation der Welt entsteht, sondern dass das Wahrgenommene Anpassungsleistungen des Organismus zur Folge hat. Weil behauptet: «Alles, was wir sehen, deutet irgendeine Form von Bewegung an.» Gelerntes, Gewohnheiten und Erwartungen formen unsere Wahrnehmung und generieren Voraussagen, was unter bestimmten Umständen an bestimmten Orten zu tun ist.

In einem Artikel in *Nature Reviews Neuroscience* wurde diese Wende 2001 von Andreas K. Engel, Pascal Fries und Wolf Singer angekündigt, die dafür einen Begriff von Kuhn entlehnten: «Wir beobachten derzeit einen grundlegenden Paradigmenwechsel in der kognitiven Neurowissenschaft. Herkömmliche Modelle fassen das Gehirn als passive, von Stimuli abhängige Apparatur auf, die nicht in der Lage ist, selbst aktiv Bedeutung zu generieren, sondern nur auf sensorischen Input reagiert und vorher feststehende Informationen vervielfältigt.» Die Verfasser merken an, dass diese passive Auffassung vom Gehirn mit der Vorstellung einhergeht, Wahrnehmung übermittle «wahrheitsgetreu» ein «inneres Weltmodell», das unabhängig vom Beobachter und dessen Kontext Informationen über die Welt liefert. Das, so behaupten sie, sei ein Trugschluss, und sie stellen im Anschluss ein «neues» Konzept vor, das den Paradigmenwechsel auf den Punkt bringt: «Situiertheit».[305] So neu ist das alles nicht, will mir scheinen, aber neu genug wohl für die Neurowissenschaft.

Die Vorstellung, dass das Gehirn nicht nur passiv Informationen empfängt und verarbeitet, sondern ein vorausschauendes, erfinderisches Organ ist, führt uns zurück zu den Fröschen, den Tieren, die zahllose Schüler und Schülerinnen im Biologieunterricht in der neunten Klasse sezieren mussten und deren visuelles System «fester verdrahtet» ist als beim Menschen, jedenfalls wenn man John Dowling folgt. Im Jahr 1958 schrieb ein junger chilenischer Neurobiologe namens Humberto Maturana eine Doktorarbeit über die Neurophysiologie der Wahrnehmung beim Frosch. 1959 war er Koautor eines inzwischen berühmten Aufsatzes mit dem Titel «What the Frog's Eye Tells the Frog's Brain». Die drei anderen Autoren waren Jerome Lettvin, William McCulloch und Walter Pitts, derselbe McCulloch und derselbe Pitts, die 1943 den Artikel über binäre Neuronen verfassten. Die Frosch-Studie belegte, dass das visuelle System des Frosches die Außenwelt nicht abbildet, sondern erzeugt. Bei der Wahrnehmung geht es nicht um die Abbildung einer objektiven, vorab gegebenen Welt, sondern darum, wie das jeweilige Nervensystem – beim Frosch oder beim Menschen – in der Interaktion mit seiner Umwelt das erst hervorbringt, was da zu sein scheint. Deshalb, so lautete Dowlings These, kann sich das visuelle System des Menschen mit der größeren Plastizität besser an die Linsen anpassen, die die Welt auf den Kopf stellen, als das des Frosches. Das soll nicht heißen, dass die menschliche Wahrnehmung akkurat ist und die des Frosches trügerisch. Es ist nur ein anderes Sehen. Es soll auch nicht heißen, dass die Welt nicht existiert, sondern dass weder der Mensch noch der Frosch aus seinem Körper hüpfen und eine Welt überprüfen kann, die unabhängig von ihm und seinem Körper gestaltet ist.

Auf Maturana hatte diese Idee eine umwälzende Wirkung, und er führte sie schließlich an ihr logisches Ende. In einem späteren Artikel schreibt er: «Wir erschaffen die Welt, in der wir leben, indem wir in ihr leben.»[306] Die kartesianisch-newtonsche Sicht auf die Welt, die unabhängig vom Betrachter funktioniert, unabhängig von der Person, die das Sehen vollzieht, lehnte er ab. Gemeinsam mit einem anderen chilenischen Wissenschaftler, Francisco Varela, verfasste Maturana später ein nicht umfangreiches, aber dichtes Werk mit dem Titel *Autopoiesis and Cognition*, das 1980 erstmals auf Englisch erschien. Ich habe das Buch zweimal sorgfältig gelesen und fand es beide Male schwer verständlich. So viel scheint aber klar: Ein autopoietisches System ist dynamisch, selbstorganisierend, und es passt sich laufend an seine Kontexte an, um das physiologische Gleichgewicht bzw. die Homöostase zu wahren. Das Zusammenspiel mit der Umwelt und deren Wahrnehmung strukturiert sich in Abhängigkeit von der Eigenart des Organismus jeweils autonom. Autopoiesis knüpft an die Kybernetik an mit der Betonung von dynamisch interagierenden Systemen, die nicht auf ihre Bestandteile zu reduzieren sind. Die Autoren vertreten die These, dass autopoietische Systeme unabhängig von ihren Grundlagen (es kann theoretisch aus Metall, Drähten und Plastik bestehen) hinreichend lebensfähig sind. Darüber hinaus behaupten sie: «Die Beschreibung einer absoluten Wirklichkeit ist unmöglich.»[307] In der Geschichte der Philosophie ist das kein weltbewegender Befund, dennoch scheint es viele zeitgenössische Wissenschaftler und Wissenschaftlerinnen zu verunsichern. Ungeachtet der Tatsache, dass Autopoiesis in der etablierten Wissenschaft kaum eine Rolle spielt, führte die Theorie zu einer Fülle von Fachliteratur in der Biologie und weit darüber hinaus.

Maturanas und Varelas biologistischer Ansatz richtet sich unmittelbar auf die erkenntnistheoretische Frage, wie wir wissen, was wir wissen. Ihr Blick auf die wissenschaftliche Forschung und das Wesen der Wahrnehmung war also epistemologisch geprägt, und vor allem Varela entwickelte die Ideen später weiter. In *Der mittlere Weg der Erkenntnis – der Brückenschlag zwischen wissenschaftlicher Theorie und menschlicher Erfahrung* machen Varela, Evan Thompson und Eleanor Rosch sehr deutlich, dass ihre Arbeit eine Fortsetzung und Ausarbeitung des philosophischen Ansatzes von Merleau-Ponty darstellt. Sie schreiben: «Organismus und Umwelt sind ineinander eingefaltet und entfalten sich auseinander in der grundlegenden Zirkularität, die das Leben selbst darstellt.»[308] Dieses Zusammenspiel wird von Varela auch als «Koppelung» bezeichnet. In einer kritischen Würdigung von Varelas Arbeit nach dessen Tod stellt eine Gruppe von Wissenschaftlern fest: «Da die Umwelt keine vorab definierte *Information* enthält, die unabhängig ist von der ‹Koppelungsdomäne›, die vom autonomen System definiert wird, *formiert* sie *sic*h im wahrsten Sinn des Wortes durch den Umgang des Systems mit ihr.»[309] Es gibt keine objektive, unabhängig existierende Information in der Welt, aber das, was da draußen ist, hat Auswirkungen auf das geschlossene System im Innern.

Was ist der Geist bei Varela? Jedenfalls ist er nicht nur in unserem Kopf. «Der Geist», behauptet Varela, «kann nicht vom Organismus *als Ganzes* getrennt werden. Wir neigen dazu, den Geist im Gehirn, im Kopf zu verorten, Tatsache ist aber, dass die Umwelt auch den restlichen Organismus einschließt; das Gehirn ist eng verknüpft mit allen Muskeln, dem

Skelettsystem, dem Magen-Darm-Trakt und dem Immunsystem, dem Hormonhaushalt und so weiter. [...] Mit anderen Worten: der Organismus als Geflecht von sich jeweils wechselseitig bestimmenden Elementen führt dazu, dass unser Geist tatsächlich untrennbar mit der ihm äußerlichen Umwelt verknüpft ist, aber auch mit dem, was Claude Bernard *milieu intérieur* nannte, der Tatsache, dass wir nicht nur ein Gehirn, sondern einen ganzen Körper besitzen.»[310] Geist und Bewusstsein sind Varela zufolge also die verkörperte Realität voneinander abhängiger Systeme, die sich nicht auf neuronale Korrelate reduzieren lässt.

Ich muss gestehen, dass mich, während ich die Arbeiten zur Theorie der Autopoiesis gelesen habe, bisweilen ein klaustrophobisches Gefühl beschlich. Trotz der Koppelung von Organismus und Umwelt scheint der Ansatz unentrinnbar in seiner eigenen Zirkularität gefangen zu bleiben. Ich bin der Ansicht, dass Interaktionen offener strukturiert sind, dass Innen und Außen sich in einem beständigen, sich wechselseitig prägenden Rhythmus verschränken, der auch unterbrochen und unregelmäßig sein kann. Obwohl die Embryonalentwicklung in diesen Arbeiten kaum eine oder gar keine Rolle spielt, dürfte unstrittig sein, dass auch der Herzschlag, die Atmung, Stimme, Bewegungen der Mutter eine rhythmische Beziehung zum heranreifenden Fötus aufbauen, der in der Fruchtblase liegt und über die Nabelschnur mit der Plazenta verbunden ist, die ihrerseits an der Gebärmutterwand hängt. Wann aber taucht das Selbst in dieser Entwicklungsgeschichte auf?

Für Varela, Thompson und Rosch gibt es in der «Summe» der menschlichen Erfahrungen – Gefühle, Wahrnehmungen, gewohnheitsmäßiges Denken und Bewusstsein – kein wesenhaftes Selbst. Zwar stellen sie subjektive Erfahrung nicht in Abrede, aber für sie ist der Mensch eine Ansammlung von eigenständig operierenden Funktionssystemen ohne lenkendes Zentrum, was an Diderots Bienenschwarm und gleichzeitig an eine kompliziertere, organische Version von Brooks' mobilen Robotern denken lässt. Varela, Thompson und Rosch waren stark vom Buddhismus beeinflusst. Für sie ist das Ego der abendländischen Welt leer, reine Illusion.

Wie der «Geist» wird auch der «Körper» in Philosophie und Naturwissenschaft meist zur theoretischen Abstraktion. Manchmal ist der menschliche Körper gemeint, dann wohl als männlicher und weiblicher, ein andermal sind alle Körper, auch die der Tiere und Maschinen, eingeschlossen. Wohin ich auch blicke, sehe ich einen neuen Aufsatz oder lese Konferenzankündigungen, die das Wort «Körper» oder «Verkörperung» im Titel führen. Unser tierhafter «Körper» mit seinen Bewegungen, Empfindungen und Gefühlen spielt in vielen Bereichen eine immer größere Rolle, zum Teil weil er lange vernachlässigt und mit Vorurteilen belegt wurde, jene Vorurteile, die Myrtle McGraw meinte, als sie den ewigen Rekurs auf Gegensatzpaare im akademischen Diskurs und die Überhöhung des Rationalen seit der Antike beklagte; jene Vorurteile gegenüber der GOFAI, sie beraube die menschliche «Intelligenz» ihrer materiellen Grundlage und verwandle sie in logische Zeichenketten, die von einem quasi-kartesianischen Gehirn verarbeitet werden können; Vorurteile, hinter denen sich allzu oft die Angst vor dem durchlässigen, sterblichen Körper verbirgt, zelluläres Übergepäck, das es abzuschütteln gilt.

Der Paradigmenwechsel hin zu verkörperten Modellen des Geistes ist eine Reaktion auf die vielen wissenschaftlichen Fehlschläge, aber ich glaube, es steckt noch mehr dahinter. Turings Eingeständnis, dass Nahrung, Sex und Sport seiner zukünftigen Maschine vorenthalten bleiben müssen, ist bezeichnend. Denn trotz ihrer sagenhaften Kohärenz, Genauigkeit und Wirkmacht in der Welt der Natur (die auch die Möglichkeit der Vernichtung des gesamten Planeten mit einschließt) nützt uns die theoretische Physik wenig, wenn es darum geht, die gelebte menschliche Erfahrung im Moment ihres Vollzugs zu erfassen. Obwohl es spannend ist, beispielsweise Artikel über statische Raum-Zeit-Blöcke zu lesen, bleibt dabei unsere subjektive Erfahrung der vergehenden Zeit und das hartnäckige Problem unserer Sterblichkeit außen vor. Und auch innerhalb des heiligen Reichs der theoretischen Physik herrscht Uneinigkeit, ziemlich große Uneinigkeit bisweilen. Lee Smolin, ein Physiker am Perimeter Institute for Theoretical Physics, der Entscheidendes zur Quantengravitationstheorie beigetragen hat, behauptet in seinem Buch *Im Universum der Zeit* (2014), die Gesetze der Physik seien weder zeitlos noch ewig, sondern würden sich in Echtzeit weiterentwickeln und verändern. Er vertritt die These der kosmischen natürlichen Auslese, die Reproduktionsprozesse auf höchster Ebene einschließt, nämlich die Geburt von Universen aus anderen Universen. Smolin übernimmt hierzu das dynamisch-zeitliche Modell der natürlichen Auslese aus der Biologie und wendet es auf die Physik an. Dass sein Ansatz spekulativ ist, räumt er ein, aber das ist die Leittheorie der modernen Physik, die Stringtheorie, auch. Interessanterweise ist Smolin geprägt vom Denken des US-amerikanischen pragmatischen Philosophen Charles Sanders Peirce, der behauptet hat, physikalische Gesetzmäßigkeiten könnten nicht statisch sein. Ich bin nicht in der Lage, diese gewagten Thesen zu beurteilen, aber ich bin in der Lage zu erkennen, dass es auf dem Gebiet der Physik durchaus Menschen gibt, die solche Ideen, mögen sie auch umstritten sein, ernst nehmen.

Dass Logik ein unentbehrliches Instrument der Argumentation und des differenzierten Denkens ist, unterschreibe ich sofort, aber lassen sich auch innere Zustände, geistige Bilder oder Traumbilder und inneres Erleben mit Logik erklären? Gäbe es Erinnerung und Phantasie überhaupt ohne Körperempfindungen und Gefühle und deren Einfluss aufs Denken? Wie ist es zu verstehen, dass ein Mann, dessen Sehrinde keinerlei Schädigung aufweist, plötzlich erblindet, nachdem er mit ansehen musste, wie sein Haus abbrannte? Können wir das über einen Rechner-Geist erklären? Wie erschaffen Menschen denn eigentlich Metaphern und Bedeutungen?

Der Neurowissenschaftler Gerald Edelman lehnt die Idee des Geistes als Rechenmaschine ab und behauptet, dass Metaphorik und Assoziationsvermögen der Logik im Gehirn vorgeschaltet sind. In *Second Nature: Brain Science and Human Knowledge* (2006) verweist er auf Vico, ohne auf das Denken des Geschichtsgelehrten genauer einzugehen. Edelmans Gehirn erkennt Muster, keine logischen Operationen. In *Second Nature* thematisiert er, was vielen Forschern aus der Künstlichen Intelligenz ein Rätsel ist: Wie kann es nach all den ehrgeizigen Bemühungen über Jahrzehnte hinweg sein, dass wir noch immer nicht in der Lage sind, ein menschliches Wesen nachzubauen? Wenn sich die Gesetze der Physik nicht verändern, woran liegt es dann? Edelman schreibt: «Wiewohl unsere Hirnfunktionen und kognitiven Fähigkeiten durch die Physik eingeschränkt und als Resultat der natürlichen Selektion zu betrachten sind, lassen sich nicht alle diese Fähigkeiten mit gleichem Erfolg über reduktionistische Modelle erfassen.»[311] Wie Merleau-Ponty sieht auch Edelman, dass das Gehirn in einem Körper steckt, der in der Welt ist, und diese Situiertheit ist entscheidend: «Gesetzmäßigkeiten im Hinblick auf Intentionalität und Verhalten sind sicherlich zu beobachten, doch auch sie sind veränderlich, kultur- und sprachabhängig und deshalb äußerst vielgestaltig. Subjektivität ist irreduzibel.»[312]

In einem Aufsatz von 1999 behaupten Francisco Varela und Jonathan Shear Ähnliches: «Gelebte Erfahrung ist irreduzibel [...] auf der Ebene der Phänomene lassen sich Daten und Informationen nicht auf die Perspektive der dritten Person reduzieren oder von dieser ableiten.»[313] Die Erfahrung von Selbstheit, *Ipseität*, lässt sich nicht auf eine mathematische Formel verkürzen. Weder Edelman noch Varela, noch Shear lehnen die Dritte-Person-Perspektive ab. Sie sind voll und ganz dafür, aber ihr Argument erinnert an das von Nagel. Wenn man die Perspektive von der ersten zur dritten Person verlagert, geht das phänomenologische «Wie es sich anfühlt», ein bestimmtes Wesen, Mensch oder Fledermaus, zu sein, verloren. Edelman hatte und hat bis heute viele Kritiker, allen voran Francis Crick mit dem zentralen Dogma, aber der war ja auch fest davon überzeugt, dass subjektive Erfahrungen, die Träume und Wünsche eines Menschen, auf die objektivierende Dritte-Person-Perspektive der Neuronen und neurochemischen Botenstoffe reduzierbar waren. Interessant ist, dass auch Edelman mit Robotern experimentierte, die er auf der Grundlage seiner eigenen Theorie konstruierte und nach dem Vater der Evolutionstheorie benannte. Er taufte sie Darwins. Doch auch die Darwins konnten, wie die vielen anderen künstlichen Kameraden vor ihnen, die Fähigkeiten des Menschen nicht im Entferntesten imitieren.

Wenn im Geist-Gehirn-Körper Metaphern vor der Logik kommen, wie muss man sich das vorstellen? George Lakoff und Mark Johnson haben mit dem Buch *Leben in Metaphern* eine wichtige Arbeit vorgelegt für all jene, die sich wissenschaftlich oder interessehalber mit der Rolle des Körpers für unser Denken befassen. Sie vollziehen die Hinwendung zur Körperlichkeit zwar auch, sind aber, soweit ich das beurteilen kann, nicht durch phänomenologische Ansätze geprägt. Der erste Absatz im Buch sei hier zitiert:

> Die Metapher ist für die meisten Menschen ein Mittel der poetischen Imagination und der rhetorischen Geste – also dem Bereich der außergewöhnlichen und nicht der gewöhnlichen Sprache zuzuordnen. Überdies ist es typisch, dass die Metapher für ein rein sprachliches Phänomen gehalten wird – also eine Frage der Worte und nicht des Denkens oder Handelns ist. Aus diesem Grunde glauben die meisten Menschen, sehr gut ohne Metapher auskommen zu können. Wir haben dagegen festgestellt, dass die Metapher unser Alltagsleben durchdringt, und zwar nicht nur unsere Sprache, sondern auch unser Denken und Handeln.[314]

Lakoff und Johnson vertreten einen radikal anti-kartesianischen, anti-hobbesianischen Standpunkt. Metaphern sind kein schmückender Firlefanz oder die betörende Duftnote des Dichters oder der Schriftstellerin, die einen nüchtern und in logischen Schritten denkenden, rationalen Menschen in Verzückung und Verwirrung stürzt oder zum verweichlichten Gecken macht. Ohne Vico zu nennen, argumentieren auch sie, dass Metaphern aus dem körperlichen Erleben entstehen und auf dieses zurückwirken. Unser Körper und seine Position im Raum sind für unser bewusstes Denken und geistiges Tun entscheidend. Das Glück ist oben angesiedelt, die Trauer unten, führen uns die Autoren vor Augen. Unsere Stimmung steigt oder sinkt. Die Metaphorik von Innen und Außen ist überall am Werk. Ein paar eigene Beispiele: Bürstenschnitt ist in, Irokesenschnitt ist out. Der Gemütszustand ist hell oder düster. Und aus dem taktilen Bereich: Männer sind hart, Frauen sind weich. Mathematik ist schwer, Literatur ist leicht. Lakoff und Johnson bestreiten nicht, dass es kulturelle Unterschiede gibt in der Art, wie Metaphern funktionieren, aber der Akzent von *Leben in Metaphern* liegt nicht darauf. Das sprachliche Klima ist jeweils verschieden und hat Auswirkungen auf unsere Erfahrung von Wirklichkeit, auf Wahrnehmungen und Gefühle. In China symbolisiert Weiß beispielsweise Tod, Trauer und Bestattung, eine Bedeutung, die der westlichen Kultur fremd ist. Doch was ist Kultur, und was ist Biologie?

Die Autoren einer Studie mit dem Titel «Tough and Tender: Embodied Categorization of Gender» ließen ihre Probanden harte oder weiche Bälle drücken, während diese geschlechtsneutrale Gesichter betrachteten. Im Ergebnis identifizierten die Versuchsteilnehmer das Gesicht dann als männlich, wenn sie gleichzeitig einen harten Ball anfassten, und als weiblich im Falle der weichen. Die Verfasser schreiben: «Auch soziale Kategorien basieren vermutlich auf sensomotorischen Metaphern.»[315] Was machen wir mit solchen Befunden? Dieselben Forscher führten später ein ähnliches Experiment durch, dieses Mal mit männlichen und weiblichen Gesichtern, die als Politiker oder Professorinnen vorgestellt wurden. Probanden, die einen harten Ball in der Hand hielten, neigten dazu, die Gesichter als die republikanischer Politiker zu identifizieren. Fühlten sie einen weichen Ball, tendierten sie eher zu den Demokraten. In ähnlicher Weise wurde gefühlte Härte mit Physikern und Weichheit mit Historikern verbunden. Die Verfasser schreiben: «Während eine soziale Kategorie wie Geschlecht auf biologischen Unterschieden beruht, sind die hier benutzten Kategorien [Politik und Beruf] nicht im selben Maß – wenn überhaupt – in der Biologie verwurzelt. Indem wir also diese zweifelsfrei sozial konstruierten Kategorien in unseren Test einbezogen, zeigte sich, wie ergiebig eine einzelne Sinnes-Domäne zur Fundierung sozialer Denkkategorien beiträgt, in ganzem Umfang.»[316] Bemerkenswert ist die Mehrdeutigkeit der Autoren im Hinblick auf das Verwurzeltsein «in der Biologie». Demokratisch wählen und sich für eine Karriere in der Physik entscheiden, ist natürlich auf eine Weise kulturell bedingt wie es Chromosomen und Genitalien nicht sind. Außerhalb der USA dürften nur wenige mit unseren politischen Stereotypen und der damit einhergehenden haptischen Metaphorik vertraut sein. Unterscheidungen zu treffen, muss möglich bleiben, allerdings erscheint mir die Unschlüssigkeit der Forscher über das

«Maß», in dem eine soziale Kategorie wie Politik biologisch ist, ja, ob sie überhaupt als biologisch bezeichnet werden kann, eine weit über diese Studien hinausreichende generelle Begriffsverwirrung zu spiegeln. Eine Berührung zu spüren, ist gewiss biologisch, ein körperlich ablaufender Prozess und zwingend, aber nicht ausschließlich mit Vorgängen im Gehirn verbunden. In den hier aufgeführten Fällen wurde allerdings ein kulturspezifisch erworbenes, kategoriales Wissen den motorisch-sensorisch ablaufenden Prozessen buchstäblich einverleibt.

Welche empirischen Beweise gibt es dafür, dass der Körper für Denken und Sprache eine wichtige Rolle spielt? In der Wissenschaft hat man begonnen, den Zusammenhang zwischen Sprache, Metapher und Gehirn genauer zu erforschen. Eine Studie belegt, dass bei Sätzen mit Handlungsverben wie «Sarah tritt Phil» motorische Areale im Gehirn aktiviert werden. Eine andere Studie weist nach, dass beim Lesen einer metaphorischen Wendung wie «Sie hatte einen harten Tag» somatosensorische Areale aktiviert werden. Die haptische Qualität der Metapher wird also registriert. Beim Lesen des Satzes «Sie hatte einen schlechten Tag» zeigten diese Areale keine Aktivität.[317] Die meisten mir bekannten Untersuchungen belegen, dass abgegriffene Metaphern und Redewendungen diese Wirkung nicht haben, was nachvollziehbar ist. «Tamika ärgerte sich zu Tode» ist weit entfernt davon, dass Tamika wirklich in irgendeiner Form zu Tode kommt. Was diese Ergebnisse im Hinblick auf den «Geist» bedeuten könnten, darüber wird viel diskutiert, aber manche halten die Idee, das Denken sei reine Symbolmanipulation in einem extra dafür eingerichteten Modul, inzwischen für schlichtweg falsch. Dabei geht es nicht darum, dass man ohne Körper nicht denken kann, sondern darum, dass unsere räumlich verorteten Körper in ihrem Verhältnis zu all dem, was über sie hinausweist, unser Denken *strukturieren*. Wichtig ist, so meine ich, zu begreifen, dass unsere Vorstellungen – von Geschlechterdifferenz etwa – sowohl mit unserer individuellen Erfahrung als auch mit den Codes unserer jeweiligen Kultur zusammenhängen, und dass auch diese Codes unsere körperliche Existenz formen.

Bisweilen arbeiten Naturwissenschaftler direkt mit philosophischen Denkern zusammen, um das überkommene Paradigma, das die Bedeutung des Körpers für das Denken und das Bewusstsein weitgehend außer Acht lässt, anders aufzurollen. Der Kognitionswissenschaftler Shaun Gallagher verfasste gemeinsam mit dem Philosophen Dan Zahavi ein Buch mit dem Titel *The Phenomenological Mind*. Ein philosophischer Ansatz, der mit Husserl seinen Anfang nahm, hält Einzug in die Naturwissenschaft und führt zu einem Umdenken. Das Verhältnis von Körper und Geist wird auf eine neue Grundlage gestellt und führt im Fall der eben genannten Verfasser zu einer Neudefinition des Selbst, von dem sie glauben, dass es sowohl in einem vorreflexiven als auch in einem reflexiven Bewusstsein seiner selbst existiert. Gallagher und Zahavi schreiben: «In seiner einfachsten und grundlegendsten Form handelt es sich beim Selbst-Bewusstsein schlicht um die Manifestation der sich aktuell vollziehenden, gelebten Erfahrung aus der Sicht der ersten Person.»[318] Bei dieser Form von Bewusstsein geht es nicht ums Nachdenken über das Denken oder um das Analysieren der eigenen Gedanken, sondern darum, dass ich mich in meiner körperlichen Situiertheit als Ich erfahre, etwa wenn ich auf einem Liegestuhl liegend mein Gesicht einfach in die Sonne halte und keinen Gedanken ans Denken verschwende. Für James, Husserl und Merleau-Ponty ist Erfahrung nie unpersönlich, sie gehört immer zu jemandem, zu mir. Wenn ich Bauchschmerzen habe, überlege ich nicht, ob ich sie habe oder wem sie nun gehören. Allerdings ist die Frage, was genau dieses Spüren der Selbstheit und Selbstwirksamkeit bedeutet, Gegenstand hitziger Debatten.

Das Eingefaltetsein und Sich-Auseinanderfalten von Organismus und Umwelt, das Bestehen auf die «Situiertheit» der Wahrnehmung, auf Handlung und Bewegung, auf verkörperte Metaphern und die Betonung der Wichtigkeit subjektiver Erfahrung für die Philosophie und Naturwissenschaft erinnern an Goethes Methodenlehre, aber auch an die Thesen der US-amerikanischen Pragmatiker William James und John Dewey. Der Pragmatismus betrachtet alles Denken als Handeln, das untrennbar mit Fühlen, Wahrnehmen und Sich-in-der-Welt-Bewegen verbunden ist. «Alle Aktion», schreibt James, «ist so Re-aktion auf die Außenwelt. Und das Mittelstadium der Betrachtung oder Erwägung oder des Denkens ist nur ein Durchgangsstadium, der tiefste Punkt einer Kurve, deren beiden Enden ihren Anknüpfungspunkt in der Außenwelt haben.»[319] Er war der Ansicht, «das Psychische» lasse sich nicht ohne die «physische Umgebung» verstehen, und er übte Kritik an den Philosophen der Vergangenheit, die «die Seele als Geistwesen absolut setzten mit bestimmten, nur ihr eigenen Fähigkeiten» ohne «Bezug zu den weltlichen Umständen, auf die sich das Handeln richtet».[320] John Dewey war ein Verfechter der Idee der organismischen Kontinuität und der wachsenden Komplexität. Es ist unschwer nachvollziehbar, warum er McGraws Studien unterstützte. Er erhoffte sich dadurch empirische Belege für seine eigene Theorie, die eine weitere Zementierung der Gegensätze von Körper / Geist und Körper / Umwelt ebenfalls vermeiden wollte. Deweys philosophisches Denken beeinflusste wiederum McGraw. Ihre These von den Wechselwirkungen zwischen Nervenzellwachstum und frühkindlicher Erfahrung, die Idee, dass sie Hand in Hand gehen, eröffnete einen völlig neuen Blick auf die Entwicklung des Kindes. Lange Zeit fanden McGraws Ideen kaum Beachtung, doch sie nahm vorweg, was in aktuellen Theorien zur frühkindlichen Entwicklung inzwischen allgemein akzeptiert ist.

Dewey schrieb 1938, «dass rationale Operationen aus organischen Tätigkeiten erwachsen, ohne mit dem, woraus sie hervorgehen, identisch zu sein».[321] Das erinnert stark an neuere Theorien der Emergenz, mit denen die Entwicklung von Organismen, auch Edelmans Gehirndynamik, erklärbar werden; Edelman machte übrigens nie einen Hehl daraus, wie viel er William James verdankte. Pragmatiker sind überzeugt, dass Denken und Geist aus unserem Verkörpertsein hervorgehen. In emergenten Theorien der unterschiedlichsten Art ist das Ganze stets mehr als seine Teile. Wie Geistiges aus Nicht-Geistigem entsteht, ist allerdings umstritten. Wenn eine befruchtete Eizelle noch keinen Geist besitzt, ein Neugeborenes aber schon, an welchem Punkt der Ontogenese bildet sich dann der «Geist» heraus? Das Problem löste Margaret Cavendish, indem sie die gesamte Materie, auch Pflanzen und Mineralien, etwas Geistiges zumaß. James, Whitehead und Physiker wie David Bohm und Freeman Dyson, sie alle teilen die Ansicht, dass selbst in den elementarsten Formen der Natur etwas dem Geist Verwandtes wirkt. Im Aufsatz «Reality and Consciousness: Is Quantum Biology the Future of Life Science?» wird Bohm von B. V. Sreekantan zitiert: «In gewisser Hinsicht lassen sich sogar auf der Ebene der Teilchenphysik rudimentäre, geistähnliche Qualitäten feststellen.»[322] David Bohms Vorstellungen kommen denen von Margaret Cavendish recht nahe. Er steht für einen neutralen Monismus, bei dem Leben und leblose Materie dieselben Grundlagen oder Eigenschaften teilen. Diese Auffassung ist unter Physikern allerdings nicht weit verbreitet. Bohms Denken bleibt eher am Rand der Hauptströmungen in der Physik. Doch in letzter Zeit lässt sich eine Rückbesinnung auf bestimmte Formen des Panpsychismus beobachten, eine Folge, so meine ich, der kontrovers geführten, anhaltenden Diskussionen über Geist und Bewusstsein und darüber, wie sich das Psychische zum Physischen verhält, und der Tatsache, dass diese Fragen bis heute nicht annähernd zufriedenstellend beantwortet wurden.

Mit solchen Grundsatzdebatten will sich allerdings nicht jeder befassen, und auch die Vorstellung davon, was Verkörperung bedeutet, ist keineswegs einheitlich. Andy Clark etwa möchte in seiner Theorie darüber, wie der Mensch funktioniert, das rechnerische Element bewahren und richtet das Interesse seinem fachlichen Hintergrund entsprechend sehr viel stärker auf das Verhältnis zwischen Menschen und den Objekten in ihrer Umwelt als auf Intersubjektivität und zwischenpersönliche Beziehungen. In «Embodiment: From Fish to Fantasy» skizziert er den Unterschied zwischen dem alten kognitiven Modell und dem neuen, verkörperten: «Beim bisherigen Ansatz», schreibt er, «nimmt das Gehirn Daten auf, führt komplexe Berechnungen zur Lösung eines Problems (wo landet der Ball?) durch und sagt dann dem Körper, wo es langgeht. Das ergibt eine wunderbar lineare Verarbeitungsabfolge: Wahrnehmen, Berechnen, Handeln. Beim neuen Modell wird das Problem nicht vorab gelöst. Stattdessen besteht die Aufgabe darin, durch fortlaufende Anpassungsleistungen in Echtzeit auf mehreren Ebenen [...] eine Art *Abstimmung* zwischen Innen und Außen zu erreichen.»[323] Clarks hat Sorge, dass eine «radikale Verkörperung» die Kognitionswissenschaft auf den Kopf stellt. Zwar zitiert er in seinem Aufsatz Gibson, aber die europäischen Phänomenologen nennt er nicht. An anderer Stelle verteidigt er den Begriff des «erweiterten Geistes», bei dem es in der Regel darum geht, dass die von uns benutzten Gegenstände in der Welt zu einem Teil von uns werden. An solchen Stellen könnte man erwarten, dass er Heideggers Idee der «Zuhandenheit» aufgreift oder Merleau-Pontys Beispiel des Stocks als Erweiterung des Körpers bei einem Blinden aus *Die Phänomenologie der Wahrnehmung* oder auch Michael Polanyis implizites Wissen, doch all diese Bezüge glänzen durch Abwesenheit in der Diskussion, was ein weiteres Mal von der Zersplitterung der Wissenschaften zeugt. Allerdings scheint mir seine These darüber, wo der Geist aufhört und der Rest der Welt anfängt, ziemlich brauchbar.[324] Ist, während ich das hier tippe, mein Computer nicht eine Erweiterung meines Selbst – meines verkörperten Geists in Aktion?

Simone de Beauvoirs Definition des Körpers als Situation weicht nicht von den üblichen Positionen der Phänomenologie ab, ist aber nuancierter, denn in *Das andere Geschlecht* zeigt sie, wie klar ihr ist, dass es trotz aller Ähnlichkeiten, die uns Menschen als Spezies verbinden, immer Unterschiede zwischen den Individuen gibt. Jeder Mensch ist eine andere Situation. Merleau-Ponty wurde von feministischer Seite kritisiert, weil der universelle Körper, auf den er sich bezieht, ganz offenkundig männlich ist.[325] Darin unterscheidet er sich nicht von anderen Philosophen. Der Mann, nicht die Frau, ist noch immer die Norm. Ich habe immer eine andere Perspektive als du, und sei es nur deshalb, weil ich an einer anderen Stelle im Raum stehe und Dinge sehe, die ein anderer so nicht sieht. Auch mein Geschlecht, meine Rasse, mein Alter, mein sexuelles Begehren und meine individuellen Gewohnheiten, die Sprache, die ich spreche, und meine früheren Erfahrungen, das alles beeinflusst meine Sicht der Dinge. Die Welt zeigt sich mir von meiner Warte aus, aber diese Perspektive wurde nicht allein von mir geformt. Sie ist abhängig von anderen Menschen und tief mit ihnen verwoben. Sie ist nicht bloß subjektiv, sie ist intersubjektiv. Niemand erfindet sich selbst. Wir alle sind Wesen mit erlernten Gewohnheiten, die uns meist nicht mehr bewusst sind, die aber die Art und Weise, wie wir etwas wahrnehmen, wie wir handeln und denken, beeinflussen. Und Gewohnheiten sind eine Art Erinnerung des Körpers. Einmal festgesetzt, laufen sie automatisch ab. Weich ist weiblich, nicht männlich. Weich sind Demokraten, nicht Republikaner. Weich sind die Geisteswissenschaften, nicht die Naturwissenschaften. Doch über diese Klischees hinaus könnte man auch auf die Unterschiede verweisen, wie Männer und Frauen gehen, wie sie die Beine übereinanderschlagen, einen Ball werfen oder sich in der U-Bahn breitmachen. Unsere Bewegungen und Gesten sind nicht allein auf die körperlichen und genitalen Unterschiede zwischen Männern und Frauen zurückführbar, es sind auch Konventionen, die wir erlernen und immer wieder inszenieren. Sie werden zum Bestandteil des Bewegungsrepertoires eines Menschen, sind von Land zu Land verschieden und haben kulturelle wie politische Implikationen, die ihre größte Wirkung entfalten, wenn sie uns selbstverständlich erscheinen, weil sie dann «naturalisiert» wurden.

Ich glaube nicht, dass der «Geist» ein Puzzle aus verschiedenen mentalen Modulen mit starr festgelegten Problemlösungsprozessen ist, die unabhängig von Körper und Gehirn ablaufen. Ich glaube nicht, dass der «Körper» eine eigenständig funktionierende Maschine ist, deren Funktionselemente sich ohne Bezug zu all dem, was außerhalb der Grenzen unserer Haut liegt, beschreiben lassen, das schließt Objekte, andere Menschen, kulturelle und sprachliche Gegebenheiten ein. Der Mensch ist ein Säugetier mit einer langen Evolutionsgeschichte, und wir teilen eine Menge mit den anderen Kreaturen. Ich glaube auch nicht, dass der Mensch eine ganz und gar soziale Konstruktion ist, ein Wesen, das allein durch die Sprachen und Diskurse seiner Kultur zusammenmontiert ist, auch wenn wir ganz bestimmt stark durch sie geprägt sind. Ich habe keine Ahnung, ob es auch auf der Ebene der Teilchenphysik etwas Geistiges gibt. Aber ich weiß, dass wir Ambiguität zulassen, Wissenslücken eingestehen und bereit sein müssen, Fragen zu stellen, auf die es keine vorgefertigten Antworten gibt, wenn wir differenziert über uns und die Welt nachdenken wollen.

EINFÜHLUNG, EINBILDUNGSKRAFT UND BABYS

Ich überlege mir oft, wie es wäre, wenn ich jemand anderes wäre. Natürlich würde ich, wäre ich eine andere, meine eigene subjektive Sicht verlieren. Um den Unterschied zu erkennen, müsste ich gleichzeitig meine eigene Sicht als auch die der anderen Person einnehmen können. Wenn ich mich mit jemandem unterhalte, insbesondere wenn ich ihn oder sie gerne mag, dann wirken Mimik und Gestik der anderen Person wie ein Spiegel, gleichzeitig beeinflussen sie aber meinen eigenen Gesichtsausdruck und die Gesten meiner Hände. Ohne nachzudenken stelle ich mich ein auf die Blicke und den Mund der Freundin, auf ihre Stimme und Modulation, und auf die Bedeutung der Wörter, die zwischen uns hin- und herwechseln. Ich weiß genau, dass ich nicht meine Freundin bin, aber der Blick von außen auf mich verliert sich. Ich beobachte mich beim Sprechen oder Gestikulieren nicht selbst, es sei denn, der Gesprächsfluss wird unterbrochen – zum Beispiel, weil mich die Freundin darauf aufmerksam macht, dass mir ein Fitzelchen Thunfisch zwischen den Zähnen hängt – und ich zum Spiegel muss, um das anstößige Teilchen zu entfernen. Dem Zustand, wie es sein könnte, zwei unterschiedliche Menschen mit je eigenem Bewusstsein zu sein, kommen wir vielleicht im Akt des Lesens am nächsten. In dem Moment nehmen wir das Bewusstsein einer anderen Person an, wir können aber jederzeit innehalten, nachdenken, uns über dieses fremde Bewusstsein, seine Stimme, Ansichten und Geschichten eigene Gedanken machen. Wir können überlegen, ob wir das Denken der anderen Person glaubwürdig finden, ob wir sie bewundern oder uns traurig fühlen, während wir in ihnen leben. Lesen ist eine verbreitete Form menschlicher Pluralität.

Als Schriftstellerin verbringe ich viel Zeit damit, mir vorzustellen, jemand anderes zu sein. Ich habe aus der Sicht von Frauen und Männern mit ganz unterschiedlichen Persönlichkeiten und Hintergründen und Sorgen und Sympathien geschrieben. Sobald ich die imaginäre Person hören und fühlen kann, selbst wenn sie mir nicht ähnlich ist, kann ich die Figur schreiben. Zugang zu diesen Menschen bahne ich mir nicht durch Kalkül. Ich fertige keine Listen mit ihren Eigenschaften an und entscheide dann, wie die Figuren sprechen. Sie nisten sich in mir ein und fangen von selbst an zu reden. Dabei ist Rhythmus wichtig, wesentlich. Unterschiedliche Charaktere haben unterschiedliche Sprechrhythmen. Wie kommt das? Hätte ich nicht schon so vielen Menschen beim Reden zugehört oder Bücher gelesen, in denen Figuren miteinander reden, könnte ich meine eigenen Figuren nicht schreiben. Aber Schreiben bedeutet nicht bloß Erinnern; es bedeutet Erinnern, Erinnerungen miteinander verknüpfen und mit Hilfe des Erinnerungsvermögens Neues schaffen. Das entspricht im Wesentlichen Vicos Theorie der Erinnerung. Für ihn hat Erinnerung drei Aspekte: *memoria*, die

Fähigkeit, sich an Vergangenes zu erinnern; *fantasia* oder Einbildungskraft, welche erinnerte Dinge imitieren oder verändern kann; und schließlich *ingegno*, das Ingenium, das den Dingen eine neue Wendung gibt, sie in andere Zusammenhänge überführt. Vico, Freud und auch eine ganze Reihe zeitgenössischer Neurowissenschaftler betrachten Erinnerung und Einbildungskraft nicht als verschiedene, sondern als eng zusammengehörende Fähigkeiten. Die Tatsache, dass Neurologie-Patienten mit Schäden im Bereich des Hippocampus (dem Teil des Gehirns, der mit Erinnerung und räumlicher Orientierung zusammenhängt) auch Schwierigkeiten haben, sich fiktionale Ereignisse vorzustellen, belegt deren gemeinsame Wurzeln eindrücklich.

Imagination und Phantasie wurden durch das viele Gerede von Kreativität und Genie mystifiziert, als wären sie keine universellen Eigenschaften des Menschen, sondern nur wenigen Auserwählten vorbehalten. John Dewey bemerkte in *Kunst als Erfahrung*: «Die *Imagination* teilt mit der *Schönheit* die zweifelhafte Ehre, in ästhetischen Schriften von enthusiastischer Ignoranz Hauptthema zu sein.»[326] Ohne Einfühlung und Einbildungskraft gäbe es aber auch den Roman als Kunstgattung nicht. Charaktere zu erfinden, ist eine Form der Empathie, es bedeutet nicht nur, sie oder ihn vor sich zu sehen, sondern mit der erfundenen Figur wirklich mitzufühlen. Was aber ist Einfühlung denn? Nagel dachte, eine objektive Phänomenologie könnte auch unabhängig von Einfühlung und Phantasie funktionieren. Ich frage mich, was das für eine Phänomenologie sein soll.

Die Philosophin Edith Stein spricht im Zusammenhang mit den psychischen Zuständen anderer Menschen in ihrem

Buch *Zum Problem der Einfühlung*[327] von «Fremdheitserfahrung», Einfühlung als Erfahrung des Fremden, des Nicht-Ich, das ich dennoch in mir und durch mich hindurch spüren kann. Einfühlung in ein fremdes Bewusstsein bedeutet nicht, dass ich mich selbst verliere. Wenn ich zwischen mir und dir nicht mehr unterscheiden kann (ein Zustand der Verwirrtheit, der bei Schizophrenieerkrankungen auftreten kann), ist das keine Einfühlung. Begrifflich geht Empathie auf das deutsche Wort *Einfühlung* zurück, kommt ursprünglich aus der Ästhetik und beschreibt eine bestimmte Form des Zugangs zur Kunst. Der deutsche Philosoph Karl Groos stellte sich ästhetische Einfühlung als «innere Nachahmung» vor.[328] Vernon Lee (ein Pseudonym von Violet Paget), Schriftstellerin und Autorin diverser Schriften zur Ästhetik, entwickelt eine Theorie der motorischen Empathie oder «einfühlenden Bewegtheit». Bereits 1912, etliche Jahrzehnte vor Lakoffs und Johnsons *Leben in Metaphern*, schreibt Lee gemeinsam mit Clementina Anstruther-Thomson:

> Einfühlung [...] liegt ungezählten Wörtern und Ausdrücken zugrunde, deren tägliche Verwendung uns hindert, ihre Besonderheit zu sehen. So reden wir beispielsweise davon, dass sich Hügel schwingen und Berge aufsteigen [...] Wir schreiben unbewegten Oberflächen und Linien Bewegtheit zu, sie *ziehen sich, breiten sich aus, biegen und winden* sich usw. Sie tun das, um die sinnige Formulierung M. Souriais' aufzugreifen, was zu tun wir fühlen würden, wären wir in ihnen. Denn wir befinden uns in ihnen; wir haben uns in sie hineingefühlt, unsere eigene Erfahrung auf sie projiziert.[329]

Lees «einfühlende Bewegtheit» steht für das unmittelbare Begreifen eines Kunstwerks vermittels körperlicher Erfahrung, ein Weg, das fremde Objekt zu durchdringen und zu erspüren.

Wie begreifen wir ein Kunstwerk oder einen anderen Menschen eigentlich? Für eine Erklärung greifen viele zeitgenössische Denkerinnen und Denker auf die jüngst entdeckten Spiegelneuronen im prämotorischen Kortex bei Makaken bzw. dem entsprechenden System beim Menschen zurück. Wie so oft war auch diese wissenschaftliche Entdeckung, die nun von der Sprache bis zur Einfühlung alles erklären soll, reiner Zufall. Während der Aufzeichnung der Zellaktivität über direkt im Gehirn eines Affen angebrachte Elektroden bemerkte ein Mitglied der Forschungsgruppe um Giacomo Rizzolatti an der Università Parma, dass jedes Mal dasselbe Neuron feuerte, unabhängig davon, ob der Affe selbst nach einem Gegenstand griff oder ob er einem anderen Affen dabei zusah, wie der nach dem Gegenstand griff. Das Team stellte mithin eine auffallende Übereinstimmung zwischen Handlung und Wahrnehmung einer Handlung fest.

Wie es sich mit Spiegelsystemen beim Menschen verhält, ist, auch wenn kaum jemand ihre Existenz bezweifelt, unklarer als bei Makaken, weil diese Form der invasiven Forschung am menschlichen Gehirn nicht möglich ist. Und welche Bedeutung derartigen Systemen bei der Art und Weise, wie wir uns auf andere Menschen beziehen, zukommt, führt immer wieder zu heftigen Kontroversen. Studien legen nahe, dass Spiegelungsprozesse nicht nur bei intentionalen Handlungen – nach der Banane greifen –, sondern auch bei Empfindungen und Gefühlen eine Rolle spielen. Wenn ich sehe, wie eine andere Person berührt wird, ist der somatosensorische Kortex aktiv, ganz so, als würde ich selbst berührt. Er wird auch aktiviert, wenn ich in einem Buch eine Passage lese, bei der es um Berührungen geht, und manchmal bei taktilen Metaphern wie «ein harter Tag». Ähnliches belegen andere Untersuchungen in Fällen, bei denen Menschen die Schmerzen anderer Menschen miterleben, oder wenn sie zusehen, wie jemand eine ekelhafte Flüssigkeit trinkt, oder lesen, dass jemand eine ekelhafte Flüssigkeit trinkt, oder sich einfach nur vorstellen, eine ekelhafte Flüssigkeit zu trinken. Verkörperte, imaginierende Identifikation mit anderen Menschen ist ein wichtiger Teil unseres Lebens, ohne dass wir uns dessen bewusst sind. Dafür braucht es weder Worte noch Zeichen.

Vittorio Gallese, ein Mitglied des Teams, das die Spiegelneuronen entdeckte, führt für dieses unbewusst zwischen Menschen, aber auch zwischen Menschen und Kunstwerken ablaufende Resonanzsystem den Begriff «verkörperte Simulation» ein. Galleses These ist ein Frontalangriff auf alle vom Körper absehenden, nur auf den Geist fixierten Ansätze, die erklären wollen, wie sich Menschen aufeinander beziehen. In seinem gemeinsam mit Massimo Ammaniti verfassten Buch *The Birth of Intersubjectivity* bezeichnet Gallese die seit Descartes' Zeiten vorherrschende Betrachtungsweise des menschlichen Geistes als «solipsistisch».[330] Gemeint ist, dass diese philosophische Tradition das Individuum als eines begreift, das im eigenen Geist verfangen ist und feststeckt und sich – will es ein anderes Individuum verstehen – dem, was es heißen könnte, der andere zu sein, nur durch bewusstes Kalkül annähern kann. Gallese lehnt diese Haltung ausdrücklich ab, weil er der Ansicht ist, dass es wissenschaftlich in die falsche Richtung weist. «Das von der traditionellen Kognitionswissenschaft und weiten Teilen der analytischen Philosophie vermittelte Bild des Geistes ist das eines funktionalen Systems, dessen Arbeitsweise sich darstellt als Manipulation von informationstragenden Symbolen, die bestimmten formalen Syntaxregeln folgt.»[331] Gallese glaubt nicht, dass wir uns allein durch aufwendige geistige Akrobatik in andere hineinversetzen können, über analogisierendes Schlussfolgern – *ich erinnere mich, wie ich auf dem Eis ausgerutscht bin und mir das Kinn aufgeschlagen habe, und nun, da ich dich sehe, wie du hinfällst, projiziere ich dieses mir bekannte Gefühl auf dich und verstehe deshalb, was du gerade erlebst.* Er glaubt, dass wir über wechselseitig ablaufende neuronale Prozesse in unserem motorisch-sensorischen System ganz unmittelbar eine Beziehung zu anderen Menschen aufbauen. Das soll nicht heißen, dass ich, wenn ich jemand anderen hinfallen sehe, nicht an den Augenblick denke, in dem ich früher einmal selbst hingefallen bin, sondern nur, dass das Spiegelsystem den Unterbau bildet für die unbewusst einfühlende Fremderfahrung der Bewegungen, Empfindungen und Gefühle anderer Menschen.

Galleses neurowissenschaftliche Forschungen gründen auf der Phänomenologie, und er verwendet Merleau-Pontys Begriff der «Interkorporalität», wenn er beschreiben will, wie beispielsweise ich eine nachempfindende Beziehung zu deinen Bewegungen, Empfindungen und Gefühlen eingehe. Du und ich teilen uns dann nämlich einen gemeinsamen körperlichen Zustand. «Wir müssen uns von der kartesianischen Vorrangstellung des Egos verabschieden», schreibt Gallese, «und eine Perspektive entwickeln, die es erlaubt, den anderen als dem eigenen Selbst gleich-ursprünglich zu begreifen.»[332] Das unterscheidet sich radikal von den Vorstellungen, die herkömmliche computationalistische Modelle beflügeln. Schließlich ist jeder Mensch schon vor der Geburt mit der lebendigen, bewegten Welt eines anderen Menschen über die Nabelschnur verbunden, die hier im wahrsten Sinne des Wortes als *Lebensader* dient. Diese Tatsache, so behaupte ich, wurde im quasi-kartesianischen Computermodell nicht nur aus den Augen verloren, sondern geradezu unterschlagen. Wenn Form oder Schema Vorrang vor jeder Materialität hat, gehen die zellularen Verwicklungen und Verstrickungen im Leben der Säugetiere in den Abstraktionen von Informationsverarbeitung und Rückkoppelung unter. Die beiden großen Mysterien Selbst und Bewusstsein werden bei diesem Ansatz als Eigenschaften von Einzelwesen konstruiert. Doch Säugetiere sind am Anfang keineswegs autonom. Sie kommen aus einem Inneren her, sind abhängig von anderen Körpern und entwickeln erst mit der Zeit Selbständigkeit.

Betrachtet man «den Anderen» nicht als unzugänglichen Fremdling, sondern als ein Wesen, ohne das mein eigenes Selbst nicht existieren kann, dann verschiebt sich der philosophische Standpunkt. Ist das emotionale, sinnliche Erleben des Kleinkinds nicht ganz entscheidend für das Verständnis des erwachsenen Selbst? Der Ausdruck «Emotion» hat seine Wurzeln im lateinischen *emovere,* was wörtlich sich hinausbewegen bedeutet. Emotionen sind nie unbewegt. Sie schwanken ständig. Manche Stimmungsschwankungen nehmen wir kaum wahr, es gibt jedoch keinen Gedanken, keine Handlung im Leben, die nicht mit einem Gefühl oder einer Emotion verbunden ist, auch wenn wir es nur als unterschwelligen Trommelschlag unseres Lebendigseins wahrnehmen. Und obwohl es oft den Anschein hat, wir Menschen würden schon als soziale, emotionale Wesen geboren, entwickelt sich unser affektiver Zugang zur Welt erst in der Beziehung zu anderen. Unklar ist, ob ein Säugling bereits mit einem System von Spiegelneuronen zur Welt kommt oder nicht.[333] Eine Studie hat nachgewiesen, dass Pianisten, wenn sie Aufnahmen von Klavierkonzerten anhörten, signifikant mehr Aktivität im primären Motorkortex zeigten als musikalisch ebenfalls ausgebildete Sänger und Sängerinnen, die aber nicht Klavier spielten. Spezielle Fähigkeiten scheinen die Spiegelung zu verstärken.[334]

Spiegelsysteme ermöglichen also den Zugang zu anderen Menschen und zu Tieren, die uns in bestimmten Hinsichten ähnlich sind. Das einfühlende Handeln spielt eine Rolle bei den Bindungen, die wir zu anderen aufbauen, doch die Dynamik zwischen dem Selbst und dem anderen vollständig zu erforschen, bleibt schwierig. Neugeborene imitieren den Gesichtsausdruck von Erwachsenen ganz aktiv. Kaum achtzehn Stunden alte Säuglinge fangen selbst an zu weinen, wenn sie einen anderen Säugling weinen hören. Kleinkinder brechen oft in Tränen aus, wenn sie sehen, wie ein anderes Kind hinfällt. Beim Erwachsenen ist der Nachahmungsreiz zwar unterdrückt, aber keineswegs eliminiert.[335] Neurologie-Patienten mit beidseitig orbitofrontalen Schäden imitieren den Gesichtsausdruck und die Gesten des sie untersuchenden Arztes manchmal zwanghaft. Offenbar haben sie die Fähigkeit verloren, Imitierimpulse zu kontrollieren.[336] Wie ansteckend Gähnen sein kann, wissen wir, aber wie verhält es sich mit Gefühlsansteckungen, die seit langer Zeit schon aus verschiedensten Kontexten und anderen Teilen der Welt belegt sind? Im Ersten Weltkrieg litten ganze Kompanieeinheiten deutscher Soldaten, die in den Schützengräben kämpften, kollektiv unter unkontrolliertem Erbrechen und Weinkrämpfen.[337] Dabei handelte es sich nicht um Einfühlung, sondern um eine Art Wandersymptome bestimmter Erkrankungen und Gemütszustände als Folge des Zusammenbruchs aller Grenzen zwischen den Menschen, die auf engstem Raum zusammengepfercht in den Schützengräben ausharren mussten. Es scheint, als wären die Soldaten an der Grenze der Belastbarkeit und unter Bedingungen fürchterlichster Verwundbarkeit und Hilflosigkeit nicht mehr in der Lage gewesen, den unbewussten, vermutlich frühkindlichen Impuls, andere zu imitieren, zu unterdrücken. Wie sonst ließe sich diese Ansteckung begreifen?

Als meine Tochter nur wenige Wochen alt war, holte ich sie, wenn ich schlafen ging, oft zu mir ins Bett, um sie zum Stillen in der Nacht bei mir zu haben. Manchmal wachte ich auf und sah, dass auch sie wach lag, und dann blickten wir uns still in die Augen. Sie richtete ihren Blick so tiefernst und anscheinend gebannt auf mich, dass ich mich jedes Mal fragte, was in dem kleinen Menschen wohl vorging. Was wusste sie schon, und was wusste sie noch nicht? Wir verbrachten viel Zeit damit, uns einfach anzuschauen, damals am Anfang. Mir fiel es bisweilen schwer, den Blick abzuwenden. Als könnte ich nicht genug davon kriegen, sie einfach nur anzusehen. Lang bevor ich über frühkindliche Nachahmungsimpulse las, hatte ich das alles mit Sophie erlebt, und ihr Vater auch. Die ersten Monate unseres neuen Lebens mit ihr verbrachten wir mit intensivem Kommunizieren von Angesicht zu Angesicht in diesem übertriebenen Singsang, in den Menschen beim Anblick von Säuglingen gern verfallen, und dann lauschten wir auf die Laute, die sie uns zur Antwort gab. Wir lächelten, nickten, gurrten und sangen ihr vor, und sie versuchte, auf ähnliche Weise zu antworten, so gut es eben ging.

Aber wir waren auch ständig dabei, sie zu beruhigen, in den Schlaf zu wiegen und sie zu schaukeln, Letzteres manchmal so heftig, dass unsere Freunde uns besorgte Blicke zuwarfen, aber als kleines Kind verlangte Sophie unablässig nach Bewegung. Sobald wir aufhörten, fing sie an zu schreien. Auch während des Abendessens noch wechselten mein Mann und ich uns ab, um ihren Wagen stets gehörig zu schaukeln. Es war eine Zeit, in der Sophie den Takt vorgab, ihre Rhythmen einforderte, die mal schneller, mal langsamer gingen. Frei hatten wir damals nie, dafür bekamen wir unglaublich tiefe, auch überraschende Einblicke in die Frühphase der menschlichen Entwicklung aus unmittelbarer Nähe. Während der Schwangerschaft habe ich den Fötus in mir manchmal als «nackten Fremdling» bezeichnet. Ein nackter Fremdling, sagte ich zu meinem Mann, wird bald eintreffen und von uns fordern, dass wir in den nächsten achtzehn Jahren oder noch länger für sie oder ihn sorgen.

Wie fühlt sich das Leben für diesen nackten Fremdling an? Der Säuglingsforscher Daniel Stern bezeichnete die frühen Erfahrungen von Neugeborenen als «Formen des Lebendigkeitsvollzugs» oder «Vitalitätsaffekte». Diese Gefühlsqualitäten, so Stern, lassen sich nicht eindeutigen Kategorien zuordnen. Paul Ekman definiert sechs grundlegende (universelle) menschliche Emotionen: Freude, Trauer, Überraschung, Angst, Zorn und Ekel.[338] Breazeal konstruierte ihren

Kismet auf dieser Grundlage, für jeden dieser sechs Zustände konnte er einen Gesichtsausdruck imitieren. Nicht alle sind der Meinung, dass es tatsächlich sechs Grundgefühle sind. Einige Forscher behaupten, es gäbe nur vier.[339] Andere gehen davon aus, dass allenfalls ein Lust-Unlust-Spektrum existiert, das sich nicht in klar abgrenzbare emotionale Bereiche gliedern lässt.[340] Jaak Panksepp lokalisiert unterschiedliche emotionale Systeme in verschiedenen Gehirnarealen. Auch er betont, dass Sozialbindungen für Säugetiere überlebensnotwendig sind, denn wenn die Geborgenheit fehlt, wird das PANIK-System aktiviert.[341]

Stern plädiert für einen neuen Wortschatz zur Beschreibung von menschlichen Affekterlebnissen: «Diese schwer bestimmbaren Zustände lassen sich besser mit dynamischen, kinetischen Begriffen charakterisieren, Begriffen wie ‹aufwallend›, ‹verblassend›, ‹flüchtig›, ‹explosionsartig›, ‹anschwellend›, ‹abklingend›, ‹berstend›, ‹sich hinziehend› usw.»[342] Das von Vernon Lee eingeführte kinetische Vokabular *sich entlangziehen, strecken, ausbreiten, biegen* und *winden* verfolgte ähnliche Zwecke. Stern verweist in seinem Buch auf die Philosophin Susanne Langer, deren Arbeiten ihn zweifellos zu einer neuen Beschreibungsterminologie jenseits der üblichen Taxonomie der Affekte inspirierten, eine, die der Musik verwandt ist. In *Philosophie auf neuem Wege* vergleicht Langer die dynamischen Muster gefühlter menschlicher Erfahrung mit musikalischen Strukturen. In *Fühlen und Form – eine Theorie der Kunst* definiert sie Kunst so:

Kunstwerke sind Ausdrucksformen, die sich unseren Sinnen präsentieren und über die Imagination wahrgenommen werden, und was sie ausdrücken, sind menschliche Gefühle. Das Wort ‹Gefühl› muss hier im weitesten Sinn als *all das, was man spüren kann*, verstanden werden: körperliche Empfindungen, Leid und Trost, Erregung und Ruhe, hochkomplexe Gefühlslagen, geistige Anspannung oder auch nur die gleichmäßigen affektiven Klangfarben des bewussten Lebens.[343]

Ich stelle mir vor, diese Formen der Vitalität in der frühen Kindheit sind die vom Baby an sich selbst und in der Begegnung mit anderen Menschen erlebten physiologischen Rhythmen des Lebendigen, die ihre Bedeutung durch Wiederholung erlangen, sich über diese Wiederholung zu Mustern formen und schließlich zur Erwartung dieses Musters werden. Weinen bringt die tröstende Umarmung. Lächeln wird mit einem Lächeln erwidert, Gebrabbel mit Wörtern. Repräsentiert werden diese Austauschprozesse vom Baby nicht symbolisch, sondern sie werden in ihrem Vollzug neurobiologisch enkodiert und spielen so für die weitere Entwicklung des Nervensystems eine wichtige Rolle. Sie sind Teil einer zeitlich strukturierten Körpermusik, die im Säuglingsalter einsetzt und nie ganz verklingt. Freud spricht von einer «Lust-Unlust-Reihe», einem Spektrum an Befindlichkeiten von unangenehm bis gut,[344] Damasio von «somatischen Markern», Gefühlen, die wir mit früheren Wahrnehmungen und Situationen verbinden und die uns in der Gegenwart helfen, Entscheidungen zu treffen.[345] Wer könnte ohne Gefühle durchs Leben steuern? Ein Baby benutzt noch keine Wörter und auch keine Semantik im eigentlichen Sinn, trotzdem erfährt es emotionale Bedeutungen und Qualitäten, die sich ihm über Sinneseindrücke wie kalt und warm, Unlust und Lust vermitteln, über motorisch-sensorisch-affektive Körperdynamiken, die sich mit der Zeit zu Mustern formen. Lange bevor ein Kind lernt, Symbole zu gebrauchen, bevor es Sprechen oder Lesen kann, ist es bereits eingebunden in eine sinnhafte Welt der Bewegungen, sinnlichen Eindrücke und Gefühlszustände.

Babys wird mittlerweile eine früh entwickelte Sozialität zugeschrieben, sie gelten längst nicht mehr als sozial inkompetent. Freud und Piaget haben Neugeborene noch als unfähig beschrieben, zwischen sich selbst und dem, was sie umgibt, zu unterscheiden. Man streitet sich zwar noch darüber, welche Fähigkeiten ein Kind schon von Geburt an besitzt und welche erst danach erworben werden, aber im Kern ist man sich einig, dass Neugeborene keine bloß reflexhaft reagierenden Knörzchen sind, sondern immer schon soziale Wesen. Trevarthens «primäre Intersubjektivität», die auch Cynthia Breazeal unterstellt, ist die Grundlage für alle weiteren sozialen Entwicklungen, doch diese Entwicklungsstufen kann nur ein sinnlich wahrnehmendes, empfindungsfähiges, die Welt erforschendes Kind durchgehen. Kismet ist nicht lernfähig, weil er, wiewohl er Gefühle simulieren kann, diese nicht fühlt und erlebt. Das dialogische Wechselspiel zwischen Eltern und Kleinstkind wird oft als «Proto-Dialog» oder «Ur-Dialog» bezeichnet.[346] Philippe Rochat zufolge sind diese ersten sozialen Beziehungen das Vehikel, wodurch der Säugling sich selbst erfährt, Rochat spricht hier von einem «Tiefenspiegel», einer, der dem Kind erlaubt, ein Selbstempfinden, eine

Vorstellung von sich als Objekt für andere zu entwickeln.[347] Das erinnert an die These des Psychoanalytikers D. W. Winnicott, die besagt, dass das Baby über den Gesichtsausdruck der Mutter als Reflexionsfläche zu sich selbst findet.[348] Auch das soziale Selbst des US-amerikanischen Soziologen George Herbert Mead klingt hier an: «Das ‹Ich› der Introspektion», schreibt er, «ist das Selbst, das mit einem anderen Selbst in Beziehung tritt.»[349] Ohne die anderen kann der Mensch nicht anfangen, über sich selbst nachzudenken. Rochat vermutet, dass eine gewisse Form der Selbst-Objektivierung schon stattgefunden hat, bevor das Kleinkind in der Lage ist, sich in einem echten Spiegel zu erkennen; in diesem Erkennen zeigt sich ihm zufolge nicht die beginnende Herausbildung eines Selbst-Bewusstseins als vielmehr die Konfrontation mit der illusorischen Fremdheit des gespiegelten Bilds.

Das Experiment der «ausdruckslosen Miene» wurde von einer Gruppe von Forschern in den späten 1970er Jahren durchgeführt, doch meistens fällt in dem Zusammenhang der Name Edward Tronick. Im Internet kann man sich Videoclips dieses kurzen Experiments ansehen. Eine Mutter wird, nachdem sie ganz normal mit ihrem Baby gespielt hat, gebeten, ihr Kind mit einem reglosen, Unverfügbarkeit signalisierenden, ausdrucksleeren Gesicht anzuschauen und es weder zu berühren noch auf andere Weise mit ihm zu interagieren. Zunächst versucht der Säugling alles nur Mögliche, um die Mutter dazu zu bringen, sich wieder mit ihm zu beschäftigen. Doch mit jeder Sekunde, die verstreicht, ohne dass die Mutter auf das Kind eingeht, wird dessen Verzweiflung größer, es schaut weg und zieht sich schließlich völlig in sich zurück. In einem Video sah ich, wie ein Kind auf seinem Stühlchen in sich zusammensank, als hätte der Muskeltonus plötzlich ausgesetzt. Zu diesem Experiment gibt es zahlreiche Studien und viele Interpretationen, was das Beispiel des «ausdruckslosen Gesichts» bedeutet. Anschlussuntersuchungen zeigten, dass Säuglinge ganz anders reagierten, wenn ein Elternteil sich abwandte, um mit einer anderen Person zu reden, oder wenn es eine Maske trug, sich aber weiterhin dem Kind widmete. Die meisten Eltern wissen intuitiv, wie grausam es für ein Kind ist, keine Reaktionen zu zeigen. Ich will nur anmerken, dass es auch im Erwachsenenalter als Bestrafung gilt, wenn einem jemand mit ausdruckslosem Gesicht entgegentritt – ein Entzug der wechselseitigen Anerkennung.

Tronick spricht von einer «dyadischen Erweiterung des Bewusstseins». Seine Hypothese lautet: «Jedes individuelle Selbst ist ein sich selbst organisierendes System, das seine eigenen Bewusstseinszustände – oder: Organisationszustände des Gehirns – erzeugt, die sich unter aktiver Mitwirkung eines anderen selbst-organisierenden Systems – eines anderen Menschen – zu kohärenten, komplexen Zuständen erweitern.»[350] Wir wachsen in einem anderen Menschen und durch andere Menschen. Merleau-Ponty formuliert in der ihm eigenen Weise das Verhältnis komplizierter als ein Selbst-System, das über die Beziehung zu einem anderen Selbst-System etwas schafft, was über beide hinausweist, eine Art spiegelndes Ganzes, bei dem sich der eine dennoch vom anderen unterscheidet:

> Ich sage, es sei ein Anderer, ein zweites Ich-selbst, und ich weiß es zunächst, weil dieser lebendige Leib da dieselbe Struktur hat wie der meinige. Meinen Leib

> erfahre ich als Vermögen gewisser Verhaltensweisen und einer gewissen Welt, ich bin mir selbst nicht anders gegeben denn als ein gewisser Anhalt an der Welt; und eben mein Leib ist es, der den Leib des Anderen wahrnimmt, und er findet in ihm so etwas wie eine wunderbare Fortsetzung seiner eigenen Intentionen, eine vertraute Weise des Umgangs mit der Welt; und wie die Teile meines Leibes ein zusammenhängendes System bilden, bilden somit auch der fremde Leib und der meinige ein einziges Ganzes, zwei Seiten eines einzigen Phänomens, und die anonyme Existenz, deren Spur mein Leib in jedem Augenblicke ist, bewohnt nunmehr die beiden Leiber in eins.[351]

Was der Philosoph hier als Fortsetzung der eigenen Intentionen umschreibt, erstreckt sich zum Teil auch auf ein imaginierendes Beteiligtsein am Tun und Handeln der anderen, das nicht bloß imitierend verfährt. Stein Bråten spricht von der «alterzentrischen» Perspektive. Damit meint er die bereits früh entwickelte Fähigkeit des Menschen, den Standpunkt eines anderen einzunehmen, am Handlungsgeschehen auch aus der Sicht des anderen teilzunehmen. Die Handlung wird dabei nicht einfach gespiegelt, sondern es findet eine Wahrnehmungsumkehrung statt. Bråten erläutert das anhand des Sich-gegenseitig-Fütterns als Beispiel. Wer je ein Baby gefüttert hat, kennt die folgende Geschichte: Eine Mutter öffnet unwillkürlich den eigenen Mund, während sie den Löffel mit dem Spinat zum Mund der Einjährigen führt und «schön aufmachen» sagt. Wenn das Kind genug gegessen hat, reicht ihm die Mutter den Löffel, mit dem es nun ein wenig ungeschickt hantieren darf. Anstatt sich aber selbst zu füttern, kehrt das Kind die Handlungsperspektive um und beginnt, die Mutter zu füttern. Dabei öffnet es ebenfalls den Mund und schließt ihn erst in dem Moment, wenn sich die Lippen der Mutter um den Löffel schließen. Für Bråten ist dieses gemeinschaftlich verfasste Handeln mehr als nur Imitation. Es ist ein Schritt auf dem Weg der Fortentwicklung, die auch spätere Fähigkeiten, wie Geschichten zuhören und selbst welche erzählen, in die Fußstapfen einer Märchenheldin treten und sich mit ihr auf eine Reise begeben, einschließt.[352]

Theorien wie die von Bråten rollen die menschliche Entwicklung anhand der Dynamiken zwischen Selbst und Anderen auf, angefangen beim Neugeborenen, das schon mit sozialen Fähigkeiten ausgestattet ist, bis zu den Dreijährigen, die selbst Geschichten erzählen, und noch viel weiter. Obwohl keine dieser Theorien, wie ich hoffentlich zeigte, unumstritten ist, lässt sich unschwer erkennen, wie weit entfernt sie von der Vorstellung sind, das Leben eines Menschen sei im Moment der Zeugung bereits weitgehend festgelegt. Natürlich wissen auch Evolutionspsychologen, dass Babys nach der Geburt noch heranwachsen, aber sie sehen keinen Anlass, diese Geschichte *als eine Geschichte* zu erzählen. Entwicklung findet primär auf der Ebene der Evolution statt. Die individuelle Entwicklung wird meistens ausgespart. «Umwelt» und genetische «Vererbung» sind die beiden Kategorien, unter denen Entwicklung subsumiert wird. Dieses rein binäre Programm verhindert, dass all die Veränderungen, die zwischen Geburt und dem Moment, in dem ein Mensch als Zahl in einer Statistik auftaucht, in den Blick rücken.

Statistisch ist das zweckmäßig. Eine Ziffer am einen oder anderen Ende der Skala ersetzt eine ganze Entwicklungsgeschichte.

Auf einer Konferenz über Neuropsychoanalyse in Berlin hörte ich während einer Pause unfreiwillig einen Wortwechsel mit, der mir im Gedächtnis blieb, weil sich darin das riesige Delta zwischen den unterschiedlichen Sichtweisen auf das Säuglingsalter offenbarte. Ein bekannter Neurowissenschaftler argumentierte hitzig mit einem Psychoanalytiker und hielt aggressiv an der These fest, Babys hätten «kein Bewusstsein». Der etwas irritierte Psychoanalytiker erwiderte unaufgeregt, es sei ihm schlicht unbegreiflich, wie er sich das vorzustellen hätte. Offenkundig bezogen sich beide auf völlig unterschiedliche Definitionen und Vorstellungen von Bewusstsein. In der analytischen Philosophie und in der Kognitionswissenschaft ist es gängig, zu behaupten, dass Babys kein Bewusstsein haben. Dem Säugling wie den Tieren fehlt deshalb ein Bewusstsein, weil es hier mit einem Denken höherer Ordnung oder «higher-order thought», kurz: HOT, gleichgesetzt wird. Nur wenn sich ein Gedanke höherer Ordnung auf einen mentalen Zustand richtet, gibt es Bewusstsein. Das heißt, nur wenn der Mensch über das Denken nachdenken kann und weiß, das er weiß, besitzt er ein Bewusstsein. Wenn nicht, dann ist zappenduster.[353]

In wachem Zustand interagieren Säuglinge mit den Menschen und Gegenständen in ihrer Umgebung und machen dabei zweifellos bewusste Erfahrungen. Sind Wahrnehmungen nicht per Definition auch bewusste Vorgänge? Wie kann die sinnliche Wahrnehmung eines Babys unbewusst sein? Wenn es an der Brust nuckelt oder an der Flasche, oder nach einem Mobile tritt, das am Fuß kitzelt, ist das dann nicht bewusst? In der Kognitionstheorie ist kein Platz für vorreflexives Bewusstsein, für Merleau-Pontys unmittelbares oder naives Bewusstsein, für ein Bewusstsein ohne Reflexion, für das Bewusstsein der Tiere. Die Vorstellung vom Säugling ohne Bewusstsein funktioniert nur innerhalb einer Logik, die den Geist vom Körper trennt und den Sinnen zutiefst misstraut. Gestützt wird diese Logik von einer Theorie des Geistes, die dyadische und auf zwischenmenschliche Beziehungen beruhende Modelle zur Erklärung von Entwicklungsprozessen nicht in Betracht zieht.

Und dabei gibt es eine Fülle von Literatur zur bedeutenden Rolle von Bindungen zwischen dem Kleinkind und seinen Bezugspersonen. John Bowlby (1907–1990) war der Begründer der Bindungsforschung und machte seine Beobachtungen an Kleinkindern und Affenjungen. In seinem dreibändigen Werk *Attachment and Loss* analysierte er frühe Bindungsmuster bei Primaten, die er evolutionär begründete, da es für das Jungtier wie für den menschlichen Säugling überlebenswichtig ist, dass andere sie umsorgen.[354] Mary Ainsworth (1913–1999) kodifizierte unterschiedliche Formen der menschlichen Bindung innerhalb eines Spektrums von Sicher bis Unsicher und eröffnete damit ein großes Feld für empirische Forschungen, auch was die späteren Auswirkungen im Leben der Menschen betrifft.[355] Ein weiterer Forschungszweig beschäftigt sich mit dem Zusammenhang zwischen Fürsorge und Wachstumsprozessen in Gehirn und Nervensystem.[356]

Bowlbys Bindungstheorie fußt auf unterschiedlichen Disziplinen, unter anderem auf Psychoanalyse, Verhaltensforschung, Evolutionsbiologie, Entwicklungspsychologie, und selbst die kybernetische Steuerungstheorie spielt eine Rolle. Sein Argument lautet: Ohne die Bindung an einen anderen Menschen, sei es die Mutter oder wenigstens ein «Mutter-Ersatz», können sich Kinder nicht entwickeln. Tronicks Beispiel des ausdruckslosen Gesichts spiegelt Bowlbys Theorie im Kleinen. Bindung, Trennung und Verlust werden dabei vom Kind in kürzester Zeit durchlebt: Erst begehrt es noch auf, dann folgt die Verzweiflung, schließlich verleugnet es die Bindung durch Abkehr. Vereinfacht ausgedrückt – Kinder müssen einen anderen lieben können und auf verlässliche Weise zurückgeliebt werden. Wenn ihnen, durch einen Unfall oder weil ein Elternteil krank oder depressiv ist, die Möglichkeit einer festen Bindung fehlt, hat das im späteren Leben Auswirkungen auf ihre emotionale Stabilität.

Aus nachvollziehbaren Gründen hat sich die Bindungsforschung vor allem auf Mütter und Säuglinge konzentriert. Noch immer werden die meisten Babys von der Mutter betreut, auch wenn die Beteiligung des Vaters in der Mittelschicht seit ich klein war stark zugenommen hat. Beim Adel und in der Oberschicht sind Ammen, Säuglingsschwestern und Kinderfrauen seit jeher üblich in westlichen Ländern. Bei Familien, die aus der Karibik stammen, sind unterschiedliche Formen der kollektiven Elternschaft völlig normal. Ich habe zahlreiche Bekannte mit karibischem Hintergrund, die von den Großeltern, Tanten und Onkeln oder anderen Verwandten aufgezogen wurden. In meiner Kindheit im ländlichen Mittelwesten der USA, wo die Kernfamilie regierte, habe ich *nie* einen Vater gesehen, der einen Kinderwagen geschoben hätte oder mit einem Säugling vor die Brust geschnallt herumspaziert wäre. Eine Kinderfrau hatte auch niemand. Babysitter waren Teenager, meistens junge Mädchen, denen man fünfzig Cent pro Stunde dafür zahlte. In Park Slope in Brooklyn, wo ich heute lebe, sind Väter, die ihre Babys eng am Körper tragen, ein gewohnter Anblick. Familien mit Adoptivkindern gibt es schon lange, inzwischen werden aber auch Adoptivfamilien mit zwei Vätern oder zwei Müttern immer normaler. Der gesellschaftliche Wandel wirkt sich auf die Forschung aus. So richtet sich das Interesse auch zunehmend auf den Einfluss der Vaterschaft auf menschliche Männer und andere Säugetiere.

Soziale Neurowissenschaft ist ein boomendes Feld. Eifrig wird dort erforscht, wie sich soziale Kontakte zwischen Artgenossen auf die neurophysiologische Entwicklung bei Tieren auswirken. Einige Untersuchungen belegen zum Beispiel, dass sich soziale und sexuelle Kontakte positiv auf die Neurogenese, die Herausbildung neuer Nervenzellen im Gehirn, auswirken, während Isolation und / oder von einem anderen Tier drangsaliert zu werden die Neurogenese hemmt. Die Präriewühlmaus ist dabei besonders interessant für die Forschung, weil sie offenbar monogam lebt. Nach der Paarung bleiben Wühlmäuse zusammen, und bis auf das Säugen verhalten sich Vater und Mutter Wüstenwühlmaus dem Nachwuchs gegenüber völlig gleich. Kinder kriegen ist für beide Elternteile, für die Mütter und Väter in der Wühlmauswelt, offenkundig strapaziös, ein Befund, der erschöpfte menschliche Eltern von Neugeborenen kaum überraschen wird. Ein Aufsatz über «The Social Environment and Neurogenesis in the Adult Mammalian Brain» von 2012 sei hier als Beispiel genannt. Präriewühlmäuse, Lemuren und Tamarine sind «biparentale» Säugetiere, bei denen sich Väter und Mütter um den Nachwuchs kümmern, und das wirkt sich bei beiden auf die Neurogenese aus. Die Verfasserinnen berichten von einem weiteren interessanten Umstand aus der Wühlmausforschung: Auch betreuende Väter magern ab.[357]

Das Gehirn von Säugetieren ist kein einheitliches Organ, und der Mensch ist keine Präriewühlmaus. Damit meine ich, dass das Sammeln «fundierter wissenschaftlicher Belege», um den Leserbriefschreiber der *New York Times* noch einmal zu zitieren, der das Desinteresse von Frauen an Technik für angeboren hält, stets davon abhängt, wo man nach den Belegen sucht. Sie sind abhängig von der wissenschaftlichen Literatur, die man liest, und von den der Disziplin zugrundeliegenden Paradigmen. Die Vorstellung, das Schicksal eines Menschen sei im Augenblick der Empfängnis besiegelt, steht in krassem Widerspruch zu einer Fülle von Belegen, die sich auf die Beziehung zwischen Eltern und kleinen Kindern konzentriert, besonders in den ersten Lebensjahren. Die Art der Bindung hat Folgen für die ganze weitere Entwicklung.

In einer Langzeitstudie von 2007 untersuchte Ruth Feldman, die Erstautorin des Aufsatzes über die gegenseitige Anpassung der Herzrhythmen, den Zusammenhang zwischen zeitweiliger Synchronisierung von Mutter und Säugling und Empathiefähigkeit des Kindes in späteren Jahren. Sie konnte eine Korrelation von Synchronisierung und Einfühlungsvermögen beim selben Kind im Alter von drei, neun und dreizehn Jahren nachweisen.[358] Auch die Art und Weise, wie Eltern mit ihren Kindern über Gefühle reden, bestimmt, wie einfühlsam diese später sind. Über solche Gespräche entwickeln Kinder Narrative, die das Verständnis für andere Menschen, dafür, was sie fühlen und tun, fördern.

Empathie oder Einfühlung muss natürlich sauber definiert werden, bevor man sie messen kann, und das ist, wie so häufig, eine heikle Sache. Obwohl Einfühlsamkeit normalerweise als positive Eigenschaft gilt, ist zu viel davon lähmend. Ärzte und Ärztinnen lernen früh, sich vor zu viel Einfühlung zu schützen. Wenn ihnen das nicht gelänge, könnten sie ihren Beruf nicht ausüben. Moralische Lebensführung ist eine komplizierte Mischung aus Einfühlsamkeit, einem eher abstrakten Sinn für soziale Gerechtigkeit und Schuldbewusstsein. Um Gewissensbisse zu vermeiden, machen viele Menschen einen Bogen um Situationen, die das schlimme Gefühl hervorrufen könnten. Schuldbewusstsein entwickeln Kinder im sozialen Umgang mit anderen, wenn sie langsam begreifen, dass sie für ihr Handeln verantwortlich sind. Kleinkinder fühlen sich nicht schuldig. Schuldgefühle entstehen erst während des zweiten Lebensjahrs, und sie hängen mit der Fähigkeit zur Einfühlung zusammen, was kaum verwunderlich ist. Leicht einzusehen deshalb, warum eine differenzierte Theorie der Moral auch die menschliche Individualentwicklung berücksichtigen muss. Mag sein, dass der Mensch bereits als soziales Wesen geboren wird. Doch eine Theorie, die die Komplexität menschlicher Beziehungen auf einen «moralischen Kompass» oder ein «fest verdrahtetes» Programm im Gehirn reduziert, steht für eine Denkweise, die den Hammer schwingt, wo die Pinzette angebracht wäre.

Moral ist ohne Einfühlung wohl undenkbar, und Einfühlsamkeit bedeutet, auch Schuld fühlen zu können. Zu viele Schuldgefühle zu haben, kann auch krankhaft sein, aber kaum oder gar keine Schuld zu fühlen, ist ein Kennzeichen von Psychopathen, von Menschen, bei denen der Mangel an Einfühlung und Schuldbewusstsein zu kriminellem Verhalten führt. Psychopathen sind bekanntlich nicht zur Impulskontrolle in der Lage. Ihnen fehlt etwas, das vielleicht nie entwickelt wurde, bislang kann niemand dieses Defizit genauer fassen. Eine plausible Hypothese legt nahe, dass es mit dem präfrontalen Kortex, dem handlungssteuernden Teil des Gehirns, zusammenhängt, der sich noch lange nach der Geburt fortentwickelt.[359] Man geht davon aus, dass diese Entwicklung in hohem Maß erfahrungsabhängig ist. Ein Aufsatz von Kolb und Kollegen fasst die Geschichte so zusammen: «Prä- wie postnatal wirken sich umweltbedingte Ereignisse wie sensorische Stimuli, Hormonausschüttungen, Eltern-Kind-Beziehung, Belastungssituationen oder die Einnahme psychoaktiver Substanzen verändernd auf die Entwicklung des kindlichen Gehirns und damit auf das Verhalten im Erwachsenenalter aus.»[360] Es gibt immer eine Geschichte.

Eltern mehrerer Kinder berichten oft von deutlichen Unterschieden zwischen den Geschwistern, die sich schon gleich nach der Geburt zeigen. Manche Neugeborene reagieren sehr wach und sensibel auf äußere Stimuli, andere wirken in sich ruhend und schlafbedürftig. Das Temperament eines Säuglings lässt sich als das Ergebnis aller epigenetischen Faktoren beschreiben. Die Sensibilität kann sich während der Entwicklung sowohl erhöhen als auch abschwächen, je nachdem, was dem Kind im Lauf seines Lebens widerfährt in der Beziehung zu wichtigen Bezugspersonen, Beziehungen, die tatsächlich zu einem Teil des Körpers und Gehirns werden, mithin zu dem, was man Charakter nennt. Aber, wie schon McGraw glasklar erkannte, die Frage, was beim heranwachsenden Menschen Erfahrung ist und was Veranlagung, kann wohl nie wirklich geklärt werden. Wahrscheinlich ist schon die Fragestellung falsch.

ERINNERUNG, PLACEBO UND SONDERBARE KÖRPERSYMBOLIK

Der Placeboeffekt – dieses rätselhafte, psychosomatische Körper-Geist-Phänomen – erscheint unter dem Aspekt der Verkörperung und der intersubjektiven Bezüge schon weniger seltsam. Richard Kradin postuliert einen direkten Zusammenhang zwischen Placeboreaktion und Bindungsfähigkeit. Die physiologische Wirkung von Placebos ist in seiner Lesart «eine Entwicklungsleistung», die über Interaktionsdynamiken mit wichtigen Bezugspersonen ausgebildet wurde, eine unbewusste Erinnerung. Mit anderen Worten: Bestimmte Begegnungen rufen «somatische Marker» bzw. vertraute Melodien des Körpers auf, ein beruhigend wirkendes Beziehungsmuster, das unwillkürlich abläuft, sobald etwa der Arzt, die Ärztin ein Fläschchen mit verheißungsvollen rosa oder lila Pillen reicht.[361] Kradin ist Forschungsmediziner und Psychoanalytiker. Mühelos navigiert er zwischen Freud, Jung, Bowlby und Winnicott und aktuellen neurobiologische Studien. Ihm zufolge ist der Placeboeffekt eine Reaktion des Nervensystems auf Verhaltensweisen von anderen

Menschen, die jene der frühen Bezugspersonen nachahmen. Der Fokus verlagert sich, weg vom einsamen Individuum, das sich über «positives Denken» wie durch Zauberei selbst heilen kann, hin zu Menschen mit einer individuellen Entwicklungsgeschichte, die aufs engste mit anderen Menschen verwoben und von diesen abhängig ist und die Bestandteil der inneren Realität des Körpers ist. Placeboeffekte werden nicht als magische Wirkungen des Psychischen aufs Physische betrachtet, sondern als eine Art Selbstregulierung durch unbewusste Erinnerungen.

Ich will noch einen Schritt weitergehen. In ihrem Aufsatz beschreiben Benedetti und Kollegen die Placeboreaktion als *Zusammenspiel* zwischen vielschichtigen psychologischen und neurophysiologischen Faktoren, eine Formulierung, die die Differenz zwischen Psyche und Soma aufrechterhält. In seiner Monographie zum selben Thema führt Benedetti eine Unterscheidung zwischen *Konditionierung* und *Erwartung* ein, beides Schlüsselkonzepte bei der Placeboreaktion. Konditionierung, behauptet er, sei ein unbewusster Vorgang: «Durch die wiederholte Kopplung eines konditionierten kontextbedingten Reizes (z. B. Farbe und Form einer Tablette) mit einem nichtkonditionierten Reiz (die pharmakologische Wirkung der Tablette) kann schon der konditionierte Reiz allein Wirkung zeigen (eine konditionierte Reaktion).»[362] Erwartung hingegen ist Benedetti zufolge ein bewusst ablaufender Prozess. Es ist jedoch, schreibt er weiter, «unwahrscheinlich, dass Erwartungen allein entscheidend sind, und weiterer Faktoren wie etwa Erinnerung und Motivation und die Bedeutung der Krankheit für den Patienten selbst spielen eine Rolle.»[363] Wir bewegen uns also erneut auf dem unübersichtlichen Terrain von Wörtern, ihren Definitionen und der Frage der Grenzziehung.

Eine konditionierte Reaktion läuft sicher unbewusst ab. Pawlows Hunde fingen beim Anblick des Mannes mit dem Futter schon an zu sabbern. Dazu mussten sie das Futter weder sehen noch eine gedankliche Verbindung zwischen Mann und Futter herstellen. Ist eine konditionierte Reaktion aber nicht auch eine Form der impliziten Erinnerung? Und sind implizite Erinnerungen nicht zwangsläufig bedeutungsvoll? Mann bedeutet Futter bedeutet zufrieden. Manchmal weiß ich genau, was ich in einer Situation erwarte, aber Helmholtz und andere nach ihm haben gezeigt, dass bei der Wahrnehmung oft unbewusste Schlüsse mitspielen, und diese Schlüsse ergeben sich aus Gelerntem, das zur Gewohnheit wurde, weshalb sie automatisch und unterhalb der Bewusstseinsschwelle ablaufen. Ist das bereits Konditionierung? Lassen sich Konditionierung und Erwartung säuberlich trennen, oder ist die Grenze eher unscharf? Sind bewusste Erwartungen nicht auch eine Form der erinnernden Vorstellung, ein Beispiel für das, was Vico *fantasia* nannte? Erwartungen greifen auf Vergangenes zurück, um Zukünftiges vorauszusehen. Kann ich etwas, was ich nie erlebt habe, erwarten? Warum trennt Benedetti die Erwartung ab von Erinnerung und Bedeutung? *Ist Erwartung nicht eine Form der Wiederholung und Wiederaufführung? Ist sie nicht dem Wesen nach eine auf ihre Art bedeutsame Erinnerung?* Und hängt die Reaktion der Patienten auf die freundlich lächelnde Ärztin mit den rosa Pillen nicht ab von ihrer je individuellen Entwicklungsgeschichte?

Benedetti ist sich der Rolle des Arztes für den Placeboeffekt durchaus bewusst, in seinem Buch plädiert er für eine «biopsychosoziale» Herangehensweise an Erkrankungen, die psychologische, soziale und biologische Faktoren bedenkt, wenngleich er einräumt, dass «wir über die neuronale Grundlage komplexer sozialer Interaktionen wie Vertrauen und Mitgefühl noch wenig wissen».[364] Ich bin völlig einverstanden damit, all diese Faktoren zu berücksichtigen. Dennoch frage ich mich, ob das ohne Bindestriche zusammengesetzte Wort «biopsychosozial», ein Wort, das ich selbst häufig benutze, die Komplexität wirklich erfasst, um die es hier geht. Wenn das Biologische dem Wesen nach tatsächlich sozial und das «Psyche» Genannte ein dynamisches biologisches Phänomen ist, das sich im Zusammenleben mit anderen herausbildet und durch den Gebrauch der Sprache immer vielschichtiger wird, dann erhält auch dieser Begriff womöglich eine Trennung aufrecht, die kontraproduktiv ist. Das herkömmliche, aus der computerbasierten Kognitionsforschung übernommene neurowissenschaftliche Modell besteht aus verschiedenen Ebenen, die unverbunden übereinander schweben. Den Boden bilden Neuronen, über den Neuronen ist die Psyche, und über oder neben oder um die Psyche herum schwebt das Soziale. Wie die drei Ebenen zusammenpassen, bleibt ungeklärt. Das Modell funktioniert im Grunde genommen statisch. Außen vor bleiben die Entwicklungsgeschichte des Nervensystems, die Bindungsgeschichte, Erinnerungen und die mit der Erinnerung eng verknüpfte Kraft der Imagination. Es ist immer wieder spannend zu sehen, in welchem Maß theoretische Modelle das Denken nicht nur erweitern, sondern auch sehr einschränken können.

Bei Alzheimer-Patienten mit einer Läsion des präfrontalen Kortex ist der Placeboeffekt schwächer. Benedetti führte dazu Experimente durch: «Je stärker die präfrontale Konnektivität beeinträchtigt ist, desto verschwindender ist die Placeboantwort.»[365] Wenn der mit den Steuerungsfunktionen zusammenhängende Teil des Gehirns beschädigt ist, sind auch die auf der Vorstellungskraft beruhenden Selbstheilungskräfte des Körpers beeinträchtigt. Dieses Defizit wurde interessanterweise an präfrontal geschädigten Neurologie-Patienten und an Psychopathen beobachtet, also an Menschen mit einem Mangel an Empathie und an der Fähigkeit zur Zukunftsplanung, die weder Hemmungen noch Moralvorstellungen besitzen. Könnte man da nicht die These wagen, dass Placeboeffekte mit der sozialen Entwicklung zusammenhängen?

Auch die Wirkung der Psychotherapie wird bisweilen als Placeboeffekt beschrieben.[366] Vielleicht profitieren Menschen in solchen Kontexten von einer placeboartigen Suggestionswirkung, die unweigerlich mit verschiedenen Formen des Erinnerns einhergeht im Gespräch mit einer ihnen wohlgesinnten Person.[367] Erinnerungen werden aber nicht im Gehirn «gespeichert». Es gibt keine feststehenden Ur-Daten, die bei Bedarf nur abgerufen werden. Erinnerungen sind wandelbar und werden nachbearbeitet. Wenn sie uns über lange Zeit im Gedächtnis haften bleiben, sind sie emotional aufgeladen, aber auch diese Erinnerungen verändern sich bei einem neuen Aufruf.[368] Aus diesem Grund wohnt den bewussten, autobiographischen Erinnerungen immer eine Portion *Phantasie* inne. Die Erinnerungsdefizite von Alzheimer-Patienten erstrecken sich offenbar auch auf das Vorstellungsvermögen hinsichtlich zukünftiger Ereignisse und Erwartungen, und das erschwert es, den erhofften Nutzen einer Behandlung zu antizipieren. Hirnscan-Studien zur Wirkung verschiedener Formen der Psychotherapie auf das Gehirn zeigen, dass diese nicht mit Placeboeffekten identisch sind.[369] Das scheint nur folgerichtig. Man sollte doch meinen, dass Placeboeffekte viel gezielter wirken als eine Psychotherapie, die in einem viel weiter gesteckten Rahmen ihren Zweck erfüllen soll. Eine gut funktionierende Beziehung zwischen Therapeut und Patient kann durchaus zu der von Tronick so genannten «dyadischen Erweiterung des Bewusstseins» führen. Diese Erweiterung findet nicht allein auf der sprachlichen oder intellektuellen Ebene statt, sie hat immer auch einen emotionalen Gehalt.

Placebos sind kein Allheilmittel. Zwar kursieren anekdotische Berichte darüber, dass bösartige Tumore bis zur Unkenntlichkeit schrumpften, und auch von anderen vom «Wunschdenken» beflügelten Wunderheilungen wird berichtet, darüber hinaus ist ihre Wirkung auf das Nervensystem, das Immunsystem, auf den Hormonhaushalt, die Atemwege, den Magen-Darm-Trakt und andere Körpersysteme tatsächlich nachgewiesen; und doch wirken Placebos bei bestimmten Erkrankungen eindeutig besser als bei anderen. Die sehr amerikanische Vorstellung, mit Optimismus und positivem Denken, oder umgekehrt: die Hoffnung, durch die eigene innere Kraft im Verein mit psychologischer Kriegsführung könne man gegen verheerende Krankheiten vorgehen und das Behandlungsergebnis beeinflussen, braucht einen Dämpfer. Die Phantasie vom positiven Denken ist nämlich Teil eines rein individuellen Dramas und wird nicht als Komponente eines Stücks mit mehreren Personen betrachtet. Der

Erkrankte denkt sich kraft seines einsamen Willens ganz alleine gesund. Placeboeffekte rütteln jedoch an dieser Vorstellung. Es gibt gute Gründe, diese Effekte als Folge einer intersubjektiven Dynamik aufzufassen, bei der Erinnerungen und damit auch Aspekte der Phantasie eine wichtige Rolle spielen.

Nichtpharmazeutischen Behandlungsformen steht man in unserer Kultur misstrauisch gegenüber, weil sie als «unecht» gelten. Doch die Wirkungen einer Psychotherapie sind echt und physiologisch, und sie verändern das Leben von Menschen. Nach und nach erst entwickelte Freud das Konzept der *Übertragung*, des psychodynamischen Effekts zwischen Patient und Therapeut, wodurch Letzterem manchmal die Rolle einer wichtigen Person im Leben des Patienten zukommt – Vater, Mutter, Schwester oder Bruder, kurz: einer Bindungsfigur. Projiziert der Patient seine eigenen Wünsche und Phantasien auf die Therapeutin? Oder trägt der Arzt seinen Teil dazu bei? Falls ja, stellt sich die Frage nach der «Suggestion» mit all den Assoziationen zur Hypnose. Kontaminiert es den Therapieprozess, wenn Ärzte den Patienten Ideen in den Kopf setzen? Ganz bestimmt, wie massenhaft um sich greifende falsche Erinnerungen bewiesen haben. Freud gelangte schließlich zu der Überzeugung, dass Übertragung in beide Richtungen funktioniert und dass sie nicht nur im therapeutischen Kontext, sondern auch in den alltäglichen Beziehungen zwischen Menschen eine Rolle spielt. Könnte man sich Placebo- und Noceboeffekte nicht als eine Spielart der Übertragung vorstellen? Inwieweit verhindert die Terminologie verschiedener Disziplinen, dass wir Ähnlichkeiten erkennen, anstatt nur Unterschiede zu betonen?

Wenn die Beziehungen eines Menschen zu anderen genuin intersubjektiver und interkorporeller Art sind, und wenn Metaphern nicht bloß schmückendes Beiwerk darstellen, sondern aus motorisch-sensorischen, emotionalen und kulturellen Erfahrungen erwachsen, die sich zu Mustern formen, die ihrerseits die bewussten Vorstellungs- und Sprechakte als vorbewusste Erinnerungsspuren formen und begleiten, dann sind wir tatsächlich weit entfernt vom klassischen Modell des Geistes als Rechenmaschine. Wenn Metaphorik, Symbolisierung und Sprache Teil unserer gemeinsamen Wirklichkeit sind, die wiederum auf unsere gelebte Erfahrung zurückwirkt, kann dann nicht ein auf Verkörperung und Beziehungen beruhendes Modell besser erklären, wie Phantasien und Vorstellungen auf manchmal fast übernatürlich scheinende Weise buchstäblich menschliche Form annehmen? Werden wir so endlich erfahren, wie aus dem Molekül die Nachricht wird?

«Theorie ist gut», soll Jean-Martin Charcot einst gesagt haben, «aber sie verhindert nicht, dass es Sachen gibt.»[370] Was hat es zu bedeuten, wenn uns Vorstellungen erblinden und ertauben lassen, uns lähmen oder Krampfanfälle auslösen können? Wenn jemand während der Examensvorbereitungen einen Hautausschlag entwickelt und die Ärztin eine ‹Stressreaktion› diagnostiziert, wundert das keinen, aber ein Ausschlag hat eben nicht die Symbolkraft von Konversionsstörungen. Wenn andererseits ein trauernder Mann im Zuge einer Hypnosebehandlung körperliche Symptome einer Schwangerschaft entwickelt, dann können die mentalen Bilder und Symboliken ja nicht bloß im Kopf eines Menschen sitzen, oder? Wissenschaft ist immer auch der Versuch, das

Unerklärliche zu erklären; wenn das Phänomen jedoch nicht in eine bereits existierende Schublade passt, ist die Wahrscheinlichkeit, dass es ignoriert wird, hoch. Den Einzelfall in ein größeres System einzuordnen, ist eine Sache; an einem Fall, der das System zu sprengen droht, weiterzuforschen, etwas ganz anderes.

Warum lassen sich manche Menschen leichter beeinflussen als andere? Die Placeboforschung zeigt, dass Optimismus, Widerstandsfähigkeit, Altruismus und Aufrichtigkeit den Effekt positiv verstärken, Wut und Feindseligkeitsgefühle die Reaktion jedoch verhindern. Der Grund scheint naheliegend: Es könnte ein Zusammenhang zwischen Beeinflussbarkeit und Bindungstyp bestehen.

Es gibt einige Studien dazu, so etwa die von Peter Burkhard und Kollegen aus dem Jahr 2011, «Hypnotic Suggestibility and Adult Attachment», die kein eindeutiges Ergebnis zum Zusammenhang von Beeinflussbarkeit und Persönlichkeit nahelegt. Manche Studien verbinden die Beeinflussbarkeit mit positiven Eigenschaften wie Kreativität, Einbildungskraft und Einfühlung, andere eher mit pathologischen Aspekten. Im letzten Fall besteht ein Zusammenhang zwischen unsicherem Bindungstypus und größerer Empfänglichkeit.[371] Dieser Befund widerspricht den Belegen aus der Placeboforschung, auch wenn Placeboeffekte – wie Hysterie und Konversionsstörungen wohl auch – ein gewisses Maß an Empfänglichkeit voraussetzen.

Viele Forschungsarbeiten konzentrieren sich derzeit auf Konversionsstörungen, dennoch geht kaum eine Studie über die Suche nach neuronalen Grundlagen oder Korrelaten hinaus, um etwa die Frage zu klären, warum ein bestimmter Patient eher erblindet als ertaubt. In einem Aufsatz, der zuerst in der Zeitschrift *Clinical Neurophysiology* erschien, habe ich über die vielen in Kalifornien lebenden kambodschanischen Frauen berichtet, die wegen Erblindungssymptomen eine Augenklinik aufsuchten.[372] Die Untersuchungen ergaben keine Hinweise auf Hirnschädigungen, die den Verlust des Sehvermögens erklärt hätten, doch es stellte sich heraus, dass sie alle irgendwann einmal Augenzeuginnen der Gräueltaten der Roten Khmer gewesen sind. Ist die Blindheit nicht eine lupenreine Körpermetapher für das Grauen, das die Frauen mitansehen mussten, Anblicke, die das Maß des Erträglichen überstiegen? Der Sinngehalt mancher Konversionsstörungen ist so offenkundig, und dennoch tun sich die in der Neurowissenschaft vorherrschenden Theoriemodelle schwer, ihn als Teil des Krankheitsbilds zu begreifen. Im Grunde sind die frühen Ansätze von Janet, Breuer und Freud dafür sehr viel empfänglicher als die aktuelle Forschung.

Um diese Phänomene zu verstehen, muss man sich von der kartesianischen Vorstellung verabschieden, der Körper sei nur eine geistlose Maschine, die auf ungeklärte Weise mit einem irgendwo umherschwebenden Geist zusammenspielt, der seinerseits mit Rechensymbolen und Zeichen operiert – ein Modell, das in der Wissenschaft in wechselndem Gewand hartnäckig überdauert hat. Rom Harré schreibt: «Das Mentale lässt sich nicht vom Neuronalen trennen und als zwei verschiedene Stoffe – der eine immateriell, der andere materiell – begreifen. Das beschert uns seit 350 Jahren philosophische Frustrationserlebnisse und eine durchaus fehlgeleitete psychologische Theoriebildung.»[373] Auch ich neige zu dieser Ansicht, aber am Verständnis von «Psychologie» zu rütteln, wird nicht einfach sein. Es ist wichtig, die Vorgänge und Regionen im Gehirn zu kartieren, die bei der Hysterie oder irgendeiner anderen Krankheit eine Rolle spielen, unabhängig davon, ob sie gemäß der traditionellen Kategorientrennung «geistig» oder «körperlich» sind. Der Sinngehalt einer Erkrankung oder eines Symptoms für den Patienten selbst darf dabei aber nicht außer Acht gelassen werden, weil die persönliche Bedeutung für den Verlauf der Krankheit wichtig ist. Da sich die Erfahrungen aus der Sicht der ersten Person nicht auf die Dritte-Person-Perspektive der Hirnforschung und der Analyse des Nervensystems oder eines anderen Systems des Körpers reduzieren lassen, müssen die Bedeutungsgehalte der ersten Person bei allen Erkrankungen in die objektivierenden Studien aus der Perspektive der dritten Person begleitend einfließen. Darüber hinaus ist jede aus Sicht der ersten Person etablierte Bedeutung immer auch eine aus der Perspektive der zweiten Person. Den Menschen in John Donnes Worten als «eine Insel» zu begreifen, ist ein grundlegender Irrtum.

Zudem werden auch Forscher und Forscherinnen, wird die Wissenschaft selbst von diesen subjektiven Bedeutungen und Überzeugungen geformt, die sich von kollektiven Bedeutungen und Überzeugungen nicht sauber trennen lassen. Michael Polanyi schreibt: «Bisweilen lehnen wir auch wissenschaftlich abgesicherte Befunde ab, weil wir aus einer allgemeinen Überzeugung heraus nicht glauben wollen, was sie belegen.»[374] Er führt neben anderen Louis Pasteur als Beispiel für all jene an, deren Ideen zu ihrer Zeit auf heftigen Widerstand stießen. In einer Fußnote skizziert er den Fall Esdaile, einen Arzt aus dem 19. Jahrhundert, der in Indien mehr als dreihundert große chirurgische Eingriffe durchführte, nachdem er Patienten, Mesmers Vorbild folgend, in hypnotische Trance versetzt hatte. Doch weder in Indien noch in England fand sich eine Fachzeitschrift bereit, seine Erkenntnisse zu veröffentlichen. Als W. S. Ward 1842 an einem hypnotisierten Patienten eine völlig schmerzfreie Beinamputation vornahm, lehnte sich das gesamte medizinische Establishment gegen ihn auf und bezichtigte ihn des Betrugs. Der Patient unterzeichnete später ein Dokument, in dem er eidesstattlich bestätigte, dass er keine Schmerzen gespürt hatte. Die Wissenschaft will stets das Unerklärte erklären, wenn das zu erklärende Phänomen jedoch die bestehenden Denkschubladen zu sprengen droht, dann werden sich nur die Allermutigsten des Problems weiter annehmen.

Eine zufriedenstellende Definition von «Geist» erfordert meines Erachtens eine ergänzende Vorstellung von Phantasie, Imagination und den Leidenschaften, Konzepte, die seit der griechischen Antike der Vernunft untergeordnet wurden. Für Vico und Cavendish waren Gefühl und Phantasie Eigenschaften des Menschen, die keine untergeordnete Nebenrolle, sondern die Hauptrolle im Leben spielen. Der Mensch ist ein Bilderschöpfer. Wenn uns die Welt beim Einschlafen entgleitet, schaffen wir uns eine innere Bilderwelt im Traum, und die Belege mehren sich, dass Träume dem, was ich als Erinnerung-Imagination-Kontinuum bezeichnen möchte, näher sind als Wahrnehmungen im Wachzustand.[375] Bei manchen Menschen ist die hypnagoge Phase vor dem Schlaf erfüllt von eindrücklichen Bildern, andere halluzinieren, wenn sie Fieber haben und krank sind. Wieder andere sehen, obwohl sie keineswegs krank sind, geliebte Menschen, die verstorben sind, in ihren Träumen und manchmal sogar in Wachhalluzinationen. Diese Halluzinationen sind Teil des normalen Trauerprozesses. Wenn sich der Tag dem Ende zuneigt, rufen wir ihn uns in unvollkommenen Bildern noch einmal ins Gedächtnis, oder wir stellen uns bildlich vor, wie der neue Tag wird, Bilder, die jenen in unserer Erinnerung qualitativ sehr ähnlich sind. Es scheint zudem, dass manche Menschen, die unter großer emotionaler Anspannung stehen, ihren Körper unbewusst zum Vehikel einer Metapher werden lassen: Ich kann mit dem, was ich gesehen habe, nicht weiterleben. Nun bin ich blind.

ARBEIT UND LIEBE

Wenn Denken neben Symbolen auch Fühlen und Bewegung einschließt, wenn die Ur-Dialoge zwischen Säugling und Erwachsenen in der Frühphase für die weitere Entwicklung des Verstands und des Denkens tatsächlich wichtig sind, wenn es eine Wechselwirkung zwischen organischem Wachstum und sozialer Erfahrung gibt, wenn sinnhaftes Erleben schon im frühesten Stadium des Lebens beginnt durch die Herausbildung von motorisch-sensorisch-emotionalen Rhythmen, die sich als eine Art Metrum des Seins etablieren und uns ständig begleiten, auch bei anspruchsvollen intellektuellen und schöpferischen Tätigkeiten, dann kann die klassische CTM, das kognitive Theoriemodell des Geistes als Rechenmaschine, unmöglich stimmen. Wenn es wahr ist, dass wir noch vor jeder Begriffsbildung physiologische Beziehungen zu anderen Menschen aufbauen, was auch impliziert, dass wir keine monadischen Einzelwesen sind, und wenn selbst Phantasie und Vorstellungskraft diese frühen, überlebenswichtigen Beziehungen zu anderen Menschen voraussetzen und sich erst mit der Zeit zu begrifflichen und symbolischen Formen verdichten, dann ist auch die Prämisse dieser computationalistischen Theorie falsch. An anderer Stelle habe ich versucht zu zeigen, dass auch das Erzählen von Geschichten seinen Ursprung in diesen frühen Dialogen zwischen dem Selbst und dem Anderen hat, dass alles schöpferische Tun – in der Kunst wie in der Wissenschaft – untrennbar mit unserem sich bewegenden, fühlenden Körper verbunden ist.[376] Wer sich nur in den eng gesteckten Grenzen seines oder ihres Fachs bewegt, wird andere Fragen stellen und andere Ergebnisse präsentieren als jemand, der in verschiedenen Disziplinen unterwegs ist oder zumindest unterschiedliche Perspektiven innerhalb eines Fachgebiets im Auge behält. Wenn man sich über etwas einig ist in der Naturwissenschaft, dann darüber, dass es ein Unterbewusstsein gibt und dass sich der größte Teil dessen, was der Geist tut, dort abspielt. Es ist nicht das Freud'sche Unbewusste, auf das man sich in der Regel bezieht, und es gibt viele Auseinandersetzungen darüber, wie man sich diese große unterirdische Realität vorzustellen hat, doch niemand würde sie heute noch bestreiten oder behaupten, man könne sie getrost ignorieren.

Auch Gelehrte und Forscherinnen besitzen einen Geist und ein Bewusstsein, und somit auch ein Unterbewusstsein, und das spielt stets in ihre Überzeugungen und Wahrnehmungen hinein. Für William James bestand durchaus ein Zusammenhang zwischen dem Charakter eines Menschen und seinen Überzeugungen. Ihm zufolge gibt es den hartgesottenen und den zartfühlenden Intellektuellen, und beide sind nicht in Übereinstimmung zu bringen.[377] Der Charakter spielt eine maßgebliche Rolle dabei, welche Ideen man aufgreift, und daran wird sich, behauptet James, auch nichts ändern, solange der Mensch denkt. Die einen neigen zu starren, die anderen zu weicheren, beweglichen Positionen, und das aus bewussten wie unbewussten Motiven heraus. Hart und starr steht für atomistisch, mechanistisch, rationalisierend und vollständig entschlüsselbar. Weich und beweglich ist hingegen gemmulär, körperlich, emotional und offen für Ambivalenzen. Kulturell wird Ersteres mit dem männlichen Prinzip verknüpft und Zweiteres mit dem weiblichen, wobei klar sein dürfte, dass man keinem bestimmten biologischen Geschlecht angehören muss, um eine der Positionen einzunehmen.

Jeder Mensch besitzt zudem seine eigene Geschichte, ein ihn formendes Narrativ, wenn man so will. Ich kann die mir bekannten Neurologen und Neurologinnen schon nicht mehr zählen, die selbst an Migräne leiden oder aus Familien kommen, in denen irgendjemand einen Gehirnschaden hat. Viele Psychiater und Psychoanalytiker sind mit einem psychisch kranken Elternteil oder Geschwister aufgewachsen oder hatten selbst als Kind psychische Probleme. Ich kenne Leute, die sich der Suizidforschung verschrieben haben, nachdem sich ein geliebter Mensch das Leben genommen hat. Und ich kenne auch genug Neurowissenschaftler, deren Arbeiten ein Spiegel ihrer Persönlichkeit sind. Steife, zurückgenommene und sozial unverbindliche Menschen verfassen Arbeiten, die einen engen Geltungsbereich haben und rigoros einer Methode folgen. In der Regel interessieren sie sich weder für Literatur noch für Philosophie, und es fällt ihnen schwer, deren Wichtigkeit anzuerkennen. Andere, die eher warm und herzlich im Umgang sind, arbeiten oft in einem weiter gefassten Rahmen und gehen spekulativer vor. Sie tendieren auch eher dazu, Arbeiten aus anderen Disziplinen zu rezipieren. Das soll überhaupt nichts über die Qualität der Arbeit aussagen. Exzellente Forschung gibt es im engen wie im weiter gefassten Bereich. Meistens – nicht immer – bleiben Hinweise auf die persönliche Geschichte der Verfasser in Texten, die zur Veröffentlichung geschrieben werden, außen vor. Es wäre aber Unsinn, zu leugnen, dass emotional prägende Ereignisse im Leben keinen Einfluss darauf hätten, in welchem Gebiet man sich spezialisiert und wie man an seine Arbeit herangeht. Die Gründe, warum uns manche Ideen fesseln und andere abstoßen, müssen uns dabei keineswegs bewusst sein.

Descartes verlor seine Mutter früh und wurde später berühmt als Denker, der die Wahrheit aus der einsamen Kammer seines eigenen Kopfes heraus gebar. Das ist beileibe kein Zufall. Margaret Cavendish war Philosophin im 17. Jahrhundert. Frauen *veröffentlichten* keine Bücher über Naturphilosophie im 17. Jahrhundert, immerhin mischten sich ein paar wenige trotzdem in die philosophischen Debatten ein, hauptsächlich in Form von Briefwechseln. Kann man Cavendishs Position als Frau in jener Zeit und Kultur wirklich trennen von ihrer Idee, dass «Mann» oder «Mensch» nicht die einzigen vernunftbegabten Kreaturen auf Erden waren? Ist es nicht eine geradezu *logische Folge*, dass sie aus ihrer Randposition heraus eine Perspektive entwickelte, die ihre philosophischen Mitstreiter damals nicht teilten, und neue Einsichten eröffnete, für die diese blind waren? John Bowlby hatte, wie viele Kinder aus der Oberschicht in England, nur wenig von seinen Eltern und wurde von einer Kinderfrau aufgezogen, die er sehr liebte. Den Berichten zufolge verließ sie den Haushalt, als er vier Jahre alt war, und unter diesem Verlust litt er furchtbar. Mit elf wurde Bowlby auf ein Internat geschickt, wo er nicht glücklich war. In persönlichen Gesprächen gestand er, wie prägend seine Kindheitserfahrungen waren. Von sich selbst sagte er, er habe «schwere Verletzungen, aber keine bleibenden Schäden» davongetragen.[378] Damit meinte er wohl auch, dass ihm die Blessuren aus seiner Kindheit einen Weg wiesen, mit der Bindungsproblematik umzugehen, ohne menschlich daran zu zerbrechen.

Objektivierende Methoden sind wichtig. Wenn sich Studien replizieren lassen, kann das durchaus als «Beleg» für bestimmte Tatsachen gelten, allerdings zeigt Batemans Fruchtfliegenstudie auch, dass Ergebnisse, die einfach bloß den Erwartungen entsprechen, oft auf ein derart positives Echo stoßen, dass Heerscharen von Wissenschaftlern sie gern für die Wahrheit halten – bis sie eines Tages widerlegt oder zumindest problematisiert werden. Die wissenschaftliche Forschung wird immer auch widersprüchliche Resultate erbringen, wie unschwer am Beispiel der räumlichen Rotationsfähigkeit zu erkennen ist, und das ist nur eines von vielen. Es gibt Hunderte andere. Forschungsarbeiten, die kein eindeutiges oder gar kein Ergebnis erbringen, werden oft gar nicht bekannt. Trotz der großen Aufmerksamkeit, die man Myrtle McGraws Zwillingsstudie zollte, wurde ihre Originalität als Denkerin lange Jahre verkannt. Aber sie pflegte ja auch die leisen Töne, ging gründlich und durchdacht vor und lieferte keine Ergebnisse, mit denen sie sich im Wettkampf zwischen Vererbung und Erfahrung klar auf eine Seite schlagen konnte. Außerdem war sie eine Frau. Weibliches Ingenium wurde und wird immer schnell kleingeredet, unterdrückt oder dem nächstbesten Mann untergeschoben.

Braucht es, wenn ein Mensch, ganz gleich, ob Dichter oder Physikerin, die eigene Arbeit ernst nimmt, nicht Identifikation und Bindung? In ausnahmslos jeder Disziplin hängen Menschen an ihren Ideen mit einer Leidenschaft, die der Liebe zwischen Menschen nicht unähnlich ist. Wer einen Großteil seines Lebens den Werken Virginia Woolfs gewidmet oder sich dreißig Jahre lang mit John Dewey befasst hat, wird ihre Bedeutung für die Literatur- und Ideengeschichte sicher überschätzen, zumindest in den Augen derer, die ihr Leben anderen Autorinnen und Texten gewidmet haben oder sich überhaupt nicht für Bücher interessieren. Wenn jemand als Evolutionspsychologe Karriere macht, weil er die These vertritt, dass sich beim Menschen im Lauf der Evolution Hunderte von eigenständig operierenden geistigen Problemlösungsmodulen herausgebildet haben, dann ist es kaum verwunderlich, wenn er Befunde kleinredet, die nahelegen, dass es solche Module möglicherweise nicht gibt. Und wie wahrscheinlich ist es, dass einer, dessen gesamte Karriere auf der Annahme fußt, das Gehirn sei ein digitaler Rechenapparat, diese Idee aufgibt, nur weil ein paar Leute aus anderen Fachgebieten fleißig Artikel verfassen, in denen das immer wieder als irrige Annahme widerlegt wird? Eine Neurowissenschaftlerin, die sich mit einer bestimmten Region im Gehirn, sagen wir die Inselrinde oder den Hippocampus oder den Thalamus, befasst, wird sicher etwas übertriebene Gefühle für diese spezielle Hirnregion entwickeln, genau wie einer, der «Konnektome» erforscht, von der Idee beseelt sein wird, die lückenlose Abbildung aller neuronalen Verbindungen im

Gehirn eines Lebewesens sei eminent wichtig für die Zukunft der Wissenschaft. Wie könnte es auch anders sein?

Ich selbst bin der Kunst des Romans tief verbunden, dem Zauber seiner biegsamen Form. Ich glaube fest an den Roman, und im Unterschied zu vielen anderen glaube ich, dass das Lesen von Romanen unseren Wissenshorizont erweitert und sie ein wunderbares Vehikel für neue Ideen sind. Ich verdiene meinen Lebensunterhalt mit dem Schreiben von Romanen. Dass mich die Phänomenologie und Psychoanalyse besonders anziehen, weil sich beide mit gelebter Erfahrung befassen, passt gut zu meinen literarischen Interessen. Der Roman ist eine Kunstform, die auf welche Weise auch immer den Blick auf die Eigenheiten der menschlichen Erfahrungswelt lenkt. Die Phänomenologie erforscht Bewusstseinsakte aus der Perspektive der ersten Person, und die Psychoanalyse ist eine Theorie, die für die Details des alltäglichen Lebens der Patienten Platz hat. Wenn sich die Verbundenheit mit der Arbeit, so wir zu den Glücklichen gehören, die sich mit ihr verbunden fühlen können, sich zur Notwendigkeit gesellt, in einem bestimmten Gebiet «voranzukommen», dann ist es kaum verwunderlich, dass Menschen, die ihre Arbeit lieben, eine Bindung zu den Inhalten entwickeln, die nicht als objektiv bezeichnet werden kann. Diese Leidenschaft ist in der Tat subjektiv, doch sie ist auch stets intersubjektiv geprägt, denn niemand, nicht einmal eine Schriftstellerin arbeitet völlig einsam vor sich hin. Sie mag allein in ihrem Zimmer sitzen und schreiben, aber sie ist umgeben von vielen anderen Menschen, nicht nur von jenen aus dem wirklichen Leben, die ihre bewussten und unbewussten Vorstellungen und Phantasien geprägt haben, sondern auch von fiktionalen Figuren und von den Hunderten von Stimmen all derer, die nicht mehr am Leben sind, deren Worte aber in den Büchern, die die Schriftstellerin gelesen hat, hinterlegt sind.

Der Mensch ist ein Tier mit einem Herzen und einer Leber, mit Knochen und Gehirn und Geschlechtsorganen. Wir sehnen uns und begehren, spüren Hunger und Kälte, werden alle noch immer vom Körper einer Frau geboren, und wir sterben alle. Diese Natürlichkeiten werden über die Kultur, in der wir leben, erschlossen, gedeutet und verstanden, daran führt kein Weg vorbei. Da wir alle eine persönliche Geschichte haben, eine bewusste und eine unbewusste, ein Narrativ, das bei den vorsprachlichen Rhythmen und Mustern aus frühesten Tagen einsetzt, welche untrennbar mit anderen Menschen verknüpft sind, mit jenen ersten Bindungsfiguren, die die Ausformung unserer sinnlichen, muskulären und emotionalen Rhythmen damals prägten, auf denen wiederum die später ausformulierten Erzählstränge beruhen, die den Bogen unserer je einzigartigen Existenz symbolisch aufspannen – weil das so ist, sind wir alle immer schon eng mit der Welt der anderen verwoben. Jede Geschichte impliziert Zuhörer, und wir lernen, Geschichten zu erzählen, um die Welt dieser anderen als sinnvolle zu erfahren. Jede Geschichte setzt Vorstellungskraft und Erinnerungsvermögen voraus. Wenn ich mich daran erinnere, wie ich mit sechs Jahren zur Schule lief, befinde ich mich nicht plötzlich wieder in meinem kindlichen Körper. Ich begebe mich gedanklich auf eine Zeitreise und versuche, mir vorzustellen, wie ich mich einst fühlte. Wenn ich mir die Zukunft vorstelle, greife ich auf bekannte Muster aus der Vergangenheit zurück, um vorauszusehen, was nächsten Donnerstag geschieht. Wenn ich eine Figur erfinde, mache ich von denselben Fähigkeiten Gebrauch. Ich greife auf ein Kontinuum von Erinnerungen und Vorstellungen zurück. Der Mensch ist ein vorausschauendes, phantasiebegabtes Wesen, das sich auf diese Weise die Welt erschließt.

Könnte es sein, dass die Sprache, in der wir über uns selbst sprechen, ein hartnäckiges Problem geworden ist? Wie weit sind wir von Descartes und Hobbes und Cavendish und Vico entfernt? Wie sollen wir uns Körper und Geist oder einen verkörperten Geist oder sich in der Welt bewegende Körper mit Gehirnen und Nervensystemen vorstellen? Inwiefern ist der biologische Körper eine Maschine? Wird das, was wir als Geist bezeichnen, vom sich entwickelnden Organismus *hervorgebracht*, oder ist alle Materie immer schon vom Geistigen durchdrungen, wie manch ein Physiker und panpsychistischer Philosoph glaubt? Ist der Mensch als Ganzes mehr als die Summe seiner Teile, oder lässt er sich wie ein Fahrzeugmotor in seine Einzelteile zerlegen? Wo genau verläuft die Grenze eines Individuums zu dem, was außerhalb von ihm oder ihr liegt? Ist es möglich, eine Theorie über den Geist oder die Welt oder das Universum zu entwickeln, die nicht *irgendetwas* weglässt? Sollen wir uns dem, was wir nicht erklären können, verschließen?

Während ich mir diese Fragen stelle, begebe ich mich auf eine Reise zurück in meine Gedankenwelt als Kind, als ich im Gras liegend die Wolken betrachtete und dachte, wie seltsam es doch ist, lebendig zu sein, und eine Hand auf meine Brust legte, um meinen Herzschlag zu spüren und zu zählen, bis es mir langweilig wurde. Manchmal sprach ich Wörter aus, nur um zu lauschen, wie sie sich im Innern meines Kopfes formten und über den Mund als Laute in die Welt hinausschallten. Manchmal hatte ich das Gefühl, zu schweben und meinen Körper zu verlassen. Ich lief gern zu einer Stelle hinter unserem Haus am steil abfallenden Ufer eines Bachs, wo die dicken Wurzeln eines alten Baums aus dem Boden ragten und eine Kuhle formten, in die ich mich hineinsetzen und über die gleichen Fragen nachdenken konnte, über die ich nun in diesem Buch nachdenke, wobei es damals aus meinem sehr viel jüngeren, naiveren Selbst heraus geschah, zu jener anderen Zeit an jenem anderen Ort. Meine Erinnerung an diese Gedankenflüge verlebendigt sich nur aus meiner heutigen Perspektive heraus im steten Strom der Gegenwart. Immer wieder dachte ich damals, wie seltsam es doch war, ein Mensch zu sein, die Welt durch Augen zu betrachten und sie zu riechen durch ein Ding, das mitten aus dem Gesicht herausragte und zwei Löcher hatte. Ich bewegte meine Finger und schaute sie verwundert an. Sind Zungen nicht etwas sehr Seltsames? Warum bin ich «Ich» und nicht «Du»? Sind das etwa keine philosophischen Fragen? Und stellen sich die nicht ganz viele Kinder? Bedeutet gewissenhaftes Nachdenken nicht immer, auch ein bisschen zum Staunen aus jenen frühen Tagen zurückzukehren? Manchmal versuchte ich, mir vorzustellen, nirgendwo zu sein – also: nie an einem Ort gewesen zu sein. Mir schien es wie der Versuch, sich vorzustellen, niemand zu sein. Ich staune auch heute noch darüber, wie sicher sich Menschen einer Sache oft sind. Ihre Gewissheit scheint sie zu einen. Vieles andere bestimmt, wer am lautesten schreit.

CODA

> Ich weiß nicht, wer mich in die Welt gesetzt hat, und auch nicht, was die Welt und ich selbst sind. Ich bin schrecklich unwissend in allen Dingen. Ich weiß nicht, was mein Körper, meine Sinne, meine Seele und selbst jener Teil meines Ichs sind, der denkt, was ich sage, der über alles und über sich selbst Betrachtungen anstellt und sich nicht mehr als das übrige erkennt.[379]

Das schrieb Blaise Pascal, der Mathematiker, Physiker, Religionsphilosoph, in seinen *Gedanken*, einer Sammlung von Notizen für ein Werk, das er nicht mehr vollenden sollte, das aber sieben Jahre nach seinem Tod 1669 veröffentlicht wurde. Pascal wusste über eine Menge Dinge Bescheid. Er erfand eine Rechenmaschine, die Spritze, die Hydraulikpresse, einen Rouletteautomaten, und er gründete ein Droschkenunternehmen, das zum Vorläufer des öffentlichen Nahverkehrs wurde. Seine Studien über den Luftdruck führten zu dem nach ihm benannten Pascal'schen Gesetz. Er hinterließ der Geometrie und Mathematik viele Lehrsätze. Und doch sollte man sein Bekenntnis zur Unwissenheit ernst nehmen. Die Bereiche, in denen er sich zum Unwissenden erklärt – die Seele oder Psyche, der über die Sinne erlebende Körper und das selbstreflexive Bewusstsein, der Teil des Menschen, der über die Welt, die ihn umgibt, über sich selbst und die eigenen Gedanken nachdenken kann –, bleiben ein größeres Rätsel als die allgemeine Relativitätstheorie.

Das mag schwer zu akzeptieren sein, denn wenn es einen mit abgehobenem und exklusivem Wissen verbundenen Bereich gibt, dann ist das die Physik – was könnte auch wichtiger sein, als die verborgenen Gesetze des Universums zu entschlüsseln? Und doch liefern die Physiker, die sich an den Debatten über Bewusstsein und Geist beteiligt haben, nicht eine Antwort; sie liefern ganz unterschiedliche Antworten. Viele im Bereich der Biologie forschenden Wissenschaftler und Wissenschaftlerinnen verweisen ihrerseits auf ihre eigenen, dem Nahblick und der Praxis verpflichteten Studien, die den zeitlosen Reduktionen der Mathematik oft völlig widersprechen. Um ein Bild aus Cavendishs Welt zu entlehnen: Die Wurm- und Fischmänner liegen im Zwist mit den Spinnenmännern.

Seit dem 17. Jahrhundert leben wir nun im Zeitalter der Naturwissenschaft, genießen ihre Vorzüge und durchleben die Albträume ihrer Entdeckungen. Doch der «Geist» ist und bleibt ein Begriff, der sich schwer fassen lässt, über den es seit Jahrhunderten erbitterte Auseinandersetzungen gibt. Theorien wie CTM, die den Geist als Computer modellieren, haben ihre Wurzeln in den Traditionen der mathematischen Abstraktion des 17. Jahrhunderts mit ihrer «unzutreffenden Konkretheit», wie Whitehead die Verwechslung von Abstraktion oder Modell mit der Wirklichkeit, für die sie stehen, nannte. Die Trennung von Körper und Geist, die Vorurteile gegen alles Körperliche und Sinnliche machen diese Denktradition zu einem Sammelbecken für mehr oder weniger ausgeprägte misogyne Tendenzen, die Philosophen seit der Antike immer wieder anwehen. Die Hirnforschung, die den Computer als Modell für den Geist übernommen hat, ist nicht in der Lage, zu erklären, wie neuronale Prozesse von psychologischen beeinflusst werden, wie sich Gedanken auf den Körper auswirken, weil die kartesianische Spaltung zwischen Körper und Seele in ihr munter fortlebt.

Diese Forschungsrichtung ist nun an einem merkwürdigen Punkt angelangt. Descartes konnte zwischen seiner rationalen, immateriellen Seele und Gott immer noch einen Zusammenhang herstellen. Die immaterielle Seele von heute erscheint indes bloß noch als entkörperlichte Information. Manche KI-Wissenschaftler, die letzterer Seelenart zuneigen, führen diese nun Schritt für Schritt an ihr logisches Ende: ins nahende, übernatürliche Zeitalter der unsterblichen Maschinen. Die Computertechnik wird immer raffinierter und komplexer, dennoch glaube ich, dass der Computationalismus in seiner ursprünglichen, kognitionswissenschaftlichen Variante in den letzten Zügen liegt und als der falsche Weg in die Wissenschaftsgeschichte eingehen wird, der allerdings zeitweilig sehr dogmatische Züge annahm. Ich kann mich natürlich täuschen, obwohl mich nichts von dem, was ich gelesen habe, vom Gegenteil überzeugt. Ich persönlich halte die Hinwendung zur Körperlichkeit für einen Schritt in die richtige Richtung.

Doch auch ich bin eine Situation, ein Produkt bestimmter, über Jahre hinweg gesammelter Erfahrungen, zu denen auch Lesen und Schreiben und Denken und Lieben und

Hassen gehören, Suchen und Finden, wieder Verlieren und sich erneut auf die Suche begeben. Ich habe mich nicht selbst gemacht, sondern wurde zu der, die ich bin, in einem anderen und durch andere Menschen. Ich kann mich nicht ohne meine Geschichte begreifen, die mein Weißsein, mein Frausein, meine Schichtzugehörigkeit und privilegierte Bildung genauso beinhaltet wie meine Körpergröße und dass ich gern Haferbrei esse, und eine Unzahl von anderen Dingen, die ich vermutlich nie benennen kann, Fragmente eines gelebten Lebens, die längst vergessen sind oder manchmal halb erinnert aufblitzen, wie Träume, ohne jede Gewähr, dass alles tatsächlich genau so gewesen ist.

Ich bin mir selbst immer noch eine Fremde. Auch ich habe unbewusste Vorurteile und dunkle, undefinierbare Gefühle. Manchmal handle ich auf eine Weise, die ich selbst überhaupt nicht verstehe. Ich weiß, dass meine Wahrnehmung der Welt nicht unbedingt die der anderen ist, und ich muss mich häufig bemühen, die fremde Perspektive zu erkennen. In anderen Momenten meine ich, mich in das, was andere fühlen, so gut hineinversetzen zu können, dass ich fast zu diesem Menschen werde. Manche fiktionalen Figuren bedeuten mir mehr als Menschen im wirklichen Leben. Jede Disziplin pflegt ihre eigenen Mythen und Fiktionen, ob man will oder nicht. Die Bedeutung vieler Wörter verschiebt sich mit ihrem Gebrauch. Die Begriffe «Gen», «Biologie», «Information», «psychologisch», «physiologisch» sind so wandelbar, von den Kontexten abhängig, dass die Verwirrung vorprogrammiert ist.

Auch meine eigenen Ansichten sind und waren immer offen für weitere Bearbeitungen, je mehr ich über die Themen, die mich interessieren, lese und nachdenke. Offen zu sein, bedeutet aber nicht Kritiklosigkeit oder grenzenlose Toleranz dem blanken Unsinn, kruden Ideen oder Ideologien und Vorurteilen gegenüber, die im Gewand der Gelehrtheit oder Wissenschaftlichkeit daherkommen. Es bedeutet nicht, gute Miene zu machen zu dummem Geschwätz über Gene, Verdrahtung, Testosteron oder was auch immer gerade mediale Wellen schlägt. Es bedeutet, Texte aus unterschiedlichen Bereichen zu lesen, auch aus der Kunst und Literatur, die sich ernsthaft mit einem Thema befassen und ungewohnte Standpunkte vermitteln, oder die uns durch fremde Gedanken beflügeln, die unserem Temperament widersprechen, je nachdem, ob wir hartgesottene oder zartfühlende Denker und Denkerinnen sind, und es bedeutet, sich von solchen Lektüren zu neuem Denken inspirieren zu lassen. Offen zu sein bedeutet, mehrere Perspektiven einzunehmen, weil jede ihren Beitrag leistet und keine allein die ganze Wahrheit erzählt. Es bedeutet leidenschaftliche Neugier, gepaart mit einer guten Portion Skepsis. Es bedeutet, Fragen zu stellen, die auch verstörend sein können. Es bedeutet, dort genau hinzusehen, wo dem eigenen, längst gefestigten Gedankengerüst Einsturzgefahr droht. Es bedeutet, vollkommen verwirrt zu werden.

Simone Weil schrieb einst: «Zweifel ist die Tugend der Intelligenz.»[380] Doch wie bei jedem Grundsatz gilt auch hier, dass die Glorifizierung des Zweifelns als höchstes Prinzip des Denkens schnell zu einem Vorwand für Intoleranz werden kann. Trotzdem meine ich, dass bestimmte Formen des Zweifelns tatsächlich eine Tugend darstellen. Für die meisten Menschen klingt Zweifel weniger verlockend als Gewissheit. Der Zweifel, den ich meine, ist keine Prahlerei. Er wedelt nicht mit erhobenem Zeigefinger vor der Nase herum, und er verbreitet sich nicht viral im Internet. In den Zeitungen ist nichts über ihn zu lesen. Keine Militärparade marschiert im Takt dieses Zweifels. Politiker und Politikerinnen drohen, sich zu blamieren, wenn sie ihn eingestehen. In totalitären Systemen werden Menschen ermordet, wenn sie Zweifel äußern. Religiöse Fanatiker wollen mit ihm nichts zu tun haben, obwohl viele Theologen seinen tieferen Wert erkannt haben. Der Zweifel, den ich meine, setzt lange bevor er sich zu einem klaren Gedanken formen kann, ein. Er beginnt als leises Gefühl der Unzufriedenheit, ein Gefühl, dass irgendetwas nicht stimmt, eine noch gestaltlose Ahnung, die, schwebend und gespannt zugleich, nach Ausdruck strebt, um sich schließlich als Frage in einer Sprache zu artikulieren, die ihr Raum bietet. Der Zweifel ist nicht nur eine Tugend der Intelligenz, er ist ihre notwendige Voraussetzung. Keine Idee, kein Kunstwerk entstünde ohne ihn, und auch wenn er manchmal unbequem ist, bleibt er ein spannender Begleiter. Und es ist der wohlformulierte Zweifel, der immer wieder des Weges kommt, um die Illusion der Gewissheit ins Wanken zu bringen.

ANMERKUNGEN

1. A. M. Pasca und A. A. Penn, «The Placenta: The Lost Neuroendocrine Organ», *Neoreviews* 11, 2010, e64–e67.
2. Samuel Yen, «The Placenta as the Third Brain», *Journal of Reproductive Medicine* 39, Nr. 4, 1994, S. 277–80.
3. Neil K. Kochenour, «Physiology of Normal Labor and Delivery», Vorlesung, http://library.med.utah.edu/kw/human_reprod/lectures/physiology/labor.
4. René Descartes, *Meditationen*, Hamburg, 2009, S. 20.
5. Ebd., S. 70.
6. René Descartes, *Briefe 1629–1650*, hrsg. von M. Bense, Köln, 1949, S. 45.
7. Thomas Hobbes, *Leviathan oder Stoff, Form und Gewalt eines kirchlichen und bürgerlichen Staates*, Frankfurt am Main 1984, S. 33.
8. Ebd., S. 37.
9. Ebd., S. 36.
10. Margaret Cavendish, *Observations Upon Experimental Philosophy*, hrsg. von Eileen O'Neill, Cambridge, 2001, S. 158.
11. Prominente Panpsychisten des 17. Jahrhunderts waren u. a. die Philosophen Baruch Spinoza (1632–1677) und Gottfried Leibniz (1646–1716), im 18. Jahrhundert George Berkeley (1685–1753) und Arthur Schopenhauer (1788–1860), im 19. Jahrhundert der Physiker und Philosoph Gustav Fechner (1801–1887), der Physiologe, Philosoph und Psychologe Wilhelm Wundt (1832–1920), die US-amerikanischen Philosophen und Pragmatisten Charles Sanders Peirce (1839–1914) und William James (1842–1910), sowie Alfred North Whitehead (1861–1947), der Physiker David Bohm (1917–1992), der französische Philosoph Gilles Deleuze (1925–1995) und der zeitgenössische Vertreter der analytischen

Philosophie Galen Strawson (geb. 1952). Eine umfassende Aufarbeitung panpsychistischer Grundfragen und Ansätze findet sich in: David Skribina, *Panpsychism in the West*, Cambridge, 2007.

12. Cavendish, 2001, S. 135.
13. Zitiert nach Anna Battigelli, *Margaret Cavendish and the Exiles of the Mind*, Lexington, 1998, S. 101.
14. Denis Diderot, «D'Alemberts Traum», in: *Erzählungen und Gespräche*, Leipzig, 1953, S. 454.
15. Denis Diderot, *Ästhetische Schriften*, Bd. 1, Berlin, 1984, S. 48.
16. René Descartes, *Briefwechsel mit Elisabeth von der Pfalz*, hrsg. von I. Wienand und O. Ribordy, Hamburg, 2015, S. 17.
17. Ebd.
18. Giambattista Vico, *Prinzipien einer neuen Wissenschaft über die gemeinsame Natur der Völker*, Hamburg, 2009, S. 142.
19. Ebd., S. 100.
20. Ebd.
21. Zitiert nach Genviève Rodin-Lewis, *Descartes: His Life and Thought*, Ithaca, 1995, S. 6.
22. Hannah Arendt, *Vita Activa oder vom tätigen Leben*, München und Zürich, 1981, S. 17.
23. So auf der englischen Webseite für KVT bei Depressionen: www.webmd.com/...cognitive-behavioral-therapy-for-depression.
24. John Searle, *Geist, Hirn und Wissenschaft: Reith Lectures 1984*, Frankfurt am Main, 1986, S. 16.
25. Alfred North Whitehead, *Wissenschaft und moderne Welt*, Frankfurt am Main, 1988, S. 71–2.
26. Ebd., S. 29.
27. Ebd., S. 18.
28. Johann Wolfgang von Goethe, *Naturwissenschaftliche Schriften I*, Werke Bd. XIII, München, 1981, S. 51.
29. Thomas Kuhn, *Die Struktur wissenschaftlicher Revolutionen*, Frankfurt am Main, 1976, S. 19.
30. Ebd.
31. Katherine Brooks, «It Turns Out Your Brain Might Be Wired to Enjoy Art», *The Huffington Post*, 20. Juni 2014. Megan Erickson, «Is the Human Brain Hardwired for God?» *Big Think*, bigthink.com/think-tank/is-the-human-brain-hardwired-for-religion; «Male and Female Brains Wired Differently, Scans Reveal», *The Guardian*, 2. Dezember 2013.

32. Evelyn Fox Keller, *The Mirage of a Space Between Nature and Nurture*, Durham und London, 2010, S. 23.
33. Ebd.
34. Petter Portim, «Historical Development of the Concept of the Gene», *Journal of Medicine and Philosophy* 27, Nr. 3, 2002, S. 257–86.
35. «Ohne die hochdifferenzierte Zellumgebung, die selbst nicht über die DNA aufgebaut wird, bleibt die DNA unbeweglich, relativ unstrukturiert, funktionsunfähig und so ontogenetisch bedeutungslos.» Jason Scott Robert, *Embryology, Epigenesis and Evolution: Taking Development Seriously*, Cambridge und New York, 2004, S. 52.
36. «Wir fanden zum Beispiel heraus, dass das kausale Zusammenspiel von DNA, Proteinen und Merkmalsausbildung so ineinander verschränkt, so dynamisch und von den Umständen abhängig ist, dass die Frage, was Gene bewirken, kaum sinnvoll erscheint.» Fox Keller, 2010, S. 50.
37. Mary Jane West-Eberhard, *Developmental Plasticity and Evolution*, New York, 2003, S. 158.
38. Ebd., S. vii.
39. Conrad H. Waddington, «The Basic Ideas of Biology», in: *Towards a Theoretical Biology*, Edinburgh, 1966, S. 1–32.
40. «Waddingtons Landschafts-Metapher erweiternd […] könnte man behaupten, dass jeder Organisationsebene eines Organismus eine epigenetische Landschaft zugrunde liegt», siehe Heather A. Jamniczky u. a., «Rediscovering Waddington in a Post-Genomic Age: Operationalizing Waddington's Epigenetics Reveals New Ways to Investigate the Generation and Modulation of Phenotypic Variation», *Bioessays* 32, Nr. 7, 2010, S. 553–58.
41. Michael Meaney, «Environmental Programming of Stress Responses Through DNA Methylation: Life at the Interface Between a Dynamic Environment and a Fixed Genome», *Dialogues in Clinical Neuroscience* 7, 2005, S. 103–23.
42. François Jacob, *The Logic of Life*, New York, 1976, S. 9.
43. Evelyn Fox Keller, *Barbara McClintock: Die Entdeckerin der springenden Gene*, Basel, 2014, S. 7.
44. Siri Hustvedt, «Borderlands», in: *American Lives*, Heidelberg, 2013, S. 111–35.
45. John Dowling, *The Great Brain Debate: Nature or Nurture?*, Princeton, 2007, S. 85.
46. Rick Hanson, *Meditationen für ein glückliches Gehirn: Wie wir unsere Nervenbahnen neu verdrahten*, Freiburg, 2015. Bei gleich bleibendem

Inhalt wurde der englische Untertitel des Buchs zwischen Ersterscheinung und Juni 2015 verändert. Aus *Hardwiring Happiness* im Original wurde das sehr viel bescheidenere *The New Brain Science of Contentment, Calm, and Confidence*. Ob das auf kritische Einwände gegenüber der Vorstellung, man könnte das eigene Hirn einfach «neu verdrahten», zurückgeht, weiß ich nicht. Plausibel wäre es schon.

47. Laurence Tancredi, *Hardwired Behavior: What Neuroscience Reveals About Morality*, Cambridge, 2005, S. 29.
48. Ebd.
49. David Derbyshire, «Scientists Discover Moral Compass in the Brain Which Can Be Controlled by Magnets», *Daily Mail*, 30. März 2010, www.dailymail.co.uk/sciencetech/.../Scientists-discover-moral-compass-brain. Der Artikel befasst sich mit einer Studie des MIT. Nach transkraniellen Magnetstimulationen (einem nichtinvasiven Stimulus) wurde ein Wandel bei ethisch-moralischen Bewertungen festgestellt. Siehe Liane Young u. a., «Disruption of the Right Temporoparietal Junction with Transcranial Stimulation Reduces the Role of Beliefs in Moral Judgments», *Proceedings of the National Academy of Sciences* 107, Nr. 15, 2010, S. 6753–58.
50. Zur Rolle des temporo-parietalen Übergangs (TPJ) bei Wahrnehmungs- und Aufmerksamkeitsfunktionen siehe L. C. Robertson u. a., «Effects of Lesions of Temporo-Parietal Junction on Perceptual and Attentional Processing in Humans», *The Journal of Neuroscience* 8, 1988, S. 3757–69; Johannes Rennig u. a., «The Temporo-Parietal Junction Contributes to Global Gestalt Perception-Evidence from Studies in Chess Experts», *Frontiers in Human Neuroscience* 7, 2013, S. 513. Zu RTPJ und Gedächtnisleistung siehe J. J. Todd u. a., «Visual Short-Term Memory Load Suppresses Temporo-Parietal Junction Activity and Induces Inattentional Blindness», *Psychological Science* 12, 2005, S. 965–72. Zur Rolle im Verhältnis von Selbst und anderen siehe Jean Decety und Claus Lamm, «The Role of the Right Temporoparietal Junction in Social Interaction: How Low-level Computational Processes Contribute to Metacognition», *The Neuroscientist* 13, Nr. 6, 2007, S. 580–93. Siehe auch Sophie Sowden und Caroline Catmur, «The Role of the Temporo-parietal Junction in the Control of Imitation», *Cerebral Cortex* 2013, http//:10.1093/cercor/bht306. Zu «Theory of mind» siehe R. Saxe und A. Wechsler, «Making Sense of Another Mind: The Role of the Right Temporo-Parietal Junction», *Neuropsychologia* 43, Nr. 10, 2005, S. 1391–99. In einer späteren

Publikation wird jedoch in Frage gestellt, ob sich die «Theory of mind» tatsächlich lokalisieren lässt: J. P. Mitchell, «Activity in Right Temporo-Parietal Junction Is Not Selective for Theory of Mind», *Cerebral Cortex* 18, Nr. 2, 2008, S. 262–71. Bei Hysterie oder Konversionsstörungen scheint der rechte TPJ geringere Aktivität aufzuweisen, ist also hypoaktiv, siehe V. Voon u. a., «The Involuntary Nature of Conversion Disorder», *Neurology* 74, Nr. 3, 2010, S. 223–28. Nicht zuletzt wurde der TPJ auch mit außerkörperlichen Erfahrungen in Zusammenhang gebracht. Diese Erfahrung, so wird angenommen, ist möglicherweise das Resultat einer scheiternden Integration multisensorieller Informationen im TPJ über den eigenen körperlichen Zustand, siehe O. Blanke und S. Arzy, «The Out-of-Body Experience: Disturbed Self-Processing at the Temporo-Parietal Junction», *Neuroscientist* 11, 2005, S. 16–24.

51. Die Beziehung zwischen Gedächtnis und Broca-Areal ist umstritten. Während einige Wissenschaftler meinen, Letzteres spiele eine Rolle fürs Arbeitsgedächtnis, sehen andere das skeptisch. Siehe C. J. Fiebach u. a., «Revisiting the Role of Broca's Area in Sentence Processing: Syntactic Processing Versus Syntactic Working Memory», *Human Brain Mapping* 24, 2005, S. 79–91. Zur Rolle bei Musik-Erfahrungen siehe L. Fadiga u. a. «Broca's Area in Language, Action, and Music», *The Neurosciences and Music* III – *Disorders and Plasticity*, 2009, S. 448–58. Siehe auch Ferdinand Binkovski und Giovanni Buccino, «Motor Functions of Broca's Region», *Brain and Language* 89, 2004, S. 362–69, sowie Emeline Clerget u. a., «Role of Broca's Area in Encoding Sequential Human Actions: A Virtual Lesson Study», *Cognitive Neuroscience and Neuropsychology* 20, 2009, S. 1496–99.
52. John Hughlings Jackson, «On Aphasia and Affections of Speech», in: *Brain: A Journal of Neurology* 38, 1915, S. 81.
53. Karl Friston, «Functional and Effective Connectivity: A Review», *Brain Connectivity* 1, 2011, S. 13.
54. Alexander R. Luria, *Die höheren kortikalen Funktionen des Menschen und ihre Störungen*, Berlin, 1970, S. 38.
55. Ebd., S. 39.
56. Eine neuere Publikation hierzu: Eve G. Spratt et al., «The Effects of Early Neglect on Cognitive, Language, and Behavioral Functioning in Childhood», *Psychology* 3, Nr. 2, 2012, S. 175–82.
57. Jonah Lehrer, *Prousts Madeleine: Hirnforschung für Kreative*, München und Zürich, 2010, S. 138.

58. Ebd., S. 139.
59. M. Nitsche u. a., «Dopaminergic Impact on Neuroplasticity in Humans: The Importance of Balance», *Klinische Neurophysiologie* 40, doi: 1055/s-0029-1216062.
60. Siehe Oliver D. Howes und Shitij Kapur, «The Dopamine Hypothesis of Schizophrenia: Version III – The Final Common Pathway», *Schizophrenia Bulletin* 35, Nr. 3, 2009, S. 549–62. Die Verfasser verweisen auf belastbare Belege, dass bei Schizophrenie nicht ein Gen allein maßgeblich ist und dass Umweltfaktoren wie etwa soziale Isolation beteiligt sind: «Zwar sind weitere Studien zwingend erforderlich, um Art und Ausmaß des möglichen Zusammenspiels dieser Faktoren zu erfassen, doch bislang ergeben sich Anhaltspunkte, dass verschiedene, getrennt wirkende, genetische wie umweltbedingte Faktoren mittelbar und unmittelbar zu Fehlfunktionen der Dopaminproduktion führen, und dabei manche Faktoren zusammenspielen, während andere unabhängig wirken.» Weiter schreiben sie: «Da noch vieles ungewiss ist, steht eine Überprüfung unserer Hypothese an, sobald weitere Daten vorliegen.» Zur Rolle von Glutamat siehe Bita Moghaddam und Daniel Javitt, «From Revolution to Evolution: The Glutamate Hypothesis of Schizophrenia and Its Implication for Treatment», *Neuropsychopharmacology* 37, Nr. 1, 2012, S. 4–15. Zur Serotoninforschung siehe Herbert Y. Meltzer u. a., «Serotonin Receptors: Their Key Role in Drugs to Treat Schizophrenia», *Progress in Neuro-Pharmacology and Biological Psychiatry* 27, Nr. 7, 2003, S. 1159–72. Und eine Folgestudie zur Vermutung, dass Geburtstraumata eine Rolle spielen könnten: P. B. Jones u. a., «Schizophrenia as a Long-Term Outcome of Pregnancy, Delivery, and Perinatal Complications: A 28-Year Follow Up of the 1966 North Finland General Population Birth Cohort», *American Journal of Psychiatry* 155, Nr. 3, 1998, S. 355–64. Zur möglichen Beteiligung des Insellappens siehe Korey P. Wylie und Jason R. Tregallas, «The Role of the Insula in Schizophrenia», *Schizophrenia Research* 123, Nr. 2–3, 2010, S. 93–104. Zum Verlust von grauer Substanz A. Vita u. a., «Progressive Loss of Cortical Gray Matter in Schizophrenia: A Meta-Analysis and Meta-Regression of Longitudinal MRI Studies», *Translational Psychiatry* 2, 2012, doi: 10.1038/tp.2012.116.
61. Steven Pinker, *Wie das Denken im Kopf entsteht*, München, 1998, S. 556.
62. Ebd.

63. Steven Pinker, *Das unbeschriebene Blatt: die moderne Leugnung der menschlichen Natur*, Berlin, 2003, S. 484.
64. Im Interview mit *The Harvard Crimson* wird Summers folgendermaßen zitiert: «Belege für seine Spekulationen über biologische Unterschiede, die das Geschlechtergefälle in den Naturwissenschaften zumindest teilweise erklären könnten, stammen jedoch von Wissenschaftlern, die der Psychologieprofessor Steven Pinker in seinem Bestseller *Das unbeschriebene Blatt: die moderne Leugnung der menschlichen Natur* anführt», siehe Daniel J. Hemel, «Sociologist Cited by Summers Calls His Talk ‹Uninformed›», *The Harvard Crimson*, 19. Januar 2005, www.thecrimson.com/article/2005/.../sociologist-cited-by-summers-calls-his-talk-uninformed
65. Larry Summers, «Remarks at NEBR Conference on Diversifying the Science and Engineering Workforce», 14. Januar 2005, www.harvard.edu/president/speeches/summers_2005/nber.php.
66. Charles Darwin, *Die Abstammung des Menschen und die sexuelle Selektion*, Stuttgart, 2012, S. 214.
67. Angus J. Bateman, «Intrasexual Selection in Drosophila», *Heredity* 2, 1948, S. 363.
68. Ebd., S. 365.
69. Robert Trivers, «Parental Investment and Sexual Selection», in: *Sexual Selection and the Descent of Man: 1871–1971*, hrsg. von Bernard Campbell, Chicago, 1972, S. 136–81.
70. Patricia Adair Gowaty u. a., «No Evidence of Sexual Selection in a Repetition of Bateman's Classic Study of Drosophila Melanogaster», *Proceedings of the National Academy of Sciences*, 2012, S. 11740–45, doi: 10.1073/pnas.1207851109. Die Verfasser bemerken: «Das Verfahren weist jedoch eindeutig Verzerrungseffekte auf, da mütterliche Tiere als Elternteil statistisch signifikant seltener gezählt wurden als väterliche, biologisch eine Unmöglichkeit bei diploiden Arten.»
71. Patricia Adair Gowaty und William C. Bridges, «Behavioral, Demographic, and Environmental Correlates of Extra Pair Copulations in Eastern Bluebirds, Sialia sialis», *Behavioral Ecology* 2, 1991, S. 339–50.
72. Russell Bonduriansky und Ronald J. Brooks, «Male Antler Flies (Protopiophila litigate; Diptera: Piophilidae) Are More Selective Than Females in Mate Choice», *Canadian Journal of Zoology* 76, 1998, S. 1277–85.
73. Elisabet Forsgren u. a., «Unusually Dynamic Sex Roles in Fish», *Nature* 429, 2004, S. 551–54.

74. Robert R. Warner u. a., «Sex Change and Sexual Selection: The Reproductive Biology of a Labrid Fish is Used to Illuminate Theory of Sex Change», *Science* 190, Nr. 4215, 1975, S. 633–38.
75. Marcel Eens und Rianne Pinxten, «Sex Role Reversal in Vertebrates: Behavioral and Endocrinological Accounts», *Behavioral Processes* 51, 2000, S. 135–47.
76. Sarah Blaffer Hrdy, «Empathy, Polyandry, and the Myth of the Coy Female», in: *Feminist Approaches to Science*, hrsg. von Ruth Bleier, New York 1986, S. 137.
77. Sarah Blaffer Hrdy, *Mothers and Others: The Evolutionary Origins of Mutual Understanding*, Cambridge, 2011.
78. Michel Ohmer, «Challenging Sexual Selection Theory: The Baby Became the Bathwater Years Ago, but No One Noticed Until Now», *Discoveries: John S. Knight Institute for Writing in the Disciplines* Nr. 9, 2008, S. 16.
79. Hermann von Helmholtz, «Über die Wahrnehmung», in: *Handbuch der physiologischen Optik*, 1909, S. 5.
80. Peggy Seriès und Aaron Seitz, «Learning What to Expect (in Visual Perception)», *Frontiers in Human Neuroscience* 24, 2013, http://dx.doi.org/10.3389/fnhum.2013.00668. Die Verfasser verfolgen bei ihrer Analyse der Rolle von Erwartungen einen Ansatz, der Helmholtz' Idee der unbewussten Schlüsse mit Bayes'scher Statistik kombiniert.
81. William Wright, *Born That Way: Genes, Behavior, Personality*, New York, 1998, S. 80.
82. Nuffield Counsel on Bioethics, *Genetics and Human Behavior: the Ethical Context*, London, 2002, S. 41.
83. Héctor González-Pardo und Marino Pérez Alvarez, «Epigenetics and Its Implications for Psychology», *Psicothema* 25, Nr. 1, 2013, S. 5.
84. Bella English, «Led by the Child Who Simply Knew», *The Boston Globe*, 11. Dezember 2011.
85. Myrtle McGraw, «The Experimental Twins», in: *Beyond Heredity and Environment: Myrtle McGraw and the Maturation Controversy*, hrsg. von Thomas C. Dalton und Victor W. Bergman, Boulder, 1995, S. 110.
86. Myrtle McGraw, «Perspectives of Infancy and Early Childhood», in: *Beyond Heredity and Environment*, S. 47.
87. Zitiert nach Donald A. Dewsbury, «Introduction: The Developmental Psychobiology of Myrtle McGraw», in: *Beyond Heredity and Environment*, S. 213.
88. Ebd.

89. Paul Dennis, «Introduction: Johnny and Jimmy and the Maturation Controversy: Popularization, Misunderstanding and Setting the Record Straight», in: *Beyond Heredity and Environment*, S. 75.
90. Langford wird von Myrtle McGraw zitiert in «Later Development of Children Specially Trained During Infancy: Johnny and Jimmy at School Age», in: *Beyond Heredity and Environment*, S. 94.
91. Ebd., S. 98.
92. Stephen M. Downes, «Heritability», in: *The Stanford Encyclopedia of Philosophy*, Sommer 2015, hrsg. von Edward N. Zalta; http://plato.stanford.edu/archives/sum2015/entries/heredity.
93. Jeremy C. Ahouse und Robert Berwick, «Darwin on the Mind: Evolutionary Psychology Is in Fashion – But Is Any of It True?», *Boston Review*, April / Mai 1998.
94. Leserbrief *New York Times*, 1. Januar 2015.
95. Pinker, *Das unbeschriebene Blatt*, Berlin 2003, S. 480.
96. Ebd., S. 481.
97. Richard Lynn, «Sorry, Men ARE More Brainy than Women (and More Stupid Too!). It's a Simple Scientific Fact, Says One of Britain's Top Dons», *Daily Mail*, 8. Mai 2010.
98. Scott H. Liening und Robert A. Josephs, «It Is Not Just About Testosterone: Physiological Mediators and Moderations of Testosterone's Behavioral Effects», *Social and Personality Compass* 4, Nr. 11, 2010, S. 983.
99. Zu dieser Diskussion, den Befunden und anderen einschlägigen Studien siehe: Stephen Peter Rosen, *War and Human Nature*, Princeton, 2009, S. 81–98.
100. David M. Stoff und Robert B. Cairns (Hrsg.), *Aggression and Violence: Genetic, Neurobiological, and Biosocial Perspective*, Mahwah, 1996, S. 317.
101. Jordan W. Finkelstein u. a., «Estrogen or Testosterone Increases Self-Reported Aggressive Behaviors in Hypogonadal Adolescents», *Journal of Endocrinology and Metabolism* 82, Nr. 8, 1997, S. 2433–38. Siehe auch J. Martin Ramirez, «Hormones and Aggression in Childhood», *Aggression and Violent Behaviors* 8, 2003, S. 621–44.
102. Christoph Eisenegger u. a., «Prejudice and Truth About the Effect of Testosterone on Human Bargaining Behavior», *Nature* Nr. 463, 2010, S. 356–59. Einen Überblick über den ideologischen Gebrauch wissenschaftlicher Studien zu Hormonen gibt Anne Fausto-Sterling, *Myths of Gender: Biological Theories About Men and Women*, New York, 1982. Eine kritische Auseinandersetzung mit Geschlechter-

unterschieden in der Hirnforschung liefert Rebecca Jordan-Young, *Brain Storm: The Flaws in the Science of Sex Differences*, Cambridge, MA, 2010.

103. Michael Naef, zitiert in: «Testosterone Does Not Induce Aggression», *Medienmitteilungen Universität Zürich*, 8. Dezember 2009.
104. Richard Alleyne, «Testosterone Makes People More Friendly and Reasonable», *The Telegraph*, 9. Dezember 2009.
105. Wouter De la Marche u. a., «No Aggression in Four-Year-Old Boy with an Androgen-Producing Tumor: Case Report», *Annals of General Psychiatry* 4, Nr. 17, 2005; doi: 1186/1744-859X-4-17.
106. Allan Mazur, «Dominance, Violence and the Neurohormonal Nexus», in: *Handbook of Neurosociology*, hrsg. von David D. Franks und Jonathan H. Turner, Dordrecht, 2013, S. 367.
107. Lee T. Gettler u. a., «Longitudinal Evidence that Fatherhood Decreases Testosterone in Human Males», *Proceedings of the National Academy of Sciences* 108, Nr. 39, 2011, S. 16194–99.
108. Zur Freisetzung von Dopamin durch Placebogabe siehe R. de la Fuente Fernández u. a.) in: *Journal of Neural Transmission*, Suppl. 70, 2006, S. 415–18. Zu Scheinoperationen siehe Raine Sihvonen u. a., «Arthroscopic Partial Meniscectomy Versus Sham Surgery for Degenerative Meniscal Tear», *The New England Journal of Medicine* 369, 2013, S. 2515–24.
109. Irving Kirsch und Guy Sapirstein, «Listening to Prozac but Hearing Placebo: A Meta-Analysis of Antidepressant Medication», *Prevention and Treatment* 1, Artikel 0002a, 2008; doi: 10.1037/1522-3736.1.1.12a.
110. Fabrizio Benedetti, «The Opposite Effects of the Opiate Antagonist Naloxone and the Cholecystokinin Antagonist Proglumide on Placebo Analgesia», *Pain* 64, Nr. 3, 1996, S. 535–43.
111. Benedetti u. a., «Neurobiological Mechanisms of the Placebo Effect», *The Journal of Neuroscience* 25, Nr. 45 2005, S. 10390–402.
112. Margaret Cavendish, *Philosophical Letters*, London 1664, S. 185–6.
113. Anne Harrington (Hrsg.), The *Placebo Effect: An Interdisciplinary Exploration*, Cambridge, 1997, S. 5.
114. Robert Ader, «The Role of Conditioning in Pharmacotherapy», in: *The Placebo Effect*, S. 138–65.
115. Perpetus C. Ibekwe und Justin U. Achor, «Pyschosocial and Cultural Aspects of Pseudocyesis», *Indian Journal of Psychiatry* 50, Nr. 2, 2008, S. 112–16.
116. Juan J. Tarin und Antonio Cano, «Endocrinology and Physiology of

Pseudocyesis», *Reproductive Biology and Endocrinology* 11, 2013, S. 39.

117. T. Tulandi u. a., «Altered Pituitary Hormone Secretion in Patients with Pseudocyesis», *Fertility, Sterility* 40, Nr. 5, 1982, S. 637–41.
118. Deirdre Barrett, «Trance-Related Pseudocyesis in a Male», *International Journal of Clinical and Experimental Hypnosis* 1988; doi: 10.1080/00207148808410516.
119. Jean-Martin Charcot zitiert nach Edward Shorter, *From Paralysis to Fatigue: A History of Psychosomatic Illness in the Modern Era*, New York, 1992, S. 194.
120. Onno Van der Hart und Rutger Horst, «The Dissociation Theory of Pierre Janet», *Journal of Traumatic Stress* 2, Nr. 4, 1989. Eine neuere Sicht auf Janet vermittelt John F. Kihlstrom, «Trauma and Memory Revisited», in *Memory and Emotions: Interdisciplinary Perspectives*, New York, 2006, S. 259–91.
121. P. W. Halligan u. a., «The Functional Anatomy of a Hypnotic Paralysis: Implications for Conversion Hysteria», *The Lancet* 365, 2005, S. 986–87.
122. V. Voon u. a., «The Involuntary Nature of Conversion Disorder», *Neurology* 74, Nr. 3, 2010, S. 223–28.
123. Eine Zusammenfassung von Untersuchungen zu physiologischen Unterschieden zwischen Persönlichkeiten bis zurück ins 19. Jahrhundert liefert Philip M. Coons, «Psychophysiological Aspects of Multiple Personality Disorder», *Dissociation* 1, Nr. 1, 1998, S. 47–53. Eine jüngst erschienene Fallstudie ist nachzulesen in: *Abnormal Psychology: An Integrative Approach*, hrsg. von David Barlow und V. Durand, Stamford, 2015, S. 201–7. Skeptischer sind H. Merklebach u. a., «Alters in Dissociative Identity Disorder: Metaphors or Genuine Entities?», *Clinical Psychological Review* 22, Nr. 4, 2002, S. 481–97.
124. B. Waldvogel und Ulrich A. Strasburger, «Sighted and Blind in One Person: A Case Report and Conclusions on the Psychoneurobiology of Vision», *Nervenarzt* 78, Nr. 11, 2007, S. 1303–9.
125. Heather Berlin, «The Neural Basis of the Dynamic Unconscious», *Neuropsychoanalysis* 13, Nr. 1, 2011, S. 5–31.
126. David Morris, «Placebo, Pain, and Belief», in: *The Placebo Effect*, hrsg. von Anne Harrington, S. 202.
127. Margaret Cavendish, zitiert nach Lisa Walters, *Margaret Cavendish*, Cambridge, 2014, S. 95.
128. In seinem Buch *The Rise of Embryology* präsentiert Arthur William Mayer die häufig formulierte These, nach der bei Aristoteles der

«männliche Samen den immateriellen, kontrollierenden Einfluss bei der Zeugung» ausübt (Stanford, 1939, S. 135). Einen anderen Blick, der eher dem meinen entspricht mit Blick auf die Rolle des Spermas in *Über die Zeugung der Geschöpfe*, entwickelt Victor Kal in *On Intuition and Discursive Reasoning in Aristotle* (Leiden, 1988). Er schreibt: «Diese Materie, Sperma, ist kein potenziell lebendiger Körper, weshalb die Seele keine konkrete Seele werden kann durch die Verbindung mit Sperma. Sperma kann nur die potenziell empfindsame Seele übertragen. Die fühlende Seele erhält ihre Aktualität erst in dem Augenblick, in dem sie sich mit dem, was potenziell der Körper eines lebenden, mit Sinn begabten Wesens ist, verbindet» (S. 92).

129. Siehe *Feminist Interpretations of Aristotle*, hrsg. von Cynthia A. Freeland (Penn State University Press, 1998) und Deborah K. W. Modrak, «Aristotle: Women, Deliberation, and Nature», in: *Engendering Origins: Critical Feminist Readings in Plato and Aristotle*, hrsg. von Bat-Ami Bar On (Albany, 1994, S. 207–22). Zur Verteidigung von Aristoteles' Sicht auf die Frau siehe Paul Schollmeier, «Aristotle and Women: Household and Political Roles», *Polis* 20, Nr. 1–2, 2003, S. 22–42. Einen Überblick über die Debatten zu Aristoteles bietet Larry Arnhart, «A Sociobiological Defense of Aristotle's Sexual Politics», *International Political Science Review* 15, 1994, S. 389–415, und als Gegenposition James Bernard Murphy, «Aristotle, Feminism, and Biology: A Response to Larry Arnhart», ebd., S. 417–26.
130. Aristoteles, *Über die Zeugung der Geschöpfe*, Paderborn, 1959, S. 71–2.
131. Ebd., S. 93.
132. Londa Schiebinger, *The Mind Has No Sex: Women in the Origins of Modern Science*, Cambridge, 1989, S. 41.
133. Ebd., S. 42.
134. Ebd., S. 44.
135. Broca zitiert nach Stephen Jay Gould, «Das weibliche Gehirn», in: ders., *Der Daumen des Panda*, Frankfurt am Main, 1989, S. 160.
136. Ebd., S. 159.
137. Pinker, 2003, S. 484.
138. Edward H. Clarke, *Sex in Education: A Fair Chance for Girls*, Boston 1875, S. 11.
139. Donald Symons, *The Evolution of Human Sexuality*, New York, 1979, S. 27.
140. Pinker, 2003, S. 491.

141. Janet Shibley Hyde, «The Gender Similarities Hypothesis», *American Psychologist* 6, Nr. 6, 2005, S. 581–92.

142. David I. Miller und Diane F. Halpern, «The New Science of Cognitive Sex Differences», *Trends in Cognitive Sciences* 18, Nr. 1, 2014, S. 37–45.

143. Der folgende Auszug ist dem Lehrbuch der Psychologie, Kapitel über kognitive Unterschiede zwischen den Geschlechtern unter der Überschrift «Sprachkompetenz, Lese- und Schreibfertigkeit» entnommen:
Bei Tests zur Prüfung der Sprachkompetenz, des Leseverständnisses, der Rechtschreibung und vor allem der Grundlagen des Schreibens schneiden weibliche Kandidaten regelmäßig besser ab als männliche. Obwohl selten von einem ‹Geschlechtergefälle› bei der Schreibkompetenz die Rede ist, gaben die Lernforscher Larry Hodges und Amy Newell 1995 an, die ‹Daten [legten] nahe, dass Männer bei der Ausübung dieser Grundfertigkeit im Durchschnitt deutlich im Nachteil sind›. (In: *Psychology,* hrsg. von Don H. Hockenbury und Sandra E. Hockenbury, New York, 2005.)
Zeitgleich mit dem Lehrbuch erschien Janet Shibley Hydes Metaanalyse «The Gender Similarities Hypothesis», in der sie zeigt, dass die Unterschiede in der Sprachkompetenz zwischen Männern und Frauen wegen Geringfügigkeit statistisch kaum Relevanz haben.

144. Eine Studie, die erhebliche Auswirkungen von pränatalem Testosteron (T) auf die Fähigkeit zur räumlichen Orientierung nachweist, stammt von Sheri A. Berenbaum u. a., «Early Androgen Effects on Spatial and Mechanical Abilities: Evidence from Congenital Adrenal Hyperplasia», *Behavioral Neuroscience* 126, 2012, S. 86–96. In einer anderen Studie wurden T-Effekte auf räumliches Drehen belegt, allerdings auch auf Fertigkeiten, die mit Rotation nichts zu tun haben: Carole K. Hooven u. a., «The Relationship of Male Testosterone to Components of Mental Rotation», *Neuropsychologia* 42, 2004, S. 782–90. Zum Zusammenhang von Testosteron in der Pubertät und mentalem Rotieren siehe Eero Vuoksimaa u. a., «Pubertal Testosterone Predicts Mental Rotation Performance of Young Adult Males», *Psychoneuroendocrinology* 37, Nr. 11, 2012, S. 1791–1800.
Eine sorgfältige Überblicksstudie zu den bestehenden Daten, zu Testosteroneffekten und den unterschiedlichen Befunden bzw. zur Hirnforschung allgemein in ihrer Ausrichtung auf Geschlechterunterschiede bietet Rebecca Jordan-Youngs Buch *Brain Storm.*

145. David A. Puts u. a., «Salivary Testosterone Does Not Predict Mental Rotation Performance in Men or Women», *Hormones and Behavior,*

2010; doi: 10.1016/j. yhbeh.2010.03.005. Die Verfasser leugnen T-Effekte bei der Entwicklung von Organismen nicht.

146. R. De List und J. L. Wolford, «Improving Children's Mental Accuracy with Computer Game Playing», *Journal of Genetic Psychology* 163, Nr. 3, 2002, S. 272–82.

147. Amanda Kanoy u. a., «Can Rewards Obviate Stereotype Threat Effects on Mental Rotation Tasks?», *Psychology* 3, Nr. 7, 2012, S. 542–47. Maryjane Wraga u. a., «Stereotype Susceptibility Narrows the Gender Gap in Imagined Self-Rotation Performance», *Psychonomic Bulletin & Review* 5, Nr. 8, 2006, S. 813–19. Maryjane Wraga u. a., «Neural Basis of Stereotype-Induced Shifts in Women's Mental Rotation Performance», *Social Cognitive and Affective Neuroscience* 2, Nr. 7, 2007, S. 12–19. Siehe auch Matthew S. McGlone und Joshua Aronson, «Stereotype Threat, Identity Salience, and Spatial Reasoning», *Journal of Applied Developmental Psychology* 27, Nr. 5, 2006, S. 486–93.

148. Thomas D. Parsons u. a., «Sex Differences in Mental Rotation and Spatial Rotation in a Virtual Environment», *Neuropsychologia* 42, 2004, S. 555–62.

149. Aljoscha C. Neubauer u. a., «Two vs. Three-Dimensional Presentation of Mental Rotation Tasks: Sex Differences and Effects of Training on Performance and Brain Activation», *Intelligence* 38, Nr. 5, 2010, S. 529–39.

150. Tim Koscik u. a., «Sex Differences in Parietal Lobe Morphology: Relationship to Mental Rotation Performance», *Brain and Cognition* 69, Nr. 3, 2009, S. 451–59.

151. J. Feng u. a., «Playing an Action Video Game Reduces Gender Differences in Spatial Cognition», *Psychological Science* 10, 2007, S. 850–55.

152. U. Debamo u. a., «Mental Rotation: Effects of Gender, Training and Sleep Consolidation», *PLoS One* 8, Nr. 3, 2013; doi: 10.1371/journal.pone.0060296.

153. Moshe Hoffman u. a., «Nurture Affects Gender Differences in Spatial Abilities», *PNAS* 108, Nr. 36, 2011, S. 14786–88. Drew Bailey, Richard A. Lippa, Marco Del Guidice, Raymond Hames und Dave C. Geary sind Unterzeichner eines offenen Briefs an das Fachjournal PNAS, in dem die Methoden von Hoffman und seinen Kollegen kritisiert werden: «Sex Differences in Spatial Abilities: Methodological Problems in Hoffman et al.», *PNAS* 109, Nr. 10, 2012; doi: 10.1073/pnas. 1114679109.

154. Lewis Carroll, *Alice im Wunderland*, Frankfurt am Main, 1973.
155. Pinker, 2003, S. 477.
156. Simone de Beauvoir, *Das andere Geschlecht*, Reinbek, 1992, S. 59.
157. E. O. Wilson, «Human Decency Is Animal», *The New York Times Magazine*, 12. Oktober 1975.
158. David Barash, *Das Flüstern in uns – Ursprung und Entwicklung menschlichen Verhaltens*, Frankfurt am Main, 1981, S. 25.
159. Stanislas Dehaene u. a., «Illiterate to Literate: Behavioral and Cerebral Changes Induced by Reading Acquisition», *Nature Reviews Neuroscience* 16, 2015, S. 234–44.
160. Allen Newell und Herbert S. Simon, «Computer Science as Empirical Inquiry: Symbols and Search», *Communications of the Association for Computing Machinery* 19, Nr. 3, 1976, S. 113–26.
161. Ebd., S. 113.
162. Johann Wolfgang von Goethe, *Über den Zwischenkiefer*, Jena 1784; Kopie der Originalveröffentlichung unter https://www.hs-augsburg.de/~harsch/germanica/Chronologie/18Jh/Goethe/goe_zkoo.html.
163. Arthur Zajonc, «Goethe and the Phenomenological Investigation of Consciousness», *Proceedings from the 1998 Conference Toward a Science of Consciousness III*, hrsg. von S. Hameroff u. a., Cambridge, 1999.
164. Michael Ruse, *Defining Darwin: Essays on the History and Philosophy of Evolutionary Biology*, New York, 2009, S. 57.
165. Dawkins, 2007, S. 88.
166. Paul E. Griffiths und Eva M. Neumann-Held, «The Many Faces of the Gene», *BioScience* 49, Nr. 8, 1999, S. 661.
167. Dawkins, 2007, S. 63 f.
168. Arthur Schopenhauer, *Die Welt als Wille und Vorstellung*, Bd. 1+2, Köln, 2000, S. 1087.
169. Charles Darwin, *Die Abstammung des Menschen*, Frankfurt am Main, 2005, S. 80.
170. Sigmund Freud, «Jenseits des Lustprinzips», *Gesammelte Werke* Bd. 13, Frankfurt am Main, 1999, S. 48.
171. Sigmund Freud, «Eine Schwierigkeit der Psychoanalyse» [1917], *Gesammelte Werke*, Bd. 12, Frankfurt am Main, 1999, S. 6 f.
172. Sigmund Freud, «Angst und Triebleben», *Gesammelte Werke*, Bd. 15, Frankfurt am Main, 1999, S. 101 f.
173. Mark Solms und Oliver Turnbull, *Das Gehirn und die innere Welt. Neurowissenschaft und Psychoanalyse*, Düsseldorf, 2007; Georg Northoff, *Neuropsychoanalysis in Practice: Brain, Self, and Objects*, Oxford 2011;

R. L. Cathart-Harris und Karl Friston, «The Default Mode, Ego-Functions and Free-Energy: A Neurobiological Account of Freudian Ideas», *Brain* 133, Nr. 4, 2010, S. 1265–83. Obwohl Solms, Northoff und Friston alle von einem Modell ausgehen, das sich grob an Freud anlehnt, ist ihre Herangehensweise sehr verschieden.

174. Mark Solms und Jaak Panksepp, «The ‹Id› Knows More than the ‹Ego› Admits: Neuropsychoanalytic and Primal Consciousness Perspectives on the Interface Between Affective and Cognitive Neuroscience», *Brain Sciences* 2, 2012, S. 145–75.

175. Elizabeth Grosz, *Becoming Undone: Darwinian Reflections on Life, Politics, and Art*, Durham und London 2011, S. 17.

176. Ebd., S. 148.

177. Grosz wird auch von Gilles Deleuzes panpsychistischem Naturalismus beeinflusst, der wiederum von Leibniz, Spinoza, Bergson und Whitehead geprägt war. Obwohl die meisten poststrukturalistischen Denker der Idee des Natürlichen skeptisch gegenüberstehen, vertrat Deleuze einen anderen Standpunkt. Seine Sicht widersetzt sich der Idee von Dinghaftigkeit, Essenz und einem einheitlichen Selbst, stattdessen vertritt er eine radikale Prozessphilosophie. Ideen beeinflussen den Stil des Schreibens, und die Dynamiken seines Denkens spiegeln sich in Deleuzes Sprache wider, die Festlegungen und Definitionen als problematisch betrachtet. Groszs Stil ist auf ähnliche Weise schwer zu fassen. Siehe Gilles Deleuze, *Die Falte: Leibniz und der Barock*, Frankfurt am Main, 1995. Irigarays Sprache ist ironisch, verspielt, ungebärdig und undurchsichtig, der Widerhall ihres Bestrebens, abendländische philosophische Traditionen zu unterlaufen. Siehe Luce Irigaray, *Speculum, Spiegel des anderen Geschlechts*, Frankfurt am Main, 1980.

178. Zur Geschichte des Wandels der Geschlechterdifferenz siehe Thomas Laqueur, *Auf den Leib geschrieben: die Inszenierung der Geschlechter von der Antike bis Freud*, Frankfurt am Main und New York, 1992.

179. Die Literatur ist umfangreich. Eine «konstruktivistische» Antwort auf das Problem des materiellen Körpers liefert Judith Butler, *Körper von Gewicht*, Frankfurt am Main, 1997. Unterschiedliche Auffassungen sind vertreten in: *Feminist Theory and the Body*, hrsg. von Janet Price und Margit Schildrick, New York, 1999.

180. Grosz, 2011, S. 149.

181. Richard Dawkins, *Das egoistische Gen – Jubiläumsausgabe*, Heidelberg, 2008, S. 3.

182. Richard Dawkins, *Der blinde Uhrmacher*, München, 1987, S. 138.
183. Steven Pinker, «Deep Commonalities Between Life and Mind», in: *Richard Dawkins: How a Scientist Changed the Way We Think*, hrsg. von Alan Grafen und Mark Ridley, Oxford, 2006, S. 133.
184. N. Katherine Hayles, *How We Became Posthuman: Virtual Bodies in Cybernetics, Literature, and Informatics*, Chicago, 1999, S. 53–4.
185. George Boole, *Die mathematische Analyse der Logik*, Halle, 2001.
186. Keith Devlin, *Goodbye Descartes: The End of Logic and the Search for a New Cosmology of Mind*, New York, 1997, S. 77.
187. Whitehead, 1988, S. 34.
188. Norbert Wiener, *Mensch und Menschmaschine: Kybernetik und Gesellschaft*, Frankfurt am Main, 1964, S. 100.
189. Ebd., S. 101.
190. A. M. Schrader, «In Search of a Name: Information Science and Its Conceptual Antecedents», *Library and Information Science Research* 6, 1984, S. 227–71.
191. Tom Stonier, *Information and the Internal Structure of the Universe*, London, 1990, S. 21.
192. Rom Harré, «The Rediscovery of the Human Mind», *Asian Journal of Social Psychology* 2/1, 1999, S. 43–62.
193. Leda Cosmides und John Tooby, «Evolutionary Psychology: A Primer», Universität Santa Barbara, www.cep.ucsb.edu/primer/html.
194. C. R. Hallpike, *On Primitive Society and Other Forbidden Topics*, Bloomington, 2011, S. 221.
195. Pinker, 1998, S. 21
196. Jerry Fodor, *The Mind Doesn't Work That Way: The Scope and Limits of Computational Psychology*, Cambridge, 2000. In der Einleitung bemerkt Fodor, dass er, obzwar dem Computationalismus durchaus aufgeschlossen gegenüberstehend, «es kaum für möglich gehalten [hätte], dass manche wirklich fest an sie glaubten oder gar meinten, das sei im Großen und Ganzen schon die Erklärung dafür, wie der Geist funktioniert».
197. Steven Pinker, Twitter-Mitteilung, 16. Oktober 2012, 16:36 Uhr, http://twitter.com/sapinker.
198. Thomas Nagel, *What is it like to be a Bat / Wie ist es, eine Fledermaus zu sein?* Leipzig, 2016, S. 13.
199. Ebd., S. 41.
200. Dan Zahavi, *Husserl's Phenomenology*, Stanford, 2003.
201. Georg Northoff, *Minding the Brain: A Guide to Philosophy and Neuroscience*, London, 2014, S. 176.

202. Ladan Shams und Robyn Kim, «Crossmodal Influences on Visual Perception», *Physics of Life Reviews*, 2010, doi: 10.1016/j.plrev.2010.04.006.
203. Für eine Zusammenfassung: L. E. Bahrick und R. Lickliter, «Perceptual Development: Intermodal Perception», in: *Encyclopedia of Perception*, hrsg. von E. Goldstein, Los Angeles, 2010, S. 754–57. Für einen weiteren Überblick siehe David J. Lewkowicz und Robert Lickliter, *The Development of Intersensory Perception*, New York, 2013. Zur Synästhesie im Kleinkindalter siehe Daphne Mauer, Laura C. Gibson und Ferrinne Spector, «Synesthesia in Infants and Very Young Children», in: *The Oxford Handbook of Synesthesia*, hrsg. von J. Simner und E. M. Hubbord, Oxford, 2013, S. 46–63.
204. Emily Dickinson, *Sämtliche Gedichte. Zweisprachig.* Übersetzt, kommentiert und mit einem Nachwort von Gunhild Kübler, München, 2015; Nr. 1156, Vers 3; Nr. 1618, Vers 3; Nr. 505, Verse 1 und 2.
205. Ein gut verständlicher Aufsatz über Entwicklung und Plastizität des Gehirns stammt von Bryan Kolb und Robbin Gibb, «Brain Plasticity and Behavior in the Developing Brain», *Journal of the Canadian Academy of Child and Adolescent Psychiatry* 20/4, 2011, S. 265–7.
206. K. Sathian und Randall Stilla, «Cross Modal Plasticity of Tactile Perception in Blindness», *Restorative Neurology and Neuroscience* 28/2, 2010, S. 271–81.
207. M. Bedny u. a., «Language Processing in the Occipital Cortex of Congenitally Blind Adults», *PNAS* 108, Nr. 11, 2011, S. 4429–34.
208. Pinker, S., 2003, S. 126. Pinker leugnet weder Plastizität noch Lerneffekte, aber er spricht nicht deutlich aus, was zum Zeitpunkt, als er sein Buch verfasste, bereits als Allgemeinwissen unter Neurologen galt, nämlich dass durch Lernprozesse speziell während bestimmter Entwicklungsphasen sich das Gehirn «formt» und verändert aufgrund der synaptischen Verknüpfungen. Lernen und Gedächtnisleistungen scheinen auch die nichtsynaptische Plastizität zu betreffen, insoweit Veränderungen des Ionenflusses im Axon, in den Dendriten und dem Zellkörper festzustellen sind. Das alles bedeutet nicht, dass genetische Faktoren keine Rolle spielen. Es ist aber eindeutig eine Frage des Grades. Zu viel Plastizität in der menschlichen Hirnrinde im Verhältnis zu den Lernprozessen eines Menschen könnte die evolutionspsychologische Hypothese der angeborenen Module gefährden.
209. Jaak Panksepp und Jules Panksepp, «The Seven Sins of Evolutionary Psychology», *Evolution and Cognition* 6/2, 2000, S. 111.

210. Ebd.
211. Für aktuellere Entwicklungen in der interaktionalen Linguistik siehe Jürgen Streeck (Hrsg.), *New Adventures in Language and Interaction,* Amsterdam, 2010.
212. Michael Tomasello, «Language Is Not an Instinct», Rezension in: *Cognitive Development* 10, 1995, S. 131–56.
213. Andrew Hodges, *Alan Turing, Enigma*. Wien und New York, 1994, S. 127.
214. Ebd.
215. Alan M. Turing, «Computing Machinery and Intelligence», *Mind: A Quarterly Review of Psychology and Philosophy* 59, 1950, S. 460.
216. Alan M. Turing, «Intelligent Machinery», in: *Alan Turing: His Work and Impact*, hrsg. von S. Barry Cooper und Jan van Leeuwen, Amsterdam, 2013, S. 511.
217. Ebd.
218. Sigmund Freud, «Entwurf einer Psychologie» [1895], in: *Gesammelte Werke*, Nachtragsband, Frankfurt am Main, 1999, S. 387.
219. Walter Pitts und Warren McCullough, «A Logical Calculus of the Ideas Immanent in Nervous Activity», *The Bulletin of Mathematical Biophysics* 5, 1943, S. 115–33.
220. Ebd., S. 115.
221. Zitiert nach Gualtiero Piccinini, «The First Computational Theory of Mind and Brain: A Close Look at McCulloch and Pitts ‹Logical Calculus of Ideas Immanent in Nervous Activity›», *Synthese* 141, 2004, S. 181.
222. James A. Anderson, *An Introduction to Neural Networks,* Cambridge, MA, 1995, S. 51.
223. Walter J. Freeman und Rafael Núñez, «Reclaiming Cognition: The Primacy of Action, Intention, and Emotion», Special issue *Journal of Consciousness Studies* 6, Nr. 11–12, 1999, S. xvi.
224. Piccinini, 2004, S. 206.
225. Karl Friston schlägt ein anderes Computermodell des Gehirns vor, basierend auf dem Prinzip der freien Energie (woraus sich Parallelen zu Freuds energetischem Modell des Geistes ergeben) und Bayes Inferenz, über den Umweg von Helmholtz' unbewusster Inferenz. Nach dem Modell ist das Gehirn ein Vorhersageorgan, das konservierend (energiesparend) verfährt. Es funktioniert auf der Basis von «priors» – Vorwissen aus vorangegangenen Wahrnehmungen. Das Modell wird in manchen Kreisen begeistert aufgenommen, weil es wie kaum ein anderes einen umfassenden

Erklärungsansatz verspricht und der Strenge mathematischer Berechenbarkeit gehorcht. Ob das zu einem neuen «logischen Kalkül» für das Gehirn führen wird, ist derzeit noch nicht absehbar. Siehe dazu Peter Freed, «Research Digest», *Neuropsychoanalysis* 12/1, 2010, S. 103–4.

226. Karl H. Pribram, «A Century of Progress», in: *Neuroscience of the Mind on the Centennial of Freud's Project for a Scientific Psychology*, hrsg. von Robert M. Bilder und F. Frank Le Fever, 1998, S. 18.
227. Auf folgende Bemerkung stieß ich in einem Blog über Karl Fristons Ideen und die Frage, inwieweit diese auf Freud zurückgehen. Es handelt sich um eine Einzelmeinung, aber sie lässt tief blicken, wie viel Erregungspotenzial Freuds Denken bis heute besitzt: «Am besten wäre es, wenn Freuds fürchterliche Theorie allmählich der Vergessenheit anheimfiele. Sollen sich die Leute wirklich mit dem Mythos, in den Kellerräumen ihrer Psyche lebte ein sexbesessenes Monster, weiter herumquälen?» Janet Kwasniak, *Thoughts on Thought: A Blog on Consciousness*, 10. September 2010.
228. Margaret Boden, *Mind as Machine: A History of Cognitive Science*, Bd. 1, Oxford, 2006, S. 198.
229. John von Neumann, «The General and Logical Theory of Automata», in: *Cerebral Mechanisms of Behavior: The Hixon Symposium*, hrsg. von Lloyd A. Jeffress, New York, 1951, S. 1–14.
230. Robert Herrick, «Upon Prue, His Maid», in: *The Norton Anthology of Poetry: Shorter Edition*, hrsg. von Arthur M. Eastman, New York, 1970, S. 116.
231. Peter beim Graben und James Wright, «From McCulloch-Pitts Neurons Toward Biology», *Bulletin of Mathematical Biology* 73/2, 2011, S. 263.
232. Walter Pitts zitiert nach Elizabeth Wilson, *Affect & Artificial Intelligence*, Seattle, 2010, S. 118.
233. Die Literatur zur Kybernetik, Systemtheorie und Chaostheorie in komplexen Systemen ist schier unüberschaubar. Eine kurze, präzise Beschreibung bieten Vladimir G. Ivancevic und Tijana T. Ivancevic (Hrsg.), *Computational Mind: A Complex Dynamics Perspective*, Berlin, 2007, S. 115–18.
234. Keith Franklin und William M. Ramsey (Hrsg.), *The Cambridge Book of Artificial Intelligence*, Cambridge, 2014, S. 336–37.
235. Hubert Dreyfus, *Was Computer nicht können*, Frankfurt am Main, 1989.

236. David Deutsch, «Creative Blocks: The Very Laws of Physics Imply that Artificial Intelligence Must Be Possible. What's Holding Us Up?», *Aeon: Creative Blocks*, 3. Oktober 2012, aeon.co/magazine/technology/david-deutsch-artificial-intelligence/
237. Turing, 1950, S. 450.
238. Deutsch, 2012.
239. John Searle, «Is the Brain a Digital Computer?», *Proceedings and Addresses of the American Philosophical Association* 64/3, 1990, S. 21–37. Ich verzichte darauf, Searles berühmtes Argument des «Chinesischen Zimmers» zu wiederholen. Ich habe es so oft an anderen Stellen gelesen, habe so viele Einwände dagegen gelesen, dass ich es leid bin. Seine kritischen Bemerkungen im hier zitierten Aufsatz finde ich aufschlussreicher.
240. Hubert L. Dreyfus, *What Computers Still Can't Do: A Critique of Artificial Reason*, Einführung zur MIT-Sonderedition, Cambridge, 1992, S. xi–xii.
241. Michael Polanyi, *Personal Knowledge: Towards a Post Critical Philosophy*, Chicago, 1962, S. 264.
242. Maurice Merleau-Ponty, *Phänomenologie der Wahrnehmung*, Berlin, 1966, S. 463.
243. Antonio Damasio, *Descartes' Irrtum*, München, 1995, S. 329.
244. Antonio Damasio, *Selbst ist der Mensch – Körper, Geist und die Entstehung des menschlichen Bewusstseins*, München, 2011, S. 56–7.
245. Ebd.
246. Leonid Perlovsky, Ross Deming und Roman Ilin, *Emotional Cognitive Neural Algorithms with Engineering Applications: Dynamic Logic; From Vague to Crisp*, Berlin, 2011, S. 4–5. Eine wachsende Zahl von Wissenschaftlern und Philosophen betrachten Gefühle nicht mehr als «kognitive» Funktionen. Emotionen auf kognitiver Ebene zu betrachten, gründet auf der Bewertungstheorie von Emotionen. Eine sehr einleuchtende Gegenposition vertritt Jesse Prinz, *Beyond Human Nature: How Culture and Experience Shape the Human Mind*, New York, 2012, S. 242–47.
247. Craig Delancey, *Passionate Engines: What Emotions Reveal About the Mind and Artificial Intelligence*, Oxford, 2002, S. 207.
248. Rodney Brooks, «Intelligence Without Reason», *IJCAI-91*, Forschungsblätter des MIT Artificial Intelligence Laboratory, 1991, S. 15. Brooks behauptet: «Jedes interne symbolische System muss auf einem physikalischen Fundament sitzen, um den Verarbeitungsvorgängen im Innern des Systems Sinn zu verleihen.»

249. Ebd., S. 17.
250. Rodney Brooks, «Intelligence Without Representation», *Artificial Intelligence* 47/1–3, 1991, S. 139–59.
251. Rodney Brooks, *Menschmaschinen: Wie uns die Zukunftstechnologien neu erschaffen*, Frankfurt am Main, 2002, S. 182.
252. Zitiert nach Joseph Guinto, «Machine Man», *Boston Magazine*, November 2014. www.bostonmagazine.com/news/article/2014/./rodney-brooks-robotics.
253. Brooks, 2002, S. 176.
254. Ebd. S. 174.
255. Ebd. S. 13.
256. Cynthia L. Breazeal, *Designing Sociable Robots*, Cambridge, MA, 2002, S. 27–37.
257. Ebd., S. xiii.
258. Breazeal teilt die Auffassungen der kognitiven Bewertungstheorie der Emotionen. Kismet, räumt sie ein, hat kein Bewusstsein, keine subjektiven Gefühle und keine physiologischen Aktivitätsmuster. Die Maschine ist mit «einem Parameter versehen, der Erregungszustände abbildet», was sie als einfaches «Korrelat zu den Aktivitäten eines autonomen Nervensystems» beschreibt (ebd., S. 112). Dieses Korrelat ist aber weit entfernt davon, ein autonomes Nervensystem zu sein.
259. Ebd., S. 5.
260. Ruth Feldman u. a., «Mother and Infant Coordinate Heart Rhythms Through Episodes of Interaction Synchrony», *Infant Behavior and Development* 34, 2011, S. 574.
261. Breazeal, 2002, S. 234.
262. Wilson, 2010, S. 53.
263. Claudia Dreifus, «A Conversation with Cynthia Breazeal: A Passion to Build a Better Robot, One with Social Skills and a Smile», *The New York Times*, 10. Juni 2003.
264. David Gelernter, «Dream Logic, the Internet and Artificial Thought», Edge Foundation, 22. Juni 2010, https://edge.org/conversation/dream-logic-the-internet-and-artificial-thought.
265. Ebd.
266. Bohr zitiert nach Werner Heisenberg, *Gesammelte Werke – Allgemein verständliche Schriften 2, Physik und Erkenntnis*, hrsg. von Walter Blum, Berlin u. a., 1984.
267. John L. Heilbron, «The Mind That Created the Bohr Atom», *Seminaire Poincaré* 17, 2013, S. 48.

268. Søren Kierkegaard, *Abschließende unwissenschaftliche Nachschrift*, Gesammelte Werke, Bd. 16/I, Gütersloh, 1988, S. 9.
269. Ebd., S. 278.
270. Niels Bohr zitiert nach Heilbron, 2013, S. 38.
271. Ebd.
272. Ebd., S. 49.
273. Werner Heisenberg, *Physik und Philosophie*, Stuttgart, 2011, S. 157.
274. Evelyn Fox Keller erörtert Turings Modell und die Folgen: «Turings Abstecher in die Biologie hatte immense Auswirkungen für die Untersuchung chemischer Systeme, für die Weiterentwicklung der Mathematik dynamischer Systeme, sogar für viele Probleme in der Physik. Nur nicht für die Entwicklungsbiologie, so schien es.» Sie verweist jedoch im Anschluss daran auf spätere Annäherungen zwischen der mathematischen und der biologischen Wissenschaft. Dazu Evelyn Fox Keller, *Making Sense of Life: Explaining Biological Development with Models, Metaphors, and Machines*, Cambridge, 2002, S. 90–108.
275. Alan Turing, «The Chemical Basis of Morphogenesis», *Philosophical Transactions of the Royal Society of London, Series B, Biological Sciences* 237, Nr. 641, 1952, S. 37.
276. Werner Heisenberg, *Physik und Philosophie*, Stuttgart, 2007, S. 85.
277. William W. Lytton, *From Computer to Brain: Foundations of Computational Neuroscience*, New York, 2002, S. 88.
278. Für eine genaue Erläuterung, warum «Junk DNA» kein Abfall ist, siehe Stephen S. Hall, «Hidden Treasures in Junk DNA», *Scientific American* 307/4, 2012.
279. Jonathan Swift, *The Poems*, Bd. 2, Chiswick 1822, S. 86–90. Die Übersetzerin dankt Rainer Emig für die deutsche Fassung.
280. Bernard de Fontenelle zitiert nach Evelyn Fox Keller, «Secrets of God, Nature and Life», in: *The Gender and Science Reader*, hrsg. von Muriel Lederman und Ingrid Bartsch, London, 2001, S. 106.
281. R. Howard Bloch, «Medieval Misogyny» in: *Misogyny, Misandry, and Misanthropy*, hrsg. von R. H. Bloch und F. Ferguson, Berkeley, 1989, S. 11.
282. Mary Douglas, *Reinheit und Gefährdung*, Frankfurt am Main, 1988, S. 17.
283. Ebd., S. 160.
284. Ray Kurzweil, *Menschheit 2.0 – Die Singularität naht*, Berlin, 2013.
285. David Chalmers, «The Singularity: A philosophical Analysis», Journal of Consciousness Studies 17, Nr. 9 und 10, 2010, S. 9.

286. David Pearce, «The Hedonistic Imperative», 1995; dazu https://www.hedweb.com/transhumanism/deutsch-humanityplus.html.
287. Jeffrey L. Lacasse und Jonathan Leo, «Serotonin and Depression: A Disconnect between Advertisments and the Scientific Literature», *PloS* 8. November 2005, doi: 10.1371/journal.pmed.0020392.
288. Hans Moravec, *Mind Children – Der Wettlauf zwischen menschlicher und künstlicher Intelligenz*, Hamburg, 1990, S. 9.
289. «Gelernter-Kurzweil Debate Machine Consciousness», Transkript des *MIT Computer Science and Artificial Intelligence Laboratory*, 6. Dezember 2006.
290. Hans Moravec, «The Rise of Robots: The Future of Artificial Intelligence», *Scientific American*, 23. März 2009, S. 124.
291. Leo Trotzki, *Literatur und Revolution*, Essen, 1994, S. 252.
292. Donna Haraway, «Ein Manifest für Cyborgs – Feminismus im Streit mit den Technowissenschaften», in: *Die Neuerfindung der Natur – Primaten, Cyborgs und Frauen*, Frankfurt am Main, 1995, S. 40.
293. Steven Weinberg, «Sokal's Hoax», in: *Facing Up*, Cambridge, 2012, S. 150. In seinem Aufsatz «The Boundaries of Scientific Knowledge» im selben Band thematisiert Weinberg die Rätsel des Bewusstseins, behauptet aber: «All diese Probleme lassen sich möglicherweise irgendwann lösen, ohne unterstellen zu müssen, dass Leben oder Bewusstsein eine Rolle für die Grundgesetze der Natur oder ihre Ausgangsbedingungen spielen», S. 81. Wieder ein anderer Physiker sieht das nicht so; siehe Richard Conn Henry, «The Mental Universe», Nature 436, Nr. 7, 2005, S. 29.
294. René Descartes, *Abhandlung über die Methode des richtigen Vernunftgebrauchs*, Stuttgart, 1961, S. 18–9.
295. Virginia Woolf, *Zum Leuchtturm*, Frankfurt am Main, 2007, S. 41.
296. David Hume, *Traktat über die menschliche Natur*, Buch 1 – Über den Verstand, Hamburg 2013, S. 294.
297. Maurice Merleau-Ponty, *Die Struktur des Verhaltens*, Berlin und New York, 1976, S. 218.
298. Henri Bergson, *Materie und Gedächtnis*, Hamburg, 1991, S. 5.
299. Simone Weil, *Lectures on Philosophy*, Cambridge, 1978, S. 31–32.
300. James J. Gibson, *The Ecological Approach to Visual Perception*, New York, 2015, S. 119–36. Gibson vertritt auch die Auffassung einer «unmittelbaren Wahrnehmung», die nicht von Inferenzen, Erinnerungen oder Symbolisierungen überlagert wird. Es ist unschwer nachvollziehbar, warum das umstritten ist. Die Debatten drehen

sich meistens um den Grad der Unmittelbarkeit. Man muss aber kein Anhänger der unmittelbaren Wahrnehmung sein, um die Idee der Affordanz weiterzuverfolgen, siehe Harold S. Jenkins, «Gibson's ‹Affordances›: Evolution of a Pivotal Concept», *Journal of Scientific Psychology*, Dezember 2008, S. 34–45.

301. Weil, 1978, S. 32.
302. Giambattista Vico, *Die neue Wissenschaft über die gemeinschaftliche Natur der Völker*, Berlin, 2000, S. 329.
303. Vico, 2009, S. 191.
304. Ebd., S. 111.
305. Andreas K. Engel u. a., «Dynamic Predictions: Oscillations and Synchrony in Top-down Processing», *Nature Reviews Neuroscience* 2, 2001, S. 704–16.
306. Humberto Maturana, «Biology of Language: Epistemology of Reality», in: *Psychology and Biology of Language and Thought: Essays in Honor of Eric Lenneberg*, hrsg. von G. A. Miller und E. Lenneberg, New York, 1978, S. 61.
307. Humberto R. Maturana und Francisco J. Varela, *Autopoiesis and Cognition: The Realization of the Living*, Dordrecht, 1980, S. 121.
308. Francisco J. Varela u. a., *Der mittlere Weg der Erkenntnis – der Brückenschlag zwischen wissenschaftlicher Theorie und menschlicher Erfahrung*, Bern, 1992, S. 295.
309. Varela zitiert nach David Rudrauf u. a., «From Autopoiesis to Neurophenomenology: Francisco Varela's Exploration of the Biophysics of Being», *Biological Research* 36, 2003, S. 38.
310. Ebd., S. 39–40.
311. Gerald Edelman, *Second Nature: Brain Science and Human Knowledge*, New Haven, 2006, S. 87.
312. Ebd.
313. Francisco Varela und Jonathan Shear, «First Person Methodologies: What, Why, and How», *Journal of Consciousness Studies* 6, Nr. 2–3, 1999, S. 1–14.
314. George Lakoff und Mark Johnson, *Leben in Metaphern*, Heidelberg, 1997, S. 11.
315. Michael L. Slepian u. a., «Tough and Tender: Embodied Categorization of Gender», *Psychological Science* 22/1, 2011, S. 26–8.
316. Michael Slepian u. a., «Proprioception and Person Perception: Politicians and Professors», *Personality and Social Psychology Bulletin* 38, Nr. 12, 2012, S. 1621–28.
317. Simon Lacey u. a., «Metaphorically Feeling: Comprehending

Textural Metaphors Activates Somatosensory Cortex», *Brain and Language* 120/3, 2012, S. 416–21.

318. Shaun Gallagher und Dan Zahavi, *The Phenomenological Mind: An Introduction to Philosophy of Mind and Cognitive Science*, London, 2008, S. 49.
319. William James, «Reflexhandlung und Theismus», in: *Essays über Glaube und Ethik*, Gütersloh, 1948, S. 114.
320. William James, *Psychology: Briefer Course*, Cambridge, 1984, S. 11.
321. John Dewey, «Das Problem des logischen Substrats», in: *Logik – Die Theorie der Forschung*, Frankfurt am Main, 2002, S. 33.
322. David Bohm zitiert nach B. V. Sreekantan, «Reality and Consciousness: Is Quantum Biology the Future of Life Sciences?», in: *Interdisciplinary Perspectives on Consciousness and Self*, hrsg. von S. Menon u. a., Neu-Delhi, 2014, S. 276.
323. Andy Clark, «Embodiment: From Fish to Fantasy», 1999. www.philo sophy.ed.ac.uk/people/clark/pubs/TICSEmbodiment.pdf. Siehe auch Andy Clark, *Supersizing the Mind: Embodiment, Action, and Cognitive Extensions*, Oxford, 2008.
324. Andy Clark und David Chalmers, «The Extended Mind», *Analysis* 58/1, 1998, S. 7–19.
325. Unterschiedliche Ansichten dazu bei: Dorothea Olkowski und Gail Weiss (Hrsg.), *Feminist Interpretations of Merleau-Ponty*, Pennsylvania UP, 2006.
326. John Dewey, *Kunst als Erfahrung*, Frankfurt am Main, 1988, S. 313.
327. Edith Stein, *Zum Problem der Einfühlung*, Halle, 1917.
328. Karl Groos, *Das Spiel der Menschen*, Hildesheim (Nachdruck von 1922), 1973.
329. Vernon Lee und Clementina Anstruther-Thomson, «Anthropomorphic Aesthetics», in: *Beauty and Ugliness and Other Studies in Psychological Aesthetics*, London, 1912, S. 19.
330. Massimo Ammaniti und Vittorio Gallese, *The Birth of Intersubjectivity: Psychodynamics, Neurobiology, and the Self*, New York, 2014, S. 4.
331. Ebd., S. 24.
332. Ebd.
333. Gallese ist der Ansicht, eine rudimentäre Form von Spiegelsystem sei angeboren. Siehe Gallese u. a., «Mirror Neuron Forum», *Perspectives on Psychological Science* 6, Nr. 4, S. 369–407. Zur Diskussion von angeborenen oder erworbenen Spiegelsystemen und eine Gallese entgegenstehende Sichtweise: Lindsay M. Overman und V. S. Ramachandran, «Reflections on the Mirror Neuron System:

Their Evolutionary Functions Beyond Motor Representation», in: *Mirror Neuron Systems: The Role of Mirroring in Social Cognition*, New York, 2009, S. 39–62. Siehe auch Marco Iacoboni, «Imitation, Empathy, and Mirror Neurons», *Annual Psychological Review* 60, 2009, S. 653–70.

334. J. Haueisen und T. R. Knösche, «Involuntary Motor Activity in Pianists Evoked by Music Perception», *Journal of Cognitive Neuroscience* 13, 2001, S. 786–91.

335. Siehe Jaime A. Pineda (Hrsg.), *The Role of Mirroring Processes in Social Cognition*, San Diego, 2009.

336. Stephen Salloway und Paul Malloy (Hrsg.), *The Neuropsychiatry of Limbic and Subcortical Disorders*, Washington, D. C., 1997, S. 15.

337. Onno van der Hart u. a., «Somatoform Dissociation in Traumatized World War I Combat Soldiers: A Neglected Heritage», *Journal of Trauma and Dissociation* 1, Nr. 4, 2001, S. 33–66.

338. Paul Ekman, «Basic Emotions», in: *Handbook of Cognition and Emotion*, hrsg. von T. Dalgleish und M. Power, New York, 1999, S. 45–60.

339. Rachel E. Jack, Olivier G. B. Garrod, Philippe G. Schyns, «Dynamic Facial Expressions of Emotion Transmit an Evolving Hierarchy of Signals Over Time», *Current Biology* 24, Nr. 2, 2014, S. 187–92.

340. Argumente, die gegen die Annahme von sechs Grundemotionen sprechen bei: Prinz, 2012, S. 241–66.

341. Jaak Panksepp, *Affective Neuroscience: The Foundations of Human and Animal Emotions*, Oxford, 1998, S. 261–79.

342. Daniel N. Stern, *Die Lebenserfahrung des Säuglings*, Stuttgart, 1992, S. 83.

343. Susanne Langer, *Fühlen und Form – eine Theorie der Kunst*, Hamburg, 2017.

344. Sigmund Freud, «Triebe und Triebschicksale», in *Gesammelte Werke*, Bd. 10, Frankfurt am Main, 1999, S. 214.

345. Antonio Damasio, «The Somatic Marker Hypothesis and the Possible Functions of the Prefrontal Cortex», *Philosophical Transcript of the Royal Society London* B 351, 1996, S. 1413–20.

346. Colwyn Trevarthen, «The Concept and Foundations of Infant Intersubjectivity», in: *Intersubjective Communication and Emotion in Early Ontogeny*, hrsg. von Stein Bråten, Cambridge, 1998, S. 15–46.

347. Philippe Rochat, «Early Objectification of the Self», in: *The Self in Infancy: Theory and Research*, Amsterdam, 1995, S. 66.

348. Donald W. Winnicott, «Die Spiegelbildfunktion von Mutter und Familie», in: *Vom Spiel zur Kreativität*, Stuttgart, 1973.

349. George Herbert Mead, *Philosophie der Sozialität – Aufsätze zur Erkenntnisanthropologie*, Frankfurt am Main, 1969.
350. Edward Tronick, «Commentary on a Paper by Frank M. Lachman», *Psychoanalytic Dialogues* 11, Nr. 1, 2001, S. 193.
351. Maurice Merleau-Ponty, *Phänomenologie der Wahrnehmung*, Berlin, 1966, S. 405.
352. Stein Bråten, «Infant Learning by Altercentric Participation: The Reverse of Egocentric Observation in Autism», in: *Intersubjective Communication and Emotion in Early Ontogeny*, Cambridge, 1998, S. 105–126.
353. Siehe Peter Carruthers, «Higher-Order Theories of Consciousness», in: *The Stanford Encyclopedia of Philosophy*, hrsg. von Edward N. Zalta, Herbst 2011. http://plato.stanford.edu/archives/fall2011/entries/consciousness-higher/
354. John Bowlby, *Attachment and Loss*, 3 Bände, New York, 1973. Hier relevant: John Bowlby, *Bindung*, Frankfurt am Main, 1984.
355. Mary Ainsworth, «Attachment: Retrospect and Prospect», in: *The Place of Attachment in Human Behavior*, hrsg. von C. M. Parker und J. Stevenson, New York, 1982, S. 3–30.
356. Allan Schore, *Affect Regulation and the Origin of the Self: The Neurobiology of Emotional Development*, Hillsdale, 1994.
357. Claudia Lieberman und Zuoxin Wang, «The Social Environment and Neurogenesis in the Adult Mammalian Brain», *Frontiers in Human Neuroscience* 6, 2012, S. 118; doi: 10.3389/fnhum.2012.00118.
358. Ruth Feldman, «Mother-Infant Synchrony and the Development of Moral Orientation in Childhood and Adolescence: Direct and Indirect Mechanisms of Developmental Continuity», *American Journal of Orthopsychiatry* 77, 2007, S. 582–97.
359. Siehe Antonio Damasios gemeinsam mit Hanna Damasio durchgeführte Studie zum berühmten Fall Phineas T. Gage, der eine präfrontale Läsion erlitt, und dem eigenen Patienten Eliot in *Descartes' Irrtum*, S. 3–82. Zu neuronal-korrelativen Ansätzen siehe Michael Koenigs, «The Role of Prefrontal Cortex in Psychopathy», *Reviews in Neuroscience* 23/3, 2012, S. 253–62. In der Rezension schreibt Koenigs: «Insgesamt lässt sich erkennen, dass in allen genannten Studien psychopathisches Verhalten mit einer Verringerung der grauen Substanz im präfrontalen Kortex einhergeht.» Wie das zustande kommt, ist unklar. In einer anderen Untersuchung wurde das Gegenteil, die *Vermehrung* von grauer Substanz bei Jugendlichen mit psychopathischen Merkmalen, festgestellt, siehe

De Brito u. a., «Size Matters: Increased Grey Matter in Boys with Conduct Problems and Callous Unemotional Traits», *Brain* 132, Nr. 4, 2009, S. 843–52. Ein weiterer Aufsatz spekuliert, dass neben Fehlentwicklungen in der individuellen Geschichte genetische Ursachen eine Rolle spielen: R. J. R. Blair, «The Amygdala and Ventromedial Prefrontal Cortex: Functional Contributions and Dysfunction in Psychopathy», *Philosophical Transactions Royal Society London* B 363, Nr. 1503, 2008, S. 2557–65. Für einen Überblick siehe das Buch *Psychopathy: An Introduction to Biological Findings and Their Implications*, hrsg. von Andrea L. Glenn und Adrian Raine, New York, 2014.

360. Bryan Kolb u. a., «Experience and Developing Prefrontal Cortex», *Proceedings of the National Academy of Sciences* 109, 2012; doi: 10.1073/pnas.11212511109.
361. Richard Kradin, «The Placebo Response: An Attachment Strategy that Counteracts the Effects of Stress-Related Dysfunction», *Perspectives in Biology and Medicine* 54, Nr. 4, 2011, S. 438. Des Weiteren R. Kradin, *The Placebo Response and the Power of Unconscious Healing*, New York, 2008.
362. Fabrizio Benedetti, *Placebo Effects*, Oxford, 2014, S. 45.
363. Ebd., S. 44.
364. Ebd., S. 91.
365. Ebd., S. 137.
366. Für einen Überblick siehe «Towards a Neurobiology of Psychotherapy», in: Psychiatry, Bd. 1, hrsg. von Allan Tasman u. a., New York, 2015, S. 1815–16.
367. Siehe Linda A. W. Brakel, «The Placebo Effect: Psychoanalytic Theory Can Help Explain the Phenomenon», *American Imago* 64, 2007, S. 273–81.
368. Cristina Alberini und Joseph Le Doux, «Memory Reconsolidation», *Current Biology* 23, Nr. 17, 2013, S. 746–50.
369. Zu psychotherapeutischen Wirkungen auf das Gehirn siehe Brody u. a., «Regional Brain Metabolic Changes in Patients with Major Depression Treated with Either Paroxetine or Interpersonal Therapy», *Archives of General Psychiatry* 58, 2001, S. 631–40. Zu Placebo-bedingten Veränderungen siehe H. Mayberg u. a., «The Functional Neuroanatomy of the Placebo Effect», *American Journal of Psychiatry* 159, Nr. 9, 2002, S. 728–37.
370. Die Überlieferung geht auf Freud zurück, der Charcots Vorlesungen besuchte: Sigmund Freud, «Charcot», in: *Gesammelte Werke*, Bd. 1, Frankfurt am Main, 1999, S. 24.

371. Peter Burkhard u.a., «Hypnotic Suggestibility and Adult Attachment», *Contemporary Hypnosis and Integrative Therapy* 28, Nr. 3, 2011, S. 171–86.
372. Siri Hustvedt, «I Wept for Four Years and When I Stopped I was Blind», *Clinical Neurophysiology* 44, 2014, S. 305–13.
373. Harré, 1999, S. 45.
374. Polanyi, 1962, S. 290.
375. Yuval Nir und Giulio Tononi, «Dreaming and the Brain: From Phenomenology to Neurophysiology», *Trends in Cognitive Science* 14, Nr. 2, 2010, S. 88.
376. Siri Hustvedt, «Drei emotionale Geschichten», in: *Leben, Denken, Schauen – Essays*, Reinbek, 2014, S. 248.
377. William James, *Pragmatismus – Ein neuer Name für einige alte Denkweisen*, Hamburg, 2017, S. 13.
378. John Bowlby, zitiert nach Frank van der Horst und René von Leer, «The Ontogeny of an Idea: John Bowlby and Contemporaries in Mother-Child Separation», *History of Psychology* 13, Nr. 1, 2010, S. 28.
379. Blaise Pascal, *Gedanken*, Leipzig, 1992, S. 177.
380. Simone Weil, *Cahiers – Aufzeichnungen 1*, München, 1991.

Weitere Titel

Being a Man

Damals

Der Sommer ohne Männer

Die gleißende Welt

Die Illusion der Gewissheit

Die Leiden eines Amerikaners

Die unsichtbare Frau

Die Verzauberung der Lily Dahl

Die zitternde Frau

Eine Frau schaut auf Männer, die auf Frauen schauen

Ghost Stories

Leben, Denken, Schauen

Mütter, Väter und Täter

Nicht hier, nicht dort

Was ich liebte